T0125020

NTOA 42

Ralph Hochschild

Sozialgeschichtliche Exegese

NOVUM TESTAMENTUM ET ORBIS ANTIQUUS (NTOA)

Im Auftrag des Biblischen Instituts
der Universität Freiburg Schweiz
herausgegeben von Max Küchler
in Zusammenarbeit mit Gerd Theissen

Zum Autor:

Ralph Hochschild, geb. 1960 in Karlsruhe, studierte Ev. Theologie in Heidelberg und München. Nach dem Vikariat in Heidelberg und Karlsruhe 1993 Promotion im Fach Neues Testament in Heidelberg. 1993–1998 Pfarrer in Neuenweg (Schwarzwald). 1998 Schuldekan in Lörrach und Schopfheim.

Novum Testamentum et Orbis Antiquus 42

Ralph Hochschild

Sozialgeschichtliche Exegese

Entwicklung, Geschichte und Methodik
einer neutestamentlichen Forschungsrichtung

Universitätsverlag Freiburg Schweiz
Vandenhoeck & Ruprecht Göttingen
1999

Die Deutsche Bibliothek – CIP-Einheitsaufnahme

Hochschild, Ralph:
Sozialgeschichtliche Exegese: Entwicklung, Geschichte und Methodik einer neutestamentlichen Forschungsrichtung / Ralph Hochschild – Freiburg, Schweiz: Univ.-Verl.; Göttingen: Vandenhoeck und Ruprecht, 1999
(Novum testamentum et orbis antiquus; 42)
ISBN 3-7278-1257-5 (Univ.-Verl.)
ISBN 3-525-53942-8 (Vandenhoeck & Ruprecht)

Veröffentlicht mit Unterstützung des Hochschulrates Freiburg Schweiz, des Rektorates der Universität Freiburg Schweiz und der Evangelischen Landeskirche in Baden

Die Druckvorlagen wurden vom Verfasser als reprofertige Dokumente zur Verfügung gestellt.

© 1999 by Universitätsverlag Freiburg Schweiz
Paulusdruckerei Freiburg Schweiz
ISBN 3-7278-1257-5 (Universitätsverlag)
ISBN 3-525-53942-8 (Vandenhoeck & Ruprecht)
ISSN 1420-4592 (Novum Testam. orb. antiq.)

Für Tanja

Inhaltsverzeichnis

Vorwort

Die vorliegende Arbeit wurde im Sommersemester 1993 von der Theologischen Fakultät der Universität Heidelberg als Dissertation angenommen und für den Druck noch einmal überarbeitet. Sie zeichnet den wechselhaft verlaufenen Prozess der Institutionalisierung einer neutestamentlichen Forschungsrichtung nach, der Mitte der 80er Jahre zu seinem Abschluss kam. Zunächst wird durch die Sichtung und Systematisierung der um 1980 vorhandenen exegetischen Programme und Arbeiten, die sich als "sozialgeschichtlich" verstehen, eine Definition von "sozialgeschichtlicher Exegese" erarbeitet. Mit ihrer Hilfe wird nach der Geschichte und "Vorgeschichte" dieser Methode insbesondere im 19. Jh. gefragt. Die sich an diesen ersten, theoretisch ausgerichteten Teil anschließende Darstellung skizziert nicht nur die innerhalb der Forschungsrichtung relevanten Fragestellungen und angebotenen Lösungen. Sie begreift die "Geschichte der sozialgeschichtlichen Exegese" selbst als sozialen Prozess, den sowohl die Wissenschaftsorganisation wie gesamtgesellschaftliche Faktoren beeinflussen. Deshalb wird diese Geschichte auch mit Hilfe von wissens- und wissenschaftssoziologischen Modellen erhellt. Dabei zeigt sich: Dieser durch gesellschaftspolitische Zusammenhänge motivierten Forschungsrichtung gelingt durch die Entwicklung methodischer Verfahren und durch die Anpassung an allgemein wissenschaftliche Standards die Distanzierung von zeitgeschichtlichen Interessen. Bis heute sind diese für die sozialgeschichtliche Exegese ein wichtiges Korrektiv gegen eine Vereinnahmung durch aktuelle Fragen. Daß ihre Erkenntnisse dabei für die Lösung aktueller Probleme wichtig sind, bleibt dabei selbstverständlich.

Vielen Menschen möchte ich herzlich danken: An erster Stelle meinem Doktorvater Herrn Prof. Dr. Gerd Theißen, der diese Arbeit angeregt hat. Er hat die Entstehung dieser Arbeit mit kritischen Fragen, fachlichem Rat und großer Geduld begleitet. Herrn Prof. Dr. Christoph Burchard danke ich für die Übernahme des Korreferates. Auch von Herrn Prof. Dr. Gerhard Rau habe ich viel gelernt und viele Anregungen zur wissenssoziologischen Deutung der Theologiegeschichte allgemein erhalten. Dank eines Promotionsstipendiums des Evangelien Studienwerks Villigst und einer Beurlaubung durch meine Badische Landeskirche konnte ich mich dieser Arbeit ganz widmen. Allen, die mir in meinem Kampf gegen den Druckfehlerteufel beigestanden haben, gilt mein besonderer Dank.

Meinen Eltern und vor allem meiner Frau Tanja danke ich besonders für die menschliche Unterstützung, die sie mir während der Anfertigung dieser Arbeit und danach gegeben haben.

Schließlich gilt mein Dank Prof. Dr. Max Küchler und Prof. Dr. Gerd Theißen für die Aufnahme der Arbeit in die Reihe Novum Testamentum et Orbis Antiquus sowie der Badischen Landeskirche für einen Druckkostenzuschuß.

Neuenweg, im Januar 1999   Ralph Hochschild

1 Einleitung

Im Jahre 1992 veröffentlichte der "Theologische Ausschuß" der Arnoldshainer Konferenz ein Votum, das sich mit verschiedenen neueren Zugängen zur Bibel befaßte. Unter dem Titel "Das Buch Gottes. Elf Zugänge zur Bibel"[1] sichtete der Ausschuß diese Zugangsweisen, die nicht nur universitärer Provenienz sind, und fragte zugleich nach deren Verhältnis zum etablierten historisch-kritischen Methodenkanon, also dem, was heute kirchlicherseits als legitime Auslegungsmethodik gelten kann. In dieser Auswahl, die sich folgerichtig auf die in der kirchlichen Öffentlichkeit diskutierten und angewandten Methoden beschränkt, fand sich ein Zugang, der für die Autoren nicht mit einem eindeutigen Begriff zu charakterisieren war, die "sozialgeschichtliche und materialistische Exegese".[2]

Eine solche doppelte Bezeichnung ist nicht neu oder untypisch für die Sache, die hier untersucht werden soll: Sie findet sich bereits in einem Aufsatz H. Weders, der 1988 fünf methodische Innovationen in der neutestamentlichen Exegese unterschieden hatte: "biblische Theologie", "feministische", "psychologische", "linguistische" und eben "soziologische und sozialgeschichtliche" Exegese.[3] Damit sind zugleich die drei Begriffe gegeben, mit denen diese Form der Exegese gewöhnlich bezeichnet wird, wobei "sozialgeschichtliche Exegese" als übergreifender Begriff allmählich in Gebrauch kommt, ohne daß daraus bestimmte definitorische Konsequenzen folgten. In dieser Weise wird der Begriff vorläufig hier verwendet werden.

Diese dreifache Kennzeichnung der Sache als "sozialgeschichtliche", "soziologische" und "materialistische" Exegese verrät allerdings eine gewisse Unschärfe an den Rändern, die das Phänomen umgrenzen.[4] Diese Vermutung bestätigt sich, wenn wir den englischen Sprachraum betrachten. So nennt J.H. Elliott die Begriffe "social description", "biblical sociology", "sociology of the Bible", "social history", "social hermeneutic", schließlich "sociological exegesis" und "social-

---

[1]Das Buch Gottes. Elf Zugänge zur Bibel, Ein Votum des Theologischen Ausschusses der Arnoldshainer Konferenz, Neukirchen, 1992; Luz, U. <Hg.>, Zankapfel Bibel. Eine Bibel, Viele Zugänge, Zürich, 1992 und Berger, T./Geldbach, E. <Hg.>, Bis an die Enden der Erde. Ökumenische Erfahrungen mit der Bibel, Ökumene konkret 1, Zürich/Neukirchen, 1992 geben weitere Beispiele für das gegenwärtige Interesse an einer Sichtung neuer Zugänge und Auslegungsmethoden.
[2]Ausgewählt wurden ferner "tiefenpsychologische Bibelauslegung", "Bibliodrama", "fundamentalistische", "feministische" und "narrative" Bibelauslegung, Bibelauslegung "im jüdisch-christlichen Dialog", "durch Musik", "durch bildende Kunst", "in ökumenischen Dokumenten". Abschließend folgt ein Kapitel über die historisch-kritische Methode, in dem Textkritik, Literarkritik, Formkritik, Überlieferungsgeschichte und Redaktionsgeschichte vorgestellt werden. Auffallend ist das Fehlen linguistischer bzw. semantischer Fragestellungen und Methoden. Vgl. Das Buch Gottes, 7.174-178.
[3]Weder, H., Zu neuen Ufern? Exegetische Vorstöße in methodisches Neuland, EvKo 21, 1988, 141-144: 141.
[4]F. Laub spricht von einem "Gummibandbegriff". Laub, F., Sozialgeschichtliche Exegese. Anmerkungen zu einer neuen Fragestellung in der historisch-kritischen Arbeit am Neuen Testament, MThZ 40, 1989, 39-50: 40.

scientific criticism".[5] Zugleich läßt diese begriffliche Vielfalt eine gewisse Bandbreite von Erkenntniszielen, methodischen Verfahren und theoretischen Ansätzen erahnen.

Über diese ersten Beobachtungen hinaus fällt bei beiden oben genannten Referenten auf, daß sie die Aufmerksamkeit, die die sozialgeschichtliche Exegese gefunden hat, nicht nur auf ihre Fähigkeit zurückführen wollen, bestimmte Probleme der neutestamentlichen Wissenschaft überzeugend zu lösen. Sie verweisen auf Faktoren, die von "außen" kommen und lassen damit eine gewisse Distanz und Reserve gegenüber der Methode spüren. So schreibt der "Theologische Ausschuß", es gehöre "zu der besonderen Eigenart der sozialgeschichtlichen Exegese, von Problemen auszugehen, die heute viele Menschen und Christen bewegen: die regionale und weltweite soziale Ungerechtigkeit. In dieser Gegenwartsbezogenheit gründet auch das Suggestive und emotional Ansprechende dieser Auslegungsmethode."[6] Hans Weder verweist auf allgemeine geistesgeschichtliche Bedingungen, einen Aufschwung der Sozialwissenschaften überhaupt und damit mitgegeben auf einen "wachsenden Einfluß neomarxistischer Wirklichkeitsdefinition"[7] - eine "Beobachtung", die schon die Kritiker der in den 60er und 70er Jahren aufkommenden profanen Sozialgeschichte gegen diese in Anschlag brachten.[8]

Die Geschichte dieser Forschungsrichtung soll nun in dieser Arbeit nachgezeichnet werden. Freilich nicht nur so, als stellte sie lediglich eine Kette von sich ergebenden Problemen, originellen Aufsätzen, relevanten Monographien oder wissenschaftlicher Persönlichkeiten dar. Das Ziel ist weiter gesteckt. Anhand repräsentativer Arbeiten werden erstens relevante Problemstellungen exemplarisch vorgestellt, zweitens wird die "sozialgeschichtliche Exegese" als Forschungsrichtung und

---

[5]Elliott, J.H., A Home for the Homeless. A Sociological Exegesis of 1 Peter. Its Situation and Strategy, London, 1982, 7; ders., What is Social-Scientific Criticism?, Minneapolis, 1993; S.R. Garrett unterscheidet zwischen einem an traditioneller exegetischer Methodik ausgerichteten "social-historical approach" und einem streng sozialwissenschaftlich orientierten "sociological" bzw. "social-scientific approach". Garrett, S.R., Art. Sociology of Early Christianity, The Anchor Bible Dictionary, Bd. 6, 1992, 89-99: 90; Malherbe, A.J., Social Aspects of Early Christianity, Philadelphia, 1983[2], XI.122 bezeichnet seine Arbeit als "sociological study", ohne damit explizit zwischen "sociological" und "social" unterscheiden zu wollen. Venetz, H.-J., Der Beitrag der Soziologie zur Lektüre des Neuen Testaments. Ein Bericht, ThBer 13, 1985, 87-121: 87f spricht von "sozialhistorischer Exegese"; Th. Schmeller hat den Terminus "soziologisch orientierte Exegese" eingeführt. Schmeller, Th., Brechungen. Urchristliche Wandercharismatiker im Prisma soziologisch orientierter Exegese, SBS 136, Stuttgart, 1989, 12-16. Ferner: Schütz, J.H., Introduction, in: Theißen, G., The Social Setting of Pauline Christianity, Philadelphia, 1982,1-23; Richter, P.J., Recent Sociological Approaches to the Study of the New Testament, Religion <Lancaster> 14, 1984, 77-90.

[6]Das Buch Gottes, 78; so auch Venetz, H.-J., Beitrag, 103; Laub, F., Sozialgeschichtliche Exegese, 43.

[7]Weder, H., Zu neuen Ufern, 142.

[8]Kocka, J., Sozialgeschichte. Begriff - Entwicklung - Probleme, KVR 1434, Göttingen, 1986[2], 150f.

"Methode" charakterisiert und - wenn möglich - im Aufsuchen des Gemeinsamen der verschiedenen Ansätze definiert werden. Drittens werden wir den methodischen Wegen nachgehen, auf denen Exegetinnen und Exegeten - angesichts der spärlichen Quellen - zu gültigen Aussagen über soziale Sachverhalte gelangen. Viertens soll gefragt werden, inwiefern sozialgeschichtliche Fakten und soziale Faktoren die Entstehung, Entwicklung und Rezeption der Forschungsrichtung und ihrer Hypothesen beeinflußt haben, seien sie im engen Sinn auf die soziale Welt der Wissenschaftler oder auf gesamtgesellschaftliche Verhältnisse und Prozesse bezogen; damit soll ein Beitrag zur "Sozialgeschichte" der sozialgeschichtlichen Exegese erbracht werden.[9] Herkunft und Entwicklung, Begründung und Ziele, Rezeption und Differenzierung sozialgeschichtlicher Exegese sollen auf diese Weise aufgeklärt werden. Schließlich soll die vorliegende Arbeit dazu helfen, die genannten Entwicklungen, die Auswahl von Forschungsgebieten und Herausbildung von Schwerpunkten, die methodischen Wege und die Formulierung von Hypothesen und Ergebnissen ebenso zu überprüfen und zu beurteilen, wie die Berufung der neueren sozialgeschichtlichen Forschung auf die frühe Formgeschichte, die Palästinakunde und die Exegese des liberalen Protestantismus zur Legitimation der eigenen Forschungsinteressen.[10]

1.1 Zur Definition von "sozialgeschichtlicher Exegese"

Unternimmt man den Versuch, den Begriff und die Sache der "sozialgeschichtlichen Exegese" sinnvoll einzugrenzen, so ist die entscheidende Frage, inwieweit und auf welche Weise das "Soziale" methodisch in das historisch-kritische Arbeiten integriert wird. Grundsätzlich stehen zwei Wege offen: Man kann von der Historie her kommend seinen Ausgangspunkt bei dem Begriff der "Sozialgeschichte" nehmen oder von der Literaturwissenschaft her kommend bei dem der Exegese. Wir wollen in diesem Abschnitt zunächst beide Wege nacheinander beschreiten und in einem zweiten Abschnitt sehen, wie sich die "Sozialgeschichtler" in der neutestamentlichen Exegese auf die beiden Möglichkeiten beziehen und ob es signifikante strukturelle Übereinstimmungen zwischen ihnen gibt. Die Zuordnung zu Historie und Literaturwissenschaft erlaubt es, verschiedene Richtungen sinnvoll gegeneinander abzugrenzen oder zusammenzustellen. Dabei wird deutlich werden, inwieweit die genannten Bezugswissenschaften Definition und Ziel von exegeti-

---

[9]Zur theoretischen Begründung dieses Ansatzes s. "1.3. Überlegungen zur Methodik einer 'Geschichte der sozialgeschichtlichen Exegese'".

[10]Scroggs, R., The Sociological Interpretation of the New Testament: The Present State of Research, NTS 26, 1980, 164-179: 164f; Theißen, G., Zur forschungsgeschichtlichen Einordnung der soziologischen Fragestellung, in: ders., Studien zur Soziologie des Urchristentums, WMANT 19, Tübingen, 1979, 3-34: 4f; Schottroff, L./Stegemann, W., Jesus von Nazareth - Hoffnung der Armen, UB 639, Stuttgart, 1978, 14.

schen Bemühungen bestimmen. Insbesondere soll danach gefragt werden, ob methodische Vorentscheidungen zugleich bestimmte hermeneutische Entscheidungen nach sich ziehen. Am Ende soll eine Definition von sozialgeschichtlicher Exegese stehen, die es erlaubt, sinnvoll nach ihrer (Vor-) Geschichte zurückzufragen.

Beginnen wir mit dem Begriff der "Sozialgeschichte", so wird schnell deutlich, daß dieser Begriff in der Historie von ähnlichen Definitionsschwierigkeiten betroffen ist wie in der neutestamentlichen Wissenschaft. In einem 1987 publizierten Vortrag konstatierte W.J. Mommsen, "daß die Sozialgeschichte immer noch sehr verschiedenartig definiert wird und wir ein breites Spektrum von unterschiedlichen Varianten von Sozialgeschichtsschreibung vorfinden, das sich von solchen Richtungen, die explizit mit sozialwissenschaftlichen Modellen arbeiten, bis hin zu impressionistischen Richtungen erstreckt, die die anschauliche Beschreibung des alltäglichen Lebens des durchschnittlichen Menschen in der Straße zu ihrer eigentlichen Aufgabe gewählt haben. Sozialgeschichte läßt sich allenfalls negativ eingrenzen, insofern als sie die eigentlichen Determinanten gesellschaftlichen Wandels nicht in erster Linie im politisch-staatlichen Bereich sucht..."[11] Vier wichtige Richtungen und Formen aus dieser Vielfalt, die sich nicht auf die vorgeschlagene Minimaldefinition der Sozialgeschichte als einer Geschichte der Gesellschaft ohne "Politik" beschränken, sollen hier vorgestellt werden, da sie am Anfang der 70er Jahre, mit dem Neubeginn sozialgeschichtlicher Bibelauslegung, zur Verfügung standen.

Schule gemacht haben im eigentlichen Sinne die zunächst vorwiegend in Frankreich beheimateten Sozialhistoriker, die sich um die Zeitschrift "Annales" gruppierten.[12] F. Braudel, einer ihrer einflußreichsten Vertreter, versuchte, Sozialgeschichte über den Zeitbegriff zu definieren. In seinem bedeutenden Buch über die Mittelmeerwelt zur Zeit Philipps II.[13] unterschied er drei Zeitstufen und "Geschichten", eine "histoire quasi immobile", eine Art historischer Geographie, bezogen auf die mit dem Raum eröffneten Handlungsmöglichkeiten, eine "histoire lentement rhythmée", die Zeit der Sozialgeschichte, der Dinge, die sich nur langsam veränderten, schließlich eine "histoire à oscillations brèves, rapides, nerveuses", die, auf Zeitpunkte ausgerichtet, die rasche Abfolge von Ereignissen nachzeichnet. Braudel hat dieses Konzept 1958 leicht modifiziert bekräftigt.[14] Dabei grenzt er sich gegen eine sich als Ereignisgeschichte verstehende Politikgeschichte ab, wie sie vor allem

---

[11]Mommsen, W.J., Geschichte als Historische Sozialwissenschaft, in: <Hg.> P. Rossi, Theorie der modernen Geschichtsschreibung, es 1390, Frankfurt/M., 1987, 107-146: 127.

[12]Burke, P., Offene Geschichte. Die Schule der "Annales", Berlin, 1991; Erbe, M., Zur neueren französischen Sozialgeschichtsforschung. Die Gruppe um die "Annales", EDF 110, Darmstadt 1979.

[13]Braudel, F., La Méditerranée et le monde méditerranéen à l'époque de Philippe II., Paris, 1949. Zum Folgenden Erbe, M., Sozialgeschichtsforschung 76f.; Burke, P., Offene Geschichte, 38-42.

[14]Braudel, F., Histoire et Sciences Sociales. La longue durée, Annales 17, 1958, 725-753; Burke, P., Offene Geschichte, 47; Erbe, M., Sozialgeschichtsforschung,94f.

im 19. Jh. zur Geltung gekommen sei.[15] Allein - und diese Bemerkung ist für uns nicht ohne Bedeutung - die Institutionen-, Religions- und Kulturgeschichte sowie die Altertumswissenschaft hätten schon im 19. Jh. Geschichte in weiten Zeiträumen betrieben;[16] allein diese Form der Geschichte, die die "longue durée" als zeitlichen Rahmen wähle, sei geeignet, eine Brücke zu den Sozialwissenschaften zu schlagen.[17] Der Offenheit dieser Definition entspricht die breite Rezeption sozialwissenschaftlicher Erkenntnisse und Verfahren in der "Annales"-Historie.[18] Ebenso fällt unter thematischen Gesichtspunkten eine gewisse Konzentration auf das späte Mittelalter und die Neuzeit auf, wohingegen die Antike erst in neuerer Zeit mehr Interesse findet.[19]

Auch wenn in vielen Ländern sozialgeschichtliche Fragestellungen und Interessen unabhängig von der Schule der Annales aufkamen, sind doch immer rasch Verbindungen entdeckt worden und ist damit häufig eine Rezeption in Gang gekommen.[20] Auf ihre Weise typisch sind die Entwicklungen in Deutschland und im angelsächsischen Raum, die wir nun vorstellen werden.

W. Conze, der in Deutschland seit den 50er Jahren sozialgeschichtliche Fragestellungen in die Geschichte einführte, verstand im Anschluß an einen von Braudel und in der Annales-Schule selten gebrauchten Begriff Sozialgeschichte als "Strukturgeschichte".[21] War das bevorzugte Gegensatzpaar bei Braudel noch "temps court" vs. "longue durée" gewesen, greift Conze dessen Unterscheidung von Ereignis- und Strukturgeschichte auf ("histoire événementielle" vs. "histoire structurel-

---

[15]Braudel, F., Histoire, 729.

[16]ebd.

[17]a.a.O., 751.

[18]Erbe, M., Sozialgeschichtsforschung, 91-119.

[19]Erbe, M., Sozialgeschichtsforschung, 118f; z.B. Veyne, P., Brot und Spiele. Gesellschaftliche Macht und politische Herrschaft in der Antike, Frankfurt/M., 1988 <frz. 1976> und v.a. Hammann, A., Die ersten Christen, Stuttgart, 1985 <frz. 1971>, der soziogeographische und alltagsgeschichtliche Thematiken integriert hat; Im Zusammenhang mit der Schule der Annales ist auch auf quantifizierende Sozialgeschichte hinzuweisen, deren Rezeption in der Alten Geschichte und neutestamentlichen Exegese aufgrund der Quellenlage schwer möglich ist und die deshalb hier nicht berücksichtigt werden wird. Vgl. Burke, P., Offene Geschichte, 57-68.116; ferner Aydelotte, W.O., Quantifizierung in der Geschichtswissenschaft, in: <Hg.> Th. Schieder/K. Gräubig, Theorieprobleme der Geschichtswissenschaft, WdF 378, Darmstadt, 1977, 251-285; Stone, L., The Revival of Narrative: Reflections on a New Old History, PaP 85, 1979, 3-24: 6.12f; Best, H., Quantifizierende Historische Sozialforschung in der BRD. Ein Überblick, Geschichte in Köln 9, 1981, 121-161. Vgl. aber Bolkestein, H., Wohltätigkeit und Armenpflege im vorchristlichen Altertum, Utrecht, 1939.

[20]Burke, P., Offene Geschichte, 97-104 gibt einen Überblick über die Rezeption der "Annales-Historie".

[21]Conze, W., Art. Sozialgeschichte, RGG[3], Bd. 6, 1962, 169-174; Burke, P., Offene Geschichte, 117; Kocka, J., Sozialgeschichte zwischen Strukturgeschichte und Erfahrungsgeschichte, in: <Hg.> W. Schieder/V. Sellin, Sozialgeschichte in Deutschland, Bd.1, KVR 1517, Göttingen, 1985, 67-88: 69; Kocka, J., Sozialgeschichte, 70f.

le") und orientiert sich damit stärker an der Wirkung sozialer Faktoren als an ihrer temporalen Beschaffenheit.[22] In der deutschen Historie hatte sich dieses Verständnis relativ schnell durchgesetzt.[23] Bereits 1962 verfaßte W. Conze in der 3. Auflage der RGG einen Artikel über "Sozialgeschichte", was für die Rezeptionschancen dieses Begriffs in der Theologie sicher nicht ohne Belang war.[24]

Dabei bleibt der Begriff "Struktur" vieldeutig. Zum Teil impliziert er politische Strukturen, teilweise wird er synonym zu "Sozialgeschichte" als Geschichte des "Sozialen" gebraucht.[25] Weiter wird die Sozialgeschichte von Conze als eine Perspektive, ein Aspekt der Geschichtswissenschaft beschrieben, deren Interesse sich weniger auf das Handeln der Menschen als auf "gesellschaftliche Objektivationen" und "Determinanten" richte.[26]

Als Bezugswissenschaften nennt Conze neben der Soziologie die Wirtschaftswissenschaften.[27] In ihrer Methodik bleibt die Sozialgeschichte an die geschichtswissenschaftliche Methode der Interpretation von Quellen gebunden, die allerdings die Verwendung von Modellen aus einer historisch informierten Soziologie nicht ausschließt,[28] wodurch auch klassische Formen der Geschichtsschreibung wie die Biographie sozialgeschichtlich erweitert werden könnten, indem sie den "'kleinen', 'unbekannten' Menschen" als Thema entdeckten.[29]

In den 60er und 70er Jahren wurde dieser Ansatz zum Programm einer Geschichte als "Historischer Sozialwissenschaft" ausgebaut, wobei bewußt sozialwissenschaftliche Theorien in die Historik eingebracht werden sollten.[30] Sozialgeschichte als "Strukturgeschichte" ist also über ihren Gegenstandsbereich bestimmt als Geschichte von "Verhältnissen", "Zuständen", "überindividuellen Entwicklungen und Prozessen", "Klassen, Schichten und Gruppen, ihrer Bewegungen, Konflikte und Kooperationen".[31]

---

[22]Conze, W., Art. Sozialgeschichte, 172; Kocka, J., Sozialgeschichte, 76.

[23]Wehler, H.-U., Sozialgeschichte und Gesellschaftsgeschichte, in: W. Schieder/V. Sellin <Hg.>, Sozialgeschichte in Deutschland, Bd. 1, KVR 1517, Göttingen, 1986, 33-52: 35f.

[24]Conze, W., Art. Sozialgeschichte.

[25]Conze, W., Art. Sozialgeschichte, 171; Kocka, J., Sozialgeschichte zwischen Strukturgeschichte und Erfahrungsgeschichte, 69.72.83 Anm. 7; Kocka, J., Sozialgeschichte, 70f.80.

[26]Conze, W., Art. Sozialgeschichte, 169.173.

[27]a.a.O., 169.173.

[28]a.a.O., 173.

[29]a.a.O., 173f.

[30]Wehler, H.-U., Geschichte als Historische Sozialwissenschaft, es 650, Frankfurt/M., 1973; Kocka, J., Sozialgeschichte zwischen Strukturgeschichte und Erfahrungsgeschichte, 72.

[31]Kocka, J., Sozialgeschichte, 82.

Während das strukturgeschichtliche Programm in Deutschland anhand der Geschichte der Industrialisierung und des preußisch-deutschen Kaiserreiches entwickelt wurde, deren spezifische Problemstellungen die Wirtschaftswissenschaften und die Soziologie als Bezugswissenschaften geradezu erzwangen, entwickelte sich vorwiegend in den angelsächsischen Ländern eine Form von Sozialgeschichte, die bevorzugt soziokulturelle Faktoren zur Erklärung gesellschaftlicher Verhältnisse und Veränderungen in Anschlag brachte. Auch diese Richtung kann sich auf die "Annales" beziehen,[32] insbesondere auf mentalitäts- und alltagsgeschichtliche Arbeiten.[33] Dabei werden die "Mentalitäten" als kollektive Dispositionen angesehen, die das Verhalten von Akteuren, Gruppen und ganzen Gesellschaften bestimmen. Entsprechend versucht diese Spielart von Sozialgeschichte, die subjektive Wahrnehmung von Zeit und Raum, Kindheit und Tod, Sexualität, Natur, Religion und anderer grundlegender Lebensräume zu rekonstruieren, die einmal die Einstellung und das Leben von Menschen vergangener, vielfach fremder Epochen prägten.[34] So ist es für diese Richtung charakteristisch, daß sie die mitteleuropäischen und nordamerikanischen Gesellschaften und die ihnen eigenen Mentalitäten, die durch den Prozeß der Industrialisierung bestimmt sind, scharf von solchen abgrenzt, die diesen nicht oder nur peripher erfahren haben.[35] Insofern bestehen hier durchaus Vorbehalte, sozialwissenschaftliche Kategorien aus der Gegenwart direkt auf Texte und Gegenstände der vorindustriellen Zeitalter anzuwenden. Deshalb wird vielfach auf die Methodik und verschiedene Theorien der Ethnologie, der Kultur- und Sozialanthropologie zurückgegriffen. Dazu kommt die seit Spencer und Durkheim in vielerlei Hinsicht mit ihnen verbundene Religionssoziologie.[36]

---

[32]Vgl. etwa: Gilmore, David D., Anthropology of the Mediterranean Area, Annual Review of Anthropology 11, 1985, 175-205: 177f.

[33]Vgl. zum Folgenden: Duby, G., Histoire des Mentalités, in: <Hg.> Ch. Samaran, L'Histoire et ses Méthodes, Paris, 1961, 937 966; Sellin, V., Mentalitäten in der Sozialgeschichte, in: <Hg.> W. Schieder/V. Sellin, Sozialgeschichte in Deutschland, Bd.3, KVR 1523, Göttingen, 1987, 101-121; Burke, P., Offene Geschichte, 57-68.116.

[34]Vgl. die charakteristische Formulierung von V. Sellin, Mentalitäten, 104: "Der Historiker sucht den Ausdruck spezifischer Mentalitäten mit Vorliebe dort, wo die Akteure nichts anderes taten, als was in *ihren* Augen selbstverständlich war." (Hervorhebung von mir) Mit den genannten Themen greifen die Mentalitätshistoriker klassische Themen der Anthropologie und Ethnologie auf, man vergleiche den Themenkatalog, den B.S. Cohn aus der Sicht eines Anthropologen formulierte: "The units of study in anthropological history should be cultural and culturally derived: honor, power, authority, exchange, reciprocity, codes of conduct, systems of social classification, the construction of time, space, rituals." Cohn, B.S., History and Anthropology, The State of Play, CSSH, 22, 1980, 198-221: 220.

[35]In besonderer Weise ist hiervon die Mittelmeerwelt betroffen, die nicht nur epochal, sondern im Rückgriff auf ethnosoziologische Forschungen bis in die Gegenwart hinein anhand dieses Kriteriums auch geographisch abgegrenzt wird. Vgl. Gilmore, D.D., Anthropology, 176-184; zu der Erfahrung der Differenz von vorindustriellen und industriellen Gesellschaften vgl., Burke, P., Offene Geschichte, 71; Sellin, V., Mentalitäten, 107.

[36]In Deutschland blieb diese Richtung längere Zeit umstritten und eine Sache von Außenseitern, vgl., Medick, H., "Missionare im Ruderboot"? Ethnologische Erkenntnisweisen als Herausforderung an die Sozialgeschichte, GuG 10, 1984, 295-319: 300. Charakteristisch dürfte sein, daß kul-

Eine vierte Möglichkeit zur Anknüpfung bieten zwei Wissenschaften, die wissenschaftsgeschichtlich sowohl der modernen Sozialgeschichte wie der Soziologie vorausgehen. Beide entstehen in der Romantik, beide haben in W.H. Riehl den gleichen Stammvater, beide blieben bis in die Gegenwart für die neutestamentliche Theologie wichtig: Die Landeskunde und -geschichte über die palästinakundliche Forschung, wie sie von G. Dalman begründet wurde, die Volkskunde über die formgeschichtliche Methode mit ihren bekannten soziologischen Implikationen.[37]

Die Landes- und Territorialgeschichte war lange Zeit das eigentliche Residuum sozialgeschichtlicher Forschung in Deutschland und zugleich eine Forschungsrichtung, die sich früh universitär etablieren konnte.[38] Die Landes- und Territorial-

---

turanthropologische Thematiken von I. Weiler nicht unter dem Aspekt der Sozialgeschichte, sondern dem der Universalgeschichte aufgegriffen wurden. Weiler, I., Zum Schicksal der Witwen und Waisen bei den Völkern der Alten Welt. Materialien für eine vergleichende Geschichtswissenschaft, Saec 31, 1980, 157-193. Neuerdings hat W. Nippel sich um eine breitere Rezeption ethnologischer Fragestellungen bemüht - charakteristischerweise in der Alten Geschichte. Nippel, W., Griechen, Barbaren und "Wilde". Alte Geschichte und Sozialanthropologie, Fischer TB 4429, Frankfurt/M., 1990. Allerdings geht die Vernachlässigung dieser Fragestellungen nicht allein zu Lasten der Historie. Die Religionssoziologie in Deutschland wurde zum einen anhand neuzeitlicher, aktueller Fragestellungen entwickelt und betrieben, zum anderen ergab sich bis in die 70er Jahre fast eine Identität von Religions- und Kirchensoziologie, so daß aufgrund dieser thematischen Beschränkungen eine breitere Rezeption erschwert wurde. In den angelsächsischen Ländern spielte dagegen die ethnosoziologische Forschung eine dominante Rolle, während sie in Deutschland nur in Heidelberg eine Außenseiterrolle spielen konnte. Interessanterweise greift F. Crüsemann in seiner in Heidelberg (!) verfaßten Habilitationsschrift auf sozioethnologische Modelle zurück. Vgl. Kehrer, G., Religionssoziologie, SG 1228, Berlin, 1968, 19-22. 22f.27.43-50.52f.; Kehrer, G., Einführung in die Religionssoziologie, Darmstadt, 1988; ferner Schieder, W., Religion in der Sozialgeschichte, in: <Hg.> ders./V. Sellin, Sozialgeschichte in Deutschland, Bd.3, KVR 1523, Göttingen, 1987, 9-31: 13f; Sigrist, Chr./Kößler, R., Soziologie in Heidelberg, in: K. Buselmeier/D. Harth/Chr. Jansen, Auch eine Geschichte der Universität Heidelberg, Mannheim, 1985, 79-99: 84-99; Zur Rezeption ethnologischer Theorien und Methoden in der Schule der "Annales" vgl. Burke, P., Offene Geschichte, 83.85; Erbe, M., Sozialgeschichtsforschung, 62-65; Crüsemann, F., Der Widerstand gegen das Königtum. Die antiköniglichen Texte des Alten Testaments und der Kampf um den frühen israelitischen Staat, WMANT 49, Neukirchen, 1978.

[37]Zur Landesgeschichte vgl. Oestreich, G., Die Fachhistorie und die Anfänge der sozialgeschichtlichen Forschung in Deutschland, HZ 208, 1969, 320-365: 363; Zorn, W., Territorium und Region in der Sozialgeschichte, in: <Hg.> W. Schieder/V. Sellin, Sozialgeschichte in Deutschland, Bd.2, KVR 1518, Göttingen, 1986, 137-161; zum Zusammenhang von Volkskunde und Formgeschichte vgl. Güttgemanns, E., Offene Fragen zur Formgeschichte des Evangeliums. Eine methodologische Skizze der Grundlagenproblematik der Form- und Redaktionsgeschichte, BEvTh 54, München, insbes. 126-136.154-166; Berger, K., Einführung in die Formgeschichte, UTB 1444, Tübingen, 1987, 203-212.

[38]Dies war insbesondere das Verdienst Karl Lamprechts, der einige universitäre Einrichtungen gründete. Freilich scheiterte er am Ende des letzten Jahrhunderts mit seinem Versuch, Sozialgeschichte auch in einem nationalstaatlichen "Rahmen" zu betreiben. Czok, K., Der Methodenstreit und die Gründung des Seminars für Landesgeschichte und Siedlungskunde 1906 an der Universität Leipzig, Jahrbuch für Regionalgeschichte 2, 1967, 11-26.

geschichte thematisierte die unterschiedlichen gesellschaftlichen Verhältnisse, "Sitten und Gebräuche(n), Leben und Verfassungen"[39] einzelner Teilgebiete innerhalb eines Nationalstaats. Landeskunde und Volkskunde sollten sozialpolitischen Zielen dienen. Ihrer Methode nach arbeitete sie zunächst im wesentlichen deskriptiv.[40] Neben ihrer Nähe zur Volkskunde hatte die Landeskunde besondere Beziehungen zur Geographie:[41] Als eine Art "Sozial-" oder "Kulturgeographie" grenzte sie Räume aufgrund sozialer und kultureller, nicht mehr nur aufgrund staatlich-politischer Kategorien ab.[42] Dadurch hatte sie eine gewisse Nähe zur Geschichtsschreibung der "Annales"[43] und konnte zugleich durch eine Öffnung zu strukturgeschichtlichen Denkweisen den Anschluß an eine moderne, stärker theoretisch und quantitativ ausgerichtete Sozialhistorie gewinnen.[44]

Die Volkskunde dagegen richtete ihr Augenmerk weniger auf gesellschaftliche Strukturen, die menschliches Verhalten determinieren, als auf kulturelle Produkte, die vom "Volk" geschaffen wurden. "Gegenstand der Volkskunde sind die geistigen Äußerungen des Volkes, die durch psychische Assoziationen entstanden, durch diese fortgepflanzt und verändert werden. Zu den Äußerungen der Volksseele gehören auch die Erzeugnisse volkstümlicher Arbeit. Jedes einzelne Erzeugnis der Volksseele ist ein psychologisches und historisches Produkt. Hiermit ist als Methode der Volkskunde die Verbindung von psychologisch-völkerkundlicher mit philologisch-historischer Methode eindeutig festgestellt."[45] Bemerkenswert ist neben der Konzentration auf kulturelle Äußerungen die Hypothese eines kollektiven Autors ("Volk") im Gegenüber zu einem individuellen. Gegenstand sind damit weniger individuelle Spitzenerzeugnisse als traditionellen Vorgaben, überlieferten Ordnungen Entsprechendes.[46]

[39]So E.M. Arndt, zitiert bei: Zorn, W., Territorium und Region, 145.

[40]a.a.O., 146.

[41]a.a.O., 140.

[42]a.a.O., 147.

[43]Vor dem Ersten Weltkrieg bestanden enge Verbindungen zu französischen Regionalgeschichtlern und Anthropogeographen, auf die später die Begründer der "Annales-Schule" zurückgriffen. Nach dem Krieg konnten die Kontakte nicht wieder erneuert werden. Faber, K.-G., Geschichtslandschaft - Région historique - Section in History. Ein Beitrag zur vergleichenden Wissenschaftsgeschichte, Saec 30, 1979, 4-21: 14f.

[44]Zorn, W., Territorium und Region, 139.148f; Faber, K.-G., Geschichtslandschaft, 19, spricht von einer Verdrängung von "Raum" und "Landschaft" als Bezugsrahmen durch den Begriff der "Gesellschaft".

[45]Weiser-Aall, L., Art. Volkskunde: I. Allgemeines, RGG[2], Bd.5, 1931, 1665-1668: 1667. Dieses Zitat beschreibt den Konsensus von ca. 1905-1922, also dem Zeitraum, in dem die Formgeschichte entwickelt wurde. Vgl. ferner Röhrich, L., Art. Volkskunde: I. Allgemeines, RGG[3], Bd.6, 1962, 1462-1464.

[46]Volkskunde wurde deshalb auch als "Wissenschaft vom Leben in überlieferten Ordnungen" definiert, Röhrich, L., Art. Volkskunde I., 1463.

Ambivalent und damit problematisch blieb bei diesem Konzept der "kollektive Autor", das "Volk", weil einmal der Akzent auf der Bedeutung "Nation" liegen konnte und die Volkskunde lediglich der Erforschung des eigenen Volkes diente.[47] Zum anderen konnte "Volk" als soziologische Kategorie verstanden werden und die Unterschicht im Gegensatz zur Oberschicht bezeichnen, wobei zugleich an einen kulturellen Gegensatz gedacht wurde.[48] In dem letztgenannten Sinn wurde diese Unterscheidung auf die Formgeschichte übertragen.[49] Für unsere Interessen kann es an dieser Stelle außer Betracht bleiben, ob "Volk" überhaupt eine taugliche soziologische Kategorie darstellt;[50] bedeutsam bleibt, daß hier der Erkenntnisgegenstand die Produkte eines kollektiven Autors ist, den man sozial und kulturell der Unterschicht zuordnen müsse.[51]

Haben wir bereits bei der Volkskunde stärker als zuvor die literarischen Aspekte in Augenschein genommen,[52] so verlagert sich in der Literatursoziologie endgültig der Schwerpunkt auf Literatur im weitesten Sinne, ihre Entstehung und Rezeption, die als soziale Prozesse verstanden werden, aber auch auf die Bearbeitung der sozialen Welt in der Literatur, während die historische Rekonstruktion von sozialer Wirklichkeit in den Hintergrund tritt.[53] Zwei Richtungen lassen sich unterscheiden: Einmal liegt der Akzent auf den sozialen Prozessen, an denen die an der Literatur beteiligten Personen, Autoren(-gruppen), Verleger, Kritiker und Leserschaft partizipieren. Dabei interessieren vor allem diejenigen Werte und Normen,

---

[47]Weiser-Aall, L., Art. Volkskunde I., 1666; Röhrich, L., Art. Volkskunde I., 1462. W.H. Riehl wollte anhand dieses Verständnisses die Volkskunde zur Grundlage einer deutschen "Socialpolitik" nehmen.

[48]Weiser-Aall, L., Art. Volkskunde I., 1666; Güttgemanns, E., Offene Fragen, 125.130.

[49]Vgl. die Beschreibung des dibelianischen Programmes bei Theißen, G., Zum Stand der Diskussion in der neutestamentlichen Theologie. Überlegungen anläßlich des 100. Geburtstags von Martin Dibelius (1883-1947), NStim H.5, 1984, 20-24.

[50]Zur Kritik an diesem Konzept vgl. Bausinger, H., Volkskultur und Sozialgeschichte, in: <Hg.> W. Schieder/V. Sellin, Sozialgeschichte in Deutschland, Bd.3, KVR 1523, Göttingen, 1987, 32-49: 35; Güttgemanns, E., Offene Fragen, 126-136; Berger, K., Einführung, 203-212.

[51]Eine Affinität von Formgeschichte und Volkskunde gibt es ferner hinsichtlich der Forschungsgebiete. Beide bevorzugten zunächst die Erforschung bäuerlicher Volkskulturen bzw. Lebenswelten, in denen die synoptische Tradition zu verorten ist, gegenüber städtischen Räumen. Vgl., Bausinger, H., Volkskultur, 38f.

[52]Auf die Verwandtschaft von Volkskunde und Literatursoziologie weist H. Knospe, in: ders., Art. Literatursoziologie, in: Bernsdorf, W., Wörterbuch der Soziologie, Stuttgart, 1969², 637-643 hin.

[53]Zur Literatursoziologie vgl., Art. Literatursoziologie, in: G. Hartfiel/K.-H. Hillmann, Wörterbuch der Soziologie, KTA 410, Stuttgart, 1982³, 445f; Rohrmoser, G., Art. Literatursoziologie, HDSW, Bd.6, 1959, 636-639; Knospe, H., Art. Literatursoziologie; Fügen, H.N., Einleitung, in: <Hg.> ders., Wege der Literatursoziologie, Neuwied, 1971², 11-35; Fügen, H.N., Die Hauptrichtungen der Literatursoziologie und ihre Methoden, Abhandlungen zur Kunst-, Musik- und Literaturwissenschaft, Bd.21, Bonn, 1974⁶; Bark, J., Einleitung: Arbeitsbereiche einer kritischen Literatursoziologie, in: <Hg.> ders., Literatursoziologie, Bd.1. Begriff und Methodik , Stuttgart, 1974, 11-19: Goldmann, L., Die Soziologie der Literatur. Stand und Methodenprobleme, in: <Hg.> J. Bark, Literatursoziologie, Bd.1, Begriff und Methodik, Stuttgart, 1974, 85-113.

die dieses Verhalten bestimmen.[54] Daneben gibt es eine marxistisch inspirierte Richtung, die die gesellschaftliche Bedingtheit von literarischen Formen, Gestaltungen und Inhalten herausarbeiten möchte.[55] Hier gibt es dann die Möglichkeit, wissenssoziologische und literatursoziologische Fragestellungen zu verbinden,[56] ferner ist der Übergang zu einer sozialgeschichtlich interessierten Lektüre möglich, die Aufschluß über die Wahrnehmung gesellschaftlicher Zustände und Veränderungen geben kann.[57]

Bevor wir nun danach fragen, welche dieser Ansätze in der sozialgeschichtlichen Exegese rezipiert werden, ist festzuhalten, daß weder Geschichts- noch Literaturwissenschaft ein einheitliches methodisches Instrumentarium anbieten. Darüberhinaus ist selbst die Eingrenzung dessen schwierig und strittig, was mit sozialwissenschaftlicher Methodik erforscht werden könnte und sollte. Als gemeinsam ist allenfalls eine Perspektive auf einen Bereich der Geschichte anzusprechen, die mehr auf Überindividuelles als Individuelles, Typisches als Singuläres, Dauerhaftes als Kurzlebiges achtet und den so beschaffenen Gegenständen und Fakten eine erhöhte Wirksamkeit zuschreibt. Zu beachten ist schließlich ein gewisser perspektivischer Unterschied bei Ansätzen, die mehr der Historie bzw. der Literaturwissenschaft verpflichtet sind. Geht es bei den ersteren primär um die Rekonstruktion sozialer Wirklichkeit, interessiert bei den letzteren vor allem die literarische Verarbeitung sozialer Wirklichkeit. Auf die neutestamentliche Theologie übertragen kann man unter hermeneutischen Aspekten vermuten, die Vertreter der ersten Richtung seien stärker

---

[54]Z.B. Fügen, H.N., Die Hauptrichtungen, 14: "Die Literatursoziologie hat es ... mit dem Handeln der an der Literatur beteiligten Menschen zu tun; ihr Gegenstand ist die Interaktion der an der Literatur beteiligten Personen." Vgl. ferner ders., Einleitung 18f.33f.

[55]z.B. Goldmann, L., Die Soziologie der Literatur, 87f.: "Die wesentliche Beziehung zwischen dem Leben der Gesellschaft und der literarischen Schöpfung betrifft nicht den Inhalt dieser beiden Sektoren der menschlichen Realität, sondern nur die geistigen Strukturen, das, was man als die Kategorien bezeichnen könnte, welche sowohl das empirische Bewußtsein einer bestimmten sozialen Gruppe als auch das von dem Schriftsteller geschaffene Universum formen... Die bereits erwähnte Beziehung ... stellt in für den Forscher besonders günstigen Fällen eine mehr oder weniger strenge Homologie, aber oft auch nur eine signifikante Beziehung dar."

[56]Knospe, H., Art. Literatursoziologie, 640.

[57]a.a.O., 638.640.642; H.N. Fügen weist diese Spielart der Literatursoziologie der Literaturgeschichte zu und bezeichnet sie als "sozialliterarische Methode": Es "soll hier unter sozialliterarischer Methode derjenige Teil der Literaturgeschichte verstanden werden, der den historischen Wirklichkeitszusammenhang zwischen Literatur und Sozialem in seiner Auswirkung auf Einzelzüge der Literatur erforscht... Dabei ist unter sozialliterarischer Methode eine in ihrem Erkenntnisinteresse auf das literarische Kunstwerk gerichtete Forschung verstanden worden, die jedoch das literarische Werk in einem größeren Wirklichkeitszusammenhang sieht, seiner Bedingtheit durch zwischenmenschliches Verhalten und soziale Gebilde nachgeht und sich dabei der historisch-individualisierenden Methode bedient." H.N. Fügen, Die Hauptrichtungen, 26.30 Diese Zuordnung basiert m.E. auf einem inzwischen überholten Verständnis von Geschichte als einer idiographischen Wissenschaft. Demgegenüber ist es gerade die Leistung der Sozialgeschichte, in der Historie das Interesse auf typische überindividuelle Zusammenhänge gelenkt zu haben.

auf eine "(Sozial-)Geschichte des Urchristentums" aus, die der zweiten eher auf eine "(Sozial-)Theologie des Neuen Testaments".

Was nun die Rezeption der genannten Ansätze in der neutestamentlichen Exegese zwischen 1970 und ca. 1985 betrifft, werden diese nur selektiv rezipiert. Allgemein läßt sich für viele Richtungen feststellen, daß sie in den Anfängen bevorzugt den Anschluß an bereits etablierte Forschungsgebiete und Methoden suchen, die sie dann "sozialgeschichtlich" erweitern, wobei die Ansätze aus der profanen Sozialgeschichte nicht gerade bevorzugt werden.[58] Dennoch finden sich Definitionen von sozialgeschichtlicher Exegese, die trotz eines Anschlusses an folkloristisch-formgeschichtliche und (literatur-)soziologische Methoden und Fragestellungen in ihrem Resultat dem strukturgeschichtlichen Programm nahe kommen. Beispielhaft zeigen diesen Weg einige Arbeiten G. Theißens aus den 70er Jahren.[59] Ausgangspunkt ist zunächst die Formgeschichte, die durch Arbeiten der neueren Folkloristik, literatursoziologische, religionssoziologische und strukturalistische Fragestellungen erweitert wird. Sozialgeschichtliche Exegese hat so zur Aufgabe, "den Stellenwert von Gattungen innerhalb der jeweiligen sozialen Gruppen umfassender (zu) bestimmen. Dazu gehört auch eine Analyse geschichtlicher Entwicklungen, sozialer Bedingungen und anthropologischer Voraussetzungen, die verständlich machen, warum Menschen zu einer bestimmten literarischen Form greifen und sie zur Entfaltung bringen."[60] Diese eher literaturwissenschaftliche Aufgabe wird dann zu einer "Soziologie des Urchristentums" modifiziert, deren Ziel es sein soll, "das typische zwischenmenschliche Verhalten von Mitgliedern urchristlicher Gruppen zu beschreiben und zu analysieren".[61] Freilich fiel in der Durchführung dieses Programms schnell eine nicht unbeabsichtigte "Historisierung" der Soziologie auf,[62] die die Konvergenzen einer theoriegeleiteten Sozialgeschichte und einer historisch interessierten Soziologie erkennen ließ und zur Formulierung von Grundannahmen führte,

---

[58]Dies könnte seine Ursache darin haben, daß sich dort die Theoriebildung anhand der frühen Neuzeit, französischen Revolution oder der Industrialisierung vollzog, Themen der Alten Geschichte jedoch weitgehend ausgeblendet blieben. Umgekehrt hat es, wie wir oben gesehen haben, in der Alten Geschichte anscheinend nie eine solche Dominanz der Politikgeschichte gegenüber der Gesellschafts- oder Sozialgeschichte gegeben, so daß hier ein direkter Anschluß möglich wurde.

[59]Herangezogen wurden: Theißen, G., Urchristliche Wundergeschichten. Ein Beitrag zur formgeschichtlichen Erforschung der synoptischen Evangelien, StNT 8, 1974; ders., Wanderradikalismus. Literatursoziologische Aspekte der Überlieferung von Worten Jesu im Urchristentum, in: ders., Studien zur Soziologie des Urchristentums, WUNT 19, 1979, 79-105 <ZThK 70, 1973, 245-271>; ders., Die soziologische Auswertung religiöser Überlieferungen. Ihre methodologischen Probleme am Beispiel des Urchristentums, in: ders., Studien zur Soziologie des Urchristentums, WUNT 19, 1979, 35-54 <Kairos 17, 1975, 284-299>; ders., Soziologie der Jesusbewegung. Ein Beitrag zur Entstehungsgeschichte des Urchristentums, TEH 194, München, 1977; ders., Zur forschungsgeschichtlichen Einordnung der soziologischen Fragestellung, 3-34.

[60]Theißen, G., Urchristliche Wundergeschichten, 12.

[61]Theißen, G., Wanderradikalismus, 79; ders., Die soziologische Auswertung, 36; ders., Soziologie der Jesusbewegung, 9f.

[62]Theißen, G., Zur forschungsgeschichtlichen Einordnung, 22f.

die die erwähnten Affinitäten zum strukturgeschichtlichen Programm zeigte: "Soziologische Fragestellungen liegen nahe, wo Geschichte nicht mehr einseitig als Kette von Ereignissen und Taten, sondern als Konstellation von Zuständen, von Sitten und Bräuchen, Normen und Institutionen betrachtet wird. Sie werden notwendig, wo sich die Geschichtsschreibung von der Konzentration auf die herrschenden Gruppen löst und zur Geschichtsschreibung aller Menschen wird. Sie gewinnen zentrale Bedeutung, wo man versucht, auch die großen Umbrüche der Geschichte, ihre Revolutionen und Krisen, Untergänge und Neuschöpfungen in Verbindung mit strukturellen Spannungen zu deuten, die schon immer unter der Oberfläche wirksam waren."[63]

Trotz aller methodischen Überlegungen hat die "soziologische Fragestellung" wie die Strukturgeschichte weniger den Status einer Methode mit klar abgrenzbaren Arbeitsschritten als den einer "Perspektive", die durch andere Sichtweisen ergänzt werden kann.[64] Mit der Strukturgeschichte teilt dieser Ansatz das Interesse am "kleinen, unbekannten Menschen" ebenso wie das an der Soziologie als der wichtigsten Bezugswissenschaft. Ferner werden auch politische Strukturen berücksichtigt und nicht a priori aus der Sozialgeschichte ausgeschlossen.[65] Schließlich bestätigt sich die obige Vermutung über die Folgen einer Rezeption von sozialgeschichtlicher Methodik im Vergleich zu literaturwissenschaftlicher in der Exegese: Es überwiegt deutlich ein historisches Interesse gegenüber einem kerygmatischen. Ziel der sozialgeschichtlichen Exegese soll es sein, "über die sozialen Ursprünge unserer Religion"[66] aufzuklären.

Wie den strukturgeschichtlichen Ansatz finden wir in der neutestamentlichen Exegese auch den kulturanthropologischen Zugang realisiert. Entsprechend der Profanhistorie wird mit ihm bevorzugt in der Theologie und Religionsgeschichte des angloamerikanischen Raumes gearbeitet. Zwei Tendenzen lassen sich unterscheiden, die wir anhand einiger Arbeiten von John Gager und Bruce Malina darstellen wollen.

In seinem 1975 veröffentlichten Buch "Kingdom and Community"[67] versucht J. Gager das Urchristentum als eine im Entstehen begriffene soziale Welt zu verstehen, die sich innerhalb relativ kurzer Zeit hinsichtlich ihrer sozialen Verhältnisse, ihrer Formen religiöser Praxis und Lebens, schließlich ihrer Stellung im späten rö-

---

[63]a.a.O., 3.

[64]Theißen, G., Zur soziologischen Auswertung, 35.53f; ders., Soziologie, 12f.

[65]Theißen, G., Soziologie, berücksichtigt "sozioökonomische", "sozioökologische", "soziokulturelle" und "soziopolitische" Faktoren.

[66]Theißen, G., Zur forschungsgeschichtlichen Einordnung, 30.34; ders., Soziologie, 13.

[67]Gager, J.G., Kingdom and Communitiy. The Social World of Early Christianity, Englewood Cliffs, 1975.

mischen Reich grundlegend wandelte und neu orientierte.[68] Um diese Veränderungen und Wandlungen zu erklären, möchte er das Urchristentum analog zu anderen religiösen Erneuerungsbewegungen analysieren.[69] Dazu greift Gager auf Modelle aus der Ethnologie und Kulturanthropologie zurück, die bei der Erforschung chiliastischer Erneuerungsbewegungen formuliert wurden. Seine Arbeit versteht Gager als vergleichend und theoriegeleitet zugleich. Theoriegeleitet ist sie insofern, als seine Bezugswissenschaften eine Theorie des sozialen und religiösen Lebens solcher Gruppen vorgeben, die er anhand der urchristlichen Texte zu verifizieren sucht, vergleichend ist sie insofern, als diese Modelle bei der Analyse nichtchristlicher Religionen und religiöser Bewegungen, teilweise in modernen Industriegesellschaften, teilweise in außereuropäischen Gesellschaften lokalisiert, formuliert wurden.[70] Die urchristlichen und neutestamentlichen Quellen und diese Modelle sieht er in Wechselwirkung: Zum einen müßten die Modelle anhand des Quellenbefundes getestet und gegebenenfalls modifiziert werden[71], zum anderen könnten mit Hilfe der Modelle der durch die fragmentarischen Quellen verursachte Mangel an historischer Evidenz ausgeglichen werden.[72]

Gagers Interesse ist insgesamt stärker systematisch als historisch. Entsprechend liegt ihm weniger an einer frühchristlichen Sozialgeschichte als an einer Theorie der sozialen Prozesse, die gleichsam "vor" den Gegenständen der Sozialgeschichte liegen, und die er nach der Soziologie P.L. Bergers und Th. Luckmanns als die "Konstruktion" einer religiösen Welt und der Strategien faßt, die diese Lebenswelt erhalten.[73]

Während nun John Gager unbefangen Modelle aus völlig verschiedenen historischen Kontexten auf das Urchristentum überträgt, macht B.J. Malina gerade die Frage der Kontextualität zum Angelpunkt und damit zum entscheidenden Kriterium für eine adäquate Anwendung ethnologischer und kulturanthropologischer Modelle. Malina setzt voraus, daß der Kontext, in dem die neutestamentlichen Texte entstanden sind, hinsichtlich der sozialen, kulturellen und ökologischen Verhältnisse grundsätzlich von dem verschieden ist, in dem wir sie heute in Mitteleuropa und Nordamerika lesen.[74] Richtig könne die Bibel nur verstanden werden, wenn sie im

---

[68] a.a.O., 2.

[69] a.a.O., XI.

[70] a.a.O., 2; ferner Gager, J.G., Social Description and Sociological Explanation in the Study of Early Christianity. A Review Essay, Religious Studies Review 5, 1979, 174-180 <Nachdruck in: Gottwald, E.K. <Hg.>, The Bible and Liberation, Maryknoll 1983, 428-440>; ders., Shall We Marry Our Enemies? Sociology and the New Testament, Interpret 36, 1982, 256-265: 261f.

[71] Gager, J.H., Kingdom, 3f.12.13.

[72] a.a.O., 3f.

[73] Gager spricht hier von "world construction" und "world maintenance", a.a.O., 11.

[74] Malina, B.J., The New Testament World. Insights from Cultural Anthropology, Louisville, 1993[2] <1981> <dt. 1993>, III; ders., Why Interpret the Bible with the Social Sciences, American Baptist

Kontext ihrer eigenen sozialen Welt gelesen werde, deren Strukturen anhand von Kriterien und Wertvorstellungen aus eben dieser Welt rekonstruiert werden müßten.[75]

Somit stehen sowohl die Begrifflichkeiten, Theorien und Modelle der modernen Sozialwissenschaften wie die von Gager vorgeschlagene Rezeption ethnosoziologischer Modelle in Frage, obwohl gerade letztere nach Malinas Überzeugung aufgrund ihrer Aufgabenstellung grundsätzlich geeignet seien, fremde Kulturen verständlich zu machen. Entstammten die ersteren der Sozialgeschichte des 19. Jahrhunderts und seien deshalb für eine Sozialgeschichte des 1. Jahrhunderts inadäquat[76], seien die anderen vor allem wegen ihrer völlig differenten soziogeographischen Herkunft wenig hilfreich.[77] Rezipierbar scheinen Malina Modelle, die aus der ethnologischen Erforschung der mediterranen Gesellschaften der Gegenwart entstammten. Zumindest partiell hätten sich hier vorindustrielle und der Aufklärung vorausliegende Wertsysteme und Verhaltensweisen gehalten.[78] Mit Hilfe dieser Modelle, die die soziale Funktion von Einstellungen und Verhaltensweisen zum Selbst und zum Anderen, Natur und Religion, Zeit und Raum darstellten, sei ein Rahmen dessen abzustecken, was in der Mittelmeerwelt des 1. Jahrhunderts, also der Welt des Neuen Testaments, möglich, wahrscheinlich oder sogar selbstverständlich gegolten haben könnte.[79] Umgekehrt könnten bestimmte neuzeitliche Wertungen und Assoziationen ausgeschlossen werden.[80] Der erwähnte Rahmen sei jedoch nicht unveränderlich vorgegeben, sondern selbst anhand der Quellen zu überprüfen und gegebenenfalls zu modifizieren.[81]

Insgesamt zeigen sich hier - wie in der strukturgeschichtlichen Variante - starke Konvergenzen zur profanen Sozialhistorie, insbesondere zur Mentalitätengeschichte, deren Voraussetzungen, Themenstellungen und Bezugswissenschaften hier auch ohne direkte Zitation in fast identischer Weise vorhanden sind.

Neben der strukturgeschichtlichen und der sozialanthropologischen Variante ist auch der territorialgeschichtliche Ansatz in der sozialgeschichtlichen Exegese wirksam. Bereits 1968 analysierte M. Hengel das Judentum Palästinas in "zwi-

---

Quarterly <Rochester> 2, 1983, 119-133: 122; ders., Interpreting the Bible with Anthropology. The Case of the Poor and the Rich, Listening 21, 1986, 148-159: 149.

[75]ebd.; ferner ders., Why interpret, 129f; ders., The Social Sciences and Biblical Interpretation, Interpret 36, 1982, 229-242: 231.

[76]Malina, B.J., Interpreting, 155.

[77]vgl. ders., Normative Dissonance and Christian Origins, Semeia 35, 1986, 35-59: 38.

[78]Malina, B.J., Interpreting, 151.

[79]a.a.O., 150f.

[80]a.a.O., 152.

[81]a.a.O., 151. Beispielhaft durchgeführt für die Vorstellung von Individualität, vgl. Malina, B.J., The Individual and the Community. Personality in the Social World of Early Christianity, BTB <Albany> 9, 1979, 126-138 .

schentestamentlicher" Zeit als den "soziologischen und religionsgeschichtlichen Hintergrund" des Urchristentums.[82] Hier führte er beispielhaft durch, was er später als Aufgabe einer urchristlichen Sozialgeschichte stellte, daß man "die disparaten literarischen und archäologischen Quellen teppichartig zu einer sozialhistorischen Geographie zusammenweben müßte, um von dorther Galiläa, Judäa und die urchristlichen Gemeinden zu beleuchten."[83] Ähnlich nützt Chr. Burchard in einer Darstellung des Lebens und Wirkens Jesu die Erweiterung von Archäologie und Landeskunde Palästinas: "Da sie sich in den letzten Jahren zur Regional- und Sozialgeschichte hin neu orientiert haben, werden sie auch für ländliche Gebiete und für das Leben des kleinen Mannes immer ergiebiger."[84]

Die Geographie - umfassend verstanden - ist hier also wie in der Territorialgeschichte eine wichtige Bezugswissenschaft. Politische und kulturelle Verhältnisse sind keineswegs ausgegrenzt; die ersteren werden oft im Zusammenhang mit sozialen Gegebenheiten gesehen[85], den letzteren - wie schon immer in Landeskunde und Territorialgeschichte - eine wichtige, eigenständige Rolle zugeschrieben.[86] Methodisch bleibt diese Variante der sozialgeschichtlichen Exegese den Wegen der traditionellen Historie verpflichtet, indem sie quellenkritisch und deskriptiv arbeitet, wobei ein vorsichtiger Rückgriff auf sozialwissenschaftliche Begrifflichkeit oder überhaupt Erweiterungen nicht grundsätzlich ausgeschlossen sind.[87] So bezieht Burchard in seine Untersuchungen ausdrücklich die Alltagsgeschichte Palästinas ein.[88]

Auch hier gibt es keine spezifisch sozialgeschichtliche Methodik - es handelt sich wie in der strukturgeschichtlichen Zugangsweise um eine bestimmte Perspektive, die ggf. ergänzt werden kann. Tendenziell richtet sich das Interesse bei diesem landeskundlichen Ansatz auf die Erforschung des historischen Hintergrundes der urchristlichen Überlieferung, also auf das, was oft unter dem Titel "Neutestamentlichen Zeitgeschichte" zusammengefaßt wird. Inhaltlich liegt die Präferenz eindeutig in der Erforschung des Judentums und der Territorialgeschichte Palästinas. Die Aktualisierung der urchristlichen Überlieferung, insbesondere der sozialen Normen,

---

[82]Hengel, M., Judentum und Hellenismus. Studien zu ihrer Begegnung unter besonderer Berücksichtigung Palästinas bis zur Mitte des 2. Jh. v. Chr., WUNT 10, 1988³ <1968>, VII.

[83]Hengel, M., Kein Steinbruch für Ideologen. Zentrale Aufgaben neutestamentlicher Exegese, LM 18, 1978, 23-27: 24.

[84]Burchard, Chr., Jesus von Nazareth, in: <Hg.> J. Becker, Die Anfänge des Christentums. Alte Welt und neue Hoffnung, Stuttgart, 1987, 12-58: 13.

[85]Hengel, M., Judentum, 2f; Burchard, Chr., Jesus, 33.

[86]In "Judentum und Hellenismus" steht gerade die Analyse der kulturellen Einwirkungen des Hellenismus auf das Judentum und der Auseinandersetzung mit der fremden Kultur im Mittelpunkt.

[87]Vgl. die Zitation des Weberschen Herrschaftsbegriffes in Hengel, M., Christus und die Macht. Die Macht Christi und die Ohnmacht der Christen. Zur Problematik einer "Politischen Theologie" in der Geschichte der Kirche, Stuttgart, 1974, 8f.

[88]Burchard, Chr., Jesus, 13: "... Geschichte... umfassend verstanden von den Haupt- und Staatsaffären bis zum Alltagstrott und von Kopf bis Fuß."

geschieht eher vorsichtig, die historische Differenz betonend[89], ohne jedoch diese notwendig vorschnell zu individualisieren und ihre sozialen und strukturellen Aspekte zu unterdrücken.[90]

Sozialgeschichtliche Exegese im Rückgriff auf "klassische" Methoden der neutestamentlichen Exegese betreiben L. Schottroff und W. Stegemann exemplarisch in ihrem Buch "Jesus von Nazareth".[91] Zur Deutung der ältesten Jesusüberlieferung greifen sie auf die Formgeschichte zurück, zur Deutung der Evangelien auf die redaktionsgeschichtliche Methode. Insofern kann man zunächst feststellen, daß - vermittelt über die Formgeschichte - der folkloristisch-formgeschichtliche Ansatz in der neueren sozialgeschichtlichen Exegese wirksam ist, freilich ohne explizite Kritik der heute brüchig gewordenen Voraussetzungen der Folkloristik.

Dieser traditionelle, in der neutestamentlichen Exegese wirksam gewordene Ansatz der Formgeschichte wird jedoch erweitert, indem nun der "Sitz im Leben" der Überlieferungen nicht mehr nur in religiösen Zusammenhängen und Institutionen gesucht werden soll, sondern darüber hinaus in wirtschaftlichen und allgemein sozialen Kontexten.[92] Mit der klassischen Formgeschichte wird die synoptische Tradition in den "unteren Schichten" verortet, deren "Alltagserfahrungen" und "Erfahrungen in der Nachfolge Jesu" hier dokumentiert seien.[93] Demnach sind die Evangelien auch nicht die Produkte einer im modernen Sinne schriftstellerischen Individualität, sondern "Produkt einer Geschichte der Jesusbewegung"[94].

Die redaktionsgeschichtliche Fragestellung wird insofern erweitert, als nicht mehr nur nach den literarischen und theologischen Entwürfen der Evangelisten gefragt wird, sondern die Evangelien sollen auch "hinsichtlich der sozialen Botschaft des Evangeliums aus der konkreten Situation des Verfassers und seiner Leser" analysiert werden.[95] Die Evangelisten werden hier also wieder stärker im Kontext ihrer

---

[89]Hengel, M., Kein Steinbruch, 24.27; ders., Zur urchristlichen Geschichtsschreibung, Stuttgart, 1984² <1979>, 107f.; ders., Eigentum und Reichtum in der frühen Kirche. Aspekte einer frühchristlichen Sozialgeschichte, Stuttgart, 1973, 88.

[90]Vgl. insbes. Burchard, Chr., Jesus, 41.

[91]Schottroff, L./Stegemann, W., Jesus von Nazareth - Hoffnung der Armen, UB 639, Stuttgart, 1981² <1978>, ferner: Stegemann, W., Das Evangelium und die Armen. Über den Ursprung der Theologie der Armen im Neuen Testament, KT 62, München, 1981; Beide stehen hier stellvertretend für eine ganze Gruppe von Exegetinnen und Exegeten. Für unsere Fragestellung sind daher ferner heranzuziehen: Schottroff, W./Stegemann, W. <Hg.>, Der Gott der kleinen Leute. Sozialgeschichtliche Bibelauslegungen, 2 Bde., München, 1979; Schottroff, W./Stegemann, W. <Hg.>, Traditionen der Befreiung. Sozialgeschichtliche Bibelauslegungen, 2 Bde., München, 1980.

[92]Schottroff, L./Stegemann, W., Jesus, 14.29.

[93]a.a.O., 12.15.59.

[94]a.a.O., 13.

[95]a.a.O., 90f. Auch wenn beide Autoren das gesamte Buch gemeinsam verantworten, soll doch darauf hingewiesen werden, daß L. Schottroff vorwiegend formgeschichtlich arbeitet, W. Stegemann dagegen redaktionsgeschichtlich.

Gemeinde gesehen, als dies zuvor in der Redaktionsgeschichte der Fall gewesen war. Mit der Frage nach der "Botschaft" wird darüberhinaus zugleich deutlich, daß es hier nicht nur um eine historische Aufklärung und Rekonstruktion geht, sondern das Anliegen zugleich ein hermeneutisches ist: Es geht darum, durch die Anwendung der sozialgeschichtlichen Methode eine sachgemäße Verkündigung der biblischen Botschaft zu gewährleisten und damit Jesusnachfolge "praktisch" zu ermöglichen. "Die sozialgeschichtliche Fragestellung hat nicht nur das Ziel, das Bild der Vergangenheit bunter zu machen. Ihr eigentlicher Grund ist ein theologischer. Jesusnachfolge ist ein Weg, der Menschen zusammengeführt hat, die in Not waren. Diese Not ist damals wie heute auch die Not, die Unterdrückung, Haß, Gewalt und Ausbeutung erzeugen. Wer Jesusnachfolge auf ein Geschehen in den Herzen, den Köpfen und in den privaten, zwischenmenschlichen Bezügen konzentriert, beschränkt die Jesusnachfolge, verharmlost Jesus... Die (sozialgeschichtliche R.H.) Aufgabe entsteht, sobald die Jesusnachfolge praktisch wird. Da ist man dankbar für Informationen, wie denn wohl unsere Brüder in den Anfängen des Christentums konkret ihren Weg gegangen sind."[96]

Die materialistische Exegese realisiert schließlich die literatursoziologische Option einer sozialgeschichtlichen Exegese, indem sie nach den Auswirkungen der "ökonomischen, politischen und ideologischen Klassenkämpfe auf die Produktion und Rezeption biblischer Texte" fragt.[97] Sie steht für die stärker inhaltsbezogene,

---

[96]a.a.O., 14. Zur Hermeneutik dieser Richtung vgl. ferner Schottroff, W., Zur Einführung, in: ders./Stegemann, W. <Hg.>, Der Gott der kleinen Leute, Bd. 1, 9: "Eine Exegese..., die geeignet wäre, dazu beizutragen, daß Menschen heute im Lichte der im biblischen Schrifttum zur Geltung kommenden Intentionen ihre wahre Situation erkennen und bearbeiten lernen, dürfte allerdings die biblischen Texte nicht so ausschließlich, wie dies in der herkömmlichen Bibelwissenschaft geschieht, als literarische Produkte und unter literaturwissenschaftlichen Aspekten betrachten. Sondern es bedürfte primär eines sozialgeschichtlichen Zugangs, der die damalige Lebenswirklichkeit so konkret rekonstruierte, daß die Texte auf diesem Hintergrund eine ganz neue Lebendigkeit gewännen und zugleich deutlich würde, wie biblische Erfahrung, biblischer Glaube und die in der Welt der Bibel präsente Hoffnung durch Wirklichkeit nicht nur gestaltet wurden, sondern ihrerseits selbst Wirklichkeit gestaltet haben." Ferner Stegemann, W., Das Evangelium und die Armen, 54: "Es ist also - formal ausgedrückt - der sachliche Abstand zwischen unseren Lebensbedingungen und denen der früheren Christenheit, der eine konkret-geschichtliche Auslegung der Bibel erfordert. Inhaltlich ist es der Abstand zwischen den Satten und den Hungernden, den Reichen und den Armen - verbunden mit all dem, was das Leben der plousioi und ptochoi heutzutage bestimmt. Und insofern uns dieser Abstand noch gegenwärtig von einer großen Zahl von Hungernden und Armen auf dieser Welt trennt, ist er kein theoretischer nur, sondern ein praktischer, ist er kein historischer nur, sondern ein aktueller Abstand. Darum ist die sozialgeschichtliche Auslegung der biblischen Texte eine theologisch notwendige Lektüre der Bibel im Interesse an der Nachfolge Jesu Christi. Jedenfalls gilt dies für uns Wohlstandschristen. Für uns ist keine Erkenntnis der Heilsoffenbarung Gottes in Jesus Christus möglich - und in dieser sehe ich die Aufgabe der Theologie - unter Absehung davon, wie diese Heilsoffenbarung sich in der Zeit inhaltlich-konkret manifestiert hat... Von dieser können wir nur reden, wenn wir auch von ihrem manifesten Inhalt - dem Evangelium der Armen - reden."
[97]Füssel, K., Materialistische Lektüre der Bibel. Bericht über einen alternativen Zugang zu biblischen Texten, in: W. Schottroff/W. Stegemann <Hg.>, Der Gott der kleinen Leute. Sozialge-

marxistisch inspirierte Variante der Literatursoziologie. Sie entspricht in ihrer Ausrichtung zudem dem (links-)intellektuellen Klima Frankreichs und hat entsprechend
in diesem Kontext mehr Anklang gefunden als bei uns.[98] Die von F. Belo entwik-
kelte und von K. Füssel systematisierte Methodik der materialistischen Exegese
verknüpft zwei Theorien: Einmal eine strukturalistische Texttheorie, die über eine
Gliederung des Textes in einzelne Segmente das Geflecht der in diesen Textsequen-
zen benützten "Codes" entschlüsseln will. Unter dem Begriff "Code" werden dabei
alle Mitteilungen über Personen, Zeit, Orte und deren Veränderungen verstanden.
Die Beziehungen der Elemente, aus denen sich jeweils ein Text zusammensetzt,
haben nach dieser Theorie nun Entsprechungen in der Realität, sei es als Widerspie-
gelungen, exemplarische Handlungen, als strukturierende oder verändernde Kräfte.[99]
Die Realität selbst wird nach "materialistischem" Verständnis adäquat durch die
drei Instanzen Ökonomie, Politik und Ideologie beschrieben, wobei die Ökonomie
letztlich als der aussschlaggebenden Faktor der gesellschaftlichen Entwicklung angesehen wird.[100]

---

schichtliche Bibelauslegungen, Bd. 1, München, 1979, 20-36: 20; ders., Was heißt materialistische
Lektüre der Bibel?, US 32, 1977, 46-54: 47; ders., Materialistische Lektüre der Bibel. Bericht über
Entwicklung, Schwerpunkte und Perspektive einer neuen Leseweise der Bibel, ThBer 13, 1985,
123-163; Clévenot, M., So kennen wir die Bibel nicht. Anleitung zu einer materialistischen Lektüre
biblischer Texte, München, 1978 <frz. 1976>, 14; Belo, F., Das Markus-Evangelium materialistisch gelesen, Stuttgart, 1980 <frz. 1974>, 37f; ferner vgl. Rizzi, A., Verso una lettura materialista
della Bibbia, RTM 29, 1976, 9-49; Pokorny, P., Die neue theologische Linke, CV 19, 1976, 225-
232; Michiels, R./Hendrickx, H. The Materialist Reading of the Bible, East Asian Pastoral Review
23, 1986, 138-149; Tilborg, S.v., De materialistische exegese als keuze. Een uiteenzetting over
intentie, reikwijdte en belang van de materialistische exegese, TTh 18, 1978, 109-130. An dieser
Stelle ist anzumerken, daß es neben diesem Zugang einen zweiten Ansatz gibt, der sich als "mate
rialistische Exegese" bezeichnet. Im Unterschied zu dem hier referierten wird er in den Niederlan-
den gepflegt und ist stärker der Theologie Karl Barths und dem jüdischen Erbe des Christentums
verpflichtet. Diese Richtung ist Träger der Zeitschrift "Texte und Kontexte".
[98]vgl., Trocmé, E., Exégèse scientifique et idéologie, de l'école de Tubingue aux historiens francais
des origines chrétiennes, NTS 24, 1978, 447-462.
[99]Vgl. Füssel, K., Was heißt materialistische Lektüre, 52; ders., Materialistische Lektüre der Bibel.
Bericht über Entwicklung, 137.151f; ders., Anknüpfungspunkte und methodisches Instrumentarium
einer materialistischen Bibellektüre, in: M. Clévenot, So kennen wir die Bibel nicht. Anleitung zu
einer materialistischen Lektüre biblischer Texte, München, 1978, 145-170.179f: 153: "Die Relationen zwischen den bedeutungsvollen Zeichen, aus denen sich der Text aufbaut, sind daher Relationen der wirklichen Welt in einem mehrfachen Sinne. Sie sind sinnlich wahrnehmbare Produkte von
sinnerzeugenden Operationen, erfahrungshaltige Ablagerungen gesellschaftlich-geschichtlicher
Praxis, die damit für einen erneuten Gebrauch vorrätig sind; sie spiegeln nicht nur Relationen zwischen Subjekten, zwischen Objekten, zwischen Subjekt und Objekt, sondern durch die Texte werden die wirklichen Relationen auch verändert und manchmal erst konstituiert."
[100]An dieser Stelle folgt die materialistische Exegese der Interpretation der marxschen Gesellschaftstheorie durch L. Althusser. Vgl. Füssel, K., Materialistische Lektüre, 29f; ders., Was heißt
materialistische Lektüre der Bibel, 47f; ders., Anknüpfungspunkte, 157f; Belo, F., Das Markus-
Evangelium, 21.

Die Entscheidung für die strukturalistische Texttheorie fällt aufgrund der Überzeugung, daß durch ihre Textanalyse, insbesondere in der Frage nach "Oppositionen", die gesellschaftlichen Konflikte in den biblischen Texten sichtbar werden, die einmal ihre Produktion bestimmten.[101] Als konkrete Lebensäußerungen von Gruppen, die ihr Leben für andere verstehbar und nachvollziehbar machen wollten, seien die biblischen Texte Teil der ideologischen Instanz und als solche in die jeweils herrschenden Klassengegensätze involviert.[102]

Bei einer solchen Bibellektüre geht es darum zu zeigen, daß "die Armen das eigentliche Subjekt der Bibel"[103] sind, denen, die sich die Bibel zur Legitimierung eigener Herrschaftsinteressen angeeignet haben, sei die Legitimation zu entziehen. Schließlich solle die materialistische Exegese zur Klärung heutiger Praxis beitragen, indem sie biblische Beispiele von "Subversivität" wieder in das Bewußtsein rufe.[104]

So ergibt unser Durchgang, daß sich ähnlich wie in der profanen Sozialgeschichte auch unter dem Oberbegriff der sozialgeschichtlichen Exegese sehr verschiedenartige Ansätze und Richtungen vereinen. Gemeinsam sind allen Richtungen zwei Züge: Zum einen teilen sie den gleichen Gegenstandsbereich, die soziale Welt des Urchristentums, im umfassendsten Sinne verstanden, worunter sowohl die realen Verhältnisse, Gegebenheiten und Beziehungen fallen wie deren sinnstiftende Deutung. Zum anderen wird dieser sozialen Welt für das Verstehen und die Erklärung der neutestamentlichen und urchristlichen Geschichte und Theologie mehr Bedeutung zugeschrieben, als dies im allgemeinen in der neutestamentlichen Exegese der Fall war. Dagegen läßt sich weder über eine normative Methodik noch ein gemeinsames hermeneutisches Interesse die Forschungsrichtung definieren, da hier große Unterschiede bestehen. Durch den Bezug auf die erwähnten Wissenschaften ergaben sich verschiedene Methodiken, die in sehr spezifischer Weise historischen, sozialwissenschaftlichen, exegetischen und literaturwissenschaftlichen Arbeitsweisen und Fragestellungen verpflichtet sind. Freilich kann man in einer Art Momentaufnahme für die Zeit von 1970 bis 1985 durch die Verbindung von methodischen und hermeneutischen Aspekten die verschiedenen Formen der sozialgeschichtlichen Exegese systematisieren.

So sind zunächst einmal die methodisch "innovativen" Formen von den methodisch "konservativen" Varianten abzugrenzen. Unter die ersteren ist sicher die *materialistische Exegese* mit ihrer, dem Strukturalismus und der marxistischen Gesellschaftstheorie entlehnten, Texttheorie zu nennen. Hierher gehören ebenfalls die strukturgeschichtliche und die ethnosoziologische Variante der sozialgeschichtlichen Exegese. Da beide Richtungen bewußt Methodik und Begrifflichkeit der mo-

---

[101]Füssel, K., Anknüpfungspunkte, 149; ders., Materialistische Lektüre, 31.
[102]Füssel, K., Was heißt materialistische Lektüre der Bibel, 48; ders., Materialistische Lektüre, 29.
[103]a.a.O., 26.
[104]ebd.; ders., Materialistische Lektüre der Bibel. Bericht über Entwicklung, 128.133.137.

dernen Sozialwissenschaften rezipieren, fassen wir sie künftig unter der Bezeichnung *sozialwissenschaftliche Richtung*[105] zusammen. In beiden Richtungen ist man auf dem Weg zu einer eigenständigen Methodik der sozialgeschichtlichen Exegese am weitesten fortgeschritten.

Der territorial-landeskundliche Ansatz und die der Form- und Redaktionsgeschichte verpflichtete Richtung bewegen sich dagegen in den Bahnen bewährter exegetischer Methodik. Da sich der erstgenannte Typ hinsichtlich seiner Ziele einer Geschichte der neutestamentlichen Welt verpflichtet weiß, die er mehr mit den bekannten "Werkzeugen" des Historikers und Exegeten verfolgt und im wesentlichen zu deskriptiven Darstellungsformen kommt, bezeichnen wir diese Variante der sozialgeschichtlichen Exegese als *sozialdeskriptive Richtung*. Die zweite, in diesem Abschnitt genannte Form orientiert sich an dem methodischen Werkzeug der Kerygmatheologie, der Form- und Redaktionsgeschichte. Ihr geht es neben der Erforschung der neutestamentlichen Welt vor allem um die soziale Botschaft des Neuen Testaments. Daher bezeichnen wir sie künftig als *sozialkerygmatische Richtung*.

Die zuletzt genannte Bezeichnung wird unter hermeneutischen Aspekten noch einleuchtender. Wie die materialistische Exegese ist die sozialkerygmatische Richtung aktualisierend. Beide Richtungen teilen das Interesse an und das Engagement für die Unterprivilegierten und "Armen" als den eigentlichen Subjekten der urchristlichen Verkündigung, beide Richtungen haben gemeinsame Veröffentlichungen herausgebracht,[106] beide Richtungen wollen *heute* zu einer authentischen Praxis des Glaubens anleiten. Dagegen sind die sozialdeskriptive und sozialwissenschaftliche Richtung eher zur Gegenwart distanzierend, wenn sie als ihre Ziele die Aufklärung über die sozialen Ursprünge unserer Religion, die Rekonstruktion der neutestamentlichen Welt und die Erhellung des Lebens der urchristlichen Gemeinden nennen. Die Abbildung auf der folgenden Seite stellt auf idealtypische Weise dar, wie sich die verschiedenen Richtungen der „sozialgeschichtliche Exegese" inzwischen ausdifferenziert haben.

Aufgrund dieser Überlegungen ist zunächst deutlich, daß sich der Begriff "sozialgeschichtliche Exegese" nicht strikt definieren läßt. Daher wird hier eine weiter gefaßte Definition bevorzugt: Unter dem Begriff "sozialgeschichtliche Exegese"

---

[105]Eine analoge Begriffsbildung hat sich im englischen Sprachraum vollzogen: S.R Garrett faßt die von den modernen Sozialwissenschaften beeinflußten Richtungen unter der Bezeichnung "social-scientific approach" zusammen, ohne deshalb die Ansätze des "social-historical approach" als unwissenschaftlich anzusehen. J.H. Elliott bezeichnet die Richtung sozialgeschichtlicher Exegese als "social-scientific criticism", die die Perspektiven, Theorien und Modelle der Sozialwissenschaften anwendet. Mit der Bezeichnung "sozialwissenschaftliche Exegese" sollen andere Formen der sozialgeschichtlichen Exegese nicht als "unwissenschaftlich" qualifiziert werden. Garrett, S.R., Art. Sociology of Early Christianity, 90; Elliott, J.H., What is Social-Scientific Criticism?, 7.

[106]Z.B. Schottroff, W./Stegemann, W., Der Gott der kleinen Leute; dies., Traditionen der Befreiung.

sollen diejenigen wissenschaftlichen Unternehmungen verstanden werden, die sich mit der Geschichte der sozialen Welt des Urchristentums befassen. Sozialgeschichtliche Exegese analysiert die sozialen Dimensionen des biblischen Textes im Horizont seines sozialen und kulturellen Kontextes. Sie rekonstruiert diese Welt und versucht ebenso, den Einfluß dieser sozialen Welt auf Glauben und Leben des Urchristentums zu erhellen, wie sie diese Welt für uns heute verstehbar und begreifbar machen will. Sie teilt sich im Hinblick auf ihre Methodiken und ihre erkenntnisleitenden Interessen in vier Richtungen, die materialistische Exegese sowie eine sozialdeskriptive, sozialwissenschaftliche und sozialkerygmatische Richtung.

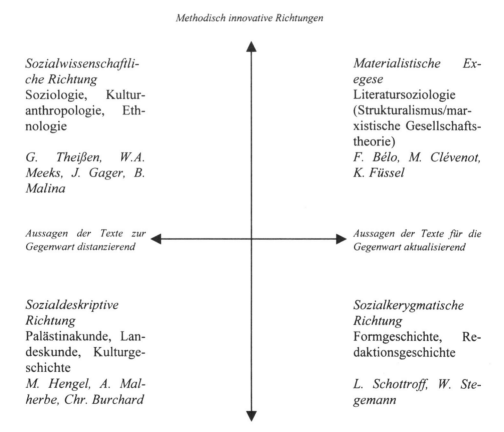

Methodisch innovative Richtungen

Sozialwissenschaftliche Richtung
Soziologie, Kulturanthropologie, Ethnologie

G. Theißen, W.A. Meeks, J. Gager, B. Malina

Materialistische Exegese
Literatursoziologie (Strukturalismus/marxistische Gesellschaftstheorie)

F. Bélo, M. Clévenot, K. Füssel

Aussagen der Texte zur Gegenwart distanzierend

Aussagen der Texte für die Gegenwart aktualisierend

Sozialdeskriptive Richtung
Palästinakunde, Landeskunde, Kulturgeschichte
M. Hengel, A. Malherbe, Chr. Burchard

Sozialkerygmatische Richtung
Formgeschichte, Redaktionsgeschichte

L. Schottroff, W. Stegemann

Methodisch konservative Richtungen

Abb. 1

1.2 Die Etablierung der sozialgeschichtlichen Exegese seit 1970

Die Forschungsgeschichte der sozialgeschichtlichen Exegese ist bis heute nicht umfassend bearbeitet worden. Das mag damit zu tun haben, daß sich erst in neuerer Zeit dieser Gegenstandsbereich konstituiert hat, als eigenständig anerkannt wird und im Begriff ist, sich zu institutionalisieren. Erst jetzt sind überhaupt die Voraussetzungen geschaffen, Ereignisse und Strukturen, Gegenstände und Entwicklungen der Vergangenheit als Elemente und zugleich als mehr oder minder bedeutsame Faktoren, Triebkräfte oder Hemmnisse einer Geschichte der sozialgeschichtlichen Exegese zu entdecken und zu verstehen.[107] Ohne auf spezielle Interessen oder die methodischen Voraussetzungen und Einzelheiten näher einzugehen, ist hiermit schon der Standort bestimmt, von dem aus die Auswahl relevanter sozialgeschichtlicher Literatur und damit die Rekonstruktion dieser Geschichte überhaupt geschehen wird.[108] Die Perspektive dieser Arbeit ist also nicht auf eine wie auch immer geartete forschungsgeschichtliche "Totale" gerichtet, ebensowenig auf eine grundsätzliche Revision der Wissenschaftsgeschichte der neutestamentlichen Exegese, auch wenn es bei der Auswahl wichtiger Etappen und Wendepunkte mögli-

---

[107]Dabei ist vorausgesetzt, daß es sich um einen Teil der eigenen Geschichte des Historikers handelt. So sieht A.C. Danto ein spezifisches Kennzeichen der Historiker darin, "wahre Feststellungen über Ereignisse aus ihrer *eigenen* Vergangenheit zu machen oder wahre Beschreibungen davon zu geben." Vgl., Danto, A.C., Analytische Philosophie der Geschichte, stw 328, Frankfurt/M., 1980, 49. Die Bedeutsamkeit von Ereignissen ergibt sich dabei letztlich aus dem Endpunkt der Darstellungszeitraumes. "Nach der Bedeutung eines Ereignisses im historischen Wortsinne fragen, heißt eine Frage stellen, die nur im Kontext einer Geschichte (story) beantwortet werden kann. Das nämliche Ereignis wird gemäß der jeweiligen Geschichte, in der es seinen Ort hat, eine unterschiedliche Bedeutung annehmen, oder mit anderen Worten: es wird diese in Übereinstimmung mit den jeweils verschiedenen, späteren Ereignisfolgen annehmen, zu denen es in Beziehung gesetzt wird." A.a.O., 27f.230. Diese Voraussetzung wird plausibel, wenn wir die Rezeptionsgeschichte marxistischer Deutungen des Urchristentums in der neutestamentlichen Exegese betrachten. Um die Jahrhundertwende waren die marxistischen Theorien nicht diskursfähig (s. dazu die Kapitel 2 und 3) und wären kaum als Teil der Geschichte der neutestamentlichen Wissenschaft angesehen worden. Heute nehmen Exegeten und Religionswissenschaftler marxistische Theorien auf und machen zugleich ausgewählte Werke zu Elementen der "eigenen" Geschichte. Vgl. Theißen, G., Zur forschungsgeschichtlichen Einordnung, 25: "Die ersten Versuche, das Urchristentum im Rahmen einer soziologischen Theorie zu deuten, stammen von Marxisten; und viele theologische Beiträge sind direkt oder indirekt durch marxistische Überlegungen hervorgerufen."
[108]Die vorgängige Abhängigkeit der Historiker von Positionen und Interessen stellt Danto, a.a.O., 62 heraus: "... ich habe erklärt, daß historische Bedeutung von nicht-historischer Bedeutung abhängig und daß letztere in sehr starkem Maße eine Angelegenheit lokaler Einflüsse, Einstellungen und Interessen des Historikers sei: daraus folgt, daß unsere gesamte Weise, die Vergangenheit zu organisieren, ursächlich mit unseren lokalen Interessen verknüpft ist, welches immer diese auch sein mögen." Vgl. ferner a.a.O., 183.230f. Auch wenn dieser "subjektive Faktor" anscheinend unmöglich eliminiert werden kann, muß sein Einfluß doch durch das Offenlegen der zu beschreitenden methodischen Wege, deren Auswahl selbst Ausdruck von solchen Interessen ist, transparent und damit kritisierbar gemacht werden.

cherweise zu Wertungen und Gewichtungen kommen wird, die von anderen forschungsgeschichtlichen Arbeiten verschieden sind.

Zu dieser ersten Perspektive kommen zwei Erwartungen, die in ähnlicher Weise "vorgängig" unseren Zugang bestimmen werden: Zunächst, daß es in der Geschichte der neutestamentlichen Exegese Arbeiten gibt, auf die sich "rückwirkend"
die oben gegebene Definition von sozialgeschichtlicher Exegese sinnvoll anwenden
läßt. Zum zweiten, daß sich, trotz zu erwartender Diskontinuitäten, ein Zusammenhang von Gegenwart und Vergangenheit zeigen wird, der ein plausibles Nachzeichnen und Erklären dieser Geschichte möglich werden läßt. Letztlich wird die "Plausibilität" dieser Geschichte entscheiden, ob der Ausgangspunkt und die Interessen,
die in dieser Arbeit eingenommen und verfolgt werden, erhellend wirken können.[109]
Insofern ist hier neben der Reflexion der Methodik eine zweite Möglichkeit gegeben, einer unüberprüfbaren Willkür bei der Wahl der Perspektive zu wehren.

Während sich erst am Ende dieser Arbeit zeigen wird, ob unsere beiden Erwartungen nicht enttäuscht werden, kommt der Behauptung der gegenwärtigen
Konstituierung, Anerkennung und Institutionalisierung der sozialgeschichtlichen
Exegese eine grundlegende Bedeutung zu. Daher soll dies im folgenden mit Hilfe
eines wissenssoziologischen Modells gezeigt werden. Dieses Modell, das G. Namer
entwickelt hat,[110] stellt idealtypisch die fortschreitende Anerkennung dar, die wissenschaftliche Erkenntnisse in der Wissenschaft und der Gesellschaft im Verlaufe
von Konstituierungs- und Institutionalisierungprozessen finden können und wird
eine Vielzahl von Beobachtungen anregen und helfen, diese zu ordnen und miteinander in Beziehung zu setzen.[111]

---

[109]Rüsen, J., Narrativität und Modernität in der Geschichtswissenschaft, in: <Hg.> P. Rossi, Theorie der modernen Geschichtsschreibung, es 390, Frankfurt/M., 1987, 230-237: 235f: "Geschichten
sind nicht schon dann gut begründet, wenn das, was sie erzählen, sich wirklich ereignet hat. Da
man dieselben Ereignisse auch in durchaus unterschiedlichen, ja einander widersprechenden Geschichten erzählen kann, bezieht sich die Begründbarkeit einer Geschichte als Geschichte gar nicht
ausschließlich auf ihren Erfahrungsgehalt, sondern vielmehr auf die narrative Organisation dieses
Gehalts zu einer Geschichte. Organisierend wirken allgemeine Hinsichten, nach denen die Quellenaussagen zu Zeitzusammenhängen menschlicher Weltveränderung in der Vergangenheit geordnet werden... Geschichten stehen nicht so in den Quellen, daß sie aus ihnen allein (quellenkritisch)
erhoben werden könnten. Sie werden immer auch als Entwürfe an die Quellen herangetragen und
mit Hilfe solcher Entwürfe, die als Bezugsrahmen einer historischen Interpretation der Quellenaussagen fungieren, erzählt... Die Charakterisierung von Historiographie als narrative Rekonstruktion
gewinnt erst hier den genauen Sinn, daß historische Erzählungen vernunftfähig sein können; denn
mit ihrem konstruktiven Charakter realisiert eine Geschichte die Begründungen, die sie erst vernünftig machen."
[110]Namer, G., Die dreifache Legitimation, Ein Modell für eine Soziologie des Wissens, in: <Hg.>
N. Stehr/V. Meja, Wissenssoziologie, KZfSS.S 22, 1981, 192-205.
[111]Zur Arbeit mit Modellen vgl., Art. Modell, in: <Hg.> G. Hartfiel/G. Hillmann, Wörterbuch der
Soziologie, KTA 410, Stuttgart, 1982³, 509f.

Wissenschaftliche Erkenntnisse folgen - so Namer - auf dem Wege zu ihrer Anerkennung als "gültiges" Wissen einem "sozialen Fahrplan", auf dem drei Haltepunkte verzeichnet sind: Zunächst muß die Anerkennung durch die Wissenschaftlergemeinschaft erworben sein, dann die Anerkennung durch die Massenmedien, schließlich die Anerkennung durch die Rezipienten der Massenmedien. In Anwendung auf eine theologische Disziplin werden wir dieses Modell modifizieren: Erstens wird nach der Anerkennung innerhalb der neutestamentlichen Wissenschaft gefragt, zweitens nach der Präsenz von sozialgeschichtlicher Exegese in Medien der kirchlichen Öffentlichkeit, wobei besonders auf Praxishilfen wie Unterrichtsentwürfe und Predigtmeditationen geachtet wird. Drittens suchen wir nach Indizien, die vermuten lassen, die sozialgeschichtliche Bibellektüre sei ein Teil des kirchlichen Lebens geworden. Hierfür wäre Literatur relevant, die jene als Phänomen kirchlichen Lebens und Handelns reflektiert.[112] Um den jeweiligen Grad der Akzeptanz von Wissen zu bestimmen, hat Namer Kriterien entwickelt. An ihnen orientiert sich die folgende Darstellung.[113]

Innerhalb der Wissenschaftlergemeinschaft, die nach Namers Modell in "relativer Autonomie" ihre Probleme bearbeitet,[114] finden die Ergebnisse der sozialgeschichtlichen Exegese Anerkennung als "gültiges Wissen" und haben somit einen höheren Status als das "Nicht-Unannehmbare", das die minimale Form der Akzeptanz darstellt.[115] Gallagher spricht in einem 1984 erschienenen Forschungsbericht davon, daß die sozialgeschichtliche Exegese, die von einer "small, diverse, but influential group" betrieben werde, mit den Arbeiten von G. Theißen und W.A. Meeks zu den paulinischen Gemeinden "volljährig" geworden sei.[116] Dies zeigt sich für uns nicht nur in der wachsenden Zahl von Publikationen zur Sozialgeschichte des Urchristentums, sondern ebenso in der großen Zahl von Rezensionen und Programmschriften.[117] Sozialgeschichtliche Exegese ist ein internationales Phänomen.[118]

---

[112]Namer hat dieses Modell für die Geschichtswissenschaft entwickelt. Es ist - wie er selbst meint - durchaus auf "religiöses Wissen" zu übertragen, wenn man die Kirche selbst als Medium ansieht, das die Vermittlung dieses Wissens organisiert. Freilich ist zu berücksichtigen, daß der Wissenstransfer von der Universität in das kirchliche Handeln auch ohne die Vermittlung der Kirchen geschehen kann, so daß man hier eher von einem Neben- statt einem Nacheinander sprechen kann, was Namer in seinem Modell nicht ausschließt. Für unsere Absichten ist der zeitliche Aspekt ohne Bedeutung, da die Rezeption sozialgeschichtlicher Exegese in beiden Bereichen diese als adäquaten Ausdruck der auctoritas normativa s. canonica auffaßt, die der Heiligen Schrift zukommt, und damit die Forschungsrichtung als sachlich angemessene Form der Bibelauslegung ansieht. A.a.O., 201f.204.

[113]a.a.O., 192.195-200.201f.

[114]a.a.O., 194.197.

[115]Zu dieser Begrifflichkeit a.a.O., 195f.

[116]Gallagher, E.V., The Social World of Paul, Religion 14, 1984, 91-99: 91f.

[117]Von 1970 bis 1990 ergaben sich für Forschungsberichte, Programmschriften und Literatur zur Methodik folgende Zahlen: 1970/0; 1971/2; 1972/1; 1973/2; 1974/3; 1975/6; 1976/3; 1977/5; 1978/25; 1979/4; 1980/9; 1981/17; 1982/21; 1983/18; 1984/19; 1985/28; 1986/21; 1987/18; 1988/18; 1989/18; 1990/17; 1991/14; 1992/11. Seitdem hält sich die Zahl kontinuierlich bei ca. 8.

In den USA wie überhaupt im englischsprachigen Raum wird sie von einer Reihe von Exegeten vorangetrieben.[119] In verschiedenen Ländern der "Dritten Welt" spielt sie im Kontext der Befreiungstheologien eine wichtige Rolle. Nachdem dort zunächst europäische Theologen zur sozialgeschichtlichen Exegese veröffentlichten, erschienen in neuerer Zeit erste Arbeiten von Theologen, die aus diesen Ländern stammen.[120] Was den deutschen Sprachraum betrifft, werden - bei aller Kritik - Leistungen der sozialgeschichtlichen Exegese auch von Exegeten anerkannt, die andere methodische Wege verfolgen und verfolgt haben.[121] Diese Anerkennung findet sich auch in theologisch und kirchenpolitisch eher konservativen Richtungen bis hin zu den Evangelikalen, so daß sie ein weiteres Spektrum abdeckt, als man ihr bisweilen nachsagt.[122] Schließlich werden die Ergebnisse auch außerhalb der theologischen Wissenschaft, in der Religionssoziologie und Alten Geschichte wahrgenommen.[123]

In der wissenschaftlichen Öffentlichkeit können sich die sozialgeschichtlich arbeitenden Exegeten und Exegetinnen Gehör verschaffen. Dieses wurde möglich, ohne daß eigens eine "Zeitschrift für sozialgeschichtliche Exegese" gegründet werden mußte; eine Ausnahme bildet allerdings die "materialistische Exegese", die sich mit "Texte und Kontexte" ein eigenes Publikationsorgan schuf. Ein Indiz dafür, daß die materialistische Exegese eine Sonderstellung innerhalb der sozialgeschichtlichen Exegese hat.

Anscheinend ist das Bedürfnis nach grundsätzlicher Reflexion zurückgegangen, was ein weiteres Indiz für die Etablierung der Methode ist. Zugrundegelegt wurde die beigefügte Bibliographie.

[118]Elliott, J.H., What is Social-scientific Criticism, 20-33.

[119]Hier sind W.A. Meeks, E.A. Judge, B.J. Malina, J. Gager und J.H. Elliott zu nennen.

[120]Schmeller, Th., Zugänge zum Neuen Testament in lateinamerikanischen Basisgemeinden, MThZ 38, 1987, 153-175; diesen Kontext nennt ferner G. Brakemeier in seinem in Brasilien verfaßten Bändchen, Der "Sozialismus" der Urchristenheit, Experiment und neue Herausforderung, KVR 1535, Göttingen, 1988; Michiels, R./Hendrickx, H., The Materialist Reading of the Bible; Ukachukwu Manus, C., The Community of Love in Luke's Acts: A Sociological Exegesis of Acts 2:41-47 in the African Context, West African Journal of Ecclesial Studies 2, 1990, 11-37; Garmus, L. <Hg.>, Sociologia das Comunidades Paulinas, Estudos Bíblicos 25, Petropolis, 1990.

[121]Ein Beispiel: Kümmel, W.G., Das Urchristentum, II. Arbeiten zu Spezialgebieten, b. Zur Sozialgeschichte und Soziologie der Urkirche, ThR 50, 1985, 327-363.

[122]Darauf weist Riesner, R., Soziologie des Urchristentums, Ein Literaturüberblick, ThBeitr 17, 1986, 213-222 hin. Ferner Tidball, D., An Introduction to the Sociology of the New Testament, Exeter, 1983; ders., On Wooing a Crocodile, An Historical Survey of the Relationship between Sociology and the New Testament Studies, VoxEv 15, 1985, 95-109.

[123]Bloomquist, L.G./Bonneau, N./Coyle, J.K., Prolegomena to a Sociological Study of Early Christianity: The Example of the Study of Early Christian Leadership, SocComp 39, 1991, 221-239. Dieser Aufsatz ist Teil eines Themenheftes des "Social Compass" zur soziologischen Erforschung des Urchristentums; Kudlien, F., "Krankensicherung" in der griechisch-römischen Antike, in: <Hg.> H. Kloft, Sozialmaßnahmen und Fürsorge. Zur Eigenart antiker Sozialpolitik, GrB Supplementband III, Graz, 1988, 75-102.

Sozialgeschichtliche Arbeiten finden sich nicht nur in Zeitschriften, sondern auch in renommierten wissenschaftlichen Buchreihen,[124] wobei sich zwei Reihen, die "Wissenschaftlichen Untersuchungen zum Neuen Testament" und "Novum testamentum et orbis antiquus", häufiger Veröffentlichungen mit sozialgeschichtlichen Themenstellungen aufgenommen haben. Sozialgeschichtliche Exegese ist ein eigenständiges Thema in Lexikonartikeln geworden und Sozialgeschichtlicher kommen dort durch Verfasserschaft oder Referat zum Zuge.[125] In neueren Kommentaren werden sozialgeschichtlich ausgerichtete Werke zitiert[126] Ein letztes Indiz für die Konstituierung der Forschungsrichtung ist schließlich die Zusammenstellung von Anthologien[127] und umfassender Bibliographien.[128]

Schließlich zeigt sich die Anerkennung der sozialgeschichtlichen Exegese an den Universitäten durch die Besetzung einer Reihe von Lehrstühlen an staatlichen und kirchlichen Hochschulen mit "Sozialgeschichtlern"[129] und die Aufnahme von

---

[124]Beispiele: Hengel, M., Judentum und Hellenismus, Studien zu ihrer Begegnung unter besonderer Berücksichtigung Palästinas bis zur Mitte des 2. Jh. v. Chr., WUNT 10, 1988[3] <1968>; Kippenberg, H.G., Religion und Klassenbildung im antiken Judäa, Eine religionssoziologische Studie zum Verhältnis von Tradition und gesellschaftlicher Entwicklung, StUNT 14, 1978; Onuki, T., Gemeinde und Welt im Johannesevangelium, Ein Beitrag zur Frage nach der theologischen und pragmatischen Funktion des johanneischen "Dualismus", WMANT 56, Neukirchen, 1984; Theißen, G., Lokalkolorit und Zeitgeschichte in den Evangelien, Ein Beitrag zur Geschichte der synoptischen Tradition, NTOA 8, Freiburg/Schweiz, 1992[2] <1989>; Stegemann, W., Zwischen Synagoge und Obrigkeit, Zur historischen Situation der lukanischen Christen, FRLANT 152, Göttingen, 1991.

[125]Garrett, S.R., Art. Sociology of Early Christianity. Der "Sozialgeschichtler" E.A. Judge verfaßte die neutestamentlichen und auf die Alte Kirche bezogenen Abschnitte des TRE-Artikels "Gesellschaft/Gesellschaft und Christentum". K. Berger, der sich zurückhaltend zur Anwendung sozialwissenschaftlicher Modelle in der neutestamentlichen Exegese geäußert hat, referiert doch solche Ansätze in seinem TRE-Artikel zur Ekklesiologie des Neuen Testaments. Judge, E.A., Art. Gesellschaft/Gesellschaft und Christentum, III. Neues Testament, TRE 12, 1984, 764-769; ders., Art. Gesellschaft/Gesellschaft und Christentum, IV. Alte Kirche, TRE 12, 1984, 769-773; Berger, K., Art. Kirche, II. Neues Testament, TRE 18, 1988, 201-218; ders., Exegese und Philosophie, SBS 123/124, Stuttgart, 1986, 186f; ders., Hermeneutik des Neuen Testaments, Gütersloh, 1988, 141-143; ein weiteres Beispiel: Keck, L.E., Art. Armut III, TRE 4, 1979, 76-80.

[126]Z.B. nur Luz, U., Das Evangelium nach Matthäus, EKK I/1, Zürich 1985, 9.11.13.

[127]Meeks, W.A. <Hg.>, Zur Soziologie des Urchristentums. Ausgewählte Beiträge zum frühchristlichen Gemeinschaftsleben in seiner gesellschaftlichen Umwelt, TB 62, München, 1979; Gottwald, N.K. <Hg.>, The Bible and Liberation, Maryknoll, 1983.

[128]Z.B. Theißen, G., Studien zur Soziologie des Urchristentums, WUNT 19, Tübingen, 1983[2], 331-348. 1989[3], 341-370; Schmeller, Th., Brechungen, Urchristliche Wandercharismatiker im Prisma soziologisch orientierter Exegese, SBS 136, Stuttgart, 1989, 117-128; Harrington, D.J., Second Testament Exegesis and the Social Sciences: A Bibliography, BTB <New York> 18, 1988, 77-85; Gottwald, N.K. <Hg.>, The Bible, 411-416 (auf das Verhältnis von Soziologie und Theologie ausgerichtet); Holmberg, B., Sociology and New Testament. An Appraisal, Minneapolis, 1990, 158-170. May, D.M., Social Scientific Criticism of the New Testament. A Bibliography, NABPR.BS 4, Macon, 1991.

[129]F. Crüsemann und F. Vouga in Bethel, L. Schottroff in Kassel, W. Stegemann in Neuendettelsau, G. Theißen in Heidelberg. Damit wird es natürlich auch leichter, sich mit sozialgeschichtlich

sozialgeschichtlichen Fragestellungen durch eine Reihe von bereits etablierten Professoren und Forschern.[130] In den USA haben sich zwei Arbeitsgruppen institutionalisiert[131], die sich bevorzugt mit sozialgeschichtlicher Exegese befassen, während solche Kreise in Deutschland einen eher informellen Charakter tragen.[132]

Über den disziplinären Diskurs hinaus ist die sozialgeschichtliche Exegese einer breiteren Öffentlichkeit im Zusammenhang der südamerikanischen Basisgemeinden und der Theologie der Befreiung präsent, was ihre Wahrnehmung insofern steuert, als Arbeiten mit sozialkerygmatischer und materialistischer Ausrichtung als repräsentativ für die gesamte Richtung erscheinen.[133] Nicht zu unterschätzen ist hier neben der kirchlichen Publizistik der Einfluß des Kirchentages, der morgendlichen Bibelarbeiten, die von SozialgeschichtlerInnen gehalten werden.[134] Hinzuweisen ist desweiteren auf G. Theißens Buch "Der Schatten des Galiläers", das - sozialgeschichtliche Exegese narrativ gestaltend - in der typischen Form eines "Massenmediums", als Paperback[135], schnell einen außergewöhnlich großen Leser- und Rezipientenkreis fand.[136] Auch die Reihe "Das Neue Testament Deutsch", die sich an interessierte Laien richtet, hat einen Band zur sozialen Welt des Neuen Testaments.[137]

In Praxishilfen finden sich zunächst in der Religionspädagogik Spuren der sozialgeschichtlichen Exegese;[138] mit den "Sozialgeschichtlichen Bibelauslegungen",

---

ausgerichteten Arbeiten akademisch zu qualifizieren. Dies ist auch zutreffend, wenn die Besetzungen bisweilen nicht ohne Schwierigkeiten zustande kamen.

[130]Man kann an J. Becker, U. Luz und U.B. Müller durch ihre Beiträge in Becker, J. <Hg.>, Die Anfänge des Christentums, denken, aber auch an K. Wengst, E. Plümacher und D. Lührmann.

[131]Meeks, W.A., The Social World of Early Christianity, CSRB 6, 1975, 1-5 berichtet von der Gründung und über die Ziele dieses Kreises. Daneben trifft sich um B.M. Malina die "Context Group".

[132]Zu nennen ist ein Kreis, der sich regelmäßig in Arnoldshain und einer, der sich auf Einladung von W. Stegemann und G. Theißen in Neuendettelsau trifft.

[133]Hier hat sich also bereits - wie es Namers Modell postuliert - ein eigenes Verständnis von dem entwickelt, was man unter "sozialgeschichtlicher Exegese" verstehen könnte, Namer, G., Die dreifache Legitimation, 199.

[134]Hier ist besonders an die Bibelarbeiten L. Schottroffs zu denken.

[135]Vgl., Namer, Die dreifache Legitimation, 197f.

[136]Theißen, G., Der Schatten des Galiläers, Historische Jesusforschung in erzählender Form, München, 1986. Bis 1989 erschien das Buch in sieben Auflagen. In NDR und SDR wurden Teile des Buches als Hörspiel gesendet. Zur Rezeption im Religionsunterricht s. Anmerkung 138.

[137]Stambaugh, J.E./Balch, D.L., Das soziale Umfeld des Neuen Testaments, GNT 9, Göttingen, 1992 <Orig.: The New Testament and Its Social Environnement, Library of Early Christianity 2, Philadelphia, 1986>.

[138]Dies gilt v.a. für den ganz auf sozialgeschichtlicher Literatur basierenden Entwurf v. E. Breit, Jesus der Nazarener, Religionspädagogische Hefte <Speyer>, II/1991, 1991; ferner: Petri, D., "Konflikt in Kapernaum, Zum Einsatz des Theißen-Buches "Der Schatten des Galiläers" im RU,

die seit 1989 in der "Jungen Kirche" erscheinen, gibt es eine eigenständige Reihe von Predigthilfen, die explizit sozialgeschichtliche Fragestellungen in die Predigtvorbereitung einbringt. Ferner haben C.S. Dudley und E. Hilgert programmatisch versucht, aktuelle soziale Probleme von Kirchen und Gemeinden im Lichte der sozialen Probleme und Konflikte zu bearbeiten, von denen das Neue Testament berichtet.[139] Schließlich wird sozialgeschichtliche Exegese als Phänomen des kirchlichen Lebens und Handelns reflektiert. H. Barié konnte zeigen, daß in Predigten badischer Lehrvikare ein Jesusbild gezeichnet wird, das Jesus immer wieder in seiner Zuwendung zu gesellschaftlichen Außenseitern und Deklassierten zeigt.[140] Er führt dies auf Prägungen durch Universitätslehrer, Pfarrer, Religionslehrer, popularisierende Literatur und Kirchentage, sowie auf die "eigenen Ideale der theologischen Jugend" zurück[141] und übersieht dabei, daß viele seiner angeführten Zitate Literatur "zitieren", nämlich solche, die der sozialkerygmatischen Richtung entstammt.[142] Interessanterweise schlägt sich der strukturelle Charakter sozialgeschichtlicher Bibelauslegung in den Predigten nieder: Aufgrund ihres Abstraktionsniveaus ist sie leicht in verschiedene Predigtperikopen, gleichsam als deren Rahmenbedingung, einzutragen[143] Das in der Einleitung zitierte Votum des theologischen Ausschusses der Arnoldshainer Konferenz reflektiert ebenfalls die sozialgeschichtliche Bibellektüre und versucht darüber hinaus, "Orientierungshilfen" zu geben.[144] Daß diese die sozialgeschichtliche Exegese nicht rundweg ablehnt, sondern vorschlägt, ihre Möglichkeiten zu nutzen[145], ist ein letztes Indiz für eine wachsende Anerkennung der sozialgeschichtliche Exegese als einer eigenständigen exegetischen Forschungsrichtung.

Entwurf <Karlsruhe> 1/2, 1987, 70-75; Eßlinger, E./Rupp, H./Schott, U., Gottes verborgene Gegenwart, Oberstufe Religion 10, Stuttgart, 1988.

[139]Dudley, C.S./Hilgert, E., New Testament Tensions and the Contemporary Church, Philadelphia, 1987, 5.

[140]Barié, H., Welcher Christus wird gepredigt?, EK 20, 1987, 523-525.

[141]a.a.O., 525.

[142]Man vergleiche insbes. die a.a.O., 523f angeführten Beispiele mit Schottroff, L./Stegemann, W., Jesus von Nazareth.

[143]ebd. Ferner Allen, R., Chapter 8. Sociological Exegesis: Text and Social Reality, Contemporary Biblical Interpretation for Preaching, Valley Forge, 1986, 83-94.

[144]Das Buch Gottes, 23. Auch das Anm. 1 erwähnte Buch, das U. Luz herausgegeben hat, wurde von einer kirchlichen Institution, dem Schweizerischen Kirchenbund, in Auftrag gegeben und unterstreicht, daß freilich nicht nur bei der sozialgeschichtlichen Exegese, sondern bei anderen "neuen" Zugängen zur Bibel Reflexionsbedarf gesehen wird.

[145]Das Buch Gottes, 73f.

1.3 "Die Geschichte der sozialgeschichtlichen Exegese". Überlegungen zur Methodik

Daß sich theologische Wissenschaft nicht unbeeinflußt von der allgemeinen Geschichte entwickelt, ist eine alte Einsicht. So sah H. Gunkel 1908 den Aufschwung, den die exegetischen Disziplinen in den letzten zwanzig Jahren des 19. Jahrhunderts nahmen, auch durch die liberale Kirchenpolitik dieser Jahre ermöglicht, die nach den Jahren der politischen Restauration, den notwendigen Raum für eine freie, unvoreingenommene Forschung gewährt habe.[146] Und schon ein halbes Jahrhundert zuvor hatte I.A. Dorner eine Geschichte der protestantischen Theologie" im Zusammenhang mit dem religiösen, sittlichen und intellektuellen Leben" geschrieben.[147] So ist die Wissenschaftsgeschichte der Theologie und ihrer Disziplinen immer schon mehr gewesen als jene "Geschichte der Resultate", auf die Ranke die Wissenschaftsgeschichte beschränkte.[148] Vorliegende Forschungsgeschichten zum Neuen Testament gehen dann in der Tat über eine bloße Aneinanderreihung von erzielten Resultaten hinaus, indem sie die Erforschung des Neuen Testaments nach problemgeschichtlichen, ideen- und geistesgeschichtlichen oder biographischen Gesichtspunkten darstellen.

Die problemgeschichtlichen Darstellungen unter ihnen richten sich an den "bleibend wichtigen oder zukunftsweisenden Fragestellungen und Methoden"[149] aus, die Forschungsgeschichte erscheint hier als eine kontinuierliche Abfolge von relevanten Problemen, Methoden und Hypothesen. Charakteristisch für diese Methodik ist ferner eine strenge Orientierung an der disziplinimmanenten Diskussion, während - zumindest prinzipiell - außerdisziplinäre oder -wissenschaftliche Aspekte nicht berücksichtigt werden. Diesen Zielsetzungen ist eine vorwiegend deskriptive Darstellungsform angemessen[150]; in der Realität gehen die Problemgeschichten über die reine Deskription hinaus, wenn sie Entwicklungen erklären oder diese unter kritischen Aspekten sehen wollen.

---

[146]Gunkel, H., B. Stade, Charakterbild eines modernen Theologen, in: ders., Aufsätze und Reden, Göttingen, 1913, 1-10: 2.

[147]Dorner, I.A., Geschichte der protestantischen Theologie, besonders in Deutschland nach ihrer prinzipiellen Bewegung und im Zusammenhang mit dem religiösen, sittlichen und intellektuellen Leben betrachtet, München, 1867².

[148]Lepenies, W., Probleme historischer Wissenschaftsforschung, in: <Hg.> C. Burrichter, Grundlegung der historischen Wissenschaftsforschung, Basel, 1979, 23-47: 25f.

[149]So Kümmel, W.G., Das Neue Testament, Geschichte der Erforschung seiner Probleme, OA III/3, München, 1971², V.

[150]Beispielhaft realisiert bei W.G. Kümmel, der konsequenterweise der Darbietung ausgewählter Quellentexte bedeutend mehr einräumt als den kommentierenden Abschnitten. Hierher gehört auch Schmithals, W., Die Theologie Rudolf Bultmanns, Tübingen, 1967², der den biographischen Abschnitt nur als Einleitung zur Sache versteht.

Ein typisches Beispiel hierfür ist Albert Schweitzers "Geschichte der Leben-Jesu-Forschung".[151] In ihr zeichnet er nicht nur den Verlauf der Forschung nach, sondern nimmt sie zugleich zum Ausgangspunkt, um von der Kritik der älteren Positionen aus seinen Beitrag zur Lösung des Problems plausibel zu machen. Dabei überschreitet er, wie er zugeben muß, die Grenzen einer Problemgeschichte.[152] So weist Schweitzer auf ideen- und geistesgeschichtliche Faktoren hin, wenn er die Kritik des Rationalismus an der traditionellen Christologie für das Aufkommen der Leben-Jesu-Forschung verantwortlich macht. Biographische Einflüsse macht er geltend, wenn er das jeweilige Jesusbild von der "Persönlichkeit" des jeweiligen Exegeten abhängig sieht.[153] Gesellschaftliche Verhältnisse bringt er in Anschlag, wenn er darauf hinweist, daß Ende des 18. Jahrhunderts K. F. Bahrdt das Essenertum in Analogie zum Illuminatenorden beschrieb.[154] Leider führt Schweitzer nicht in jedem Falle die Analysen konsequent zu Ende, so daß er solche Einflüsse von "außerhalb", die den Gang der Leben-Jesu-Forschung offenbar mitbestimmten, methodisch nicht in seine Forschungsgeschichte einzubinden vermag.[155]

Die geistes- und ideengeschichtliche Richtung, die wie die biographische Forschungsgeschichte Wissenschaft nicht mehr unter rein disziplinimmanenten Gesichtspunkten betrachtet, finden wir in neuerer Zeit bei K. Berger realisiert.[156] Er untersucht anhand ausgewählter Beispiele, inwieweit die wechselseitige Beeinflussung von "Exegese und Philosophie" die Geschichte der neutestamentlichen Exegese vorantrieb, wobei offenbleiben kann, ob diese Verbindungen biographisch verifiziert[157] oder einfach aufgrund der offensichtlichen kulturellen Dominanz bestimmter Philosophien und Weltanschauungen als gegeben angesehen werden. In jedem Fall wird hier - methodisch eingebunden - der Einfluß gesellschaftlicher und kultureller Verhältnisse und Strömungen auf die Schriftauslegung erhellt.[158] Dagegen wird der

---

[151]Schweitzer, A., Geschichte der Leben-Jesu-Forschung, UTB 1302, Tübingen, 1984[9] <1906>.

[152]Vgl. das Vorwort zur 2. Auflage, a.a.O., 27.

[153]a.a.O., 48: "Und nicht nur die Epochen fanden sich in ihm (Jesus R.H.) wieder: jeder einzelne schuf ihn nach seiner eigenen Persönlichkeit."

[154]Der Illuminatenorden wurde zur Verbreitung des Deismus gegründet und war, den Freimaurern vergleichbar, als Geheimbund organisiert. A.a.O., 47.80.

[155]Auch H.J. Genthe verweist in seiner Forschungsgeschichte öfter auf außertheologische Faktoren, die die Entwicklung der neutestamentlichen Exegese bestimmten, allerdings ohne methodische Vorüberlegungen anzustellen. Genthe, H.J., Kleine Geschichte der neutestamentlichen Wissenschaft, Göttingen, 1977.

[156]Berger, K., Exegese und Philosophie.

[157]Wie bei Berger, Exegese und Philosophie, 11.

[158]An dieser Stelle ist auch ein Übergang zu einer im Mannheimschen Sinne ideologiekritisch ausgerichteten Forschungsgeschichte möglich, wie sie Berger in ders., Art. Gnosis/Gnostizismus, TRE 13, 1984, 514-535 durchgeführt hat. Diese Methodik wurde bereits 1959 von E. Käsemann vorweggenommen. Er analysierte Auslegungen zu Röm 13, 1-7 im Zeitraum von 1900-1959 und stellte dar, wie neben biographischen und konfessionellen Prägungen auch gesellschaftliche und kirchenpolitische Probleme und Auseinandersetzungen die Interpretation des Textes mitbestimm-

Einfluß, den die Bedingungen und Strukturen des Wissenschaftsbetriebes und der Gemeinschaft der Wissenschaftler haben könnten, nicht explizit thematisiert.

Der zuletzt genannten Frage geht - zumindest in Ansätzen - die biographisch ausgerichtete Forschungsgeschichte nach, die die Zusammenhänge von persönlichen und wissenschaftlichen Entwicklungen untersucht, wobei die persönlichen Kontakte und Beziehungen, zu denen ja die universitären zählen, eine zentrale Rolle spielen.[159] Neben den großen Außenseitern wird zumeist die Biographie von Forscherpersönlichkeiten erarbeitet, deren methodische, exegetische und theologische Arbeiten für die Gegenwart eine gewisse Bedeutung behalten haben oder neu gewinnen (sollen).

Ohne einen der genannten Aspekte aus einer Forschungsgeschichte der sozialgeschichtlichen Exegese ausschließen zu wollen, kann doch aus mehreren Gründen für ihre Geschichte keiner der genannten Ansätze für sich die theoretische Basis abgeben. So setzt eine problemgeschichtliche Darstellung implizit eine relativ kontinuierliche Arbeit an gegebenen Problemstellungen und der Entwicklung exegetischer Methoden voraus. Damit vermag sie eine treffende Beschreibung der von der sozialgeschichtlichen Exegese verhandelten Themen zu geben und ein sehr wechselndes Interesse an ihren Fragestellungen zu konstatieren. Sie kommt jedoch in Schwierigkeiten, wenn sie die Diskontinuitäten in der Entwicklung der Forschungsrichtung erklären soll, die durch das nachlassende Interesse in den Jahrzehnten zwischen der Ära des liberalen Protestantismus und den neueren Bemühungen um eine sozialgeschichtliche Auslegung des Neuen Testaments bestehen.[160] Zudem dürfte es dem problemgeschichtlichen Ansatz aufgrund seiner Beschränkung auf den innerdisziplinären Diskurs kaum möglich sein, außerhalb dieses Diskurses liegende Faktoren zu erhellen, die die Relevanz und Akzeptanz der sozialgeschichtlichen Exegese zu beeinflussen scheinen[161].

Aufgrund dieser Vorüberlegungen legt es sich nahe, einen Ansatz zu wählen, der die Grenzen eines problemorientierten, disziplinimmanenten Zuganges überschreitet, zugleich aber den Interessen der ideengeschichtlichen und biographischen Forschungsgeschichte an den Kommunikationsprozessen unter den Wissenschaftlern, sowie geistigen und gesellschaftlichen Einwirkungen auf den Erkenntnispro-

---

ten. Diese Ansätze wurden jedoch nicht weitergeführt. Käsemann, E., Röm 13, 1-7 in unserer Generation, ZThK 56, 1959, 316-376.

[159]Beispiele sind Verheule, A.F., Wilhelm Bousset, Leben und Werk, Amsterdam, 1973; Klatt, W., Hermann Gunkel, Zu seiner Theologie der Religionsgeschichte und zur Entstehung der formgeschichtlichen Methode, FRLANT 100, Göttingen, 1969 und Lannert, B., Die Wiederentdeckung der neutestamentlichen Eschatologie durch Johannes Weiß, TANZ 1, Tübingen, 1989.

[160]Zu dieser Diskontinuität vgl., Theißen, G., Zur forschungsgeschichtlichen Einordnung, 4-6. Schottroff, L./Stegemann, W., Jesus, 14; Scroggs, R., The Sociological Interpretation of the New Testament, 164f.

[161]vgl., Anm. 6.

zess Rechnung trägt. Mit der Verbindung dieser verschiedenen Perspektiven soll eine Heroisierung einzelner Wissenschaftler und eine Individualisierung der Wahrnehmung geistiger und gesellschaftlicher Phänomene vermieden werden, wie sie bei einer biographischen Ausrichtung drohen könnte, ebenso eine Vernachlässigung der gesamtgesellschaftlichen und institutionellen Faktoren, zu der eine ideengeschichtlich ausgerichtete Forschungsgeschichte neigt. Wissenschaft wird so als ein Teil der Sozialität des Menschen verstanden, der nicht unbeeinflußt von anderen sozialen Gegebenheiten und Prozessen seinen Weg geht. Sie wird nicht mehr nur als "reiner" Erkenntnisprozess verstanden, der induktiv oder deduktiv arbeitet, sich primär an der Verifikation oder Falsifikation von Hypothesen orientiert, sondern wird in einen gesamtgesellschaftlichen Zusammenhang eingeordnet. Damit folgen wir einem Wissenschaftsbegriff, wie er in der Wissenschaftssoziologie entwickelt und in der neueren Wissenschaftsgeschichte rezipiert wurde.[162]

In seinen bahnbrechenden Arbeiten hat R.K. Merton als erster die sozialen Mechanismen untersucht, die das Funktionieren von Wissenschaft garantieren.[163] "Organisierter Skeptizismus", "Uneigennützigkeit", "Kommunismus" und "Universalismus" sind die sozialen Normen, deren Einhaltung er als unabdingbar ansieht.[164] Unter "Universalismus" versteht er die Prüfung von Wahrheitsansprüchen anhand unpersönlicher und von vorneherein festliegender Kriterien, "Kommunismus" meint, daß wissenschaftliche Entdeckungen als Gemeinbesitz angesehen werden müssen.[165] Merton betrachtet hier also nur die normativen Strukturen innerhalb der Wissenschaftlergemeinschaft, weswegen die hier benannten sozialen Faktoren im allgemeinen als "interne" Faktoren bezeichnet werden.

Nun hat sich in neueren Untersuchungen gezeigt, daß Mertons Normen wohl erstrebenswerte Ideale darstellen, sich ihre Wirksamkeit in Forschungsprozessen

---

[162]Mulkay, M., Science and the Sociology of Knowledge, Controversies in Sociology 8, London, 1980; Burrichter, C., Aufgaben und Funktionen einer historischen Wissenschaftsforschung, Reflexionen zum Thema des Bandes, in: ders. <Hg.>, Grundlagen der historischen Wissenschaftsforschung, Basel, 1979, 7-21; Bialas, V., Grundprobleme der Wissenschaftsgeschichte, in: <Hg.> N. Stehr/R. König, Wissenschaftssoziologie, KZfSS.S 18, 1975, 122-134; zur Differenz zwischen dem Verständnis der Wissenschaft als "reinem Erkenntnisprozeß" und dem wissenschaftssoziologischen Begriff vgl., Mulkay, M., Science, 29-62; Bialas, V., Wissenschaftsgeschichte, 126f.

[163]Mertons Aufsätze, die aus den 30er und 40er Jahren stammen, werden zitiert nach Merton, R.K., Entwicklung und Wandel von Forschungsinteressen, hg.v. N. Stehr, Frankfurt/M., 1985.

[164]Merton, R.K., Die normative Struktur der Wissenschaft. Entwicklung und Wandel von Forschungsinteressen, in: ders., Entwicklung und Wandel von Forschungsinteressen, hg.v. N. Stehr, Frankfurt/M., 1985, 86-99; zur Bewertung der Wissenschaftssoziologie Mertons, vgl., Stehr, N., Robert K. Mertons Wissenschaftssoziologie, in: R.K. Merton, Entwicklung und Wandel von Forschungsinteressen, Frankfurt/M., 1985, 7-30; Weingart, P., Wissensproduktion und soziale Struktur, stw 155, Frankfurt/M., 1976, 27.

[165]a.a.O., 90-96.

jedoch nicht empirisch verifizieren läßt.[166] Deshalb spielen in neueren Ansätzen die sogenannten "externen" Faktoren eine größere Rolle. Untersucht werden nunmehr nicht mehr allein die Gegebenheiten, die das Funktionieren eines wissenschaftlichen Diskurses garantieren; es wird jetzt danach gefragt, inwiefern soziokulturelle Gegebenheiten, Richtung und Tempo, Arbeitsformen und Einstellungen, Kommunikationsformen und Methodenentwicklung beeinflussen.[167]

Eine ähnliche Entwicklung hat die Wissenschaftsgeschichte genommen. Noch Th. S. Kuhns bekanntes Modell des "Paradigmenwechsels" entspricht in vielen Zügen internalistischen Wissenschaftskonzeptionen, indem das "Paradigma" und die "scientific community" den Stand einer Wissenschaft gleichsam definieren. "Anomalien", unerwartete, in die herrschenden Vorstellungen nicht zu integrierende Ergebnisse, die einen "Paradigmenwechsel" provozieren können, ergeben sich nach Kuhn aus dem Forschungsprozeß, der als weitgehend unabhängig von externen Faktoren gedacht wird.[168] Zugleich konnte Kuhn gerade am Beispiel der Naturwissenschaften überzeugend zeigen, daß wissenschaftlicher Fortschritt nicht gleichbedeutend mit einer kontinuierlich zunehmenden Anhäufung von Wissen ist, sondern sich in seinen entscheidenden Schritten durch einen revolutionären Wechsel der grundlegenden Annahmen einer Wissenschaft, des "Paradigmas", vollzieht.[169] Mit diesem Abschied von einem kumulativen Wissenschaftskonzept lenkte Kuhn die Aufmerksamkeit nicht nur auf Diskontinuitäten in der Wissenschaftsgeschichte, sondern es entstand ein neues Interesse an "externalistischen" Konzeptionen der Wissenschaftsentwicklung, die zuvor vorwiegend im Kontext der marxistischen Wissenschaftsforschung existiert hatten,[170] so daß im Resultat sowohl die moderne

---

[166]Mulkay, M.J., Drei Modelle der Wissenschaftsentwicklung, in: <Hg.> N. Stehr/R. König, Wissenschaftssoziologie, KZfSS.S. 18, Opladen, 1975, 48-61.

[167]Art. Wissenschaftssoziologie, in: <Hg.> G. Hartfiel/G. Hillmann, Wörterbuch der Soziologie, KTA 410, Stuttgart, 1982[3], 818.

[168]Kuhn, Th.S., Die Struktur wissenschaftlicher Revolutionen, stw 25, Frankfurt/M., 1976; zu den Begriffen "Paradigma" und "scientific community" s. ders., Neue Überlegungen zum Begriff des Paradigma, in: ders., Die Entstehung des Neuen. Studien zur Struktur der Wissenschaftsgeschichte, hg.v. L. Krüger, stw 236, Frankfurt/M., 1977, 389-420.

[169]Kuhn nennt als Beispiele den Wechsel vom Ptolemäischen Weltbild zum Kopernikanischen, die Durchsetzung von Lavoisiers Sauerstofftheorie der Verbrennung gegenüber der älteren Phlogistontheorie, schließlich die Überwindung der "Grundlagenkrise" der Physik durch die Relativitätstheorie, Kuhn, Th.S., Struktur, 80-87.

[170]Weingart, P., Wissensproduktion, 29.33; Mikulinskij, S.R./Rodnyi, N.I., Wissenschaftsgeschichte und Wissenschaftskunde, in: <Hg.> G. Kröber/H. Steiner, Wissenschaft. Studien zu ihrer Geschichte, Theorie und Organisation, Berlin, 1972, 58-95; Lejkin, E.G., Zur Kritik der kumulativen Konzeptionen der Wissenschaftsentwicklung, in: <Hg.> G. Kröber/H. Steiner, Wissenschaft. Studien zu ihrer Geschichte, Theorie und Organisation, Berlin, 1972, 152-213; Wolff, M., Über den methodischen Unterschied zwischen 'äußerer' und 'innerer' Wissenschaftsgeschichte, in: <Hg.> K. Bayertz, Wissenschaftsgeschichte und wissenschaftliche Revolution. Studien zur Dialektik, Frankfurt, 1981, 58-71; Bayertz, K., Über Begriff und Problem der wissenschaftlichen Revolution. Wissenschaftsgeschichte und wissenschaftliche Revolution. in: <Hg.> ders., Wissenschaftsgeschichte und wissenschaftliche Revolution. Studien zur Dialektik, Frankfurt, 1981, 11-28.

Wissenschaftssoziologie also auch die moderne Wissenschaftsgeschichte bemüht sind, "internalistische" und "externalistische" Konzeptionen zu verbinden.[171]

Analog werden im Rahmen dieser Arbeit beide Perspektiven zu ihrem Recht kommen, soll die Geschichte der sozialgeschichtlichen Exegese durch das Aufsuchen interner wie externer Faktoren transparent gemacht werden. Im Prinzip sind es zwei Fragen und Methoden, mit denen hier gearbeitet werden wird: Einmal eine organisationssoziologische, die nach typischen internen Strukturen und Abläufen bei wissenschaftlichen Innovationen fragt, von den ersten Entdeckungen und dem Entstehen eines neuen Forschungszweiges bis zur institutionellen Absicherung der neuen Forschungsrichtung und der Anerkennung ihrer Ergebnisse als gültiges Wissen.[172] Da diese Strukturen und Abläufe vielfach in die Form wissenschaftstheoretischer Modelle gebracht wurden, werden wir auf einige dieser Modelle zurückgreifen.[173] Zum zweiten ist die wissenssoziologische Frage zu stellen und nach der Plausibilität und damit nach der Strukturierung von "Wissen" durch die soziale Welt des Forschers zu fragen. Beide Ansätze stehen in einer gewissen Spannung zueinander, denn sie bewerten in verschiedener Weise "interne" und "externe" Faktoren. Jedoch sind - wie gezeigt wurde - diese Widersprüche relativiert worden, denn im Grunde handelt es sich um zwei Perspektiven, von denen keine für sich ausreicht. Verabsolutierte man eine von beiden, würde immer ein wesentlicher Bereich des Lebens und der Lebenswelt der Forscher ausgeblendet, deren Arbeiten wir hier untersuchen werden.

1.3.1 Wissenschaftssoziologische Aspekte: Interne Faktoren der Wissenschaftsentwicklung

Der gesamte Verlauf der sozialgeschichtlichen Erforschung des Neuen Testaments wie bestimmte, epochale Abschnitte werden nach der Darstellung der Forschungsergebnisse und vor der wissenssoziologischen Betrachtung - mit Hilfe von drei wissenschaftssoziologischen und -theoretischen Modellen analysiert und gedeutet werden. Dabei müssen die Modelle nicht nahtlos auf die historischen Phänomene passen. Es muß auch eine eklektische Auswahl und Zusammenfügung von einzelnen Modellelementen zu einer neuen Theorie möglich sein.

Wissenschaftstheoretische Modelle stellen gewöhnlich idealtypisch das Fortschreiten der Wissenschaft oder einzelner Disziplinen dar und entwerfen auf diese Weise eine Theorie des wissenschaftlichen Fortschritts. In den Sozialwissenschaften dienen solche Modelle dazu, eine Vielzahl von Einzelbeobachtungen zu verknüpfen

---

[171] Weingart, P., Wissenschaftsproduktion, 39f.
[172] Weingart, P., Wissensproduktion, 52-57.
[173] s. dazu das folgende Kapitel.

und somit ein umfassendes Bild eines Phänomens entstehen zu lassen.[174] Im Rahmen dieser Arbeit haben die Modelle drei Funktionen:

1. Mit ihrer Hilfe soll der jeweilige Entwicklungsstand der sozialgeschichtlichen Exegese abgeschätzt werden.
2. Aufgrund ihrer Kategorien können möglicherweise unerwartete Entwicklungen in der Disziplin auf interne Faktoren zurückgeführt werden und müssen daher nicht auf externe bezogen werden. Insofern kontrollieren sie den Gebrauch der wissenssoziologischen Kategorien.
3. Da die unten aufgeführten Modelle auf je verschiedene Weise die Kommunikation der Wissenschaftler beleuchten, kann mit ihrer Hilfe gezielt den Verbindungen der sozialgeschichtlichen Exegese zu anderen theologischen Disziplinen und anderen Wissenschaften überhaupt nachgegangen werden.

Dabei ist ein Problem zu beachten. Einige dieser Modelle sind anhand von Beobachtungen in den Naturwissenschaften formuliert worden und werden hier in einen geisteswissenschaftlichen Kontext gebracht. Dennoch werden sie damit nicht inadäquat: Zum einen hat sich eine strikte Trennung von Natur- und Geisteswissenschaften in einer wissenschaftssoziologischen Perspektive als wenig hilfreich erwiesen, ferner expliziert die sozialgeschichtliche Exegese - auch in ihren hermeneutisch anspruchsvollen Varianten - ein starkes Interesse an der Empirie, an "konkreten Zuständen".[175] Zudem stimmen geistes- und naturwissenschaftliche Disziplinen in der Organisation des wissenschaftlichen Diskurses weitgehend überein.[176] Anhand folgender Modelle soll gearbeitet werden:

1. St. Toulmins Modell einer evolutionären Wissenschaftsentwicklung.[177]
2. M. Mulkays Modell der Verzweigung.[178]
3. Ein Modell von G. Rau, das Chancen einer Integration von Theologie und Sozialwissenschaften auslotet.[179]

---

[174]Vgl., Art. Modell, in: <Hg.> G. Hartfiel/G. Hillmann, Wörterbuch, 509f.

[175]Mit den Begriffen "empirisch" und "konkret" wird das Anliegen der sozialgeschichtlichen Exegese öfter charakterisiert. Scroggs, R., The Sociological Interpretation, 165; Best, Th.S., The Sociological Study of the New Testament, SJTh 36, 1983, 181-194: 183.

[176]Namer, G., Die dreifache Legitimation, 194: "Gleichgültig, ob es sich um das Wesen Jesu handelt, um das Atom oder die Perspektive, die Wissenschaftlergemeinschaft sichert dem neuen Werk immer Stufen der Wahrheit oder des Wertes und wird bestimmen, welchem Wissenstypus und welcher Schule es zuzuordnen ist... Es sind genau diese Legitimationsregeln der wissenschaftlichen Erkenntnis, die deren relative Autonomie gegenüber der Gesamtgesellschaft garantieren."

[177]Toulmin, St., Die evolutionäre Entwicklung der Naturwissenschaft, in: <Hg.> W. Diederich, Beiträge zur diachronischen Wissenschaftstheorie, Frankfurt/M., 1978, 276-285.

[178]Mulkay, M., Drei Modelle der Wissenschaftsentwicklung, 48-61.

ad 1: Nach St. Toulmin entwickelt sich Wissenschaft in einer Vielzahl von kleinen Schritten. Gemeinsam ist dabei den Wissenschaftlern nicht ein großes, festgelegtes Paradigma, sondern ein "Pool" von möglichen Varianten, die im Forschungsprozeß realisiert werden können. Diese Varianten wetteifern in jeder Wissenschaftlergeneration neu, denn in jeder Generation existieren bestimmte Selektionsmechanismen, die unter den Varianten auswählen.[180] Diese Selektionsmechanismen sind dabei sowohl durch innerdisziplinäre Techniken und Methoden wie durch externe Faktoren bestimmt.

ad 2: Nach M. Mulkay entwickelt sich Wissenschaft durch Verzweigungen alter Forschungsgebiete. Die Initiatoren dieser Verzweigungen sind Wissenschaftler, die nach dem Niedergang einer bestimmten Forschungsrichtung neue Arbeitsgebiete suchen, um sich wissenschaftliche Reputation erarbeiten zu können.[181] Sie bilden keine homogene Gruppe, sondern die Zusammensetzung wandelt sich sehr stark. Die Verzweigung verläuft dabei in drei Phasen: Zunächst arbeiten die Wissenschaftler unabhängig voneinander; die schlechte Kommunikationssituation führt zu Verständigungsproblemen, die sich häufig in Prioritätsstreitigkeiten und Mehrfachentdeckungen äußern. Dann verbessert sich die Kommunikationsstruktur und allmählich bildet sich ein erster Konsens. Nun nehmen bereits etablierte Forscher die neuen Fragestellungen auf und lenken die Forschungen ihrer Schüler auf dieses Gebiet. In einer zweiten Phase kommt es zu einer Sichtung der Arbeiten der Pionierzeit, von denen manche dann als Klassiker gelten. Der Forschungsprozess verläuft nun nicht mehr sprunghaft, sondern fließt ruhig dahin. Im gleichen Maße sinken die Möglichkeiten der Wissenschaftler, Neuentdeckungen zu machen und Reputationsgewinne zu erzielen, so daß sie in einer letzten Phase ihr Interesse auf unerwartete Ergebnisse dieses neu konstituierten Forschungszweiges richtet, um hier wieder zu neuen Entdeckungen und neuen Verzweigungen zu kommen.[182]

ad 3: G. Raus Modell läßt sich am besten als Kooperationsmodell beschreiben. Er unterscheidet zunächst idealtypisch zwei Formen, Wissenschaft zu treiben, sowohl in der Theologie als auch in den Sozialwissenschaften: Sogenannte "Offenbarungswissenschaftler"[183] arbeiten theoretisch anspruchsvoll und im wesentlichen deduktiv, während demgegenüber ein "Verstandeswissenschaftler" induktiv, an der Empirie orientiert, arbeitet.[184] Auf der Seite der Theologie wird die erste Position

---

[179]Rau, G., Theologie und Sozialwissenschaften - theoretische Ansätze zu ihrer Integration, in: <Hg.> K.-F. Daiber/I. Lukatis, Die Praxisrelevanz von Theologie und Sozialwissenschaften. Erfahrung und Theologie, Schriften zur praktischen Theologie 10, Frankfurt/M., 1984, 175-181.

[180]Toulmin, St., Die evolutionäre Entwicklung der Naturwissenschaft, 265-267

[181]Mulkay, M., Drei Modelle der Wissenschaftsentwicklung, 55f.

[182]a.a.O., 56-59.

[183]Rau, G., Theologie und Sozialwissenschaften, 187.

[184]a.a.O., 181.187.

von den Nachfolgern der Dialektischen Theologie eingenommen, die zweite von den Nachfolgern eines liberalen Protestantismus, auf der Seite der Sozialwissenschaften findet er die erste Position bei den "Sozialphilosophen", die andere bei den kritischen Rationalisten. Damit ergeben sich vier Möglichkeiten einer Zuordnung, die zu unterschiedlichen Ergebnissen führen. Dabei bestehen nach Raus Überzeugung die größten Chancen für Innovationen, wenn die Theologie ihren Offenbarungsanspruch zurücknimmt und sich den kritischen Anfragen einer theoretisch anspruchsvollen Sozialwissenschaft aussetzt. Ein Zusammengehen scheitert da, wo ein Dialogpartner mit überzogenen theoretischen Ansprüchen auftritt, während ein völliger Verzicht auf theoretische Ansprüche nur spannungslose Forschungsprozesse in Gang zu setzen vermag.[185] Die folgende Abbildung veranschaulicht dieses Modell:

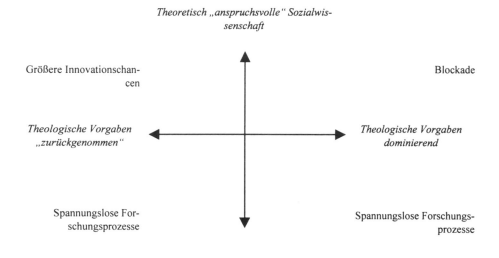

Theoretisch „anspruchsvolle" Sozialwissenschaft

Größere Innovationschancen   Blockade

Theologische Vorgaben „zurückgenommen"   *Theologische Vorgaben dominierend*

Spannungslose Forschungsprozesse   Spannungslose Forschungsprozesse

Theoretische Vorgaben der Sozialwissenschaft „zurückgenommen"

Abb.2

1.3.2 Wissenssoziologische Aspekte: Externe Faktoren der Wssenschaftsgeschichte

Der Zusammenhang von Wissen und Gesellschaft wurde von der Wissenssoziologie auf den Begriff gebracht. Nach der bekannten Definition ihres Begründers K. Mannheim versucht sie, die Seinsverbundenheit von Wissen zu erhellen, worun-

---

[185]a.a.O., 191-198.

ter die gesellschaftliche Gebundenheit von Wissen zu verstehen ist.[186] Nachdem sich die Wissenssoziologie längere Zeit mit der Analyse des Alltagsbewußtseins befaßt hatte,[187] verlagerte sich in neuerer Zeit das Interesse auf die Wissenschaft. Interessanterweise sind nicht nur die Geisteswissenschaften Gegenstand wissenssoziologischer Analysen, sondern der Ehrgeiz der Wissenschaftssoziologen richtet sich bevorzugt auf die Naturwissenschaften. So hat M. Mulkay wissenssoziologische Studien zur Evolutionstheorie vorgelegt[188], und P. Forman untersuchte in ähnlicher Weise, wie die Deutung, die Werner Heisenberg der Quantenmechanik gab, von einigen in den zwanziger Jahren in Deutschland populären Vorstellungen und Idealen der Lebensphilosophie beeinflußt wurde und damit zugleich ihre Akzeptanz erhöht wurde.[189] So zeigt sich auch für die Naturwissenschaften immer deutlicher: Wissenschaft existiert nicht als "reine" Wissenschaft, sondern ist - ohne darin aufzugehen - von den Lebensumständen der Forschenden mitbestimmt. Man wird annehmen dürfen, daß die Sozialwissenschaften und die sozialwissenschaftliche Methoden und Betrachtungsweisen anwendende Exegese für solche Einflüsse eher noch "offener" sind und damit die Beschränkung wissenssoziologischer Analysen auf das Alltagsbewußtsein hier noch weniger gerechtfertigt ist.[190] Dies gilt umso mehr, als in den zuletzt genannten Wissenschaften alltagssprachliche Elemente die Darbietung der Ergebnisse bestimmen und in neuerer Zeit in der Exegese zumindest für die "Applikation" programmatisch die Verwendung der "Alltagssprache" gefordert wurde.[191]

Ein mögliches Mißverständnis muß bereits hier ausgeräumt werden: Wissen wird hier nicht einseitig als von einer aktuellen Situation, einem bestimmten Interesse oder einer gesellschaftlichen Position kausal hervorgerufen und determiniert gedacht, sondern als Ergebnis eines Wechselspiels von wissenschaftlichen Entwicklungen und Ergebnissen einerseits und gesellschaftlichen Strukturen andererseits, wobei die Bezüge direkt oder indirekt sein können.[192] Mulkay bezeichnet die ge-

---

[186]Mannheim, K., Wissenssoziologie, in: ders., Ideologie und Utopie, Frankfurt/M., 1978[6], 227-267.

[187]Hier sind A. Schütz, Th. Luckmann und P. Berger zu nennen.

[188]Mulkay, M., Science and the Sociology of Knowledge, Controversities in Sociology 8, London, 1980, 100-104.

[189]Forman, P., Kausalität, Anschaulichkeit und Individualität oder wie Wesen und Thesen, die der Quantenmechanik zugeschrieben, durch kulturelle Werte vorgeschrieben wurden, in: <Hg.> N. Stehr/V. Meja, Wissenssoziologie, KZfSS.S 22, Opladen, 1981, 399-406.

[190]Weingart, P. Wissensproduktion, 22.25.

[191]Berger, K., Exegese und Philosophie, 189f; ders., Hermeneutik, 143.

[192]Die Vorstellung einer einseitigen Determination entspricht auch nicht der "klassischen" Wissenssoziologie. Weingart spricht hier von einem doppelten Charakter des Wissens, das einmal die Institutionalisierung von Wissenschaft mitbestimmt, zum anderen wieder von den Institutionen mitbestimmt wird. Weingart, P., Wissensproduktion, 235, ferner a.a.O., 17.22.

nannten Strukturen als "kulturelle Ressourcen"[193], hier wird im Folgenden der Ausdruck "Plausibilitätsbasis" bevorzugt.

Zur "Plausibilitätsbasis" können alle gesellschaftlichen Erscheinungen und Strukturen werden, die einen Platz in der Lebenswelt des jeweiligen Forschers oder einer Forschergruppe haben. Drei grundlegende Rollen und Positionen sind für unsere Fragestellung von Belang, die Sozialgeschichtler im Regelfall einnehmen: Sie sind zunächst aufgrund ihres Bildungsniveaus Teil des Bürgertums bzw. von ihm ausgehender gesellschaftlicher Gruppen und Schichten. Die erste Frage wird daher lauten, ob und inwiefern sich dessen spezifische Probleme, Interessen und Perspektiven im Wandel seiner Geschichte in der sozialgeschichtlichen Exegese wiederfinden. Zu fragen ist ferner, inwiefern "Außenseiter" hiervon durch ihre Perspektiven, Forschungsinteressen und -schwerpunkte abwichen und wie sich dies gegebenenfalls auf die Rezeption ihrer Thesen auswirkte. Als Angehörige von Universitäten und anderen wissenschaftlichen Einrichtungen sind die Sozialgeschichtler und Sozialgeschichtlerinnen zweitens auf bestimmte wissenschaftliche Standards, Verfahrensweisen und Methoden verpflichtet. Hier interessiert insbesondere der Einfluß von und die Kommunikation mit "Nachbardisziplinen". Drittens sind Exegeten Theologen und stehen damit in einem Verhältnis zu den Kirchen. Besondere Beachtung werden deshalb ebenso die kirchenpolitischen Optionen von Sozialgeschichtlern finden, wie die Bearbeitung bestimmter ekklesiologischer Thematiken in ihren Arbeiten.[194]

Prinzipiell können alle Bereiche des gesellschaftlichen Lebens zur Analyse herangezogen werden, jedoch muß die Auswahl eines bestimmten gesellschaftlichen Sektors selbst plausibel sein: Man muß seine Kenntnis entweder aufgrund seiner allgemeinen gesellschaftlichen Relevanz begründet voraussetzen können oder biographisch wahrscheinlich machen.

Damit ergeben sich für eine Geschichte der sozialgeschichtlichen Exegese drei Arbeitsschritte: Zunächst die Darstellung der wichtigsten Ergebnisse und methodischen Entwicklungen, dann die Frage nach innerwissenschaftlichen Kommunikationsprozessen, der Institutionalisierung der Forschungsrichtung und überhaupt ihrer Anerkennung, schließlich - unter gesamtgesellschaftlichem Aspekt - die Frage nach der Plausibilitätsbasis ihrer Fragestellungen und Ergebnisse, wobei die beiden zuletzt genannten Fragestellungen durchaus ineinandergreifen und aus praktischen Gründen zusammengefaßt werden können.

---

[193]Mulkay, M.J., Science, 120.

[194]Diese Frage ist zentral, da von ihrem Gegenstandsbereich her die sozialgeschichtliche Exegese häufig Fragen bearbeitet, die dogmatisch in der Ekklesiologie zu verorten sind. Da sie als eine Form der "Schriftauslegung" kirchliche Strukturen legitimieren kann, ist die sozialgeschichtliche Exegese alles andere als eine ekklesiologisch "neutrale" Methode.

2 Anfänge sozialgeschichtlicher Exegese: Wilhelm Weitling und Friedrich Lücke

Versuche, die Anfänge einer neuen exegetischen Methode exakt zu definieren, haben immer etwas Willkürliches an sich. Dies gilt um so mehr, wenn die neue Forschungsrichtung nicht ein "Epochenjahr" neutestamentlicher Exegese markiert, keinen Zeitpunkt, an dem etwas Neues beginnt, das bestimmend in die geschichtliche Entwicklung eintritt und den Lauf der Dinge in eine neue Richtung lenkt,[1] wenn nicht überragende Forschergestalten in "klassischen Monographien" ein neues exegetisches Zeitalter einläuten.

Die Anfänge der sozialgeschichtlichen Exegese sind bescheiden: Sie liegen am Rand der exegetischen Diskussion in der Mitte des 19. Jh.s, sind eine Fußnote der gesellschaftlichen Veränderungen, die mit der beginnenden Industrialisierung und Modernisierung Deutschlands am Anfang dieses Jahrhunderts einhergingen. Dennoch können die beiden hier vorgestellten Arbeiten, "Das Evangelium des armen Sünders"[2] von W. Weitling und Fr. Lückes Abhandlung "Die freien Vereine. Ein nothwendiges Capitel in der theologischen Moral"[3] als "Anfänge" bezeichnet werden. Denn beide können als repräsentativ für eine in der ersten Hälfte des 19. Jh.s aufkommende und bis weit in die zweite Hälfte hinein wirkende exegetische Problemstellung angesehen werden, die mehr oder weniger aktualisierend Fragen nach Status und Besitz, innerer Organisation und gesellschaftlicher Stellung des Urchristentums miteinander verknüpfte. Beide Arbeiten erheben den Anspruch auf Wissenschaftlichkeit im neuzeitlichen Sinne[4] und sind bemüht, exegetisch und histo-

---

[1] Vgl., Art. Epoche, in; <Hg > F. Bayer, Wörterbuch der Geschichte. Begriffe und Fachausdrücke, KTA 289, Stuttgart, 1965², 120f; Riedel, M., Art. Epoche, Epochenbewußtsein, in: <Hg.> J. Ritter, Historisches Wörterbuch der Philosophie, Bd. 2, Darmstadt, 1972, 596-599.

[2] Weitling, W., Das Evangelium des armen Sünders - Die Menschheit wie sie ist und wie sie sein sollte, Mit einem Essay "W. Weitling im Spiegel der wissenschaftlichen Auseinandersetzung", hg.v. W. Schäfer, Reinbek 1971. Nach dieser Ausgabe wird im Folgenden zitiert.

[3] Lücke, Fr., Die freien Vereine. Ein nothwendiges Capitel in der theologischen Moral. Erster, historischer und litterarischer Artikel, VTK 1, 1845, 1-25. Dieser Artikel hat einen zweiten, syst.-theol. ausgerichteten Teil, erschienen VTK 2, 1846, 1-33.

[4] Lücke, Fr., Freie Vereine, 2f: "Wohlan, es gilt eine theologische Betrachtung des freien Vereinswesens der Zeit, ein Wort der theologischen Schule über das bewegte praktische Leben... Die populäre, rein praktische Betrachtung reicht nicht mehr aus... Solchen Erscheinungen ist nur die wissenschaftliche Betrachtung gewachsen, welche eben von den Wurzeln des Lebens, das heißt, von den Principien aus die Erscheinungen erforscht und beurtheilt." Weitling, W., Evangelium, 17: "Groß und erhaben steht dieser Gottmensch mit seiner Lehre und seinen Handlungen, seinen Tugenden und seinen Fehlern in der Geschichte da. Laßt ihn so, wie er ist, aber gebt dieser Menschengestalt nicht den unvernünftigen Begriff eines widernatürlichen Wesens, den das Wissen immer mit Erfolg bekämpfen wird. Wollt ihr, daß man den Glauben respektire, so respektirt auch das Wissen." Vgl. ferner, Krumwiede, H.-W., Geschichte des Christentums III. Neuzeit: 17.-20. Jahrhundert, Theologische Wissenschaft Bd. 8, Stuttgart, 1987², 141; Moritz, W.v., Wilhelm Weitling. Religiöse Problematik und literarische Form, Frankfurt/M., 1981, 269f.

risch zu argumentieren.[5] Das unterscheidet sie von einer nur sozial engagierten
Lektüre der Bibel, wie sie - stärker praxisorientiert - in der Geschichte des Christentums öfter Anstöße zu Reformen gegeben hat.[6] Beide Autoren tun dies als Ex-
ponenten der beiden Klassen, die - auch im Medium der Bibelexegese - im Laufe
des vergangenen Jahrhunderts mit- und gegeneinander um ihre politischen und sozialen Rechte ringen sollten: Bürgertum und Arbeiterbewegung. Sie sind damit über
die wissenschaftliche Konkurrenz auch repräsentativ für eine gesamtgesellschaftliche Problematik anzusehen, die durch eine tiefgreifende Umstrukturierung der damaligen Lebenswelten gekennzeichnet war.[7] In beiden Werken finden sich schließlich die beiden Modelle sozialen Zusammenlebens, die in besonderer Weise Ideale
und Hoffnungen dieser beiden Klassen verkörperten und zugleich explizit und implizit Gegenstand der exegetischen Diskussion waren: Auf der Seite der Arbeiterbewegung ist dies die Deutung des Urchristentums als einer proletarischen, revolutionären, in einer Gütergemeinschaft lebenden Bewegung, auf der Seite der "bürgerlichen" Exegeten die Vorstellung, die ersten Gemeinden seien als "Vereine"
oder "Genossenschaften" organisiert gewesen.

Nicht nur die zeitliche Nähe, auch gemeinsame soziale Voraussetzungen, wissenschaftliche Ansprüche und die Wirkung der erzielten Ergebnisse lassen hier
Kontinuität und einen beginnenden Diskurs erahnen, trüge dieser auch nur informellen Charakter. Darum liegt eine gemeinsame Betrachtung dieser beiden Abhandlungen nahe und läßt hoffen, daß in diesen "Anfängen" sozialgeschichtlicher
Exegese bereits der Grundkonflikt und die Positionen zu erkennen sind, die später
wie auch immer die Anlage und die Lösungsversuche nachfolgender "sozialgeschichtlicher" Exegese beeinflussen werden.

---

[5]Lücke, Fr., Freie Vereine, 2f; Weitling, W., Evangelium, 14; Barnikol, E., Das Leben Jesu in der
Heilsgeschichte, Halle, 1958, 120 und Moritz, W.v. Weitling, 270 betonen den exegetischen Charakter von Weitling "Evangelium".

[6]So etwa bei Fink, E.F., Der evangelische Verein. Ein Aufruf an die Gemeinde, Heidelberg, 1845,
der aus rein praktischen Motiven heraus argumentiert. Man kann auch an die Armutsbewegung des
Mittelalters und überhaupt an asketische Erneuerungsbewegungen denken, sofern diese sozialen
Idealen folgten.

[7]Greschat, M., Das Zeitalter der Industriellen Revolution, Das Christentum vor der Moderne, Christentum und Gesellschaft, Bd. 11, Stuttgart, 1980, 9; Rürup, R., Deutschland im 19. Jahrhundert.
1815-1871, KVR 1497, Göttingen, 1984, 16f; zum gesamten 19. Jh., Besier, G., Religion, Nation,
Kultur. Die Geschichte der christlichen Kirchen in den gesellschaftlichen Umbrüchen des 19. Jahrhunderts, Neukirchen, 1992.

2.1 Urgemeinde als Gütergemeinschaft. Der religiös-sozialistische Ansatz W. Weitlings

1846 erschien die zweite Auflage des Buches "Das Evangelium des armen Sünders". Es war die erste vom Autor selbst verantwortete Ausgabe des Buches. Zu dieser etwas kuriosen Situation war es gekommen, weil Wilhelm Weitling, der Verfasser, 1843 verhaftet und die Druckbögen der ersten Auflage von 1843 von der Zürcher Polizeibehörde konfisziert worden waren.[8] Während Weitling, der bei dieser Nacht- und Nebelaktion verhaftet worden war, im Gefängnis saß, veröffentlichte der Verleger Jenni noch im selben Jahr das von Freunden Weitlings gerettete Manuskript unter dem Titel "Das Evangelium eines armen Sünders".[9]

---

[8]Zu der verwickelten Editionsgeschichte vgl., Moritz, W.v, Weitling, 206 Anm. 206; ferner die editorische Notiz in Weitling, W., Evangelium, 178, sowie Weitling "Vorrede zur zweiten Auflage", a.a.O., 7.

[9]Wilhelm Weitling wurde 1808 in Magdeburg als Sohn einer Magd und eines französischen Besatzungsoffiziers geboren. Nachdem er sich dem preußischen Militärdienst durch Flucht entzogen hatte, war er auf seinen Wanderungen als Schneidergeselle nach Paris gekommen. Dort kam er bald mit den dort ansässigen Vereinen deutscher Handwerksgesellen in Berührung. 1835 trat er dort dem "Bund der Geächteten" bei, einem Geheimbund, der sich seit 1836 "Bund der Gerechten" nannte. In diesem Milieu, religiös und revolutionär beeinflußt durch das Gedankengut der französischen Frühsozialisten, gewann Weitling schnell eine Führungsposition. 1838 verfaßte er im Auftrag des Bundes sein Erstlingswerk: "Die Menschheit wie sie ist und wie sie sein sollte". Darin entwickelte Weitling zum ersten Male seine Vorstellungen von einer Gütergemeinschaft, die zusammen mit der "Nächstenliebe" die Bausteine einer "neuen Gesellschaft" sein sollten. Schon hier wird die Argumentation durch eine Fülle von Bibelzitaten gestützt. Weitling ist hier für eine ganze Strömung repräsentativ, wie insbesondere v. Moritz und Schieder betonen. Weitling hatte keine höhere Schulbildung, er war Autodidakt. Bei seiner Festnahme wurde u.a. das "Leben Jesu" von D.F. Strauß, Platons "Staat" und die "Nationalökonomie" von A. Smith bei ihm gefunden. In den folgenden sechs Jahren veröffentlichte Weitling dann alles, was Bestand haben sollte, darunter die "Garantien der Harmonie und Freiheit", in denen er sein Bild einer kommunistischen, in völliger Gütergemeinschaft lebenden Gesellschaft entwarf. Das Jahr 1843 brachte die Zäsur in Weitlings Leben. Seit 1841 im Auftrage des Bundes in der Schweiz agitierend, wurde er verhaftet, die Druckbögen seines Jesusbuches konfisziert und er wegen Religionsstörung verurteilt. 1844 wurde Weitling aus der Haft entlassen, in der er anscheinend sein seelisches Gleichgewicht verloren hatte, und führte danach das unstete Wanderleben eines politisch Verfolgten. Noch im selben Jahr traf er in Brüssel mit Marx und Engels zusammen, die sich jedoch aus politischen Gründen von ihm distanzierten. Weitling verlor bald darauf jeden Einfluß auf die Arbeiterbewegung. 1849 wanderte er in die USA aus und versuchte vergeblich in einer gütergemeinschaftlichen Kolonie Fuß zu fassen. 1855 gab er dann seine Tätigkeit als Agitator auf und arbeitete zunächst als Schneider, später als Angestellter der amerikanischen Einwanderungsbehörde. Die relative Stabilität, die sein Leben nach seiner Heirat 1854 gewann, vermochte für ihn nie die Enttäuschung über das Scheitern seiner Pläne zu überdecken. Weitling starb am 25. Januar 1871. Zur Biographie Weitlings vgl., Barnikol, E., Art. Weitling, Wilhelm, RGG[2] 5, 1931, 1817f; Mehring, F., Einleitung, in:, W. Weitling, Garantien der Harmonie und Freiheit, Sozialistische Neudrucke, Bd. 2, Berlin, 1908, V-LII; Joho, W., Wilhelm Weitling. Der Ideengehalt seiner Schriften, entwickelt aus den geschichtlichen Zusammenhängen, Wertheim, 1932; ders., Traum von der Gerechtigkeit. Die Lebensgeschichte des

Die Bewertung dieses Buches ist umstritten.[10] Drei Interpretationslinien konkurrieren: Zunächst gibt es die marxistische Deutung, die in Weitlings Schrift den untauglichen Versuch sieht, Christentum und Sozialismus miteinander zu verbinden.[11] Die religiöse Dimension des Weitling'schen Denkens wird kritisiert, seine Theorie in diesem Punkte als "rückständig" bzw. "unwissenschaftlich" gebrandmarkt. Eine zweite Richtung interpretiert mit der Hilfe von psychologischen Kategorien Weitling als einen von Wahnvorstellungen geleiteten Menschen.[12] Schließlich versteht W. Schieder in einem Entwicklungsmodell das "Evangelium" als einen Versuch Weitlings, verlorengegangenen Einfluß auf den religiösen Zweig der Handwerksgesellen wiederzugewinnen, nachdem er sich in den "Garantien" von seinen religiösen Wurzeln entfernt hatte.[13]

All diesen Interpretationen ist gemeinsam, daß sie anhand des "Evangeliums" das allgemeine Verhältnis von Weitlings Handwerkerkommunismus zur "Religion" thematisieren, die Anlage des Buches als "Bibelauslegung" wurde dagegen nur selten beachtet. Diesem besonderen Charakter soll in der folgenden Darstellung und Deutung entsprochen werden.

"Das Evangelium der armen Sünder" läßt sich aufgrund des mehr assoziativen Stils Weitlings nur schwer gliedern. Am übersichtlichsten erscheint mir eine Gliederung in vier Teile. Im ersten legt Weitling zunächst seine methodischen bzw. hermeneutischen Vorentscheidungen dar (Kap. 1), im zweiten die historischen Verhältnisse zur Zeit Jesu zusammen mit den strukturellen Voraussetzungen seiner

---

Handwerksgesellen, Rebellen und Propheten Wilhelm Weitling, Berlin, 1956; Moritz, W.v., Wilhelm Weitling, 12-80; Brugger, O., Geschichte der deutschen Handwerkervereine in der Schweiz 1836-1843. Die Wirksamkeit Weitlings (1841-1843), Berner Untersuchungen zur Allgemeinen Geschichte 3, Bern, 1932, 135-19; Gebauer, H., Aus der Lektüre Wilhelm Weitlings, Marginalien, Blätter der Pirckheimer-Gesellschaft 11, 1961, 50-52. Zur Geschichte des Bundes vgl., Schäfer, W., Die unvertraute Moderne. Historische Umrisse einer anderen Natur- und Sozialgeschichte, Frankfurt/M., 1985, 260. Zur Bedeutung der Gesellenvereine für die entstehende Arbeiterbewegung vgl., Schieder, W., Anfänge der deutschen Arbeiterbewegung. Die Auslandsvereine im Jahrzehnt nach der Julirevolution von 1830, Industrielle Welt Bd. 4, Stuttgart, 1963, bes. 132ff. Weitling, W., Das Evangelium des armen Sünders - Die Menschheit wie sie ist und wie sie sein sollte, Mit einem Essay "W. Weitling im Spiegel der wissenschaftlichen Auseinandersetzung, hg.v. W. Schäfer, Reinbek, 1971. Zur Editionsgeschichte dieses zweiten Buches, a.a.O., 179; ferner Schieder, W., Anfänge, 240ff; Moritz, W.v., 29ff; Joho, W., Weitling 31ff.

[10]Zum Buch insgesamt vgl. Rolfes, H., Jesus und das Proletariat. Die Jesustradition der Arbeiterbewegung und des Marxismus und ihre Funktion für die Bestimmung des Subjekts der Emanzipation, Düsseldorf, 1982, 59-77.

[11]Typisch und geradezu schulbildend Mehring, F., Einleitung; dazu Moritz, W.v., Wilhelm Weitling, 105-111; Schäfer, W., Moderne, 42-67. 47f.50.

[12]Hier ist v.a. E. Barnikol zu nennen.

[13]Schieder, W., Anfänge, 240.272ff.

Verkündigung (Kap. 2-4). Die Lehre selbst ist Thema des dritten Teils, an dessen Beginn die wesentlichen hermeneutischen Voraussetzungen noch einmal wiederholt werden (Kap. 5-9), schließlich behandelt Weitling am Ende Fragen, die die Verbreitung der kommunistischen Lehre betreffen.

Zunächst wendet er sich jedoch direkt an seine Adressaten: "Kommt Alle her, die Ihr arbeitet! arm, verachtet, verspottet und unterdrückt seid! Wenn ihr Freiheit und Gerechtigkeit für alle Menschen wollt: dann wird dies Evangelium Euern Muth von neuem stählen und Eure Hoffnung frische Blüthen treiben."[14] Diese Hoffnung konkretisiert er dann weiter: "Auf ein ewiges Leben, auf Vergeltung dort oben hoffen wir nicht, solange es hier unten nicht besser wird: daß es aber bald anders und besser werde, darauf hoffen wir, auf ein sorgenfreies, glückliches Leben und auf Gerechtigkeit für alle Menschen auf Erden: darauf hoffen wir... Besser wollen wir armen Sünder es dort oben gar nicht haben... Nur indem wir für diese Hoffnung kräftig arbeiten, befördern wir jene, nur indem wir des irdischen gewissen Glücks in lustiger Gemeinschaft theilhaftig zu werden trachten, erleichtern wir uns das Streben nach der himmlischen Glückseligkeit."[15]

Diese Hoffnung bedarf nun nach Weitling genausowenig eines übernatürlichen Wesens zu ihrer Begründung wie sich der Glaube durch die Behauptung eines solchen Wesens eine Blöße gegenüber dem Wissen, von dem er zu unterscheiden ist, geben muß.[16] Die wahre Aufgabe der Religion ist die Befreiung der Menschen, Jesus Christus ist mit seiner Verkündigung von Liebe und Freiheit ihr Prophet und darum ein "Sinnbild Gottes und der Liebe".[17] "Dieser Christus muß aber, wenn wir ihn lieben sollen, uns armen Sündern Freund und Bruder sein, kein übernatürliches undenkbares Wesen, sondern wie wir denselben Schwächen unterworfen. Das aber ist er auch gewesen, wie wir in diesem Evangelium finden werden. Und darum lieben wir ihn."[18] Dieser Jesus ist natürlich nicht der in und von der Kirche gepredigte. Vielmehr haben Pfarrer und Lehrer im Sinne der "Vorrechtler" die einfachen Leute darüber im Unklaren gelassen.[19] Damit bekommt Weitlings Auslegung von vorneherein eine ausgesprochen antikirchliche Tendenz, die jedoch keine grundsätzliche Ablehnung bedeutet. "Es ist wahr, ich habe lange nicht mehr der Andacht wegen die Kirche besucht, habe lange nicht mehr gebetet und werde wohl auch sobald nicht wieder beten - es sei denn, daß ich die Verwirklichung des Christenthums noch im Großen sähe - verkenne man aber meine Absicht deswegen nicht, ich will nicht bezwecken, daß Andere auch nicht mehr glauben als ich, auch nicht mehr be-

---

[14]Weitling, W., Evangelium, 9.
[15]a.a.O., 16.
[16]a.a.O., 13.17.
[17]a.a.O., 17.
[18]a.a.O., 17f.
[19]a.a.O., 12.

ten, nicht öfter in die Kirche gehen... ich will nur bezwecken, daß die Leute nicht mehr durch Glauben, Beten und Kirchengehen betrogen werden von listigen, selbstsüchtigen Heuchlern und schlauen Diplomaten."[20] Die grundlegende These von der reinen Menschlichkeit Jesu versucht Weitling nun exegetisch zu belegen, indem er eine Reihe von Überlieferungen anführt, in denen von Zweifeln, vom Unglauben und Fehlern der ersten Christen die Rede ist (Joh 6; Mt 28,17; II Thess 3,2; Mt 19,27; Mk 14,50; I Kor 5).[21] Schließlich zeigt er auch an Jesus einige menschliche Unzulänglichkeiten auf wie seine Xenophobie in der Geschichte von der syrophönizischen Frau (Mt 5), die Jesus später freilich überwunden habe.[22] Auch Hunger, Müdigkeit, Todesfurcht, der Beruf des Zimmermannes, Eltern und Geschwister weisen auf allgemein menschliche Verhältnisse hin. Auch der Hinweis, Jesus habe sich selbst nicht für "gut" (Mk 10,18), also für Gott gehalten, fehlt nicht.[23] Schon in diesem ersten Teil findet sich immer wieder der Hinweis auf die Gütergemeinschaft als dem grundlegenden Prinzip aller menschlichen Gemeinschaft, das - neben anderen wie Pythagoras - insbesondere Jesus in seiner Verkündigung gelehrt habe.[24]

Im zweiten Teil kommt Weitling auf die strukturellen Voraussetzungen der Verkündigung Jesu zu sprechen. Er beschreibt die palästinische Gesellschaft zur Zeit Jesu als "Klassengesellschaft", deren verschiedene "Parteien", Sadduzäer, Pharisäer und Essener, gegen die Römerherrschaft kämpften. Den Essenern, einem Geheimbund, weist er sowohl Johannes d.T. als auch Jesus zu,[25] die sich im Rahmen dieses Bundes über ihr öffentliches Wirken verständigt hätten. Auf diese Weise sei die große Zahl von Wundern möglich geworden, die Jesus bekannt gemacht hätten. Nur in Kombination mit dem Ruf des Wundermannes habe "Jesu Lehre" eine solche Verbreitung finden können.[26] Allerdings äußere sich Jesus auch kritisch zu diesem Wunderglauben seiner Jünger und Zeitgenossen.[27] Ziel dieser Propaganda sei die Revolution gewesen, der Sturz der Römerherrschaft und der "Pfaffen",[28] der staatlichen und religiösen Autoritäten, um eine gütergemeinschaftliche Gesellschaft zu schaffen.

Nachdem Weitling in einem Zwischenkapitel versucht, Widersprüche zu klären und noch einmal auf die rein menschliche Natur Christi rekurriert,[29] stellt er

---

[20]a.a.O., 22.
[21]a.a.O., 24-29.30f.
[22]a.a.O., 32.
[23]a.a.O., 31-37.
[24]a.a.O., 20.f.23.33.
[25]a.a.O., 38-41.
[26]a.a.O., 41.44.
[27]a.a.O., 45.
[28]a.a.O., 48.
[29]a.a.O., 48-60.

dann die Gütergemeinschaft als die "reine Lehre Jesu" dar: Primäre Adressaten dieser Lehren Jesu und des Täufers sind die Armen (mit Verweis auf Lk 4,18; 6,20.24; Joh 12,5-7).[30] In der "christlichen Gemeinschaft" sollen Gleichheit und Freiheit herrschen, da nach Mt 20,25f. gelte: "Ihr wisset, daß die weltlichen Fürsten und Herren haben Gewalt. So soll es unter euch nicht sein; sondern wer gewaltig sein will, der sei euer Diener."[31] Für alle sollen gleiche Lasten und Pflichten gelten (Gal 6,2; Mt 7,12; Lk 22,27; Joh 13,8). Notwendig ist für Weitling ein tätiges Christentum (Joh 2,14-17; Mt 7,21).[32] Die "Abschaffung des Eigenthums und die Gemeinschaft der Güter" (Lk 18,22-25.29f; Act 2,44ff; 5,1-3),[33] die "Abschaffung der Erbschaft" (Lk 12,13f) und schließlich die "Abschaffung des Geldes" (Mt 6,19.24;10,9) sind weitere Strukturmerkmale dieser Sozietät. Act 2, der lukanische Bericht vom "urchristlichen Kommunismus", und als negatives Beispiel die Erzählung von Ananias und Sapphira (Act 5) sind insofern für Weitling zentrale biblische Belege, als sie zeigten, daß die Jünger in der Tat Jesu Anweisungen befolgt hätten. Allerdings sei die Verbreitung dieser Lehre und Lebensweise von Anfang an wegen ökonomischer Interessen von den Römern und den mit den Essenern konkurrierenden Gruppen unterdrückt worden.[34] Eine direkte Folge dieser Art der Gütergemeinschaft ist die Auflösung des traditionellen Familienverbandes. Weitling weist hier mit Mk 3,33-35 auf das hin, was wir heute das "afamiliäre Ethos" der Jesusbewegung nennen.[35] Allerdings richte sich Jesu Kritik lediglich gegen eine von materiellen Interessen bestimmte Ehe; wo sie dagegen auf Zuneigung und Freiheit der Ehepartner beruhe, habe er positiv von ihr gesprochen.[36] Nirgendwo verschmelzen in diesem Buch stärker persönliche Betroffenheit und sachliches Interesse des unehelich geborenen Autors: "Diese starke Verläugnung der Familie hatte wohl ihren Grund in den Familienverhältnissen selbst. Ein uneheliches Kind der armen Magd Maria war er unter den Vorurtheilen der damaligen Zeit von seinen Landsleuten verachtet... Mancher bittere Hohn mag ihm darüber in seinem Leben zu Ohren gekommen sein... Jesus bekämpfte die Familie, auch wir wollen sie bekämpfen aber nur die durch Interesse, Erbschaft, Eigennutz und Gewinn zusammengehaltene Familie... die Familien, welchen wir angehören, laßt uns mehr lieben, als uns selbst, aber die Menschheit diese große Familie sie sei uns mehr werth als alle vereinzelten Familien... Wenn Liebe und Freundschaft... die Herzen verbinden, wenn ferner das Weib volle Freiheit hat, wie der Mann und ihre und ihrer Kinder Existenz ebenso gesichert ist,... so wird es auch keine unehelichen Kinder mehr geben; alle Kinder werden eheliche Kinder sein, selbst wenn die Mutter keinen anderen Vater anerken-

---

[30]a.a.O., 61.

[31]a.a.O., 63; weiter nennt Weitling Mt 23, 8.11; Lk 12, 37.

[32]a.a.O., 63.

[33]a.a.O., 64-67.

[34]a.a.O., 64.

[35]a.a.O., 69-72.

[36]a.a.O., 69-71 mit Verweis auf Mt 10,11f; 19,9f; 5, 27f; Lk 16,18.

nen wollte, als Gott oder den Heiligen Geist."[37] Integraler Bestandteil der Gütergemeinschaft ist das Abendmahl. Nach Weitling ist es ein wirkliches Sättigungsmahl;
er betont, die Regeln, die Paulus den Korinthern gegeben habe, bezögen sich auf
gewöhnliche Mahlzeiten bei den Zusammenkünften der Gemeinde.[38]

In den folgenden Abschnitten tritt das Thema der Gütergemeinschaft zurück.
Weitling behandelt hier Einzelfragen und konkretisiert das Gebot der Feindesliebe
am Beispiel des Strafvollzuges und fordert die Chance zur Besserung für den Straf-
täter.[39] Schließlich nennt er als die "Sünde gegen den Heiligen Geist" die Verteidi-
gung der bestehenden Gesellschaftsstrukturen.[40]

Die daran anschließenden Kapitel wiederholen mit der dem Buch eigenen
Redundanz noch einmal eine der wesentlichen Thesen des Buches: Jesus habe sich
mit seiner Predigt an die Armen und Außenseiter gewandt,[41] bevor der vierte Teil
mit einigen praktischen Überlegungen zur Verbreitung der Lehren des Kommunismus endet.

2.2 Urgemeinde als Urverein. Der liberale Ansatz Friedrich Lückes

Es ist ein merkwürdiges Zusammentreffen, aber auch der zweite "Vorläufer"
sozialgeschichtlicher Exegese stammt aus der früh industrialisierten Magdeburger
Region: Es ist Gottfried Christian Friedrich Lücke.[42] Lücke hat sich früh für "christ-

---

[37] a.a.O., 69-71.

[38] a.a.O., 73.

[39] a.a.O., 79.

[40] a.a.O., 84.

[41] a.a.O., 91-109.

[42] Lücke wurde am 24. Aug. 1791 geboren. Nach seinem Theologiestudium in Halle und Wittenberg ging er 1816 nach Berlin, um Schleiermacher zu hören. Dort erwarb er im selben Jahr den
Lizentiatengrad und lehrte bis 1818 als Privatdozent. Danach wirkte er in Bonn als Neutestamentler
und Kirchenhistoriker, bis er 1827 einen Ruf als Systematiker nach Göttingen erhielt. Sein wissenschaftlicher Ruf gründete sich auf seine Auslegung des Johannesevangeliums, die zwischen 1820
und 1825 erschien. 1827 gründete Lücke zusammen mit Nitzsch und Ullmann die "Theologischen
Studien und Kritiken", die schnell das maßgebliche Organ der Vermittlungstheologie werden sollten. 1846 gründete er dann seine zweite Zeitschrift, die "Vierteljahrsschrift für Theologie und Kirche", als deren erster, programmatischer Beitrag, der hier vorgestellte Aufsatz erschien. Neben
seiner Tätigkeit an der Universität war Lücke Konsistorialrat und Abt von Bursfelde. Lücke starb
in Göttingen im Jahre 1855. Zur Biographie vgl., Hoffmann, W., Art. Lücke, Friedrich, RGG[1] 3,
1912; 2403; Meyer, A., Art. Lücke, Friedrich, RGG[2] 3, 1929, 1743; Pältz, E.H., Art. Lücke, Friedrich, RGG[3] 4, 1960, 470; Sander, D., Art. Lücke, Friedrich, RE 11, 1902, 674-679; Lange, D., Der

liche Gemeinschaftsformen" interessiert. Als Forscher hatte er das Ideal des "freien gemeinschaftlichen Forschens",[43] später hat er die Kirchenunionen begrüßt und war zugleich für eine freiere Kirchenverfassung eingetreten. Lücke beteiligte sich an der Gründung der ev. Gemeinde in Bonn und war lange einer ihrer Gemeindevertreter. Er engagierte sich selbst im Vereinsleben und verteidigte es gegen Angriffe aus dem konfessionellen Luthertum.[44]

Der zuletzt genannte Zusammenhang gab schließlich den Anlaß zu Lückes Artikel über die "freien Vereine", der neben diesen Angriffen die weite Verbreitung des Vereinswesens zum Anlaß nimmt, die Vereine als "christliche sittliche Lebenserscheinung" zu betrachten und zu bewerten.[45] Als solche sind sie auch nach den Kriterien zu beurteilen, die das Evangelium vorgibt. Seine These ist: Ebenso wie die traditionellen Gemeinschaftsformen Staat, Kirche und Familie ist auch der Verein in der Idee des Reiches Gottes inbegriffen und drängt auf seine Realisierung.[46] Nach Lückes Verständnis sind Vereine freiwillige Zusammenschlüsse, die in Staat und Kirche öffentlich bestehen, beide Institutionen fördern und im Gegenzug von beiden geschützt werden.[47] In dem nun anschließenden Durchgang durch die Geschichte findet Lücke Ansätze eines Vereinslebens in den griechischen Demokratien. Während sich Despotie und freier Verein ausschließen, gäbe es in den "freien griechischen Nationalfesten" und den Amphyktionien gewisse Analogien.[48] In der römischen res publica ließen sich dagegen keine Ansätze zur Vereinsbildung finden, während es bei den Profeten des alten Israel das Bild einer freien Verbindung als Ideal gebe.[49] Weder die Essener noch die Sadduzäer oder Pharisäer haben aufgrund ihres sektenhaften Charakters dieses Ideal erreicht. Lediglich als der "freie Urverein der christlichen Gemeinde" erblickt die profetische Idee nach Lücke das Licht der Welt.[50] Als Stiftung Jesu übertrifft die neue Gemeinde sowohl die "Zwecke" der antiken Staaten, als auch die von Kirche und Staat. In der von Jesus in seiner Reich-Gottes-Predigt verliehenen Weisheit und Liebe gewinnt das Leben der in diesem Urverein lebenden Menschen die angemessene Gestalt. Es ist genauso frei von Sün-

---

theologische Vermittler Friedrich Lücke, in: <Hg.> B. Moeller, Theologie in Göttingen. Eine Vorlesungsreihe, Göttinger Universitätsschriften, Serie A: Schriften, Bd. 1, Göttingen, 1987, 136-156.

[43]Cordes, M., Freie christliche Aktion als Herausforderung für Kirche und Theologie des 19. Jahrhunderts. Ein Beitrag zum evangelischen Vereinswesen in Göttingen und zur Theologie Friedrich Lückes, SKGNS 24, Göttingen, 1982, 140.

[44]Cordes, M., Freie christliche Aktion, 136; Krumwiede, H.-W., Geschichte des Christentums, 141.

[45]Lücke, F., Freie Vereine, 3; ferner Cordes, M., Freie christliche Aktion, 163ff.

[46]Lücke, F., Freie Vereine, 4.

[47]a.a.O., 4f.

[48]ebd.

[49]a.a.O., 7.

[50]a.a.O., 8.

de wie von den natürlichen Ordnungen,[51] Standes- und Bildungsunterschiede oder auch eine verschiedene ethnische Herkunft werden durch die exklusive Bindung an die Stifterfigur nivelliert. Als "freie Jüngerschaft" und "freie Schule" unterscheidet sich das Leben in der christlichen Gemeinschaft grundsätzlich vom hellenistischen bzw. jüdischen Schulbetrieb.[52] Diese Überwindung der gegebenen, natürlichen Schranken bedeutet keinesfalls ihre völlige Negation, vielmehr ist der neuen Gemeinde die Aufgabe gestellt, Staat und Kirche "mit der individuellen Freiheit der Liebe und Weisheit (zu) durchdringen, beleben und (zu) verklären."[53] Bei diesem, dem Christentum von Anfang an parallel laufenden Prozeß, verliert das Christentum seinen Vereinscharakter und bildet die mittelalterlichen Formen der Kirche und eines christlich geprägten Staates.[54]

Im folgenden ist Lücke dann bemüht, den Leser immer wieder auf mehr oder minder ausgeprägte Spuren freien Vereinslebens in der Geschichte des Christentums hinzuweisen, um schließlich mit einer Darstellung des Vereinswesens in Deutschland auf den zweiten, syst.-theol. ausgerichteten Teil des Artikels vorauszublicken.[55]

2.3 Wissenschaftssoziologische Aspekte der Thesen Weitlings und Lückes

So sehr - zumindest hinsichtlich der Themenstellung - der paradigmatische Charakter beider Arbeiten für sozialgeschichtliche Exegese schon deutlich ist, so sehr fällt es andererseits schwer, sie im streng wissenschaftlichen Sinne in die Geschichte der neutestamentlichen Wissenschaft einzuordnen. Freilich wird die genannte Schwierigkeit bereits in der Art der Veröffentlichung spürbar. Beide Autoren veröffentlichen ihre Arbeiten nämlich an der Peripherie der "wissenschaftlichen Öffentlichkeit". Das gilt in besonderem Maße für Weitlings Buch, das wegen der Zensur nur unter äußersten Schwierigkeiten gedruckt und illegal unter Gleichgesinnten verbreitet werden konnte.[56] Aber auch Lückes Aufsatz erschien in einer Zeitschrift, die vorwiegend Fragen kirchlicher Praxis für eine breitere Öffentlichkeit

---

[51]Cordes, M., Freie christliche Aktion, 163f.

[52]Lücke, F., Freie Vereine, 8f.

[53]ebd.

[54]a.a.O., 9.

[55]a.a.O., 9-15; Lücke versucht dort eine genauere Bestimmung des Verhältnisses des Vereins zu den traditionellen Gemeinschaftsformen; Cordes, M., Freie christliche Aktion, 166ff.

[56]So stellte zwischenzeitlich der Buchdrucker seine Arbeit ein, weil er aufgrund des Inhaltes die Konfiskation des Manuskriptes und damit einen erheblichen materiellen Verlust befürchtete. Brugger, O., Handwerkervereine, 183.

thematisierte, der "Vierteljahrsschrift für Theologie und Kirche",[57] während die ebenfalls von Lücke begründeten "Theologischen Studien und Kritiken" vorwiegend dem wissenschaftlichen Diskurs dienten. Freilich entspricht diese Randlage nicht der Bedeutung, die der ekklesiologische Diskurs insgesamt für das theologische Denken des 19 Jh.s. hatte. E. Hirsch hat diesen Diskurs überhaupt als Proprium der Theologie des 19. Jh.s. angesehen.[58] Allerdings bemerkten schon Zeitgenossen, daß diese Debatte "in einer Menge von... nicht aufzuzählenden kirchl. Zeitungen, Flugschriften, öffentlichen kirchlichen Verhandlungen"[59] bearbeitet wurde, während sich die Universitätstheologie - man vergleiche den Umfang der Leben-Jesu-Forschung - eher bedeckt hielt.

Lücke selbst konnte für seine neue Zeitschrift auf eine hohe Verbreitung hoffen. Der seit Beginn des 19. Jh.s. - aufgrund der technischen und ökonomischen Voraussetzungen - expandierende Buchmarkt versprach auch seiner neuen Zeitschrift Resonanz, zumal in den 40er-Jahren theologische Themen großes Interesse in der Öffentlichkeit fanden.[60] Besondere Bedeutung erlangten hierbei die verbreiteten Lesezirkel und -vereine, die in erheblichem Maße bisher Ausgeschlossenen den Zugang zu Zeitschriften und Literatur ermöglichten.[61] Diesen Sachverhalten entspricht, daß beide Autoren keine der exegetischen Zunftordnung entsprechenden Studien verfaßten, sondern in starkem Maße - um exegetische Korrektheit bemüht - an Allgemeinverständlichkeit und an den praktischen Konsequenzen ihrer Ideen interessiert sind; Lücke im Medium eines gelehrten, abwägenden, an der theologi-

---

[57]Die "Vierteljahrsschrift" wurde von Lücke und Wieseler, ihrem eigentlichen Schriftleiter, 1845 gegründet. Die Zeitschrift, deren Erscheinen auch vom Staat gefördert wurde, florierte nur in den ersten drei Jahren. 1852 stellte sie ihr Erscheinen endgültig ein. Meyer, J., Geschichte der Göttinger theologischen Fakultät, JGNKG 42, 1937, 7-103: 56.58.

[58]"Der Geschichte der evangelischen Theologie und Kirche im 19. Jahrhundert haftet die Eigentümlichkeit an, daß in einem Maße, welches keinem früheren Zeitalter, auch nicht dem der Reformation, bekannt ist, die Kirche selber, ihr Wesen, ihre Aufgabe, ihre Gestalt und Ordnung, ihr Verhältnis zum Staat und zum allgemeinen Leben überhaupt, der Gegenstand, wo nicht gar Mittelpunkt theologischen und kirchlichen Urteilens und Handelns wird." Hirsch, E., Geschichte der neuern evangelischen Theologie im Zusammenhang mit den allgemeinen Bewegungen des europäischen Denkens, Bd. 5, Gütersloh, 1954, 145; ferner, Graf, F.W., Konservatives Kulturluthertum. Ein theologiegeschichtlicher Prospekt, ZThK 85, 1988, 31-76: 35.

[59]Köstlin, J., Art. Kirche, RE X, 1901, 315-344: 342

[60]Nipperdey, Th., Deutsche Geschichte. 1800-1866. Bürgerwelt und starker Staat, München, 1987[4], 588; Wehler, H.-U., Deutsche Gesellschaftsgeschichte Bd.2. Von der Reformära bis zur industriellen und politischen "Deutschen Dopppelrevolution". 1815-1845/49, München, 1987, 523f.525f.

[61]Diesen Zusammenhang betont Graf, F.W., Protestantische Theologie und die Formierung der bürgerlichen Gesellschaft, in: ders. <Hg.>, Profile des neuzeitlichen Protestantismus, Bd. 1, GTB 1430, Gütersloh, 1990, 11-54: 25; ferner Lutz, H., Zwischen Habsburg und Preußen. Deutschland 1815-1866, Berlin, 1985, 157f; Wehler, H.-U., Deutsche Gesellschaftsgeschichte 2, 522-524; Nipperdey, Th., Deutsche Geschichte 1800, 588.

schen Tradition geschulten Denkens, Weitling agitiert geradezu, Gedanken assoziativ verknüpfend, ohne linear laufende Argumentation.[62]

An den zuletzt genannten sprachlichen und literarischen Differenzen, aber auch an den Rezeptionschancen wird bereits deutlich, was Lücke und Weitling trennt. Die Zugehörigkeit zu verschiedenen gesellschaftlichen Klassen: Weitling gehörte als Handwerker zu der ehemaligen Kerngruppe des Bürgertums des 18. Jh.s.,[63] die durch die industrielle und gesellschaftliche Modernisierung Deutschlands aus seiner angestammten Position verdrängt und zur "Arbeiterschaft" wurde, während Lücke - als Theologieprofessor - dem "Bildungsbürgertum" zuzurechnen ist, das eher zu den Gewinnern dieser sozialen Umwälzungen gehörte.

Diese "Modernisierung" erscheint heute in sozialgeschichtlicher Perspektive als ungeheurer Differenzierungs- und Dekorporierungsprozeß, in dessen Verlauf die alte ständische Gesellschaftsordnung gesprengt wurde und die bürgerliche Klassengesellschaft entstand.[64] Im Fall der Handwerker wurde dieser Prozeß durch eine starke Zunahme der Handwerker verursacht, während im gleichen Zeitraum das Wirtschaftswachstum stagnierte. Die Zahl der Betriebe, die keine Gesellen mehr beschäftigen konnten, stieg stark an.[65] Dieser Verschärfung der sozialen Bedingungen entsprach ein Gefühl der Bedrohung und Entwurzelung, das die Handwerker und im besonderen die Gesellen bestimmte, sie radikalisierte und für die aufklärerische, demokratische Gesellschaftskritik empfänglich machte.[66] Sie sahen sich als Opfer der wirtschaftspolitischen Reformen, die - in erster Linie in Preußen - die Gewerbefreiheit und damit die Abschaffung des überkommenen Zunftwesens

---

[62]W. Schäfer hat Weitlings Denken als "proletarisches Denken" charakterisiert, dessen Kennzeichen eine "Bewegung von unten für unten", "kollektives Denken", "wildes Denken" und "interessebezogenes Denken" seien. Diesem "proletarischen Denken" stellt er idealtypisch das "philosophische Denken" des wissenschaftlichen Sozialismus gegenüber. W.v. Moritz hat gegen Schäfers Begriff des "kollektiven Denkens" Einwände erhoben und dagegen die Eigenständigkeit des Denkens Weitlings herausgestellt. Trotz dieses nicht ganz unberechtigten Einwandes wird doch durch Schäfers Vergleich die Differenz zwischen Marx und Weitling deutlich, die sowohl deren persönliche Differenzen wie auch die Rezeptionsgeschichte Weitlings in der marxistisch ausgerichteten Wissenschaft verständlich macht. Schäfer, W., Proletarisches Denken und Kritische Wissenschaft, in: <Hg.> G. Böhme/M. Engelhardt, Entfremdete Wissenschaft, stw 278, Frankfurt/M., 1979, 177-220; Moritz, W.v., Wilhelm Weitling, 284-308.

[63]Lepsius, M.R., Bürgertum als Gegenstand der Sozialgeschichte, in: <Hg.> W. Schieder/V. Sellin, Sozialgeschichte in Deutschland, Bd. 4, KVR 1531, Göttingen, 1987, 61-80.

[64]Tenbruck, F.A./Ruopp, W.A., Modernisierung - Vergesellschaftung - Vereinswesen, in: <Hg.> F. Neidhardt, Gruppensoziologie. Perspektiven und Materialien, KZfSS.S. 25, Opladen, 1983, 65-74: 69.71; Rürup, R., Deutschland, 15.

[65]Greschat, M. Industrielle Revolution, 9; Nipperdey, Deutsche Geschichte 1800, 217.

[66]Nipperdey, Th., Deutsche Geschichte 1800, 49; Wehler, H.-U., Deutsche Gesellschaftsgeschichte 2, 59f.

brachten.[67] Hier verschränken sich nun die Veränderungen der Arbeitswelt mit dem Verlust der vertrauten Lebenswelt als Handwerker: Die Werte, die ihrer Lebensweise Stabilität verliehen hatten, und die institutionellen Regelungen, die Koexistenz und Auskommen ermöglichten, nämlich die Identität von Arbeitswelt und Familienverband, die korporative Leitungsstruktur der Zunft, verloren allmählich ihre Bedeutung. H. Möller spricht in diesem Zusammenhang von einer "Ökonomisierung" der sozialen Beziehungen, die für die Menschen zuallererst an der Auflösung der "Sozialstruktur des ganzen Hauses" spürbar geworden sei.[68]

Demgegenüber gehört - wie schon angedeutet - Lücke unverkennbar auf die Seite der Gewinner dieses Reformprozesses, der die Handwerker entwurzelt hatte. Als Absolvent des "Aufsteigerfaches" Theologie und als Universitätsprofessor gehörte er zum Bildungsbürgertum, das von dem ungeheuren Prestigegewinn der Universitäten infolge der Humboldt'schen Reformen profitierte und in gewisser Weise die politische Öffentlichkeit des vormärzlichen Deutschland repräsentierte. Wie im "Wirtschaftsbürgertum" galten allgemein die Qualifikation und die Leistungsfähigkeit des Einzelnen mehr als sein Herkommen. Jedoch kam dem Bildungsbürgertum eine Vorbildfunktion innerhalb des ganzen bürgerlichen Spektrums zu, auch hinsichtlich der Lebensformen.[69] Seit Schleiermacher, vor allem aber seit dem Agendenstreit in Preußen und dem Kampf um die rheinische Synodalverfassung partizipiert der kirchliche und theologische Liberalismus an dem Sozialprestige des Bildungsbürgertums und die Mehrheit der Theologieprofessoren verschaffte den bürgerlichen Idealen hohe Legitimität, indem sie die Konvergenz von liberalem und reformatorischem Freiheitsbegriff behaupteten.[70]

Die beschriebene, dynamische Veränderung der gesellschaftlichen Strukturen, der Übergang von einer ständisch gegliederten zu einer bürgerlichen Gesellschaft mit der Nivellierung ständischer Vorrechte, dem Aufkommen des Leistungsprinzips und der Statusdefinition aufgrund ökonomischer Bezugsgrößen hatte in Theologie und Kirche zunächst wenige Spuren hinterlassen. Von einer weitgehend individualethisch ausgerichteten Ethik herkommend "begegnet(e man) der neuen industriellen Arbeitswelt mit Verhaltensmustern und einem Arbeitsethos, das in einer agrari-

---

[67]Nipperdey, Th., Deutsche Geschichte 1800, 216; Wehler, H.-U., Deutsche Gesellschaftsgeschichte 2, 55.59.63f.; Greschat, M., Industrielle Revolution, 16.

[68]Möller, H., Fürstenstaat oder Bürgernation. Deutschland 1763-1815, Berlin, 1989, 174.

[69]Lücke, dessen Vater Kaufmann und Bierbrauer gewesen war, kann selbst als repräsentativ für einen solche bürgerliche "Karriere" gelten. Lange, D., Der theologische Vermittler, 136f; zum Ganzen, Graf, F.W., 36f.43; Nipperdey, Th., Deutsche Geschichte 1800, 259f.288.471-473.; Wehler, H.-U., Deutsche Gesellschaftsgeschichte 2, 477.238f.

[70]Wehler, H.-U., Deutsche Gesellschaftsgeschichte 2, 461-466.468f; Nipperdey, Th., Deutsche Geschichte 1800, 423-427.429-431; Graf, F.W., 28f.37.

schen und handwerklichen Gesellschaft geprägt" worden war.[71] Jedoch ist das Bild einer rein individualethisch ausgerichteten Theologie zu einseitig, denn mit ihrer Lehre vom triplex ordo hierarchicus hatte sie eine Theorie entwickelt, die sich angesichts der ständischen Gesellschaft als funktional erwies: Die aus dem 11. Jh. stammende ständische Gliederung in "Krieger", "Heilsverwalter" und "Produzenten" hatte in den status politicus, ecclesiasticus und oeconomicus, Staat, Kirche und Familie ihr Komplement.[72] Der Familie, dem status oeconomicus, kommt dabei als der Grundlage des menschlichen Zusammenlebens besondere Bedeutung zu, sie ist geradezu die Grundlage der beiden anderen status. In sie sind alle im Haus Arbeitenden eingeschlossen. Die Familie ist also zugleich die "societas herilis" als "legitima dominorum et servorum conjunctio", "divinitus instituta, ob mutuam utilitatem".[73] An dieser positiven Einschätzung dieser gesellschaftlichen Struktur hielt auch die Theologie der Aufklärungszeit fest. Besonders das Modell des "ganzen Hauses" erlebte in der vorwiegend religiös argumentierenden Hausväterliteratur des ausgehenden 18. Jh.s. noch einmal eine Renaissance.[74] Neben der sozialethischen Funktion ist auch die Verortung der status-Lehre in der Ekklesiologie ein wichtiger Aspekt. Veränderungen an einer der Triaden Staat, Kirche und Familie vermochten das ausbalancierte Gleichgewicht zu stören. In einer sich breit umschichtenden und ausdifferenzierenden Gesellschaft konnte dieses ständische Gesellschaftsmodell nicht mehr einheitsstiftend sein. Insofern ist es nur konsequent, daß man sich daran machte, Alternativen zu diesem zu suchen.

Betrachten wir nun die Verhältnisse aus der Perspektive Weitlings, so zeigte sich der schon beschriebene gesellschaftliche Wandel als Mangel an Moralität. Die Arbeit in der Sozialstruktur der Fabrik, zu der viele Handwerksgesellen gezwungen waren,[75] brachte einen Zuwachs an Anonymität und war im Gegensatz zur Arbeit im Familienbetrieb nicht mehr als Arbeit zum "gegenseitigen Nutzen" erfahrbar. Plausibel wird so Weitlings Ablehnung des wirtschaftlichen Liberalismus, des Staates, der die gesetzlichen Grundlagen für diese neue Art des Wirtschaftens schuf[76] und

---

[71]Honecker, M., Art. Arbeit VII., TRE 3, 1978, 639-657: 646; Hupfeld, R., Die Ethik Johann Gerhards. Ein Beitrag zum Verständnis der lutherischen Ethik, Berlin, 1908, III.233.238; Mahling, F., Kirchliche Stimmen zur Arbeiterbewegung von 1839-1862, NKZ 33, 115-167, 1922: 124.166.

[72]Blickle, P., Art. Stand, in:, Staatslexikon, Bd. 5, Freiburg, 1989[7], 255-258: 255f; Hupfeld, R., Gerhard, 242.

[73]Nach D. Hollaz, zitiert bei Schmid, H., Die Dogmatik der evangelisch-lutherischen Kirche, dargestellt und aus den Quellen belegt, hg.v. H.G. Pöhlmann, Gütersloh, 1983[10], 391; Hupfeld, R., Gerhard, 249.

[74]Schlingensiepen-Pogge, A., Das Sozialethos der lutherischen Aufklärungstheologie am Vorabend der industriellen Revolution, Göttinger Bausteine zur Geschichtswissenschaft Bd. 39, Göttingen, 1967, 193; Möller, H., Fürstenstaat, 175 spricht von einer "rückwärtsgewandten Poetisierung" des Lebens.

[75]Nipperdey, Th., Deutsche Geschichte 1800, 219f.

[76]a.a.O., 182-185.

einer Kirche, die sich auf individuelle Hilfeleistungen beschränkte und zugleich die bestehenden Ordnungen weiterhin religiös legitimierte. Plausibel wird aber auch die Präferenz für die Gütergemeinschaft, ein korporatives Gesellschaftsmodell, mit dem die Ideale eines funktionierenden handwerklichen Betriebes und des Zunftwesens in die entstehende neue Gesellschaft hinübergerettet werden sollten,[77] aber auch der Versuch, dieses alternative Modell religiös zu legitimieren.

In ähnlicher Weise verhält es sich mit der Familie. Auch hier geht es Weitling nicht um eine radikale Umwälzung des Bestehenden. Die Familie soll weiterhin Garant sozialer Sicherheit sein, zugleich übernimmt Weitling aber die Ideale der "modernen", bürgerlichen Familie: Ihre Gründung auf gegenseitige Sympathie, ihre größere Individualität und ihre große emotionale Zuwendung zu den Kindern.[78] Schließlich hat das Bild, das Weitling von der palästinschen Gesellschaft zur Zeit Jesu zeichnet, seinen Erfahrungshintergrund in der frühindustriellen Gesellschaft Deutschlands. Das "Volk" erscheint bei Weitling als eine ökonomisch benachteiligte Masse ohne eigenes gesellschaftliches Bewußtsein. Dieses wird vielmehr von bestimmten gesellschaftlichen Gruppen und deren Repräsentanten, Hohenpriester, Pharisäern, Sadduzäern, Essenern, Jesus und dem "Pöbel" artikuliert, die - einig in ihrer Gegnerschaft zu den Römern - wie Parteien konkurrierten.[79] Jesus selbst wird von Weitling in diesem Gesellschaftsgefüge als Essener eingeordnet. Wie Weitlings "Bund der Gerechten" sind die Essener ein Geheimbund. Was Weitlings Vereinigung anstrebte, hatten die Essener gelebt: die Gütergemeinschaft.[80]

Insgesamt zeigt sich bei Weitling eine deutliche Interferenz zwischen seiner Exegese und seinen politischen Interessen. Daß Weitling mit dieser Form der Schriftauslegung - zumindest für seine Standesgenossen - den nervus rei traf, beweist die Resonanz und das Ansehen, das er bei seinem Publikum fand.

Aus der Perspektive Lückes dagegen hatte der Staat ihm wie dem gesamten Bildungsbürgertum Handlungsspielräume und Aufstiegsmöglichkeiten nicht genommen, sondern eröffnet. Vor allem die Bildungsreformen hatten Aufstiegsmög-

---

[77]Nipperdey, Th., Deutsche Geschichte 1800, 218 beschreibt eindringlich die politisch ambivalente Haltung der Handwerker: Sie blieben in ihren wirtschaftspolitischen Vorstellungen konservativ, während sie zugleich für radikaldemokratische Forderungen offen waren. Ferner, Greschat, M. Industrielle Revolution, 71; Joho, W., Weitling 28f.

[78]Nipperdey, Th., Deutsche Geschichte 1800, 121.

[79]Zur Parteienkonkurrenz im Deutschland des 19. Jh.s: a.a.O., 283ff.298ff.385-396; Greschat, M., Industrielle Revolution, 67ff; Wehler, H.-U., Deutsche Gesellschaftsgeschichte 2, 174f.238ff.

[80]Auf diesen Zusammenhang weist bereits Brugger, O., Handwerkervereine, 176 hin. Weitling greift hier auf eine populäre Hypothese Bahrdts und Venturinis zurück, die nicht unbedingt auf eine direkte Bekanntschaft mit Venturinis weit verbreitetem Jesusroman zurückgehen muß. Schweitzer, A., Geschichte, 79-97; Gebauer, H., Lektüre Weitlings, 50-52; Greschat, M., Industrielle Revolution, 70

lichkeiten und einen Zugewinn an Sozialprestige ermöglicht. Das galt besonders für das Theologiestudium, das sich zu einem "Aufsteigerstudium" entwickelte.[81] Im übrigen besoldete der Staat die theologischen Spitzenkräfte an den Universitäten äußerst großzügig.[82] Zwar gab es auch Konfliktfelder mit diesem Staat und der von ihm regierten Kirche und diese waren deckungsgleich mit denen des politischen Liberalismus. Wie der politische Liberalismus den "Rechts- und Verfassungsstaat" anstrebte, so der kirchliche eine synodal verfaßte Kirche. Auch wenn sich bei den Kirchenunionen am Anfang des Jahrhunderts diese Ziele nicht realisieren ließen, war dieser Kampf nicht aussichtslos, wie der Teilerfolg bei dem Streit um eine presbyteriale Gemeindeordnung im Rheinland zeigte, für die sich der Göttinger Professor in seiner Bonner Zeit eingesetzt hatte.[83] Insofern ist es verständlich, daß Lücke nicht radikal mit der alten Gesellschaftsordnung brechen wollte, wie es Weitling tat. Er suchte vielmehr Anschluß an das ständische Gesellschaftsmodell und versuchte es zugleich an die veränderten gesellschaftlichen Strukturen anzupassen, in dem er zu den drei status den Verein als neue, die bürgerliche Gesellungsform hinzufügte.

Das Vereinswesen nun expandierte, nachdem es im "Allgemeinen Preußischen Landrecht" auf eine gesetzliche Grundlage gestellt worden war, parallel zum Aufstieg des Bürgertums. Vor allem zwischen 1800 und 1848 kam es zu einer Welle von Vereinsgründungen, so daß im Rückblick der Verein als das "Strukturprinzip der bürgerlichen Gesellschaft des 19. Jahrhunderts" erscheint.[84] Schon früh spielten private, karitative Vereine bei der Bewältigung lokaler, sozialer Krisen eine nicht unbedeutende Rolle, wobei sie in der Regel unpolitisch blieben.[85] Zugleich boten sie dem Einzelnen die Möglichkeit, an kollektiven Entscheidungsprozessen mitzuwirken und so bürgerlich-liberale Ideale sozial zu gestalten.[86] Für die entste-

---

[81]Graf, F.W., Protestantische Theologie, 43f.

[82]So sollen Schleiermacher, Tholuck, Hengstenberg und Nitzsch im Jahr das zwanzigfache eines Lohnarbeiters verdient haben. Wehler, H.-U., Deutsche Gesellschaftsgeschichte 2, 267.461; Graf, F.W., Protestantische Theologie, 41.

[83]Nipperdey, Th., Deutsche Geschichte 1800, 290.432f; Graf, F.W., Protestantische Theologie, 40.

[84]Dazu: Hardtwig, W., Strukturmerkmale und Entwicklungstendenzen des Vereinswesens in Deutschland 1789-1848, in: <Hg.> O. Dann, Vereinswesen und bürgerliche Gesellschaft in Deutschland, HZ.B 9, 1984, 11-50; Huber, A., Das Vereinsrecht im Deutschland des 19. Jahrhunderts, in: <Hg.> O. Dann, Vereinswesen und bürgerliche Gesellschaft in Deutschland, HZ.B 9, 1984, 115-132; Siewert, H.J., Zur Thematisierung des Vereinswesens in der deutschen Soziologie, in: <Hg.> O. Dann, Vereinswesen und bürgerliche Gesellschaft in Deutschland, HZ.B 9, 1984, 151-180.

[85]Die Pariser Gesellenvereine bildeten hier eine Ausnahme, Hardtwig, W., Strukturmerkmale, 14.21.

[86]Greschat, M., Industrielle Revolution, 75; Siewert, H.J., Zur Thematisierung, 156f; Krumwiede, H.-W., Die Unionswirkung der freien evangelischen Vereine und Werke als soziale Phänomene des 19. Jahrhunderts, in: <Hg.> K. Herbert, Um evangelische Einheit. Beiträge zum Unionsproblem, Herborn, 1967, 147-184: 148; Graf, F.W., Politisierung des religiösen Bewußtseins. Die bürgerli-

hende bürgerliche Gesellschaft leistete der Verein ein Doppeltes: Einerseits vermochte diese Gesellungsform den Verlust korporativer Verhaltensvorgaben zu kompensieren, andererseits beschleunigte sie selbst - teilweise vom Staat gefördert - den gesellschaftlichen Wandlungsprozeß.[87] Innerhalb der Kirche hatte sich zunächst die Erweckungsbewegung in Vereinen organisiert,[88] seit den 40er Jahren hatten sich zunehmend auch die Liberalen im kirchlichen Vereinsleben engagiert und es gegen die Angriffe konservativer Theologen verteidigt.[89] In diesen Kontext gehört auch der referierte Aufsatz Friedrich Lückes: Die Kontroverse, ob die Struktur des Vereines dem "Organismus" der Kirche angemessen sei. Mit seiner These vom "Urverein", dessen Mitglieder sich aufgrund eines "freien Entschlusses" zur "freien Jüngerschaft" entschließen, hat er diese Frage im liberalen Sinne mittels historischer Argumentation beantwortet, und man kann deshalb seiner These im Rückblick hohe Plausibilität zubilligen. Zugleich hat er ein neues ekklesiologisches Modell ins Spiel gebracht, das die Grenzen des alten, im ständischen Gesellschaftsmodell verwurzelten, überschritt und ihm zugleich Legitimation entzog. Auch wenn er nicht solch radikale Konsequenzen wie der Deutschkatholizismus und die freiprotestantischen Gemeinden zog,[90] hat er dennoch eine Kirchenstruktur als normativ erklärt, zu deren konstituitiven Merkmalen die Statusunabhängigkeit und Partizipationsmöglichkeiten für alle Mitglieder zählten. Damit bewegte er sich zugleich auf einer Argumentationslinie, die bereits R. Rothe in seinem 1837 erschienen Buch "Die Anfänge der christlichen Kirche und ihrer Verfassung"[91] vorgegeben hatte, in dem er von einer "demokratischen" Binnenstruktur der urchristlichen Gemeinden ausgegangen war, ohne das Modell des Vereins auf sie anzuwenden.

Welche literarischen Spuren haben nun Weitlings und Lückes Theorien hinterlassen? Für Weitling kann man zunächst nur negativ urteilen. Sein Buch fand nie die Aufmerksamkeit, die ihm eigentlich zugestanden hätte. Nicht nur die Zensur, sondern auch die Schwierigkeiten der Drucklegung dürften zu große Rezeptionshindernisse gebildet haben. Dennoch scheint es so etwas wie eine "mündliche Tradition" gegeben zu haben. Dieser Sachverhalt spiegelt sich auch in dem Buch "Vom

---

chen Religionsparteien im deutschen Vormärz. Das Beispiel des Deutschkatholizismus, Stuttgart-Bad Canstatt, 1978.

[87] Siewert, H.J., Zur Thematisierung, 156f; Tenbruck, F.H.; Ruopp, W.A., Modernisierung, 70f.73; Tenfelde, K., Die Entfaltung des Vereinswesens während der Industriellen Revolution in Deutschland (1850-1873), in: <Hg.> O. Dann, Vereinswesen und bürgerliche Gesellschaft in Deutschland, HZ.B 9, 1984, 55-114.

[88] Krumwiede, H.-W., Geschichte des Christentums, 129; Wallmann, J., Kirchengeschichte Deutschlands seit der Reformation, UTB 1355, Tübingen, 1985[2], 206f.

[89] Cordes, M., Freie christliche Aktion, 136; Krumwiede, H.-W., Geschichte des Christentums, 141.

[90] Graf, F.W., Politisierung, 166f.

[91] Rothe, R., Die Anfänge der christlichen Kirche und ihrer Verfassung. Ein geschichtlicher Versuch, Bd. 1, Wittenberg, 1837, wo die historische Argumentation eine viel geringere Rolle spielt, als der Titel vermuten läßt.

Jesusbilde der Gegenwart", in dessen zweiter Auflage Johannes Leipoldt die "sozialistischen" Jesusdarstellungen ausführlich würdigt. Während er R. Wagner(!), K. Kautsky u.a. ausführlich referiert, fehlt der Name Wilhelm Weitling.[92]

Selbst im sozialistischen Lager haben seine Thesen wenig Anklang gefunden, wobei anscheinend seine religiöse Argumentation dem Verständnis von Wissenschaft nicht genügte, das Marx und Engels als normatives durchsetzen konnten. Verschärft wurde dieser Konflikt durch Rivalitäten um die Führung der jungen Arbeiterbewegung, die zu einer Isolierung Weitlings führten. In Fr. Engels 1894 geschriebenen Artikelreihe "Zur Geschichte des Urchristentums" wird Weitling dann auch nicht zitiert.[93] Eine breitere Auseinandersetzung gab es dann lediglich um die Frage der Gütergemeinschaft. Sie forderte die Exegeten immer wieder zu Stellungnahmen heraus. Interessanterweise geschah dies meist in Gemeindevorträgen, was einerseits zeigt, daß diese Frage für sich genommen auf der Ebene der exegetischen Wissenschaft nicht diskursfähig zu sein schien, andererseits wird deutlich, daß diese Frage eine interessierte Öffentlichkeit intensiv beschäftigte.[94]

Wie Weitling hat auch Lücke in der exegetischen Literatur praktisch keine Spuren hinterlassen. Als G. Heinrici 1876 die Vereinshypothese in stark modifizierter Weise exegetisch zu begründen versuchte, fehlt ein Hinweis auf Lücke.[95] Andererseits haben Lückes Ideen stark auf das kirchliche Handeln gewirkt. J.H. Wichern und G. Uhlhorn, beide Schüler Lückes, förderten das soziale Handeln der Kirche durch die in Vereinsform organisierte Innere Mission.[96] Freilich geschah das unter ganz anderen politischen Vorzeichen, denn in der Folge des Revolutionsjahres 1848/49 kam es zu einer engeren Bindung von Kirche und Staat, die sich durch die politische und theologische Neuorientierung Wicherns auf die Diakonie auswirkte.[97] G. Uhlhorn ist ebensowenig wie Wichern bei der vermittlungstheologischen Position Lückes geblieben. Trotz seiner Hinwendung zum Luthertum hat er über sein Engagement bei der Inneren Mission, durch Veröffentlichungen zu sozialen Fragen

---

[92]Leipoldt, J., Vom Jesusbilde der Gegenwart, Leipzig, 1929[2] <1913>; ansonsten hat nur noch Vilmar Weitling in seinen Schulreden erwähnt, Kupisch, K., Vom Pietismus zum Kommunismus, Berlin, 1957, 102.

[93]Engels, F., Zur Geschichte des Urchristentums, Die Neue Zeit, 13, 1. Bd., 1/2, 1894/95 <Nachdruck in: MEW 22, Berlin 1982[6], 449-473>.

[94]z.B. Holtzmann, H.J., Die ersten Christen und die sociale Frage, Wissenschaftliche Vorträge über religiöse Fragen, Fünfte Sammlung, Frankfurt/M., 1882, 20-55; Zahn, Th., Die Soziale Frage und die Innere Mission nach dem Brief des Jakobus, Bibliothek für Innere Mission, Nr. 2, Leipzig, 1890.

[95]Heinrici, G., Die Christengemeinde Korinths und die religiösen Genossenschaften der Griechen, ZWTh 19, 1876, 465-526.

[96]Brakelmann, G., Die soziale Frage des 19. Jahrhunderts, Witten, 1975[5].

[97]Krumwiede, H.-W., Unionswirkung, 161; Wallmann, J., Kirchengeschichte, 240f.

und als Leiter des Loccumer Predigerseminars gewirkt.[98] Unter seinen Schülern waren mit W. Wrede und W. Heitmüller auch Mitglieder der "Religionsgeschichtlichen Schule", die dann selbst die Erforschung der sozialen Welt des Urchristentums vorantrieben.[99]

Theologiegeschichtlich hat sich sicher der Rückgang der Vermittlungstheologie schon vor 1848 ausgewirkt. Das Aufkommen der konfessionell lutherischen Theologie mit ihrer Betonung des institutionellen Charakters von Kirche und der Vorordnung der Bekenntnisschriften vor jeder historischen Argumentation hatte schon hinsichtlich des methodischen Ausgangspunktes ausgesprochen antiliberale Züge.[100] Nach der Revolutionszeit hatte sie innerhalb des ekklesiologischen Diskurses zunächst ein deutliches Übergewicht, bis sich in den 80er Jahren ein an den liberalen Vorstellungen orientierter Konsens über die Entstehung der Kirchen herausbildete.[101] In ähnlicher Weise bewirkten auch für den politischen Liberalismus die Jahre nach der Revolution eine Zeit der Neuorientierung, in der besonders die Bedeutsamkeit sozialer Phänomene für das politische Geschehen bedacht wurde.[102] Eine Weiterarbeit an Fragen gesellschaftlicher Gestaltung konnte also erwartet werden.

---

[98]Cordes, C., D. Gerhard Uhlhorn und die soziale Frage seiner Zeit, JGNKG 50, 1952, 130-148.

[99]Janssen, N., Das Predigerseminar in Loccum unter Gerhard Uhlhorn und der Loccumer Lebenslauf von William Wrede, in: <Hg.> G. Lüdemann/M. Schröder, Die Religionsgeschichtliche Schule in Göttingen Eine Dokumentation, Göttingen, 1987, 93-101.

[100]Ein äußeres Zeichen für diesen Vorgang ist die Verdrängung von Lückes VTK durch eine konfessionell-lutherisch ausgerichtete Zeitschrift, Meyer, J., Geschichte, 56f; Wallmann, J., Kirchengeschichte, 217.234.

[101]Linton, O., Das Problem der Urkirche in neueren Forschung. Eine kritische Darstellung, Uppsala, 1932, 6f.

[102]Nipperdey, Th., Deutsche Geschichte 1800, 718-733.

3 Sozialgeschichtliche Exegese im Lichte der Sozialen Frage. Die Anfänge eines wissenschaftlichen Diskurses über die Sozialgeschichte des Urchristentums

Die Beiträge, denen dieses Kapitel gewidmet ist, bilden den eigentlichen Ausgangspunkt der Erforschung der neutestamentlichen Sozialgeschichte im 19. Jahrhundert und stecken zugleich zentrale Forschungsgebiete des sich hier konstituierenden Forschungszweiges ab. Dennoch sind sie nicht die ersten exegetischen Beiträge, die in universitärem Rahmen sozialgeschichtliche Fragestellungen aufgreifen. Aus den 1865 posthum veröffentlichten Vorlesungen Matthias Schneckenburgers zur neutestamentlichen Zeitgeschichte geht hervor, daß dieser dort die soziale Lage der Sklaven unter dem Titel "Socialer Zustand" behandelte. Sozialgeschichte erscheint hier als Beschreibung der sozialen und rechtlichen Verhältnisse und Gegebenheiten, denen Unterprivilegierte ausgesetzt waren.[1] Direkt auf die neutestamentliche Überlieferung haben die Fragestellung dann die in diesem Kapitel vorgestellten Arbeiten angewandt, die - in unterschiedlicher Weise - als realgeschichtlichen Bezugspunkt die Soziale Frage des 19. Jh.s. haben. Zugleich greifen diese Arbeiten zur Deutung der urchristlichen Geschichte die Modelle auf, die dreißig Jahre zuvor Lücke und Weitling entwickelt hatten. Deshalb soll in diesem Kapitel auch darauf geachtet werden, ob diesen Modellen der Gütergemeinschaft und des Vereins noch dieselben sozialen Funktionen zugeschrieben werden wie zuvor oder ob sich neue Funktionszuschreibungen finden. Schließlich wird bereits hier deutlich werden, wie nicht einfach gesellschaftliche Entwicklungen die Forschenden treiben, sondern vielmehr wissenschaftsimmanente Entwicklungen selbst der Gang der Forschung bestimmen.

3.1 Der sozialgeschichtliche Diskurs in der Theologie
3.1.1 Sozialgeschichte als Geschichte urchristlicher Selbstorganisation (C.F. Georg Heinrici)

In den Jahren 1876 und 1877 veröffentlichte der Marburger Neutestamentler C.F. Georg Heinrici[2] zwei Aufsätze als Vorstudien zu seinen Kommentaren über die

---

[1] Schneckenburger, M., Vorlesungen über neutestamentliche Zeitgeschichte, hg. aus d. handschriftlichen Nachlaß v. Th. Löhlein, Frankfurt/M., 1862, 27-33.

[2] Heinrici stammte nicht aus dem Wirkungsfeld Lückes. Er hatte in Halle und Berlin studiert und dort im Kreise des Schleiermacherschülers Twesten eine liberale Ausrichtung erfahren. In Berlin hatte er sich mit einer Schrift über die valentinianische Exegese habilitiert und war 1873 nach Marburg berufen worden. Von 1881 bis zu seinem Weggang nach Leipzig, wo er von 1892 bis zu sei-

Korintherbriefe mit den Titeln "Die Christengemeinde Korinths und die religiösen Genossenschaften der Griechen" und "Zur Geschichte der Anfänge paulinischer Gemeinden", denen er 1881 noch eine Antwort an die Kritiker seiner Hypothesen folgen ließ.[3] In ihnen verfolgte Heinrici das Ziel, "ein anschauliches Bild von der Organisation der ältesten occidentalischen Gemeinden"[4] zu entwerfen. Damit wird - in Variation - die Frage nach der Struktur der urchristlichen Gemeinden aufgenommen, die bereits in den 30er Jahren des vergangenen Jahrhunderts verhandelt worden war und noch im Hintergrund des referierten Aufsatzes Lückes stand.

In seinem ersten Aufsatz, "Die Christengemeinde Korinths und die religiösen Genossenschaften der Griechen", versucht Heinrici zunächst wahrscheinlich zu machen, daß es sich bei der korinthischen Gemeinde um eine heidenchristlich geprägte Gemeinde handelte, die nicht nach der jüdischen Synagogalverfassung organisiert gewesen sei. Während weder die Anweisungen der Apostelgeschichte noch die der Pastoralbriefe zu den Leitungsstrukturen in Korinth paßten, wiesen die im I Kor erwähnten Probleme auf eine heidenchristliche Gemeinde.[5] Ferner fehlten in der korinthischen Korrespondenz sämtliche Amtsbezeichnungen, wie sie sich in der Apostelgeschichte oder im Judentum fänden.[6] Schließlich vertrage auch das "Grundprincip" der paulinischen Predigt, die Nivellierung des Unterschiedes von Juden und Heiden, schwerlich eine Anlehnung an die synagogale Verfassung, da sie das Christentum zu einer Randgruppe innerhalb des Judentums gemacht hätte.[7]

Trotzdem habe es bestimmte Organisationsstrukturen in der korinthischen Gemeinde gegeben. Das zeige sich an der regelmäßigen Abhaltung von Gottesdiensten, an der eigenständigen Regelung von internen Konflikten und der Sammlung der Kollekte. Bezüglich der Außenbeziehungen gebe es in den Korintherbriefen keine Hinweise auf eine Verfolgung trotz des bekannten Mißtrauens der Römer gegenüber fremden Kulten und trotz des Claudiusediktes, das auch einen

---

nem Tode im Jahre 1915 als Nachfolger Th. Zahns lehrte, war er Mitglied der Hessen-Nassauischen Kirchenleitung, danach Mitglied der Landessynode in der Kirche seines neuen Wirkungsortes. Zur Biographie Heinricis vgl. Dinkler, E. , Art. Heinrici, C.F. Georg, RGG[3] 3, 1959, 205f; Dobschütz, E.v., Zur Einführung/Leben und Werk, in: C.F.G. Heinrici, Die Hermes-Mystik und das Neue Testament, hg.v. E.v. Dobschütz, Leipzig, 1915, VII-XXII.

[3] Heinrici, C.F.G., Die Christengemeinde Korinths und die religiösen Genossenschaften der Griechen, ZWTh 19, 1876, 465-526; ders., Zur Geschichte der Anfänge paulinischer Gemeinden, ZWTh 20, 1877, 89-130; ders., Zum genossenschaftlichen Charakter der paulinischen Christengemeinden, ThStKr 54, 1881, 505-525.

[4] C.F.G. Heinrici, Christengemeinde Korinths, 465.

[5] a.a.O., 470.472.

[6] a.a.O., 473.478.

[7] a.a.O., 470-471.

Anlaß zur Verfolgung hätte geben können.[8] Diese Sachverhalte bilden die entscheidenden Voraussetzungen für Heinricis These: "... die Gemeinde hat eine Form der Existenz angenommen, welche sie vorerst dem Misstrauen des Staats entzog und ihr Zeit liess, auszureifen und sich zu festigen. Wir glauben in den religiösen Genossenschaften Griechenlands diese Form nachweisen zu können."[9]

Der angekündigte Nachweis geschieht nun in zwei Schritten: Heinrici zeichnet zunächst das Bild der antiken θίασοι, um dann mit Hilfe dieses Modells die Notizen, die sich in den Korintherbriefen finden, zu einem Gesamtbild zusammenzufügen. Dazu wertet er Inschriften aus, die der französische Archäologe P. Foucart in einer Arbeit über die antiken Kultgenossenschaften mitgeteilt hatte.[10] Danach seien die θίασοι oder ἔρανοι im Römischen Reich weit verbreitet gewesen und hätten als rechtsfähige Körperschaften verschiedenen sozialen, religiösen und berufsständischen Zwecken gedient.[11] So hätten sie - angesichts der gewachsenen Mobilität im Römischen Reich - die Pflege heimatlicher Kulte durch Auswanderer oder Sklaven ermöglicht. In der jungen, traditionslosen römischen Kolonie Korinth seien die Bedingungen hierfür besonders günstig gewesen.[12] Von Staats wegen seien die Kultvereine - aus politischen Gründen - einerseits überwacht, andererseits aufgrund ihrer sozial integrierenden Funktion jedoch geduldet worden.[13] Die θίασοι hätten sich selbst organisiert und seien autonom bei Gleichberechtigung aller Mitglieder gewesen. Da die Leitung durch die "Beamten" des Vereins geschehen sei, hätten die Kultgenossenschaften im griechischen Raum "rein republikanischen Charakter" getragen.[14]

Übereinstimmende Züge zwischen den Kultvereinen und der korinthischen Gemeinde findet Heinrici nun im Begriff der "ἐκκλησία" (z.B. I Kor 1,2), mit dem sich auch Genossenschaften selbst bezeichneten.[15] Die - auch aus der Grußliste Röm 16 - bekannten Namen der Korinther Gemeindeglieder wiesen auf Sklaven und Freigelassene, so daß es eine Entsprechung zum typischen Milieu der θίασοι gebe.[16] Die Mahnung, die Konflikte untereinander innerhalb der Gemeinde zu regeln, entspreche der gängigen Praxis in den Kultvereinen, wie in gleicher Weise die Auftei-

---

[8]a.a.O., 478f.

[9]a.a.O., 479.

[10]a.a.O., 481f; Foucart, P., Des Associations religieuses chez les Grécs. Thiases, Eranes, Orgéon. Avec le texte des inscriptions relatives à ces associations, Paris, 1873.

[11]C.F.G. Heinrici, Christengemeinde Korinths, 481.

[12]a.a.O., 484f.490f.

[13]a.a.O., 481f.485.487.501f.

[14]a.a.O., 501ff.

[15]a.a.O., 504.

[16]a.a.O., 504f.

lung der Gemeinde in einzelne "Parteien" und deren Benennung nach bestimmten Bezugspersonen, seien es Gottheiten, Gründerväter oder Lehrer.[17] Auch die Hausgemeinden (I Kor 16,19; Röm 16,5; Phm 2; Kol 4,15), die in anderen paulinischen Gemeinden innerhalb des großen Gemeindeverbandes existierten, seien ein Hinweis auf die Existenz solcher "Sectionen".[18] Eine weitere strukturelle Übereinstimmung sei durch die besondere Bedeutung der "Gemeindeversammlungen" gegeben, in denen die inneren Konflikte geregelt würden und die gemeinsamen Mahlzeiten gefeiert worden seien, wobei die Zuteilung der Speisen den Konflikt in Korinth verursacht habe.[19] Frauen und Fremde seien in Korinth gleichberechtigt gewesen. Die Bezeichnung der letzteren als ἰδιῶται (I Kor 14,16.23f) entspreche der Terminologie der Genossenschaften.[20] Die Regelung der Kollektenangelegenheiten, in der Paulus durch seine lediglich allgemein gehaltenen Anweisungen (I Kor 16,1-3; II Kor 8.9) der Gemeinde alle Freiheiten lasse, beachte das Recht eines Kultvereins auf die eigenständige Regelung seiner finanziellen Angelegenheiten.[21] Schließlich nennt Heinrici einige weitere terminologische Übereinstimmungen, die nicht en détail aufgeführt werden müssen.[22] Lediglich in der Frage der Gemeindeleitung kann Heinrici keine direkte Parallele zwischen der Gemeinde in Korinth und den θίασοι aufweisen: Er kann allerdings darauf hinweisen, daß es in anderen paulinischen Gemeinden anscheinend Personen mit Leitungsfunktionen gegeben habe (Röm 12,8;I Thess 5,12), deren Fehlen in Korinth weniger gegen die These des Aufsatzes spreche, als daß es die Probleme der dortigen Gemeinde verständlich mache.[23]

Heinricis zweite Studie zu diesem Themenkomplex, "Zur Geschichte der Anfänge paulinischer Gemeinden", versucht die Entstehungsbedingungen der paulinischen Gemeinden zu erhellen und ihre Rechtsstellung - über die Andeutungen des ersten Aufsatzes hinaus - zu klären.[24] Wie im ersten Aufsatz macht er wahrscheinlich, daß die ältesten europäischen Gemeinden sich nicht in der Weise der Synagogengemeinden organisiert hatten. Hierzu werden neben den einschlägigen Gesetzestexten auch "die socialen Verhältnisse der Kaiserzeit herangezogen, wie sie besonders römische Nachrichten und Denkmäler wiederspiegeln".[25] Während Heinrici

---

[17] a.a.O., 505f.
[18] ebd.
[19] a.a.O., 507f.
[20] a.a.O., 512.
[21] a.a.O., 515.
[22] φιλοτιμεῖσθαι, δοκιμάζω und eine Reihe von Formeln wie ἔνοξος ἔσται τοῦ σώματος καὶ τοῦ αἵματος τοῦ κυρίου (I Kor 11, 11.27), a.a.O., 515f.
[23] a.a.O., 517.529.
[24] C.F.G. Heinrici, Anfänge, 90.
[25] a.a.O., 91.

bei den Rechtsvorschriften seine bekannte These erhärten will, daß die äußere Gestalt eines hellenistischen Vereins und das in solchen Angelegenheiten übliche,
durch Inschriften plausibel gemachte Laissez-faire der Behörden den Christen eine
unauffällige Existenz ermöglichte, führt er bei der Frage nach der Entstehung der
paulinischen Gemeinden einige neue Aspekte ein.

Heinricis Überlegungen setzen bei der Person des Paulus an, da die Act über
die Leitungsstruktur der ersten europäischen Gemeinden schweige.[26] Als Handwerker sei der Apostel - wie viele seiner Berufskollegen - durch das römische Reich
gezogen und so über die großen Straßen in die großen Provinzstädte wie Philippi
und Korinth gekommen. Korinth sei für den Zeltmacher Paulus gerade deshalb ein
günstiges Arbeitsfeld gewesen, weil die Stadt - wie Paulus' Geburtsstadt Tarsus -
als Zentrum des Weberhandwerks ihm, der auf Unterhaltszahlungen der Gemeinden
verzichtete, gute Erwerbsmöglichkeiten bot.[27]

Seinem sozialen Status nach gehörte Paulus zu den "kleinen Leuten", die auf
öffentliche Angelegenheiten nur gemeinsam Einfluß ausüben konnten.[28] Dies sei
sicher in den sich auf verschiedenste Weise gestaltenden römischen Collegien geschehen, deren Verfassung die Verhältnisse der Republik bis in die Kaiserzeit be-
wahrte. Für den inneren Zusammenhalt sorgten allerdings weniger demokratische
Verfahrensregeln als das Bewußtsein, im Verein einem familienartigen Verbande
angeschlossen zu sein.[29] Die Bezeichnung der Kultgenossinnen und -genossen als
"sorores" bzw. "fratres" sei wie die rechtliche Gleichstellung von Kultgenossen und
Verwandten in Kriminalverfahren ein äußeres Zeichen für diese besondere Beziehung. Wie in einer Familie würden auch in den Kultvereinen die Angelegenheiten
durch die Autorität des Patronus geregelt.[30] Mit dem Anwachsen der zu einer "Familie" gehörenden Personen, bes. der Sklaven, sei die ursprüngliche Form der Familie dysfunktional geworden, so daß eine neue Organisationsform, eben die der
städtischen Collegien, zum Zuge gekommen sei. Zwischen den Beteiligten sei so ein
Verhältnis von Client und Patron institutionalisiert worden.[31]

Auf analoge Weise hätten sich die urchristlichen Gemeinden aus den Familien
und Hausgemeinden herausgebildet.[32] Paulus sei durch seine handwerkliche Tätigkeit mit dem Hause seines Arbeitgebers in Kontakt getreten. Dabei wurde die pauli-

---

[26] a.a.O., 92f.
[27] a.a.O., 95f.
[28] a.a.O., 96f.
[29] a.a.O., 98.
[30] a.a.O., 98f.101.
[31] a.a.O., 101f.
[32] a.a.O., 103f.

nische Mission überhaupt durch die allgemein verbreitete Hochachtung der Gastfreundschaft begünstigt.[33] Auch als Bekehrter habe der Hausvater eine besondere Stellung behalten.[34] Daneben hätten einzelne Sklaven oder Handwerker eigenständige Gruppen gebildet.[35] Aus diesen Grüppchen seien schließlich die eigentlichen Gemeinden entstanden. Eine Widerspiegelung dieses differenzierten Bildes glaubt Heinrici in der Grußliste von Röm 16 zu finden, wo neben der Hausgemeinde der Priska und des Aquila (Röm 16,5) zwei Sklavenbruderschaften (Röm 16,10f) und einzelne Gemeindeglieder genannt seien, die sich möglicherweise als Handwerksgenossenschaft zusammengefunden hätten (Röm 16,14f).[36]

3.1.2 Sozialgeschichte als Geschichte urchristlicher "Socialpolitik" (G. Uhlhorn)

G. Uhlhorns Buch "Die christliche Liebesthätigkeit"[37] gilt in ihrem ersten Band als die erste luzide Darstellung der urchristlichen bzw. altkirchlichen Diakoniegeschichte, insbesondere was die Form der Darstellung und insbesondere die Verbindung von Quellenanalyse und theoretisch-methodischen Prämissen angeht. Jedoch müssen zunächst zwei Vorarbeiten erwähnt werden, schon deshalb, weil Uhlhorn bewußt auf sie zurückgreift, sie andererseits durchaus zurückhaltend in den Anmerkungen seiner Monographie zitiert, nämlich E. Chastel, "Etudes historiques sur l'influence de la charité durant les premiers siècles chrétiens" und die sich ab der Reformationszeit auf die katholische Kirche beschränkende Monographie G. Ratzingers "Geschichte der kirchlichen Armenpflege".[38]

---

[33]a.a.O., 104.

[34]a.a.O., 103 Anm. 1, mit Verweis auf Act 16,15.33.

[35]a.a.O., 104.

[36]a.a.O., 106f.

[37]Uhlhorn, G., Die christliche Liebesthätigkeit. 3 Bde., Stuttgart, 1880.

[38]Chastel, E., Etudes historiques sur l'influence de la charité durant les premiers siècles chrétiens, Paris, 1853 <dt.u.d.T. Historische Studien über den Einfluß der christlichen Barmherzigkeit in den ersten sechs Jahrhunderten der Kirche, Hamburg 1854>). Ich zitiere nach der deutschen Ausgabe. Ratzinger, G., Geschichte der kirchlichen Armenpflege, Freiburg, 1868 <1884[2]>. Beide, Ratzinger wie Chastel, waren keine Exegeten (Chastel (1801-1886) war Kirchenhistoriker in Genf, Ratzinger (1844-1899) studierte Theologie und arbeitete zunächst abwechselnd als Redakteur und Seelsorger. Von 1888 an lebte er als Schriftsteller und Politiker in München. Neben historischen Studien veröffentlichte er auch Arbeiten zu wirtschaftsethischen Themen. (Vgl., Choisy, E., Art. Chastel, Etienne Louis, RGG[1] 1, 1909, 1657; Art. Ratzinger, Georg, Meyers Großes Konversationslexikon, Bd. 16, Leipzig, 1909[6], 622). Auch Gerhard Uhlhorn war kein Exeget, sondern Kirchenhistoriker. Als er 1880 den ersten Band seiner Diakoniegeschichte veröffentlichte, war der Sohn eines Schuhmachermeisters, der aus Geldmangel statt Mathematik Theologie studiert hatte, nach seinem Stu-

Beiden Arbeiten ist gemeinsam, daß sie nicht direkt aus der Forschungsarbeit ihrer Verfasser entsprangen, sondern Preisaufgaben waren, im einen Falle der Aka-démie française und im anderen der Münchener Universität.[39] Chastels Werk wurde bereits ein Jahr nach seinem Erscheinen - mit einem Vorwort Wicherns versehen - übersetzt und in Deutschland veröffentlicht. Daß ein Praktiker wie Wichern Gefal-len an der Studie fand, dürfte einerseits in dem Bestreben zu finden sein, "... das historische Material zu sammeln, dessen Besitz unsere Zeit zur Lösung eines der größten Probleme der Gegenwart, nämlich wie dem sozialen Elend abzuhelfen ist, nicht wird entbehren können"[40], andererseits in der expliziten Auseinandersetzung mit Jesusdeutungen aus dem sozialistischen Lager. Nach einem Blick über die "vor-

---

dium, in dem er zum Schülerkreis Fr. Lückes gehört hatte, und seiner Habilitation in Göttingen bereits fünfundzwanzig Jahre in der Leitung der hannoverschen Landeskirche tätig (zur Biographie Uhlhorns vgl., Uhlhorn, Fr., Gerhard Uhlhorn, Abt zu Loccum. Ein Lebensbild, Stuttgart, 1903). Dort war sein Hauptanliegen die Bewältigung der mit der Industrialisierung aufgerissenen sozialen Verwerfungen durch die Förderung der Inneren Mission und das Studium alternativer, marxistisch inspirierter Stellungnahmen zur Sozialen Frage und ihrer Lösung. Uhlhorn hat selbst Karl Marx gelesen und für die Kandidaten des Loccumer Predigerseminars die Behandlung sozialpolitischer Fragen obligatorisch gemacht. "Die christliche Liebesthätigkeit" war in diesem Zusammenhang eine historische Vergewisserung Uhlhorns über die Legitimität des eigenen sozialen Engagements. (a.a.O., 233; ferner Cordes, C., Uhlhorn, 130f.135; Janssen, Das Predigerseminar in Loccum, 97).

[39]E. Chastel, Historische Studien, XXV; G. Ratzinger, Geschichte (2. Aufl.), V. Neben Chastels Werk wurde der 1854 in Straßburg veröffentlichte "Essai historique sur la societé civile dans le monde romain et sur sa transformation par le christianisme" des Straßburger Theologieprofessors Charles Schmidt durch das Preisauschreiben angeregt und schließlich ex aequo ausgezeichnet. Wie Chastel sieht er die Transformation der antiken Welt durch den Liebesgedanken verursacht: "Das Evangelium, die Seelen freimachend, hat auch die Gleichheit aller Menschen verkündet und den-selben ihre persönliche Würde wiedergegeben; es hat dadurch an die Stelle des despotischen und ausschließlichen Geistes der alten Welt, ein neues sociales Prinzip aufgestellt, das der Welt. A.a.O., VI. Im Unterschied zu Chastel sieht er die Wirkungen der Liebe nicht primär durch die Diakonie vermittelt, sondern durch die Verkündigung und das gute Beispiel der Christen überhaupt. A.a.O., 275f. 288f.291f. Deskriptiv beschreibt Schmidt die soziale Situation einzelner sozialer Gruppen wie Arme, Reiche, Männer, Frauen, Kinder, Diener, um an deren Einstellung zu Gesetzgebung und Leben überhaupt die Wirkung des christlichen Denkens zu zeigen. Dabei macht er auf den allge-mein niedrigen Status der Christen aufmerksam. "Er hatte... unter den Armen, den Verachteten, den Niedrigen der alten Welt gewählt, um zu zeigen, daß die Erneuerung der Gesellschaft nicht der Mitwirkung der Mächtigen und Weisen bedurfte, um vollendet zu werden." (A.a.O., 137). Wie Chastels Buch wurde auch dieses bald ins Deutsche übersetzt; es fand anscheinend jedoch nicht die Anerkennung wie die Arbeit Chastels, obwohl es später Overbeck in seiner Studie über die Stel-lung der Alten Kirche zu den Sklaven kritisierte. Schmidt, Ch., Essai historique sur la societé civile dans le monde romain et sur sa transformation par le christianisme, Strassbourg, 1854 <dt. u.d.T. Die bürgerliche Gesellschaft in der altrömischen Welt und ihre Umgestaltung durch das Christen-thum, Leipzig 1857>. Zitiert wurde nach der deutschen Ausgabe. Zu Charles Schmidt: Anrich, G., Schmidt, Charles, RGG[2] 3, 1931, 206; in eine ähnliche Richtung geht Benigni, U., Storia sociale della Chiesa. Bd. 1, Mailand, 1906.

[40]E. Chastel, Historische Studien, XXVIII.

christlichen Zeiten"[41], in denen - nach Chastel - die heidnische Antike keine eigentlich selbstlose Liebe kannte und auch das Judentum, das sich in dieser Hinsicht vom Heidentum unterschied, doch durch die ethnische Einschränkung der Liebe und deren Motivation durch das Gesetz begrenzt blieb, beginnt er seine Darstellung der Verkündigung Jesu mit den Worten: "Um die Gebote, welche Christus über die Nächstenliebe gegeben hat, zu verstehen, muß man den Zweck in's Auge fassen, den er damit erreichen wollte. Dieser Zweck war, wie Manche behaupten, ausschließlich zeitlicher und irdischer Art: Christus war ein socialer Reformator, der sich die Hebung der gedrückten Classen und die Vernichtung der Armut zur Aufgabe gestellt hatte. Ja Einige sind so weit gegangen, daß sie ihm communistische oder socialistische Absichten andichteten. Das Reich Gottes, zu dessen Gründung Christus auf Erden lebte, besteht nach ihrer Meinung in der Aufhebung der Standesunterschiede und in der Gemeinschaft oder gleichen Theilung aller Güter."[42] Demgegenüber sei Jesu Predigt nicht primär auf die Besserung irdischer Mißstände ausgerichtet: Indem die Bereitschaft, Güter zu teilen, christliche Liebe zeige, die Gemeinschaft der Christen untereinander stärke und den Vermögenden zur Askese anleite, schaffe sie auch eine spürbare Verbesserung der sozialen Zustände. Im Zeitalter der Apostel sei diese Linie weiter verfolgt worden. Mit ähnlichen Argumenten, wie wir sie später bei Holtzmann finden werden, argumentiert er gegen die Historizität der Gütergemeinschaft der Urgemeinde.[43] Verbunden sei die erste Gemeinde durch die Feier des Herrenmahls, den Agapen, bei denen zugleich die Gaben zur Versorgung der Armen, die Diakone und Diakonissen leisteten, gesammelt wurden. Darüber hinaus habe es Kollekten wie die der Gemeinde zu Antiochien im Jahre 44 und die paulinische zur Versorgung der bedürftigen Gemeinden in Palästina gegeben.[44] Mit seinen sozialen Maßnahmen habe das Christentum die Eigentumsordnung nicht angetastet. Dies stehe im Einklang mit den Schöpfungsordnungen. Der Arme habe dies zu respektieren wie umgekehrt der Reiche mit seinem Eigentum dem Armen zu helfen habe.[45]

Wie Chastel geht es Georg Ratzinger darum, durch die Auswertung der Quellen zunächst ein "anschauliches Bild des Bestandes und der Entwicklung der kirchlichen Armenpflege im Laufe der Jahrhunderte"[46] zu zeichnen, um mit Hilfe dieses Bildes "die Bedeutung der christlichen Caritas und ihrer Werke im Organismus der menschlichen Gesellschaft, ihre Leistungen in der Vergangenheit, ihre Stellung in

---

[41]a.a.O., 1-11.

[42]a.a.O., 20.

[43]a.a.O., 20.26ff. Dazu auch Kapitel "3.1.3. Sozialgeschichte im Dienste theologischer Apologetik".

[44]a.a.O., 30f.

[45]a.a.O., 37.

[46]Ratzinger, G., Geschichte, V.

der Gegenwart, ihre Aufgabe für die Zukunft"[47] zu klären. Ratzinger teilt vielfach Chastels Optimismus bezüglich der Authentizität und Historizität der urchristlichen Schriften; seine Leistung besteht darin, daß er einen Großteil der Quellen erschlossen hat, die für die Geschichte der Diakonie der ersten Christenheit von Bedeutung sind. Wie Chastel zweifelt er allerdings an der Historizität der Gütergemeinschaft. Es habe ein Gefühl des Zusammenhaltes wie in einer Familie gegeben, das es ermöglicht habe, die Güter gemeinsam zu gebrauchen, ohne daß die Eigentumsverhältnisse aufgelöst worden seien.[48] Die Geschichte von Ananias und Sapphira zeige, daß es keinen "socialen Communismus"[49] in der Urgemeinde gegeben habe. Vielmehr seien die Armen durch die bei den Agapen gespendeten Gaben versorgt worden, deren Verteilung die Diakone unter der Oberaufsicht der Bischöfe bzw. Presbyter besorgten; als letztere seien die Sieben aus Act 6 anzusehen.[50] In den heidenchristlichen Gemeinden sei die Diakonie weitergeführt worden. Paulus habe durch die Verbindung des Gedankens der Einheit des Leibes Christi mit dem der Freiheit einerseits das Eigentum unangetastet gelassen, zugleich aber den Reichen ihre sozialen Verpflichtungen eingeschärft.[51] Über Einrichtung von Gemeindekassen sei Paulus, wie die Pastoralbriefe zeigten, als Organisator der gemeindlichen Diakonie hervorgetreten. Ferner hätten die Hochschätzung der Gastfreundschaft und der gewerblichen Arbeit die Armut gelindert und die Gemeinden instand gesetzt, für die wirklich Bedürftigen zu sorgen.[52]

In Auseinandersetzung mit Chastel und Ratzinger wählt Uhlhorn nun einen systematischen Zugang zur Diakoniegeschichte. Von der jeweils herrschenden Sozialethik ausgehend möchte er die jeweilige Gestalt der Diakonie erhellen.[53] Dabei konzentriert er sich auf den Stellenwert, welcher Arbeit, Eigentum, Reichtum und Almosen zugeschrieben wird.[54] Uhlhorns Darstellung wird dadurch - vor allem im

---

[47]Ratzinger, G., Geschichte (2. Auflage), VIII über die in der zweiten Auflage festgehaltene Zielsetzung der ersten.

[48]Ratzinger, G., Geschichte, 15.

[49]a.a.O., 16f.

[50]a.a.O., 29.34.

[51]a.a.O., 21.

[52]a.a.O., 24f.31.

[53]Uhlhorn, G., Vorstudien zu einer Geschichte der Liebesthätigkeit im Mittelalter, ZKG 4, 1881, 44-76:45.

[54]ebd.: "Je nachdem eine Zeit den Reichtum und die Armut ethisch beurteilt, je nachdem sie die Arbeit und den irdischen Beruf würdigt, und vor allem je nachdem sie die Liebespflicht des Christen auffaßt, darnach wird auch ihre praktische Liebesthätigkeit sich verschieden gestalten." Ferner, Uhlhorn, G., Liebesthätigkeit, I, 120: "Arbeit, Eigenthum, Almosen, die drei Stücke gehören aufs engste zusammen. Eine gesunde Liebesthätigkeit ist nur da möglich, wo gesunde sittliche Anschauungen von Arbeit und Eigenthum herrschen, wie umgekehrt eine falsche sittliche Würdigung der Arbeit und des Eigenthums unausbleiblich krankhafte Erscheinungen auf dem Gebiet der Lie-

Vergleich zu Ratzinger - nicht nur durchsichtiger, sondern er vermag jetzt organisatorische Strukturen selbst wieder durch normative Strukturen zu erklären.

Entsprechend seinen Vorgaben sieht er in der Geringschätzung der Arbeit eine wesentliche Ursache für die wachsende Verelendung im römischen Reich. Dem entsprechend habe es keine entwickelte Fürsorge gegeben, sondern in der Hauptsache spontane Aktionen, bei denen häufig die politischen die altruistischen Motive überdeckten, zumal in der philosophischen Tradition die Mildtätigkeit nicht als Tugend gegolten habe. Lediglich die antiken Genossenschaften, deren Organisationsform später zum Vorbild der christlichen Gemeinden wurde, hätten eine kontinuierliche Unterstützungsleistung für ihre Mitglieder gekannt.[55] Im Judentum habe die Hochschätzung der Arbeit und die "Sozialpflichtigkeit" des Eigentums gravierende Mißstände nicht entstehen lassen, wozu die Hochschätzung von Barmherzigkeit und Mildtätigkeit als Tugenden des Gerechten beigetragen hätten. Hier hätten Partikularismus und Gesetzlichkeit die Grenzen zum christlichen Verständnis von diakonischem Handeln gezogen.[56]

Hat er so die "vorchristliche Welt" als "Welt ohne Liebe"[57] charakterisiert, wird demgegenüber in der Liebe das Neue in der christlichen Gemeinde sichtbar. Die ganze Gemeinde wußte sich zu diakonischem Handeln aufgerufen und die Unterstützung der Bedürftigen wurde nicht der Initiative einzelner überlassen.[58] Urheber dieses Engagements sei Jesus Christus, der als Offenbarung der göttlichen Liebe beispielhaft - mit Unterstützung von Frauen, den Vorbildern der Diakonissen - vorgelebt habe, was die ersten Christen als Glieder des von Christus gegründeten Gottesreiches ausgezeichnet habe: die Nächstenliebe.[59] In der Universalität des Gottesreiches und durch Jesu Verknüpfung von Gottes- und Menschenliebe seien die Grenzen des Heiden- und des Judentums gesprengt. So seien die Bedürftigen als Glieder des Gottesreiches anerkannt worden, das Almosengeben auch ohne Aussicht auf öffentliche Anerkennung ein hoher Wert gewesen, und eine innere Distanz zum Besitz habe es ermöglicht, auch dem Bedürftigen eine menschenwürdige Existenz zu gewähren.[60] Gegen die Einrede von sozialistischer Seite, angesichts der bestehenden sozialen Not habe das Christentum seinen Auftrag verfehlt, betont

---

besthätigkeit hervorruft." Vorstudien zu den genannten Themen sind neuerdings wieder veröffentlicht worden: Uhlhorn, G., Schriften zur Sozialethik und Diakonie, hg.v. M. Cordes/H. Otte, Hannover, 1990.

[55] Uhlhorn, G., Liebesthätigkeit, 4-11.19-21.

[56] a.a.O., 40-43.50.

[57] a.a.O., 3.50.

[58] a.a.O., 51.

[59] a.a.O., 52.64f.

[60] a.a.O., 55.59.63f.

Uhlhorn die Vorordnung der Reich-Gottes-Botschaft Jesu vor dem diakonischen Handeln. Allerdings entspringe aus dieser Verkündigung die Kraft, über Kirche, Staat, Verein und Familie sozialer Not abzuhelfen.[61] Die erste Gemeinde habe die Lebensgemeinschaft des ersten Jüngerkreises fortgesetzt.[62] Die familienähnliche Struktur des Jüngerkreises sei beibehalten worden, wovon Act 2 und 4 berichteten, wenn sie von einer Gütergemeinschaft sprächen. Wie in einer Familie hätten die Gemeindeglieder ihr Vermögen in die gemeinsame Kasse eingebracht, so daß die Gütergemeinschaft nicht die Züge einer Institution, sondern eines groß angelegten Almosengebens getragen habe. Aufgrund dieser Freiwilligkeit bestehe nur ein gradueller Unterschied zwischen dieser "Gütergemeinschaft" und der diakonischen Praxis der späteren Gemeinden.[63]

Zunächst, scheint es Uhlhorn, habe sich kein festes Diakonenamt herausgebildet. Erst die zunehmende Größe der Gemeinden machte die Institutionalisierung dieser Tätigkeit notwendig.[64] Die ersten ausdrücklich beauftragten "Armenpfleger" seien die Act 6 erwähnten "Siebenmänner" gewesen. Sie seien als Vorläufer der späteren Presbyter, nicht der Diakone, anzusehen, deren Amt Lukas nicht erwähnt. Ferner hätten die Ältesten Antiochiens nach Act 11,30 die Hilfe für die notleidende Gemeinde Jerusalems organisiert.[65] Auch in späteren Zeiten sei die Diakonie eine Aufgabe der Presbyter und Diakone geblieben, während den Diakonen nur Hilfstätigkeiten zugekommen seien. Frauen seien von Anfang an beteiligt gewesen. So sei Phöbe (Röm 16,1) sicher eine Diakonisse gewesen, auch die I Tim 3,11 genannten Frauen, während man dies bei den Röm 16,12 und Phil 4,2 erwähnten Frauen offen lassen müsse.[66]

Insgesamt gesehen habe die Diakonie in der apostolischen Zeit mehr privaten als öffentlichen Charakter getragen, seien feste Strukturen erst rudimentär vorhanden gewesen.[67] Die Ursache für den Beginn dieses Prozesses seien die dem Christentum eigentümlichen ethischen Überzeugungen gewesen. Durch die neue Berufsauffassung, in der der "himmlische Beruf zum Gottesreich" und irdischer Beruf miteinander verknüpft seien, sei die Arbeit (Verweis auf Eph 4,28; II Thess 3,12) als Pflicht jedes Christen angesehen worden.[68] Dabei sei es gleichgültig geblieben, welcher Art die Arbeit und evtl. das Abhängigkeitsverhältnis des Arbeitenden sei.

---

[61]a.a.O., 56f.65.
[62]a.a.O., 67.
[63]a.a.O., 67-69.
[64]a.a.O., 79.
[65]a.a.O., 70.
[66]a.a.O., 71f.73f.
[67]a.a.O., 75.
[68]a.a.O., 76.

Daher hätten die äußeren Unterschiede von Sklaven und Freien bestehen bleiben können, während sie in der Gemeinde nivelliert wurden.[69] Ziel der Arbeit sollte es sein, Eigentum zu schaffen (Eph 4,28; I Tim 6,17; I Thess 4,11; II Thess 3,10), das allerdings sozialpflichtig gewesen sei, worauf Paulus im Zusammenhang seiner Kollekte hingewiesen habe.[70] Neben der Unterstützung mit finanziellen Mitteln hätten die Agapen - neben ihrem kultischen Sinn - die diakonische Arbeit der Gemeinde, vor allem zugunsten der Witwen und Waisen ermöglicht.[71] Daneben seien die Fremden in besonderem Maße unterstützt worden, was nach Uhlhorn vielleicht eine Reaktion auf die mobile Existenz der urchristlichen Missionare sein könnte.[72]

Für die Gegenwart - das betont Uhlhorn zum Abschluß dieses Abschnittes seiner Diakoniegeschichte - habe nun die urchristliche Diakonie nicht durch ihre Gestalt, sondern durch ihre Gesinnung bleibende Bedeutung: "Es ist falsch, in der apostolischen Zeit ein Vorbild für alle Zeiten zu sehen, daß ihre Institutionen für immer maßgebend wären. Maßgebend ist nur die damals herrschende Gesinnung... Aber das Bild der ältesten Kirche, welches wir mitnehmen, gibt uns doch die Gewißheit, daß ein Neues da ist, wie es die alte Welt nicht kennt, daß der Gemeinde Christi seine Liebe eingepflanzt ist, und darin haben wir die Bürgschaft, daß, wie dieses neue Liebesleben auch zeitweilig getrübt werden mag, es doch nie wieder verschwinden kann. Die Gemeinde Christi kann und wird nie sein ohne Liebes- und Barmherzigkeitsübung."[73]

3.1.3 Sozialgeschichte im Dienste theologischer Apologetik (H.J. Holtzmann)

"Holtzmann hat seinen Vortrag zu einer wissenschaftlichen Abhandlung umgewandelt, von der auf's lebhafteste zu bedauern wäre, wenn sie... nicht die nöthige Beachtung finden sollte."[74] Der so gepriesene Vortrag, "Die ersten Christen und die

---

[69]a.a.O., 77.87f.

[70]a.a.O., 78-80.129.

[71]a.a.O., 83-85.

[72]a.a.O., 86.

[73]a.a.O., 89.

[74]Rez.: Wissenschaftliche Vorträge über religiöse Fragen, 5. Sammlung, Frankfurt/M. 1882, ThLZ 7, 1882, 405.

[75]Holtzmann, H.J., Die ersten Christen und die sociale Frage, Wissenschaftliche Vorträge über religöse Fragen, Fünfte Sammlung, Frankfurt/M., 1882, 20-55.

sociale Frage"[75], ist ein Versuch, mit historischen Mitteln die Frage nach der Bedeutung der sozialen Anschauungen des Neuen Testaments zu klären und damit auf
wissenschaftlich verantwortbarem Niveau eine Antwort auf eine drängende Frage
seiner Zeit zu geben.[76] Diesen Versuch hat H. J. Holtzmann anhand von Act 2 und 4
durchgeführt, wobei er zeigen wollte, "was die viel angerufene und verwerthete
urchristliche Gütergemeinschaft - denn in ihr faßt sich natürlich Alles zusammen,
was man von socialistischen Ideen im Neuen Testament ausfindig machen will - für
einen Anblick darbiete, wenn sie zum Gegenstand einer nach rein historischer Methode geführten Untersuchung gemacht wird."[77] Seine Ergebnisse hat Holtzmann in
zwei Aufsätzen publiziert: Der zuerst genannte, 1882 erschienen, basiert auf einem
Gemeindevortrag; diesen Aufsatz hat er dann, indem er in der Hauptsache aktuali-
sierende Bezugnahmen tilgte, 1884 unter dem Titel "Die Gütergemeinschaft der
Apostelgeschichte" publiziert. Auch wenn ich hier der zweiten Version folge, müssen doch einige der Bezugspunkte aus dem ersten Aufsatz genannt werden: Zunächst setzt sich Holtzmann mit R. Todt auseinander, dessen Versuch er ablehnt, die
sozialen und ethischen Vorstellungen des Neuen Testaments normativ zu machen.[78]
Auf der anderen Seite grenzt er sich auch gegen die französischen Frühsozialisten
sowie den "Socialdemokratismus neuesten Datums", namentlich gegen Liebknechts
These ab, der Protestantismus sei "die Religion des Privateigenthums."[79]

---

[76]Holtzmann, H.J., Die Gütergemeinschaft der Apostelgeschichte, in: Straßburger Abhandlungen
zur Philosophie. FS E. Zeller, Straßburg, 1884, 29-60: 29; Holtzmann hat auch in seiner neutestamentlichen Theologie soziale Fragen in den Kapiteln "Das Reich Gottes als Gemeinschaft" und
"Sociales" aufgegriffen. Dort deutet er das Urchristentum als eine "soziale Bewegung", die sich
durch eine gemeinsame geistige Haltung sowie durch Prosozialität gegenüber Armen und einfachen Leuten auszeichnete. Vgl. Holtzmann, H.J., Lehrbuch der neutestamentlichen Theologie.
Bd. 1, Freiburg, 1897, 207-215.387-391.

[77]Holtzmann, H.J., Die ersten Christen, 21f.

[78]Freilich handelt es sich um ein Mißverständnis Todts, wie St. Grützmacher in einer Arbeit zur
Auslegungsgeschichte von Act 2 und 4 betont. Grützmacher, St., Die Gütergemeinschaft der ersten
Christen. Auslegungs- und wirkungsgeschichtliche Aspekte anhand ausgewählter Beispiele, Hei-
delberg, 1995 <Mskr.unv.>, 9. Ferner Leutzsch, M., Erinnerung an die Gütergemeinschaft. Über
Sozialismus und Bibel, in: (Hg.) R. Faber, Sozialismus in Geschichte und Gegenwart, Würzburg,
1994, 77-93.

[79]a.a.O., 20f. Wie diese Abgrenzungen vermuten lassen war Heinrich Julius Holtzmann ein liberaler Theologe, einer der zweiten Generation. Der 1832 in Karlsruhe geborene Sohn des späteren
badischen Prälaten Karl Julius Holtzmann, von seinen Eltern nach einem beim Ev. Oberkirchenrat
eingereichten Lebenslauf "liberaliter educatus" (Bad. Generallandesarchiv, 76/3749 unter dem
Datum: III. prid. Kal. Oct.), war nach seinem Studium in Heidelberg und Berlin zunächst in das
Vikariat gegangen. Nach drei Jahren bat er jedoch um eine unbefristete Beurlaubung, "um sich die
venia docendi an der Universität Heidelberg zu erwerben, um forthin womöglich auf diese Weise
der badischen Landeskirche zu dienen" (Bad. Generallandesarchiv, 76/3749, Brief v. 19. Nov.
1857). Diesen "Dienst" konnte er antreten, nachdem er 1858 die venia erworben hatte. 1861 wurde
Holtzmann zum außerordentlichen, 1865 zum ordentlichen Professor an der Universität Heidelberg
ernannt, wo er sich als einer der hoffnungsvollsten jungen Männer des Rothe-Kreises mit Arbeiten

Im ersten Abschnitt seines Aufsatzes, "Die Gütergemeinschaft der Apostel-geschichte", versucht Holtzmann zunächst den traditionsgeschichtlichen Hinter-grund von Act 2,42-47 und Act 4,32-37 zu erhellen.[80] Die Kapitel 1-7 der Act seien in der Form einer Paralleldarstellung zu den Kapiteln über Paulus gestaltet.[81] Allerdings fielen gerade die Berichte über die Gütergemeinschaft aus diesem Parallelismus heraus, so daß sie einer gesonderten Quelle angehören dürften, die in ihrer theologischen Ausrichtung der pseudoclementinischen Literatur, also judenchristli-chen Traditionen verpflichtet sei.[82] Folge man dieser Traditionslinie, stoße man als nächste Analogie auf die Essener, die jedoch aus mehreren Gründen nicht als Vor-bild für die Urgemeinde in Frage kämen. Zunächst unterschieden sich die Essener von den Christen durch ihr Streben nach Separation, wohingegen die ersten Christen - nach der lukanischen Darstellung - als jüdische Sondergruppe gelebt hätten.[83] Fer-ner hätten die Essener weitgehend zölibatär gelebt und gemeinsame Mahlzeiten sicher nicht so unbefangen wie die Christen gefeiert. Schließlich finde sich in der Urgemeinde keine strenge Disziplinierung der Mitglieder wie bei den Essenern. Alle diese Differenzen machten wahrscheinlich, daß die Essener nicht das Vorbild für die innere Struktur der Urgemeinde abgegeben hätten und damit sei die Ge-schichtlichkeit der urchristlichen Gütergemeinschaft überhaupt in Frage gestellt, denn es sei ferner auffällig, daß - nach Quellenlage - keine einzige "Tochterge-meinde" die gütergemeinschaftliche Struktur der Urgemeinde übernommen habe, während in paulinischen Gemeinden das Privateigentum überhaupt nie in seiner Berechtigung angezweifelt worden sei.[84] Somit sei denkbar: Die Berichte über die urchristliche Gütergemeinschaft seien eine Fiktion. Sie wurden über ehemalige Es-sener, die am Anfang des 2. Jh.s. vermehrt in die christlichen Gemeinden wechsel-ten, als soziales Ideal in die Quellen der Act hineingebracht.[85]

---

zur Zwei-Quellen-Theorie und Analysen des Verhältnisses von Eph und Kol einen Namen machte. 1874 wechselte er an die Universität Straßburg, wo auch Albert Schweitzer zu seinen Schülern zählte. In dieser Zeit verfaßte er eine Reihe von bedeutenden Lehrbüchern und bearbeitete in einer von ihm herausgegebenen Kommentarreihe neben den Synoptikern auch die Act und die johanne-ischen Schriften. 1904 ließ sich Holtzmann emeritieren und lebte bis zu seinem Tode im Jahre 1910 in Baden-Baden. Zur Biographie: Dobschütz, E.v., Art. Holtzmann, Heinrich Julius, RE 23, 1913, 655-660; Bauer, W., Heinrich Julius Holtzmann, in: ders., Aufsätze und kleine Schriften, hg.v. G. Strecker <mit Bibliographie>, Tübingen, 1967, 285-341; Merk, O., Art. Holtzmann, Heinrich Juli-us, TRE 15, 519-522, 1986.

[80]Holtzmann, H.J., Die Gütergemeinschaft, 28ff.

[81]a.a.O., 29.

[82]Hierzu und zum folgenden a.a.O., 31-33.

[83]a.a.O., 35.

[84]a.a.O., 35.

[85]a.a.O., 36.

Im zweiten Abschnitt seines Aufsatzes versucht Holtzmann sowohl die essenischen als auch die christlichen Ideale einer Gütergemeinschaft auf die sozialen Utopien der griechischen Philosophie zurückzuführen, also eine direkte Beeinflussung der christlichen Tradition durch jene, besonders durch ihre orphisch-pythagoreische Richtung, wahrscheinlich zu machen.[86] Dazu weist Holtzmann auch auf die kritische Haltung des Lukas gegenüber Besitz und Reichtum hin,[87] die sich besonders im vorwiegend aus lukanischem Sondergut bestehenden 16. Kapitel des Lk fände. Somit sei anzunehmen, Lukas stelle in Act 2 und 4 seine eigenen sozialen Utopien dar, worauf auch die durchdachte Disposition der Abschnitte Act 3,1-4,31 und Act 5,1-42 wiese, in der jeweils auf eine Wundergeschichte eine Gerichtsszene folge.[88] Darüber hinaus machten einige innere Widersprüche in den Act selbst die Historizität der urchristlichen Gütergemeinschaft unwahrscheinlich: So gestehe Petrus Act 5,4 ausdrücklich das Recht auf Eigentum zu, Act 12,17; 21,18 werde von den Häusern des Johannes Markus und des Jakobus genauso berichtet wie von Privatbesitz in Gemeinden außerhalb Palästinas (Act 9,36; 11,39).[89] Schließlich sei auch schwer zu verstehen, warum es bei einer vollständigen Gütergemeinschaft nur bei der Versorgung der Witwen Schwierigkeiten gegeben habe und nicht bei der Versorgung aller. Anscheinend seien die Witwen doch ärmer gewesen als die anderen Gemeindeglieder.[90]

Holtzmann möchte als Ergebnis seiner Überlegungen eine institutionell verankerte Gütergemeinschaft für die ersten Gemeinden ausschließen. Denkbar ist für ihn allenfalls ein gewisser Besitzausgleich, den er auf die anfängliche Begeisterung und die Rezeption einiger Worte Jesu, die zur Gleichgültigkeit gegenüber dem Reichtum mahnten, zurückführt.[91] Die innere Struktur der Urgemeinde sieht er in Analogie zum Jüngerkreis Jesu als "erweiterte Hausgemeinschaft."[92] Die spätere Begeisterung für das Armutsideal ist nach Holtzmann durch die wirtschaftlichen Schwierigkeiten, in die die ärmeren Bevölkerungsschichten des Römischen Reiches kamen, begünstigt worden.[93] Inwiefern sich diese Spannungen jedoch konkret auf die Organisation der ersten Gemeinden ausgewirkt hätten, müsse jedoch offenbleiben.

---

[86]a.a.O., 37f.39.

[87]a.a.O., 41f.

[88]a.a.O., 42f.44.51ff.

[89]a.a.O., 52-54.

[90]a.a.O., 53.

[91]a.a.O., 56f.

[92]a.a.O., 55f.

[93]a.a.O., 57f.

3.2 Das Urchristentum als revolutionäre Bewegung. Der sozialgeschichtliche Diskurs im Sozialismus
3.2.1 Friedrich Engels, "Zur Geschichte des Urchristentums"

Friedrich Engels' pietistische Herkunft und seine materialistische Geschichtsauffassung begegnen sich eigentümlich in seiner Deutung des Urchristentums. Auffällig ist seine Bevorzugung der Offenbarung als Quelle für ein seiner Überzeugung nach ursprüngliches Christentum. Mit ihrer breiten Ausmalung der eschatologischen Ereignisse artikuliert sie eine Thematik, die für den Pietismus und die sozialistische Bewegung in gleicher Weise besondere Bedeutung hatten.[94] Engels wurde früh mit dieser Thematik befaßt. Nicht nur durch die Predigten des Barmer Pfarrers F. W. Krummacher, an dessen Predigen er sich stieß, eschatologische Vorstellungen waren vielmehr ein integraler Bestandteil seines Glaubens.[95] Selbst als er sich von ihm 1841, während seines Berliner Militärdienstes, endgültig distanzierte, belegte er an der dortigen Universität eine Vorlesung über die Apokalypse. In seiner Deutung des Urchristentums, deren ersten Baustein er freilich erst 1882 veröffentlichte, wird er sich dann auf das Gehörte beziehen.[96]

Den äußeren Anlaß, etwas zu veröffentlichen, gab nun der Tod Bruno Bauers in demselben Jahr. In dem Nachruf, den Engels in der Zeitschrift "Sozialdemokrat", dem von der Parteiführung anerkannten, wegen der Sozialistengesetze jedoch illegalen Zentralorgans der SPD, erscheinen ließ, finden wir bereits wesentliche Aussagen, die später die große Artikelserie "Zur Geschichte des Urchristentums" strukturieren werden: Die Bevorzugung der Apokalypse als Geschichtsquelle, die Erklä-

---

[94]Hölscher, L., Weltgericht oder Revolution. Protestantische und sozialistische Zukunftsvorstellungen im Kaiserreich, Industrielle Welt Bd. 46, Stuttgart, 1989, 13ff.

[95]Mayer, G., Friedrich Engels. Eine Biographie. Bd. 1, <Nachdruck Köln 1971²>, 19-34; Kupisch, K., Vom Pietismus, 42.58; Leber, St., "... es mußten neue Götter eingesetzt werden". Menschen in der Entfremdung. Marx und Engels, Cieskowski, Bauer, Hess, Bakunin und Stirner, Stuttgart, 1987, 84; Engels hat in seiner Jugend religiöse Gedichte geschrieben. Engels berichtet auch in Engels, Fr., Zur Geschichte des Urchristentums, Die Neue Zeit, 13, 1. Bd., 1/2, <Nachdruck in: MEW 22, Berlin 1982⁶, 449-473>, 1894/95) (hiernach wird zitiert), 469: "ich selbst habe noch als Kind alte Leute gekannt, die den Untergang der Welt und das jüngste Gericht nach dem alten Johann Albrecht Bengel auf das Jahr 1836 erwarteten." Nach L. Hölscher neigte Engels stärker als Marx zu einer konkreten Beschreibung zukünftiger gesellschaftlicher Verhältnisse. Vgl. Hölscher, L., Weltgericht, 189. Dies dürfte auf sein ursprünglich positives Verhältnis zum bergischen Pietismus reformierter Provenienz zurückgehen.

[96]Zu nennen sind neben "Zur Geschichte des Urchristentums" ders., Bruno Bauer und das Urchristentum, MEW 19, Berlin, 1962, 297-305; ders., Das Buch der Offenbarung, MEW 21, Berlin, 1962, 9-15; diese Texte und weitere erläuternde Dokumente zu ihnen finden sich ferner in: Peters, K. <Hg.>, Friedrich Engels über Religion und Freiheit, Protestantismus und Sozialismus, Gütersloh, 1978. Zu Engels s. ferner: Wackenheim, Ch., Trois initiateurs: Engels, Weber, Troeltsch, Soc-Comp, 39, 1992, 183-205.

rung der Entstehung und Verbreitung des Christentums durch materielle Ursachen, die Charakterisierung des Urchristentums als Massenbewegung und als Religion der unteren Schichten. Auch der religionskritische Horizont, in dem Engels' Deutung steht, wird hinreichend deutlich: "Mit einer Religion, die das römische Weltreich sich unterworfen und den weitaus größten Teil der zivilisierten Welt 1800 Jahre beherrscht hat, wird man nicht fertig, indem man sie einfach für von Betrügern zusammengestoppelten Unsinn erklärt. Man wird erst fertig mit ihr, sobald man ihren Ursprung und ihre Entwicklung aus den historischen Bedingungen zu erklären versteht, unter denen sie entstanden und zur Herrschaft gekommen ist... Es gilt eben die Frage zu lösen, wie es kam, daß die Volksmassen des römischen Reiches diesem noch dazu von Sklaven und Unterdrückten gepredigten Unsinn allen anderen Religionen vorzogen..."[97]

Als weitere Vorarbeit ist der Artikel "Das Buch der Offenbarung", ursprünglich in der englischen Zeitung "Progress" veröffentlicht, zu nennen. Schließlich konnte Engels auf einen Artikel K. Kautskys zurückgreifen, in dem dieser bereits 1885 die sozialen Rahmenbedingungen der Entstehung des Urchristentums in "materialistischer" Perspektive dargestellt hatte.[98] Engels' dreiteilige Artikelserie "Zur Geschichte des Urchristentums", die er 1894/95 in der von K. Kautsky redigierten "Neuen Zeit", der theoretischen Zeitschrift der Sozialdemokraten, herausbrachte, bietet im Ensemble seiner Arbeiten eine abschließende und zusammenfassende Darstellung seiner Überzeugungen.

Im ersten Teil seines Aufsatzes verbindet Engels seine Parallelisierung der Arbeiterbewegung, namentlich der Weitlingianer[99], mit einer Prognose über die Zukunftschancen des Sozialismus: "Die Geschichte des Urchristentums bietet merkwürdige Berührungspunkte mit der modernen Arbeiterbewegung. Wie diese, war das Christentum im Ursprung eine Bewegung Unterdrückter: es trat zuerst auf als Religion der Sklaven und Freigelassenen, der Armen und Rechtlosen, der von Rom unterjochten oder zersprengten Völker. Beide, Christentum wie Arbeitersozialismus, predigen eine bevorstehende Erlösung aus Knechtschaft und Elend; das Christentum setzt diese Erlösung in ein jenseitiges Leben nach dem Tod, in den Himmel, der Sozialismus in diese Welt, in eine Umgestaltung der Gesellschaft. Beide werden verfolgt und gehetzt, ihre Anhänger geächtet, unter Ausnahmegesetze gestellt, die einen als Feinde des Menschengeschlechts, die andern als Reichsfeinde, Feinde der Religion, der Familie, der gesellschaftlichen Ordnung. Und trotz aller Verfolgungen, ja sogar direkt gefördert durch sie, dringen beide siegreich, unaufhaltsam vor.

---

[97]Engels, Fr., Bruno Bauer, 223, ferner 235f.238; zur gesamten Thematik vgl., Rolfes, H., Jesus und das Proletariat, 90-102.

[98]Kautsky, K., Die Entstehung des Christentums, Die Neue Zeit 3, 481-499.529-545, 1885.

[99]Engels, F., Zur Geschichte, 450.452f.

Dreihundert Jahre nach seinem Entstehen ist das Christentum anerkannte Staatsreligion des römischen Weltreichs, und in kaum sechzig Jahren hat sich der Sozialismus eine Stellung erobert, die ihm den Sieg absolut sicherstellt."[100]

Nach dieser Parallelisierung von Urchristentum und Arbeiterbewegung hinsichtlich ihrer Zugehörigkeit zu Unterschichten, ihrer "Endzeithoffnung", ihrer Verfolgung und gesellschaftlichen Diskriminierung weist Engels darüber hinaus auf die bedeutende Rolle hin, die Profetengestalten in beiden spielten. Er bezieht sich hierzu auf Lukians "Peregrinus", dessen Erlebnisse bei den Christen die Bedeutung einzelner Profeten für die christlichen Gemeinden illustrierte.[101]

Im zweiten Teil seines Artikels wendet sich Engels nun historischen Fragen zu. Was die Glaubwürdigkeit der urchristlichen Überlieferungen betrifft, bestimmt er seinen Standpunkt zwischen der Tübinger Schule und Bruno Bauer, wobei er sich bei der ersteren auf deren historische Kritik, bei dem zweiten auf dessen Einordnung des Christentums in das geistige Klima der Kaiserzeit bezieht.[102] Die Johannesoffenbarung nun sperre sich hinsichtlich ihrer Sprache und ihres gedanklichen Hintergrundes gegen eine solche Einordnung.[103] In ihr sah Engels, der sie auf das Jahr 67/68[104] datiert, im Gegensatz zu den später entstandenen Evangelien und Briefen eine zuverlässige Quelle für das Urchristentum. Als Exponentin einer ganzen Reihe von Apokalypsen gehöre sie in die religiöse Welt Kleinasiens, Syriens und Ägyptens, wo übernatürliche Dinge eine größere Bedeutung gehabt hätten als im Westen des Reiches.[105] Typisch für Apokalypsen seien fiktive Verfasserangaben und die Transformation historischer Ereignisse in die erzählerische Zukunft. Der Verfasser des Buches sei möglicherweise der Apostel Johannes, der allerdings vom Verfasser des Evangeliums und der drei Briefe verschieden sei.[106]

Engels betont den Abstand des in der Apokalypse dokumentierten, im Judentum zu verortenden Christentums von der späteren "konstantinischen Weltreligion" mit ihrer Erbsündenlehre. Ohne deren Dogmatik und Ethik lebte dieses Christentum im Gefühl, mit der ganzen Welt im Konflikt zu liegen und die Auseinandersetzung schließlich zu gewinnen. Dieses Bewußtsein sei heute von den Christen zur sozialistischen Bewegung gewandert.[107] Gemeinsam sei beiden in ihrer Geschichte eine

---

[100] a.a.O., 449.

[101] a.a.O., 451f.

[102] a.a.O., 455ff.

[103] a.a.O., 457f.

[104] a.a.O., 472 allerdings 68/69.

[105] a.a.O., 457.

[106] a.a.O., 458.

[107] a.a.O., 460.466f.

anfängliche Spaltung in Sekten, deren Existenz für das Urchristentum von den Sendschreiben nach Ephesus, Smyrna, Pergamon, Thyatira und Philadelphia (Apk 2/3) bezeugt werde. Neben Konflikten um die Tischgemeinschaft gehe es v.a. um Fragen der Sexualethik - ähnlich wie im Sozialismus der Saint-Simonisten.[108] Am Ende dieser pluralen Anfänge habe freilich bei beiden Bewegungen die Einheit gestanden.[109]

Im dritten Teil seines Artikels versucht Engels schließlich die materiellen Bedingungen der apokalyptischen Eschatologie des Urchristentums zu erhellen. Sie steht nach Engels im Zusammenhang mit dem Versuch der Römer, die politischen Verhältnisse zu vereinheitlichen.[110] Die ersten Anhänger des Christentums, Verarmte, Freigelassene, Sklaven und Kleinbauern seien so ihrer angestammten gesellschaftlichen Ordnungen beraubt worden. Verschärft war diese Situation durch die wachsende Steuerlast geworden. Angesichts der übergroßen militärischen Macht der Römer und der Zersplitterung der unterdrückten Bevölkerungsgruppen konnte keine diesseitige revolutionäre Bewegung entstehen, es blieb nur die Hoffnung auf eine jenseitige Veränderung der Verhältnisse.[111] In den Visionen der Johannesoffenbarung werde diese Hoffnung dem Leser anschaulich vor die Augen gestellt. Die dargestellten Szenen seien der jüdischen Tradition entlehnt und seien mit ihrem Verlangen, die Verfolger des Christentums zu bestrafen, von der späteren "Religion der Liebe" weit entfernt.[112] "Christlich" im Sinne der späteren Religion sei in dem ganzen Buch eigentlich nur die Erwartung des Reiches Christi und der endzeitlichen Belohnung der Gläubigen.[113] Zeitgeschichtlich betrachtet verarbeiteten die Visionen der Offenbarung die Wirrnisse, in die das römische Weltreich nach dem Tode Neros geraten war. Sie würden von der Apokalypse als Vorspiel zur endgültigen Wiederkunft Christi gedeutet[114].

In seiner Zusammenfassung betont Engels noch einmal den Abstand des "apokalyptischen" Christentums, der in der Antike allein möglichen Form des Sozialismus,[115] von der späteren christlichen Weltreligion hinsichtlich der Christologie, der Erbsünden- und Sakramentenlehre. Demgegenüber sei der Glaube dieser Christen von der eschatologischen Erwartung geprägt. Seine äußeren Merkmale seien "...tätige Propaganda, unablässiger Kampf gegen den äußern und innern Feind,

---

[108]a.a.O., 461f.

[109]a.a.O., 460.

[110]a.a.O., 463.

[111]a.a.O., 464.

[112]a.a.O., 464-466.

[113]a.a.O., 467.

[114]a.a.O., 469.

[115]a.a.O., 449f.

stolzfreudiges Bekennen des revolutionären Standpunkts vor den heidnischen Richtern, siegesgewisser Märtyrertod".[116] Der dem Judentum angehörende Verfasser der Offenbarung habe erhalten, was das Judentum zum Christentum beigetragen habe: Den Monotheismus, der das Christentum für die von der "griechischen Vulgärphilosophie" geprägte Antike akzeptierbar machte.

3.2.2 Karl Kautsky, "Der Ursprung des Christentums"

K. Kautskys[117] Beschäftigung mit dem Christentum steht im Zusammenhang mit seinem allgemeinen Interesse an der menschlichen Ur- und Frühgeschichte, das der Erhellung der "sozialistischen" Zukunft dienen und eine von längerfristigen Perspektiven getragene Politik ermöglichen sollte.[118] In den 1880er Jahren war er aus diesem Grund in näheren Kontakt mit Fr. Engels getreten. 1895, also im selben Jahr, in dem Engels Aufsatz erschienen war, veröffentlichte Kautsky einen Artikel über den "urchristlichen Kommunismus" in einem Sammelband über die antiken Vorläufer des Sozialismus.[119] In diesem Buch findet sich die Unterscheidung eines "kommunistischen Utopismus", der von den höheren Klassen getragen werde und eines Gleichheitskommunismus, der von den unteren Schichten wie den ersten Christen getragen werde. Bereits hier findet sich Kautskys grundlegende These, der Kommunismus des Urchristentums sei ein "Kommunismus des Genusses" und insofern vom modernen Kommunismus der Produktionsmittel verschieden gewesen.[120] Seine Bewertung der urchristlichen Eschatologie entspricht ebenfalls weitge-

---

[116]a.a.O., 472f.

[117]Kautsky wurde 1854 in Prag geboren. Zunächst von einem protestantischen Hauslehrer erzogen, besuchte er später das Gymnasium des Klosters Melk. Nach seinem Studium in Wien ist er seit 1883 auf Vorschlag von Friedrich Engels Herausgeber der "Neuen Zeit". In den 90er Jahren des vergangenen Jahrhunderts profilierte er sich als Kämpfer gegen den Revisionismus E. Bernsteins. 1917 verlor Kautsky seine Redakteursstelle und war nach dem 1. Weltkrieg politisch weitgehend isoliert. 1938 starb Kautsky in Amsterdam auf der Flucht vor dem NS-Regime. Gilcher-Holthey, I., Das Mandat des Intellektuellen. Karl Kautsky und die Sozialdemokratie, Berlin, 1986, 13-21.273; Thier, E., Art. Kautsky, Karl, RGG[3] 3, 1959, 1232.

[118]Hölscher, L., Weltgericht, 321.262; Gilcher-Holthey, I., Das Mandat, 41.

[119]Kautsky, K., Der urchristliche Kommunismus, in: <Hg.> ders., Die Vorläufer des Neueren Sozialismus, Bd. 1,1. Von Plato bis zu den Wiedertäufern, Stuttgart, 1895, 16-39; zu Kautskys Deutung des Urchristentum insgesamt vgl., Rolfes, H., Jesus und das Proletariat, 166-197.

[120]Kautsky, K., Der urchristliche Kommunismus, 27.

hend seiner 1908 verfaßten Monographie "Der Ursprung des Christentums", die der oben genannten Zielsetzung dienen sollte.[121]

Methodisch grenzt sich Kautsky von einer Ideen- und Politikgeschichte herkömmlicher Prägung ab; dafür möchte er über die Analyse der Produktionsweise die gesellschaftlichen Ursachen der Ideen herausarbeiten.[122] Er behauptet, erst aufgrund dieser Methodik könne Geschichte als lineares, vorwärtsschreitendes Geschehen begriffen werden, während sich dagegen in der Perspektive der Ideen- oder Politikgeschichte die Geschichte als eine wiederkehrende Konkurrenz von Freiheitsstreben und Einschränkung der Freiheit, von Ungleichheit und Gleichheitsstreben zeige.[123] Seine Parteinahme für das Proletariat mache ihn sensibel für das, was die Proletarier damals bewegt habe, ohne deshalb seine Objektivität zu bedrohen, die er durch seine materialistische Methodik garantiert sieht.[124]

Das Buch selbst ist in vier Teile gegliedert: Kautsky setzt mit einem Kapitel über "Jesus" ein, dessen Historizität er aufgrund einer Analyse der bekannten christlichen und nichtchristlichen Quellen bezweifelt.[125] Dann folgen Kapitel über die Gesellschaft der römischen Kaiserzeit und über das Judentum, die zwei Drittel des Buches einnehmen, sowie ein Kapitel über die Anfänge des Christentums.

Bei seiner Darstellung der römischen Kaiserzeit geht Kautsky von der Landwirtschaft aus, die - in geringerem Ausmaße durch Handel und Handwerk ergänzt - das Wirtschaftsleben dominierte.[126] Die Produktion sei überwiegend auf die Bedürfnisse der eigenen Haushaltung und das hieß für die Oberschicht auf Genuß-, nicht auf Gewinnmaximierung, ausgerichtet gewesen. Unbedingte Voraussetzung für diese Form der Produktion sei das Privateigentum gewesen, das in Verbindung mit anderen Faktoren soziale Ungleichheiten und Klassengegensätze erzeugt habe, die sich in einer Akkumulation des Grundbesitzes manifestiert habe.[127] Diese wiederum habe einen Arbeitskräftemangel nach sich gezogen, der durch ein Pachtsystem und die Sklaverei aufgefangen worden sei.[128] Diese Entwicklungen schädigten nachhaltig die Landwirtschaft, so daß diese Wirtschaftsform unrentabel wurde. Das Fehlen

---

[121]Kautsky, K., Der Ursprung des Christentums. Eine historische Untersuchung, Stuttgart, 1908 <1921[11]>, XIV; zu den geschichtsphilosophischen Grundlagen dieser Zielsetzung vgl., Hölscher, L., Weltgericht, 262.
[122]Kautsky, K., Ursprung, VIIIf.
[123]ebd.
[124]a.a.O., X.
[125]a.a.O., 6ff.
[126]a.a.O., 26.
[127]a.a.O., 27.29.43.
[128]a.a.O., 59.

eines gesunden und funktionierenden landwirtschaftlichen Gewerbes habe sich im Zwang gezeigt, Kriege zu führen, um Sklaven zu erwerben, in einer sinkenden Produktivität und habe aufgrund der fehlenden Motivation der Sklaven zu keiner Weiterentwicklung der landwirtschaftlichen Technik geführt.[129]

Als Resultat dieser ökonomischen Veränderungen habe sich ein "großstädtisches Lumpenproletariat"[130] aus Sklaven, Freigelassenen, verarmten und verelendeten Bauern und Handwerkern herausgebildet, das sich im Unterschied zum modernen Proletariat weder als einheitliche Klasse formierte, noch um den Besitz der Produktionsmittel kämpfte, sondern subsidiär, wie die Oberschicht auf den Genuß ausgerichtet, lebte.[131] Insgesamt habe der antike Kapitalismus zwar die destruktiven Züge des kapitalistischen Wirtschaftens deutlich gemacht, sie jedoch aufgrund fehlender Produktivität nicht überwunden.[132]

Aus dem umfangreichen Kapitel über die geistige Situation des Römischen Reiches sind neben dem oben bereits erwähnten Streben nach Genuß zwei Züge besonders herauszuheben. Zunächst: Der kapitalistischen Produktionsweise habe ein verstärktes Aufkommen des Individualismus entsprochen.[133] Dann: Durch die damit verbundene Auflösung sozialer Bindungen steigerte sich die Todesfurcht,[134] die durch die Hoffnung auf Unsterblichkeit und Erlösung bewältigt werden sollte.[135] Bereits Platon habe in seiner Philosophie das Verlangen nach der Unsterblichkeit gestillt und damit eine Reihe von Nachfolgern gefunden, zu denen auch das Christentum gehörte.[136]

Noch vor dem Christentum habe sich allerdings das Judentum, seit dem babylonischen Exil zum Händlervolk geworden, in dieser ökonomischen und geistigen Lage insbesondere durch seine religiösen Traditionen als funktional erwiesen.[137] So korrespondierte der jüdische Monotheismus mit philosophischen Einsichten, besonders der Stoa, der Auferstehungsglaube mit dem Wunsch nach Unsterblichkeit der Menschen; die von den Pythagoräern beeinflußten Essener, die neben den proletarischen, aus galiläischen Räubern und Jerusalemer Proletariern bestehenden Zeloten

---

[129]a.a.O., 37.39.40f.42.58.60.
[130]a.a.O., 54.
[131]a.a.O., 55f.
[132]a.a.O., 58f.
[133]a.a.O., 103.
[134]a.a.O., 108.
[135]a.a.O., 116.
[136]a.a.O., 111.
[137]a.a.O., 233.269.

wichtigste proletarische Bewegung des Judentums,[138] hätten durch ihr gütergemein-
schaftliches Leben das Bestreben verkörpert, durch Eigeninitiative der wachsenden
Verelendung entgegenzuwirken.[139] Allerdings habe die im Jerusalemer Umland
verwurzelte Bewegung in der städtisch geprägten Kultur des Römischen Reiches
keine Chance gehabt, ihre Ideale zu realisieren.[140] "Die Großstadt Jerusalem sollte
indessen eine Form der Organisation entwickeln, die sich anpassungsfähiger als jede
andere für die Bedürfnisse des Reiches selbst erwies. Sie war es, die, vom Judentum
ausgehend, sich über das gesamte Reich ausdehnte und alle Elemente des neuen
Empfindens und Denkens in sich aufnahm, die aus der gesellschaftlichen Umwandlung und Zersetzung jener Zeit erstanden. Diese Organisation bleibt uns noch
zu betrachten. Es war die christliche Gemeinde."[141]

Die Mitglieder dieser urchristlichen Organisation gehörten nun nach I Kor
1,26ff zu den Proletariern[142]; gebildete Leute seien erst nach und nach zu den christlichen Gruppen gestoßen, so daß die Fixierung der urchristlichen Traditionen erst in
einem entsprechenden Abstand zu den Anfängen erfolgen konnte.[143] An sich erschienen diese Berichte wenig glaubhaft, allerdings hätten diejenigen Überlieferungen eine gewissen Wahrscheinlichkeit für sich, die, abseits der Großkirchen,
in den Sekten weiterlebten.[144] Dazu gehörten der Klassenhaß auf die Reichen und
die Bevorzugung der Bettelarmen, wie sie im Lk überliefert seien, Züge, die der
"Revisionist" Mt getilgt habe.[145] Wegen ihrer Zugehörigkeit zum Proletariat habe
die Urgemeinde eine Affinität zu einer gütergemeinschaftlich ausgerichteten Organisation gehabt.[146] Seiner inneren Struktur nach sei dieser Kommunismus ein
"Kommunismus des gemeinsamen Haushalts", der "Familiengemeinschaft" gewesen,[147] der nach der Art des antiken Proletariats subsidiär, nicht selbst produzierend
gelebt habe.[148] Diese neue "Familiengemeinschaft" habe in Konkurrenz zu den traditionellen familiären Bindungen gestanden; von daher erkläre sich das von den

---

[138]a.a.O., 312.

[139]a.a.O., 335f.

[140]ebd.

[141]a.a.O., 337.

[142]a.a.O., 338f. mit Verweis auf L. Friedländer, Darstellungen aus der Sittengeschichte Roms. 4
Bde., Leipzig, 1861ff.

[143]a.a.O., 339.

[144]a.a.O., 342ff.

[145]a.a.O., 343f.

[146]a.a.O., 347ff mit Verweis auf Act 2;4; Joh 12,4-7; später habe sie in den Korporationen weitergelebt und sei noch Joh. Chrysostomus in einigen Predigten geschildert worden.

[147]a.a.O., 364.

[148]ebd.

Essenern übernommene familienfeindliche Ethos des Urchristentums.[149] Für die Frauen bedeutete die Auflösung dieser Bindungen die Möglichkeit, in der Öffentlichkeit aufzutreten und zu wirken,[150] so daß die selbstlose "Sorge für die Stillung der alltäglichen Notdurft von Mann und Kind zur Sorge für die Befreiung des Menschengeschlechts von allem Elend"[151] wurde. Die oben beschriebene Form des Kommunismus machte letztlich den jüdischen Messianismus in der griechischen Antike akzeptabel, da auch sein Proletariat eine soziale Umwälzung ersehnte.[152]

Die weitere Geschichte des Urchristentums ist durch zwei Veränderungen gekennzeichnet: Einmal löst sich das Christentum vom Judentum und verliert dadurch seinen rebellischen, revolutionären Charakter.[153] Zugleich machten die sozialen und politischen Strukturen der Städte, in denen sich das Christentum vorwiegend ausbreitete, einen völligen Kommunismus unmöglich, so daß die Gemeinschaft lediglich symbolisch in einer kultischen Mahlzeit dargestellt werden konnte.[154] Durch die vermehrte Aufnahme von Reichen verschwand der proletarische Charakter des Christentums und es bildete sich durch eine organisatorische Stabilisierung eine innerchristliche Führungselite heraus.[155] Kautsky kommt so zu dem Schluß: "Aus der Organisation eines proletarischen, rebellischen Kommunismus erwuchs die festeste Stütze des Despotismus und der Ausbeutung, eine Quelle neuen Despotismus, neuer Ausbeutung. Die siegreiche christliche Gemeinde war in allen Punkten das gerade Gegenteil jener Gemeinde, die von armen Fischern und Bauern Galiläas und Proletariern Jerusalems drei Jahrhunderte vorher begründet worden war. Der gekreuzigte Messias wurde die festeste Stütze jener verkommenen, infamen Gesellschaft, deren völlige Zertrümmerung die Messiasgemeinde von ihm erwartet hatte."[156]

3.3 Wissenschaftssoziologische Aspekte

Auf den ersten Blick ist schwer zu unterscheiden, was für den bearbeiteten Zeitraum überwiegt: Die Kontinuität oder die Diskontinuität zu den ersten Versu-

---

[149]a.a.O., 365.

[150]a.a.O., 373 mit Verweis auf urchristliche Prophetinnen.

[151]a.a.O., 372.

[152]a.a.O., 403.405.

[153]a.a.O., 433f.

[154]a.a.O., 436.449.

[155]a.a.O., 449f.468.480-493.

[156]a.a.O., 481.

chen vor 1850, die sozialen Verhältnisse der urchristlichen Gemeinden zu erforschen. Jedenfalls wird das Modell des Vereins erneut zur Deutung der inneren
Struktur und des äußeren Erscheinungsbildes der ersten Gemeinden wieder aufgenommen. Ferner setzt man sich weiter gegen das Modell einer vollkommenen Gütergemeinschaft zur Wehr, wie sie von den Frühsozialisten und namentlich Weitling
dargestellt worden war. Umgekehrt greifen Engels und Kautsky die These vom
urchristlichen Kommunismus auf, um das Zusammenleben der ersten Christen zu
erklären. Bestehen bleibt jedenfalls die Trennung der sozialistischen Autoren von
der theologischen Wissenschaft, so daß wir beide Gruppen nacheinander besprechen
können.

In der Theologie überwiegen die Elemente der Diskontinuität. Zunächst: Es
fehlen - darauf wurde schon hingewiesen - bei allen Autoren direkte Bezugnahmen
auf Vorgänger. Das wird sich von nun ändern, denn die Arbeiten Heinricis, Holtzmanns und Uhlhorns werden zu Kristallisationskernen eines wissenschaftlichen
Diskurses über sozialgeschichtliche Fragen des Urchristentums; auf sie wird man
sich nicht nur beim Erscheinen ihrer Arbeiten beziehen, sondern immer wieder auch
in der folgenden Zeit. So werden Heinricis Thesen nicht nur bei Holtzmann und
Uhlhorn aufgenommen und zitiert[157], sie werden darüber hinaus Gegenstand einer
ausführlichen Kritik, der Heinrici seinerseits eine Antikritik folgen ließ.[158] Uhlhorns
"Geschichte" wird in ihrem Erscheinungsjahr 1882 in der noch jungen Theologischen Literaturzeitung von C. Weizsäcker im wesentlichen zustimmend rezensiert,
noch Troeltsch in seinen "Soziallehren" wird sich ausführlich mit Uhlhorns Thesen
auseinandersetzen.[159] Auch Holtzmann widerfährt die Ehre einer äußerst positiven
Erwähnung seines populärwissenschaftlichen Vortrages in der Theologischen Literaturzeitung, aufgrund dessen er ihm eine "wissenschaftlichere" Gestalt gibt.[160] Somit sind alle besprochenen von Theologen verfaßten Werke in einer den wissenschaftlichen Gepflogenheiten entsprechenden Form publiziert worden. Ein zweites
Indiz für eine zunehmende "Verwissenschaftlichung" der Fragestellung ist die
Auswertung von Quellenmaterial wie Inschriften, das in der Regel nur Spezialisten
zugänglich ist. Einen dritten Hinweis gibt schließlich das erweiterte Problembewußtsein, das wir jetzt finden, denn die zuletzt genannten Autoren überschreiten die
von ihren Vorläufern gezogenen Grenzen, wenn sie als christliche Theologen ihre
strukturgeschichtlichen Arbeiten nicht mehr unter dem Aspekt der Kirchenleitung

---

[157]Uhlhorn, G., Liebesthätigkeit 139.399. Holtzmann zitiert wiederum Uhlhorn, Holtzmann, H.J.,
Die Gütergemeinschaft, 39.

[158]Heinrici, C.F.G., Zum genossenschaftlichen Charakter, 507f.

[159]Weizäcker, C., Rez.: Die christliche Liebsthätigkeit in der alten Kirche, ThLZ 7, 1882, 175-181;
Troeltsch, E., Die Soziallehren der christlichen Kirchen und Gruppen, Ges. Schr. Bd. 1, Tübingen,
1912, 81 Anm 36e u.ö.

[160]ThLZ 7, 1882, 405.

wie noch Lücke verhandeln, sondern unter dem der "Sozialen Frage". Die Anregungen hierzu kamen - zumindest im Fall der "Diakoniegeschichte" - nicht direkt aus dem Forschungsprozeß, sondern sie wurden durch Preisaufgaben wissenschaftlicher Institutionen gegeben. Somit entstand Diskontinuität auch durch die neuen geschichtlichen Gegebenheiten, die im gesellschaftlichen Bewußtsein ihren Niederschlag fanden.

Gesamtgesellschaftlich wird das Nachdenken über die "Soziale Frage" von der Einsicht bestimmt, die gestellten Aufgaben seien nicht mehr mit den älteren, aus den vierziger Jahren stammenden Konzepten zu bewältigen.[161] Schon am Ende der sechziger Jahre war diese Einsicht gewachsen, die nach der Wirtschaftkrise in den Jahren nach 1873 einen hohen Plausibilitätsgewinn verzeichnen konnte und die Zeitgenossen die "Soziale Frage" als ein Hauptproblem ihres Zeitalters empfinden ließ.[162] Soziale Not konnte nun nicht mehr nur als individuelles, kontingentes "Schicksal" angesehen werden und vor allem angesichts der Resonanz, die die sozialistischen Ideen fanden, gerieten die an der Individualität orientierten liberalen Konzepte gegenüber den interventionistischen in die Defensive.

Dieser Bewußtseinswandel erfaßte das gesamte kulturelle Leben, in das die naturalistische Bewegung seit 1880 soziale Themen einbrachte,[163] so auch die Kirchen, die die durch die wachsende Industrialisierung bedingten Strukturveränderungen in einer zunehmenden Entkirchlichung, besonders in den industriellen Zentren spürten.[164] Zusätzlich wurden deren Auswirkungen durch die Maßnahmen zur Trennung von Kirche und Staat im Verlaufe des Kulturkampfes noch verschärft. Das gewachsene Problembewußtsein betraf nicht nur die Liberalen, sondern alle kirchlichen Richtungen. Die Soziale Frage gehörte also zu den großen politischen Themen des Protestantismus.[165] So gibt es seit 1840 im konfessionellen Luthertum Bemühungen um eine spezifisch lutherische Sozialethik, die auch zur Gründung der "Neuen Kirchlichen Zeitung" zu eben diesem Zweck führten.[166] Der Lutheraner

---

[161]Nipperdey, Th., Deutsche Geschichte. 1866-1918. Bd. 1. Arbeitswelt und Bürgergeist, München, 1991², 335.

[162]Craig, G.A., Deutsche Geschichte 1866-1945. Vom Norddeutschen Bund bis zum Ende des Dritten Reiches, München, 1980, 80-99; Nipperdey, Th. Deutsche Geschichte, 1866, 335f.

[163]Craig, G.A., Deutsche Geschichte, 198f.

[164]Greschat, M., Industrielle Revolution, 209f; ferner Besier, G., Religion, Nation, Kultur. Die Geschichte der christlichen Kirchen in den gesellschaftlichen Umbrüchen des 19. Jahrhunderts, Neukirchen, 1992, 96-124.

[165]a.a.O., 210; Nipperdey, Th., Deutsche Geschichte, 1866, 495ff.

[166]Graf, F.W., Konservatives Kulturluthertum, 57.60.62.54.37 Die Stoßrichtung dieser Theologen war in ihrer Ablehnung der Autonomie des Individuums unverkennbar antiliberal, stand aber auch der kapitalistischen Wirtschaftsordnung kritisch gegenüber. Auffallend ist die positive Bewertung

Uhlhorn dürfte hierdurch zu seiner Verbindung von Sozialethik und Sozialgeschichte angeregt worden sein. Darüber hinaus ist wahrscheinlich, daß diese Verhältnisse sich positiv auf die Rezeptionschancen dieser und der folgenden sozialgeschichtlichen Arbeiten auswirkte.

Zugleich drückt das Geschichtsbild, das sich in den diakoniegeschichtlichen
Werken findet, die (zu) optimistische Erwartung aus, erneut mit dem christlichen
Liebesgedanken die "unchristliche" "Welt ohne Liebe" christlich zu überformen.
Schon bevor Uhlhorn seine Geschichte veröffentlichte, hatte Franz Overbeck in
seinem Aufsatz "Über das Verhältnis der alten Kirche zur Sclaverei im römischen
Reiche"[167] gegen diese Sicht des Verhältnisses von Antike und Christentum prote-
stiert. In Wirklichkeit sei das Verhältnis beider weniger von Gegensätzen bestimmt
worden, als es das antagonistische Geschichtsbild suggeriere.[168] Am Beispiel der
Sklaven zeigt er dann, daß die allmähliche Verbesserung ihrer Lebensverhältnisse
weniger auf den Einfluß des Christentums als auf die Stoa und ihre Naturphiloso-
phie zurückgehe.[169] Entsprechend vermag er weder in der Antike noch in der Gegenwart einen Beitrag des Christentums zur Lösung sozialer Fragen zu erkennen -
eine These, deren Berechtigung für die Antike Troeltsch später anerkannte.[170]

Obwohl sich die sozialgeschichtliche Exegese "verwissenschaftlicht" und es
ihr so möglich wird, einen Platz im wissenschaftlichen Diskurs zu finden, bleibt also
die Verbindung zu jeweils aktuellen gesellschaftlichen Problemen bestehen. Dies
gilt nicht nur für Holtzmanns Aufsätze, die in der Auseinandersetzung mit R. Todts
Buch "Der radicale deutsche Socialismus und die christliche Gesellschaft" und "so-
cialistischem" Gedankengut überhaupt entstanden.[171] Auch nicht nur für Uhlhorns
Diakoniegeschichte, die in gewissem Sinne sein eigenes Engagement in der Inneren
Mission historisch und damit theologisch absichert, sie gilt in gleichem Maße für
Heinricis Aufsätze, die ja im strengsten Sinne wissenschaftlichen Standards genü-

---

der "freien Assoziationen", was die hohe Plausibilität des Vereinsmodells noch einmal unterstreicht.

[167]Overbeck, F., Über das Verhältniss der alten Kirche zur Sclaverei im römischen Reiche, in:
ders., Studien zur Geschichte der alten Kirche, Erstes Heft, Schloss-Chemnitz, 1875, 158-230. Zu
Overbeck ferner Kapitel "4.5.2. Sklaverei und Urchristentum".

[168]a.a.O., 158.

[169]a.a.O., 169f.

[170]"Man sollte wenigstens meinen, daß uns Menschen der Gegenwart, die wir in unseren Institutionen sozusagen erst gestern ähnliche, die Emancipation der Arbeiter betreffende Reformen erlebt
haben, und den Anteil, welchen das Christenthum daran nicht gehabt hat, nicht vergessen haben
konnten, kaum auf den Gedanken kommen gerathen könnten, jene Fortschritte der römischen Gesetzgebung im letzten Zeitalter der römischen Geschichte mit dem Christenthum in Zusammenhang
zu bringen." A.a.O., 173; Troeltsch, E., Sozialllehren, 19 Anm. 1.

[171]Holtzmann, H.J., Die ersten Christen, 20.55.

gen. Denn er parallelisiert direkt die antiken Genossenschaften mit den modernen Vereinen, wenn er schreibt, "dass das Genossenschaftswesen, ähnlich wie in unseren Tagen das Vereinsrecht, einen beständigen Gegenstand der Aufmerksamkeit und Sorge für die Regierungen bildete".[172] Zugleich wird aber an dieser Stelle wieder ein Stück der Diskontinuität sichtbar, wenn wir die Funktionen vergleichen, die Lücke und Heinrici den Vereinen zuschreiben. Denn bei Lücke ist der "Urverein" als "freie Schule" der Ort, an dem sich die individuelle Freiheit der Jünger verwirklicht, während Heinrici neben der Selbstverwaltung die integrative Funktion der Vereine für die Gesamtgesellschaft herausstellt: "In den Genossenschaften corrigierte die Gesellschaft die Ungerechtigkeit ihrer Institutionen, denn in den engen Verbindungen derselben, die leicht und gerne jedem, der Zutritt wünschte, offen standen, fanden diejenigen, die im öffentlichen Leben jenseits der Grenze des Mitrathens und Mitthuns standen, nicht nur Menschen- sondern auch Bürgerrechte, sie fanden Gehör, Geltung und Anerkennung und vor allem eine Gemeinschaft, die das Leid gekostet hatte und deshalb die Freude doppelt zu würdigen wusste."[173]

Auch das zweite, häufiger verwendete Modell der Familie, mit dem die Struktur der Urgemeinde beschrieben wird, entspricht in vielen Zügen der damaligen Realität.[174] Aus dem sich - durch die Veränderung seiner Funktion und Rollenverteilung - zur "modernen Familie" wandelnden status oeconomicus ist geradezu ein von allgemeiner Übereinstimmung getragenes Strukturelement der Gesellschaft geworden, das sinnstiftende Qualität gewann. Die Familie bildete, nun im Regelfall auf eine individuelle Entscheidung hin gegründet und von den Individualitäten selbstbestimmt, für das damalige Bewußtsein ein Reservat von Privatheit, das gegenüber staatlichen Eingriffen sakrosankt blieb.[175] Als Modell gab sie damit den Raum für ein Selbstverständnis von Religion, die sich selbst als Privativum verstand. Darüber hinaus entsprach die Familie als staatsfreier Raum gerade den auf eine synodale Kirchenverfassung ausgerichteten ekklesiologischen Leitvorstellungen der Liberalen. In ihrer inneren Ordnung blieb auch die bürgerliche Familie, auch gegenüber dem Personal, patriarchalisch strukturiert, so daß die Verbindung von "Autonomie" und "Patriarchalismus", wie wir sie bei Heinrici finden, gar nicht als Widerspruch, empfunden werden brauchte. Sie war auf den Lebensplan des Mannes ausgerichtet, während die Frau im Haus, das nun in der Regel vom Arbeitsplatz verschieden war, diesen Weg begleitete. Die von der bürgerlichen verschiedene Arbeiterfamilie war

---

[172]Heinrici, C.F.G., Zur Geschichte der Anfänge, 109.
[173]Heinrici, C.F.G., Christengemeinde Korinths, 501f.
[174]Nipperdey, Th., Deutsche Geschichte, 1866, 43f.
[175]a.a.O., 41.43f.506.

im übrigen ähnlich strukturiert, was die Plausibilität des Modells nur gesteigert haben dürfte.[176]

Schließlich bleibt für die theologische Forschung noch darzustellen, inwieweit mit der Einführung struktur- und sozialgeschichtlicher Fragestellungen methodische Innovationen einher gingen. Zunächst: Am wenigsten sind methodische Neuerungen in den quellenkritisch argumentierenden Aufsätzen Holtzmanns spürbar. Dafür mögen seine apologetischen Absichten ursächlich sein, die eine methodische Innovation gar nicht erforderlich machten. Auch bei Heinrici findet sich eine eigentliche methodische Innovation nicht, sondern der Erkenntnisfortschritt ergibt sich aus der Auswertung der von P. Foucart neu edierten Texte und Inschriften und der Rezeption von Ergebnissen der Althistorik.[177] Auf dem gleichen methodischen Wege verallgemeinerte E. Hatch im übrigen dann in seinen von A.v. Harnack übersetzten Vorlesungen "Die Gesellschaftsverfassung der christlichen Kirche im Altertum"[178] schließlich die These Heinricis und konnte sie für längere Zeit in der theologischen Forschung etablieren, wobei das besonderes Interesse von Hatch auf der Herausbildung der kirchlichen Ämter lag. Wie Heinrici sah auch Hatch enge Bezüge zwischen dem Aufkommen des Genossenschaftswesens in der Antike und der Gegenwart.[179]

So bleibt die bereits von C. Weizsäcker positiv bewertete Verbindung von Sozialgeschichte und Sozialethik die einzige methodische Innovation.[180] Ihre Voraussetzung, soziale Erscheinungen seien von ethischen Überzeugungen wesentlich gestaltet und zu gestalten, verband die Alternative zu materialistischen Überzeugungen mit einem Anreiz zu eigenständigem sozialem und sozialpolitischem Handeln. Die-

---

[176]a.a.O., 140; auch Kautsky greift ja auf das Modell der Familie zurück, freilich hebt er sein Verständnis stark von dem "bürgerlichen" ab. Vgl., Kautsky, Ursprung, 365.373.

[177]Hier ist besonders de Rossi zu nennen, der die urchristlichen Gemeinden Roms mit den antiken Begräbnisvereinen in Verbindung brachte. Die umfassende Liste der Forscher, die Heinrici zustimmten, unterstreicht noch einmal die hohe Plausibiliät des "Vereinsmodells". Vgl. Krüger, G., Die Rechtsstellung der vorkonstantinischen Kirchen, KRA 115/116, Stuttgart, 1935, 1.2f.

[178]Hatch, E., Die Gesellschaftsverfassung der christlichen Kirchen im Altertum, Gießen, 1883 <engl. 1882²>.

[179]"Es war nicht die Noth, welche durch eine große Theuerung oder Seuche hervorgerufen wird, sondern es war die furchtbare Spannung aller Fibern des socialen Organismus, welche Viele unserer Zeitgenossen auch in unserer jetzigen Gesellschaft zu beobachten vermögen. Damals erwuchs und verbreitete sich eine neue Klasse in der griechisch-römischen Gesellschaft - die Klasse der Armen; und aus dem Wachstum der neuen Klasse entwickelte sich eine neue Tugend, die Tugend der werk-thätigen Barmherzigkeit des Strebens dem Armen zu helfen." A.a.O., 26. Ein weiteres Beispiel für den von Heinrici beschrittenen Weg bietet Weingarten, H., Die Umwandlung der ursprünglichen christlichen Gemeindeorganisation zur katholischen Kirche, HZ 45, 1881, 441-467. Auch er arbeitet mit den Kategorien des Vereins und der Familie.

[180]Weizsäcker, C., Rez., 178.

ser Ansatz wurde nicht nur von E. Troeltsch in seinen "Soziallehren" aufgegriffen, sondern auch durch E.v. Dobschütz, der sein Werk über die Struktur der urchristlichen Gemeinden mit dem Untertitel "Sittengeschichtliche Bilder" veröffentlichte.[181] Auch nach dem Erlahmen des Interesses an sozialen und sozialgeschichtlichen Fragen blieb dieser Zusammenhang bestehen.[182] Für die weitere Darstellung wird zu beobachten sein, ob und inwieweit das soziale Motiv in der sozialgeschichtlichen Exegese künftig zu einem konstitutiven Merkmal sozialgeschichtlicher Methodik wird, oder ob es lediglich als allgemeines, begleitendes Interesse der Exegeten begegnet und zugunsten anderer Perspektiven zurücktritt.

Auch die sozialistischen Autoren entfernen sich in ihrem, von der theologischen Forschung getrennten Diskurs, von den "frühsozialistischen" Anfängen bei Weitling. Es hat sich nicht nur die Textbasis - die synoptische Tradition und mit ihr die Person Jesu tritt stark zurück - verändert, spürbar sind ganz andere bildungsmäßige Voraussetzungen gegenüber dem Handwerksgesellen und Autodidakten Weitling. Signifikant für diese Differenz und zugleich für ein gestiegenes wissenschaftliches Selbstbewußtsein sind zunächst Publikationsort und -form der Beiträge Engels und Kautskys: Einerseits der Aufsatz, veröffentlicht in der "Neuen Zeit", der ausgewiesenen theoretischen Zeitschrift der SPD, andererseits die Form der "Monographie". Beide Arbeiten erschienen im Parteiverlag "J.H.W. Dietz" und waren nicht wie Weitlings Buch von der Zensur betroffen.[183] Ferner gibt es jetzt das Selbstbewußtsein, für einen weiteren Leserkreis relevante wissenschaftliche Arbeiten, wenn auch gezwungenermaßen außerhalb der Universität, produzieren zu können.[184] Dann ein Bewußtsein, in einer historischen Kontinuität von der griechischen Antike bis zur Gegenwart zu stehen, wie es sich in einer Buchreihe wie den schon öfter erwähnten "Vorläufern des Neueren Sozialismus" zeigt. Schließlich sind - bei Kautsky ist dies deutlicher spürbar - die theoretischen Vorgaben gegenüber Weitling ganz andere. Engels und Kautsky deuten das Urchristentum auf der Basis ihrer materialistischen Überzeugungen als sozialrevolutionäre Bewegung, während Weitling lediglich additiv Belege für die urchristliche Realisierung seines sozialen Ideals, der Gütergemeinschaft, zusammenträgt. Wir haben also hier zum ersten Mal eine Form sozialgeschichtlicher Exegese, die erkennbar theoriegeleitet ist – freilich in einer Weise, die der marxistischen Theorie der Geschichte eindeutig den Primat gibt.

---

[181]Dobschütz, E.v., Die urchristlichen Gemeinden. Sittengeschichtliche Bilder, Leipzig, 1902.

[182]Z.B. im Kreis um M. Dibelius, der selbst die sozialgeschichtliche Erforschung des Neuen Testaments vorantrieb. Vgl., Greeven, H., Das Hauptproblem der Sozialethik in der neueren Stoa und im Urchristentum, NTF 3,4, Gütersloh, 1935.

[183]Gilcher-Holthey, I., Mandat, 24.

[184]K. Kautsky, Die Vorläufer, IX ortet die Träger der theoretischen Arbeit am Sozialismus bei Journalisten, Redakteuren und Parlamentariern.

Gegenüber der "etablierten" Wissenschaft gibt es neben den abweichenden
gesellschaftstheoretischen Vorgaben und der differierenden Zielgruppe eine weitere
tiefgreifende Differenz. Die Erforschung des Urchristentums durch Engels und
Kautsky ist keine Primär-, sondern Sekundärforschung. Sie stützt sich auf die Forschungsergebnisse von Althistorikern, Kulturgeschichtlern und Theologen, deren
"Spezialliteratur" ihnen aber offenbar nicht zur Verfügung stand.[185] In diesem Mangel mag eine der Ursachen liegen, warum diese beiden Autoren von der wissenschaftlichen Theologie erst relativ spät und dann unter apologetischen Gesichtspunkten wahrgenommen wurden.[186]

Neben all diesen mehr formalen Differenzen gibt es vor allem gegenüber
Weitling eine Reihe von inhaltlichen Unterschieden. So ist die Bedeutung relativiert, die der Gütergemeinschaft bei Engels und Kautsky zukommt. Sie wird bei
Kautsky zwar in ihrem Recht als Vorstufe des modernen Sozialismus gewürdigt,
zugleich verliert sie aber viel von ihrer utopischen Kraft, indem sie nicht als produ-
zierende, sondern subsidiär lebende Gemeinschaft gezeichnet wird, indem sie nicht
als Gemeinschaft eines klassenbewußten Proletariats, sondern als Haufen der verschiedensten, sozial Niedriggestellten, als Menge ohne gemeinsames politisches
Ziel, dargestellt wird. Eine Einschätzung der Träger des Urchristentums, die Friedrich Engels teilte.[187]

Gegenüber Kautsky betont Engels nun viel stärker die "revolutionäre Naherwartung" der ersten Christen. Für ihn ist sie der eigentliche Vergleichspunkt zwischen dem Urchristentum und dem modernen Proletariat, auch wenn er nach dem
oben gegebenen Zitat an einen revolutionären Prozeß von ca. sechzig Jahren denkt.
L. Hölscher, der den Wandel der Zukunftserwartungen im Prozeß der Industrialisierung untersucht hat, sieht in dieser Naherwartung ein Spezifikum der abstiegsbe-
drohten Unter- und Mittelschichten - im Unterschied zu der industriellen und gesellschaftlichen Modernisierung profitierenden bürgerlichen Oberschicht.[188] Unter Berücksichtigung der politischen Konstellationen war dies nicht ohne Plausibilität: Seit
der Reichstagswahl von 1884 ist angesichts der Erfolge der SPD eine Zunahme der
Revolutionsangst wahrzunehmen, die bis in die 90er Jahre des vergangenen Jahrhunderts fast hysterische Züge annahm. Konservative, liberale und sozialistische
Publizisten rechneten in ihren Gesellschaftsanalysen mit einer nahen sozialen Re-

---

[185]Hier v.a. auf die Tübinger Schule, zu der sicher auch Affinitäten hinsichtlich der philosophischen Voraussetzungen bestanden. Vgl. Kiefl, F.X., Die Theorien des modernen Sozialismus über
den Ursprung des Christentums. Zugleich ein Kommentar zu 1. Kor 7,21, Kempten, 1915, 55.

[186]Repräsentativ, Kiefl, F.X., Die Theorien; Leipoldt, J., Das Jesusbild; ferner Köhler, H., Sozialistische Irrlehren von der Entstehung des Christentums und ihre Widerlegung, Leipzig, 1899.

[187]Engels, F., Zur Geschichte, 463.

[188]Hölscher, L., Weltgericht, 436f.

volution.[189] Aus diesem Grunde versuchte die Reichsregierung 1894 mit der sog. "Umsturzvorlage" erneut, die SPD zu bekämpfen, was allerdings nicht die Zustimmung des Reichstages fand.[190] Kautsky hat nun - ein Vergleich zwischen der Vorstudie aus dem Jahre 1895 und der Monographie von 1908 zeigt dies - die Bedeutung dieser Naherwartung von Anfang an für das Christentum wie für die sozialistische Bewegung relativiert.[191] L. Hölscher hat gezeigt, wie sich der Zeitraum, in dem Kautsky die Revolution erwartete, im Laufe der 90er Jahre immer weiter dehnte, bis Kautsky nur noch die Richtung der gesellschaftlichen Entwicklung voraussagen mochte und auf temporäre Voraussagen ganz verzichtete. Charakteristisch ist hierfür der Gebrauch der Metapher des "Zukunftsstaates", mit der er die eschatologischen Erwartungen des Urchristentums belegt. Sie steht für die sehr konkreten Zukunftserwartungen an einen realisierten Sozialismus, die Kautsky als "Utopisterei" ansah, freilich noch lange Teil der "populären Parteiideologie" war und bis in unsere Gegenwart als "Prinzip Hoffnung" revitalisierbar blieb.[192] Es scheint so, als korrigiert Kautsky hier die enttäuschte sozialistische Parusieerwartung in einer den urchristlichen Schriften nicht unähnlichen Art.

Bleibt noch die Frage nach der Funktion der marxistisch inspirierten Schriften: Zunächst, nach außen, wird man an eine Legitimitätsbestreitung denken, denn Engels und Kautsky bestreiten - wie schon Weitling - dem etablierten Christentum das Recht, sich auf das Urchristentum zu berufen, indem sie auf den niedrigen sozialen Status der ersten Christen und deren Gütergemeinschaft hinweisen und ihre Bewegung als die eigentlichen Nachfolger des Urchristentums darstellen. Dies waren Überzeugungen, die nach Martin Rade tief in die Mentalität der Arbeiter eingedrungen waren[193] und auf der Seite von Theologie und Kirche immer wieder apologetische Äußerungen provozierten. Nach innen dienten sie der Selbstvergewisserung, indem die Erschließung der Vergangenheit die Gegenwart erhellen sollte. Die entschiedene Parteinahme für das Proletariat sollte dabei erst das richtige Verstehen ermöglichen. Darüberhinaus besitzt die historische Rückfrage für Kautsky und Engels einen gewissen prognostischen Wert. Für Engels erlaubt die Parallelisierung

---

[189]a.a.O., 227f.229.

[190]Zur sog. "Umsturzvorlage" vgl., Born, K.E., Von der Reichsgründung bis zum Ersten Weltkrieg, Gebhard. Handbuch der deutschen Geschichte Bd. 16, dtv 4216, München, 1982[7], 214f; Stürmer, M., Das ruhelose Reich. Deutschland 1866-1918, Berlin, 1983, 255.274.278; Craig, G.A., Deutsche Geschichte, 235-239.

[191]In Kautsky, K., Der urchristliche Kommunismus 22f gehört der Chiliasmus zu den wesentlichen Strukturelementen des Urchristentums, ohne daß er ihm besondere Bedeutung zuspricht, in ders., Ursprung, 432f fehlt er neben Monotheismus, Messianismus, Auferstehungsglaube und "essenischem Kommunismus".

[192]Kautsky, K., Ursprung, 376.412 u.ö.; Hölscher, L., Weltgericht, 263.266.370.332.394-398.

[193]Rade, M., Die sittlich-religiöse Gedankenwelt unserer Industriearbeiter, VESK 1898, 66-130; Hölscher, L., Weltgericht 178.

von Urchristentum und sozialistischer Bewegung eine temporär festgelegte Prognose über die künftige politische Bedeutung der letzteren,[194] während Kautsky, zurückhaltender argumentierend, aus dem Studium der Geschichte die Entwicklungsgesetze der Gesellschaft erkennen möchte, um den durch eine Reihe von Determinanten festgelegten gesellschaftlichen Prozeß beschleunigen zu können.[195] So ergibt
sich insgesamt gesehen in den 80er Jahren des vergangenen Jahrhunderts erkennbar
ein umfassender Diskurs über soziale Fragen des Urchristentums, der freilich noch
in relativ engem Zusammenhang mit den damaligen sozialen und gesellschaftlichen
Umbrüchen steht.

---

[194]Engels, F., Zur Geschichte, 449.
[195]Kautsky, K., Der Ursprung, XVI; Hölscher, L., Weltgericht, 359-377.

4 Die Verwissenschaftlichung der sozialgeschichtlichen Exegese um die Jahrhundertwende

4.1 Sozialgeschichtliche Exegese als neutestamentliche Kirchenkunde (E.v. Dobschütz)

Ernst v. Dobschütz'[1] Monographie "Die urchristlichen Gemeinden" (1902) fällt in einer Hinsicht aus dem theoretischen Rahmen, in dem sich gemeinhin die sozialgeschichtliche Exegese des 19. Jh.s. bewegt: Sie ist bewußt in Anlehnung an ein ausgeführtes theoretisches Konzept erarbeitet, das außerhalb der Historie - wenngleich nicht ohne sie - in der Praktischen Theologie entwickelt wurde, nämlich das der Kirchenkunde, bzw. der religiösen Volkskunde.[2] Mit Hilfe dieses Konzepts sollte durch die Beschreibung der lokalen kirchlichen und religiösen Verhältnisse, Traditionen und Mentalitäten der besondere Charakter einer kirchlichen "Landschaft" erfaßt werden. Dobschütz wendet sich in seiner Arbeit vorwiegend dem Gebiet des "Sittlichen"[3] zu, das er zum Ausgangspunkt der Beschreibung anderer struktureller Gegebenheiten wie der Verfassung und des Kultes stellt.[4]

Darüber hinaus ist die empirische Tendenz seiner Monographie auffallend. E.v. Dobschütz möchte nicht einfach die sittlichen Ideale des Urchristentums darstellen, sondern die "faktische Sittlichkeit", die in den einzelnen, historisch faßbaren Gemeinden gelebt wurde[5] - ein Vorzug, der sein Werk gerade in neuerer Zeit wieder interessant machte.[6] Zudem wird hier zum ersten Mal ein eigenständiges Interesse an dem sozialen Leben des Urchristentums artikuliert.

---

[1]Ernst von Dobschütz wurde am 9. Okt. 1870 in Halle/S. geboren. Von 1888 an studierte er in Leipzig, Halle und Berlin. 1893 habilitierte er sich in Jena. 1904 wurde er Nachfolger Holtzmanns in Straßburg, 1910 wechselte er nach Breslau. Von 1913 an lehrte und lebte er bis zu seinem Tode im Jahre 1934 in Halle. In seinem autobiographischen Artikel in "Die Religionswissenschaft der Gegenwart" rechnet er sich - ursprünglich aus einem eher konservativen Milieu stammend - einer "freieren theologischen Auffassung" zu. Über seine wissenschaftlichen Interessen hinaus hatte er sich auch mit praktischen Fragen wie der des Gemeindeaufbaus befaßt. Vgl., Dobschütz, E.v., Selbstdarstellung, RWGS Bd. 4, Leipzig, 1928, 31-62; Klostermann, E., In memoriam Ernst von Dobschütz, ThStKr, 106, 1935, 1ff.

[2]Zur Kirchenkunde vgl., Rau, G., Art. Kirchenkunde, TRE 18, 1989, 599-602.

[3]Dobschütz, E.v., Die urchristlichen Gemeinden. Sittengeschichtliche Bilder, Leipzig, 1902.

[4]a.a.O., IX.

[5]a.a.O., VI.VIII.

[6]Eine Würdigung und Auseinandersetzung mit diesem Werk v. Dobschütz' findet sich bei Keck, L.E., On the Ethos of Early Christians, JAAR, 42, 1974, 435-452, <Nachdruck u.d.T. "Das Ethos der frühen Christen" in: <Hg.> W.A. Meeks, Zur Soziologie des Urchristentums. Ausgewählte Beiträge zum frühchristlichen Gemeinschaftsleben in seiner gesellschaftlichen Umwelt, ThB 62, München 1979, 13-36>. Nach dem Nachdruck wird zitiert, vgl. dort 21-27.

Aus dem Vergleich der Einzelbilder der Gemeinden solle dann ein Gesamtbild des Urchristentums entstehen.[7] Dobschütz weist ausdrücklich auf die schwierige Quellenlage hin, die bestehe, weil die zu untersuchenden Quellen nicht an der Beschreibung der damaligen Zustände interessiert seien, mithin also gegen ihre eigentliche Intention gelesen werden müßten.[8] Ferner fehlten Wertungen und Darstellungen des Christentums von Seiten nichtchristlicher Autoren.[9] Aus diesen Gründen fehlten alle Voraussetzungen, um zu statistisch zuverlässigen Ergebnissen über die nicht unwichtige Frage nach der Größe der urchristlichen Gemeinden zu kommen. So bleibe man auf das angewiesen, was die Quellen - eher beiläufig – mitteilten.[10] Die Darstellung selbst ist durch v. Dobschütz in drei große Abschnitte geteilt, die die paulinischen Gemeinden, die jüdische Christenheit und die spätere Heidenchristenheit zum Thema haben.

Im ersten Abschnitt nimmt die Darstellung der korinthischen Gemeinde den breitesten Raum ein. E.v. Dobschütz geht zunächst vom allgemeinen Charakter der Stadt Korinth aus, beschreibt die in ihr herrschenden Gegensätze und entdeckt das städtische Proletariat als erste Hörergruppe der paulinischen Predigt.[11] Auch Wohlhabende wie Stephanas habe es in der Gemeinde gegeben und die Besitzverhältnisse seien nicht angetastet worden; kommunistische Ideen hätten in Korinth keinen Anklang gefunden.[12] Vielmehr sei das Gemeindeleben von den Ansprüchen der verschiedensten Individualitäten geprägt worden, die sich erst zu einer Gemeinschaft zusammenfinden mußten.[13] Deutlicher Ausdruck für diesen Konflikt seien die Auseinandersetzungen um die Geistesgaben und zwischen Starken und Schwachen gewesen.[14] Trotz dieser Konflikte zeige sich, vor allem im gottesdienstlichen Leben der Gemeinde, die "sittigende" Kraft der neuen Religion, die somit einen Entwicklungsfortschritt gegenüber der antiken Welt gebracht habe.[15]

In ähnlicher Weise stellt v. Dobschütz nun die Gemeinden Mazedoniens, Thessalonich und Philippi in einem Vergleich dar. Während sich die Philippergemeinde von äußeren Beeinflussungen anscheinend unberührt entwickelte,[16] hätte die Gemeinde in Thessalonich mit sozialen Verwerfungen zu kämpfen gehabt, die - mit einer übertriebenen Parusieerwartung verbunden - die Menschen zur Vernachlässi-

---

[7]a.a.O., VII.
[8]a.a.O., 3.
[9]a.a.O., 7.
[10]ebd., sowie die Erläuterungen zur antiken Statistik S. 265f. A.a.O., 8.
[11]a.a.O., 17f.
[12]a.a.O., 17.19.47f.
[13]a.a.O., 59.63.
[14]a.a.O., 21.57f.
[15]a.a.O., 20f.63.
[16]a.a.O., 73-75.

gung ihrer Arbeit bewegt hätten.[17] "Sozialer Druck und gespannte Erwartung des Endes wirken immer wieder zusammen, ganze Scharen von Haus und Hof zu vertreiben zu einem unsteten Umherschweifen."[18]

Nachdem er zunächst noch die quellenmäßig relativ unergiebigen Nachrichten über die Verhältnisse in den kleinasiatischen Gemeinden und Rom ausgewertet hatte, kommt v. Dobschütz im zweiten Abschnitt auf die Anfänge des Judenchristentums zu sprechen. In der Jerusalemer Urgemeinde hätten Menschen verschiedenster sozialer Herkunft und gesellschaftlicher Stellung in familienähnlicher Weise zusammengelebt.[19] Jede Form einer festen Organisation habe gefehlt, so auch eine Gütergemeinschaft nach essenischem oder pythagoräischem Muster;[20] egalitäre Züge seien in diesem Kreis freilich vorhanden gewesen. Schon früh, mit dem Auftreten der Hellenisten hätten Auseinandersetzungen um die Tora das gemeinschaftliche Leben getrübt,[21] mit der zunehmenden Größe der Gemeinde habe sich schließlich auch der familienähnliche Charakter der Gemeinden verloren.[22] In den 60er Jahren des ersten Jahrhunderts habe das Judenchristentum durch das Martyrium des Herrenbruders Jakobus seinen bedeutenden Führer verloren und durch die Zerstörung Jerusalems sein religiöses Zentrum, so daß es sich dem Heidenchristentum enger verband.[23] Wie das Heidenchristentum habe auch das Judenchristentum über seine Sittlichkeit positiv gewirkt, nur mußte es nicht eine neue Sittlichkeit begründen, sondern konnte auf die Traditionen Israels zurückgreifen und diese intensivieren.[24]

Die Zeit der "späteren Heidenchristenheit" bearbeitet v. Dobschütz im dritten Kapitel in einer ähnlichen geographischen Differenzierung wie im ersten. So stünden die Gemeinden Kleinasiens bei der Ausbildung ihrer ethischen Normen in Auseinandersetzung mit dem Heidentum,[25] während die Gemeinde in Korinth bereits ein "positives" christliches Ideal gebildet habe und deshalb schon erzieherisch wirken konnte.[26] Tendenziell finde sich in allen Gegenden des Reiches, über die berichtet werde, ein Zurückdrängen des charismatischen Elements zugunsten fester Gemeindestrukturen, -organisationen und -ämter, was durch die Vergrößerung der Gemeinden verursacht wurde.[27] Die Haustafeln bezeugten diese neue Gliederung

---

[17]a.a.O., 70f.
[18]a.a.O., 72.
[19]a.a.O., 104f.106.
[20]ebd.
[21]a.a.O., 110.
[22]a.a.O., 114.
[23]a.a.O., 121.123.
[24]a.a.O., 123f.
[25]Mit Berufung auf I Petr und Eph, a.a.O., 128.
[26]a.a.O., 151.
[27]a.a.O., 136-138.143.153.170.197.

der Gemeinden, durch deren Konsolidierung der Aufbau einer organisierten Diakonie möglich geworden sei.[28] Insgesamt hätten die Gemeinden in dieser "katholisierenden Übergangszeit" eine ruhige Entwicklung genommen, die "Durchschnittssittlichkeit" der Gemeinden habe sich gehoben, ohne die Spitzenleistungen der Anfangszeit erreichen zu können.[29] Lediglich durch das Aufkommen der Gnosis, deren Intellektualismus und doketische Ideale kontraproduktiv zur christlichen Sittlichkeit wirkten, und einzelne Konflikte, wie sie durch die Aufnahme Reicher in die Gemeinden entstehen konnten, sei diese Entwicklung gestört worden.[30]

In seinem abschließenden Kapitel kann v.Dobschütz dem gesamten Urchristentum ein gutes Zeugnis ausstellen. Angesichts der verfallenden antiken Welt mit ihrem Luxus und ihrer Genußsucht habe sich das Christentum als sittigende Kraft erwiesen.[31] Mit seiner diakonischen Arbeit und durch die Nivellierung der ethnischen und sozialen Unterschiede in der Gemeinde habe es diese antike Welt übertroffen und überwunden.[32]

4.1.1 Wissenschaftssoziologische Aspekte

Die "Urchristlichen Gemeinden" sind nun, obwohl sich in diesem Buch viele uns bereits bekannte Motive und Ergebnisse finden, für unsere Fragestellung schon deshalb von Belang und Interesse, weil in ihnen - neben den marxistischen Interpreten - zum ersten Mal im Rahmen einer sozialgeschichtlich interessierten Exegese die Texte aufgrund explizit benannter methodischer Kriterien und Verfahren ausgelegt werden, nämlich der der "Religiösen Volkskunde" oder Kirchenkunde, die heute als Versuch einer empirischen, nicht dogmatisch-spekulativen Betrachtung von Kirche, zu den Vorläufern der Religionssoziologie gezählt wird.[33] Paul Drews, ein Freund v. Dobschütz', hatte im Rückgriff auf Schleiermachers Forderung nach einer kirchlichen Statistik als der "Darstellung des gesellschaftlichen Zustandes der Kirche in einem gegebenen Moment"[34] dieses Konzept entwickelt, um Theologie, speziell Ekklesiologie deskriptiv-induktiv zu betreiben und auf diese Weise die individuellen Besonderheiten des religiösen und kirchlichen Lebens einzelner Regio-

---

[28]a.a.O., 206.

[29]a.a.O., 126.

[30]a.a.O., 178.185.210.

[31]a.a.O., 255.

[32]a.a.O., 256.263.

[33]vgl., Rau, G., Art. Kirchenkunde, 599f; Fürstenberg, Fr., Problemgeschichtliche Einleitung, in: ders. <Hg.>, Religionssoziologie, Soziologische Texte, Bd. 19, Neuwied, 1964, 11-31.

[34]Schleiermacher, F., Kurze Darstellung des theologischen Studiums zum Behuf einleitender Vorlesungen, hg.v. H. Scholz, Darmstadt, 1982, <Nachdruck> § 95, ferner §§ 195-250; Drews, P., 'Religiöse Volkskunde', eine Aufgabe der praktischen Theologie, MKP, 1, 1901, 1-8: 8.

nen erfassen zu können. Als Disziplin praktischer Theologie sollten "Verfassung und äußere Verhältnisse", "Vereinsthätigkeit", "Liebesthätigkeit" und "gottesdienstliches Leben", "Frömmigkeit" und "Sittlichkeit" - mithin die klassischen Themen der Kirchensoziologie heute - erfaßt werden.[35] Dennoch zeigt sich die Kirchenkunde in vielem den Idealen der "klassischen" Historie verhaftet. So suchte sie durch eine regionale Eingrenzung "Individualitäten" herauszupräparieren, die dann additiv oder komparativ zu einem Gesamtbild zusammengesetzt werden sollten.[36]

Gerade diesen letzten Punkt hat v. Dobschütz übernommen und betont: "Es müssen Einzelbilder sein, die wir geben, je individueller ausgestaltet, um so besser... So gewiss das Urchristentum sich als ein geschlossenes Ganzes abhebt von dem christlichen Kirchentum der späteren Zeit, es ist doch ungemein vielgestaltig... Hier nicht spezialisieren hiesse das ganze Bild verzeichnen... Der Vergleich der Einzelbilder wird am Schluß von selbst das Gesamturteil ergeben."[37] Zugleich hat er aber auch eine wichtige Einschränkung vorgenommen, indem er seine Darstellung fast ausschließlich auf die gelebte Sittlichkeit der urchristlichen Gemeinden ausrichtete.[38] Gewiß legt sich eine solche Einschränkung wegen der Struktur und der Inhalte der Quellen nahe, so daß jene nicht nur einfach auf vorgängige theologische Motive zurückzuführen ist, auch wenn sie sicher dem allgemeinen Interesse an ethischen Fragestellungen in der Theologie dieser Epoche entspricht.[39] Freilich hat sie die innovativen Züge, die der kirchenkundliche Ansatz trug, nicht gerade verstärkt. Konsequenterweise sah E.v.d. Goltz, der Rezensent der Theologischen Literaturzeitung, bezeichnenderweise ein praktischer Theologe, das Buch nicht als methodische Innovation, sondern als Buch für Laien, Lehrer und in der Praxis tätige Theologen, das "von einer etwas höheren Warte aus geistige Überschau" halte.[40]

Die Ausrichtung der "Urchristlichen Gemeinden" zeigt - ohne den Abfassungszweck darauf reduzieren zu wollen - ein gewisses apologetisches Interesse, indem es v. Dobschütz als Aufgabe seiner Forschungen sieht, das Christentum als "sittigende" Kraft der Antike und in gleicher Weise der Gegenwart zu erweisen.[41] Dieses Bestreben kann als Versuch verstanden werden, die tiefgreifenden Veränderungen der "Volksfrömmigkeit" um 1900 zu bearbeiten, die die schon beschriebenen Veränderungen der Lebensformen nach sich zogen. Gemeinhin wird dieser Vorgang als "Entkirchlichung" beschrieben und damit der Akzent auf die öffentli-

---

[35]Drews, P., Kirchenkunde, 7f.; Rau, G., Art. Kirchenkunde, 601.

[36]Rau, G., Art. Kirchenkunde, 600.

[37]Dobschütz, E.v., Urchristliche Gemeinden, VII.

[38]a.a.O., V.

[39]Greschat, M., Industrielle Revolution, 214.224f; Nipperdey, Th., Deutsche Geschichte 1866, 470ff.475.

[40]Goltz, Ed.v.d., Rez.: E.v. Dobschütz, Die urchristlichen Gemeinden, ThLZ, 28, 1903, 41-44: 41.

[41]Dobschütz, E.v., Urchristliche Gemeinden, X.

chen, auf die sonntägliche Gottesdienstgemeinde ausgerichteten Teile des kirchlichen Lebens gelegt. Hier war sicher Erklärungsbedarf gegeben. Zu berücksichtigen ist aber auch, daß - wie gerade kirchenkundliche Untersuchungen ergeben hatten - in höherem Maße als es zuvor der Fall gewesen war, die auf einen der bürgerlichen Zentralwerte, nämlich die auf die Familie bezogenen kirchlichen Handlungen, eine erhöhte Bedeutung gewonnen hatten.[42] Insofern ist v. Dobschütz' Optimismus, in einer entkirchlichten Gesellschaft könnte sich erneut die "sittigende" Kraft des Christentums erweisen, nicht illusionär, sondern durchaus plausibel.

Trotzdem konnte sich die Kirchenkunde als theoretischer Bezugsrahmen für eine eigenständige sozialgeschichtliche Exegese des Neuen Testaments nicht durchsetzen. Auf die lediglich partielle Umsetzung des Konzepts durch E.v. Dobschütz wurde bereits hingewiesen. Entscheidend dürfte jedoch die insbesondere durch die Betonung des Individuellen, Einmalig-Besonderen spürbare Bindung an den Historismus[43] gewesen sein, die nach dem Ersten Weltkrieg, der zunächst alle kirchenkundliche Arbeit gehindert hatte, den Widerspruch der Dialektischen Theologie provozierte.[44] So schrieb A. Niebergall aus einer defensiven Haltung, es möchten sich trotz der Betonung der allgemeinen Gültigkeit der Predigt von Gericht und Gnade durch die neue theologische Richtung die Bedürfnisse der Praxis "so stark geltend machen, daß der Sinn für den empirischen Menschen zu dem für das Wort der Offenbarung wieder hinzukommt."[45] Wirkungsgeschichtlich mächtiger wurde in der neutestamentlichen Exegese eine Variante der religiösen Volkskunde, die sich - wie in folgenden Kapiteln gezeigt werden wird - mit der Wort-Gottes-Theologie zur Formgeschichte kombinieren ließ. Auch in der Religionssoziologie und Religionswissenschaft kam der methodische Ansatz der Kirchenkunde nicht zur Geltung, obwohl vor allem über J. Wach, der aus dem Leipziger Umfeld Dobschütz' stammte, Verbindungen existierten.[46] Das mag daran gelegen haben, daß sich die Religionssoziologie zunächst nicht als eigenständiges Fach institutionalisieren konnte. Ferner waren im Hinblick auf die groß angelegten religionssoziologischen Entwürfe und Arbeiten Max Webers und Emile Durkheims die individualisierenden Untersu-

---

[42]Nipperdey, Th., Deutsche Geschichte, 1866, 507ff.516. Greschat, M., Industrielle Revolution, 227f.230, wo sich 208 hierfür ein bezeichnendes Zitat aus Drews kirchenkundlicher Arbeit findet: "Deutlich bahnt sich ein Umschwung in der kirchlichen Sitte insofern an, als diejenigen kirchlichen Bräuche, die auf einem stark entwickelten kirchlichen Empfinden beruhen und geschichtlichen Charakter tragen, in Abnahme begriffen sind, während alle diejenigen Bräuche, mit denen sich ein unmittelbar menschlich-natürliches Empfinden verbindet, oder die sich auf die Wechselfälle des Lebens beziehen, sich großer, ja steigender Beliebtheit erfreuen."

[43]Rau, G., Art. Kirchenkunde, 600.

[44]Schian, M., Art. Kirchenkunde, RGG², 3, 1929, 912f.

[45]Niebergall, A., Art. Volkskunde II. Rel. Volkskunde, RGG², 5, 1931, 1668f.

[46]Dobschütz, E.v., Selbstdarstellung, 48; ferner Wach, J., Einführung in die Religionssoziologie, Tübingen, 1931, über J. Wach vgl., Waardenburg, J., Classical Approaches to the Study of Religion. Bd. 1, Den Haag, 1973, 487.

chungen und Verfahren der Kirchenkunde von geringerem Interesse, so daß das
breite kirchenkundliche Material in Soziologie und Theologie bis heute unausge-
wertet blieb.[47]

4.2 Sozialgeschichte als volkskundliche Erforschung der Antike (A. Deißmann)

Die Frage nach dem sozialen Status der ersten Christen gehört zu den zentralen
Aufgaben jeder sozialgeschichtlichen Auslegung des Neuen Testaments. Bevor A.
Deißmann schließlich 1908 mit zwei Schriften, "Licht vom Osten" und dem Vortrag "Das Urchristentum und die unteren Schichten"[48] die Formulierung eines Konsenses gelang, der erst in neuerer Zeit in Frage gestellt wurde, sind zunächst zwei
wichtige Arbeiten zu erwähnen.[49] Die erste Arbeit zu diesem Themenkomplex von
K.A. Hasenclever stammt aus dem Jahr 1882, erschien also in den Jahren, als die
ersten Werke zur urchristlichen Diakonie und zur organisatorischen Struktur der
ersten Gemeinden veröffentlicht wurden. Im Unterschied zu diesen Untersuchungen
schloß sich an seinen Aufsatz über "Christliche Proselyten der höheren Stände im
ersten Jahrhundert"[50] kein wissenschaftlichen Diskurs an. Als R. Knopf zwanzig
Jahre später seine Antrittsvorlesung - immerhin an akademisch exponierter Stelle -
"Über die soziale Zusammensetzung der ältesten heidenchristlichen Gemeinden"[51]
las, merkt er an, diese Arbeit bei der Erarbeitung seines Vortrages nicht gekannt und
nicht berücksichtigt zu haben.[52]

---

[47]Fürstenberg, Fr., Problemgeschichtliche Einleitung, 19.21.

[48]Deißmann, A., Licht vom Osten. Das Neue Testament und die neuentdeckten Texte der hellenistisch-römischen Welt, Tübingen, 1908 <1909^{2+3} 1923^4>. Die Seitenangaben hier beziehen sich
auf die verbreitete 2./3. Auflage 1909; ders., Das Urchristentum und die unteren Schichten, VESK
19, 8-28, 1908 <Separatdruck Tübingen 1908>.

[49]Scroggs, R., The Sociological Interpretation, 168-170.

[50]Hasenclever, J., Christliche Proselyten der höheren Stände im 1. Jahrhundert, JPTH <Braun-
schweig> 8, 1882, 34-78.230-271.

[51]Knopf, R., Über die soziale Zusammensetzung der ältesten heidenchristlichen Gemeinden, ZThK
10, 1900, 325-347. Knopf hat seine Thesen in seiner großangelegten Monographie über das
nachapostolische Zeitalter wieder aufgenommen. Knopf, R., Das nachapostolische Zeitalter. Geschichte der urchristlichen Gemeinden vom Beginn der Flavierdynastie bis zum Ende Hadrians,
Tübingen, 1905.

[52]Knopf, R., Zusammensetzung, 340, Anm. 1.

K.A. Hasenclever[53] argumentiert in seinem Aufsatz streng nach den Regeln der historischen Kritik. Er geht zunächst von einem allgemein niederen sozialen Status der ersten Christen aus. Dafür sprächen die vielen orthographischen Fehler in den christlichen Grabinschriften, die in ihnen vielfach genannten handwerklichen Berufe, die Kritik der antiken Schriftsteller an der Zugehörigkeit der Christen zu niederen Schichten, wie auch die Zeugnisse der Kirchenväter, die nur vereinzelt von Übertritten höhergestellter Persönlichkeiten berichteten.[54] Diesen Quellenbefund versucht er durch die Überlegung plausibel zu machen, daß für höhergestellte Persönlichkeiten die egalitären Züge des Christentums eher abschreckend wirken mußten. Er schreibt: "Den niederen Ständen aber musste gewissermaßen ganz instinktiv eine Religion theuer werden, welche sie in den innersten und wichtigsten Angelegenheiten des Menschen auf eine Stufe mit den Reichen stellt, wie das in den Cultusversammlungen und den Agapen auch äusserlich zu Tage trat... Auch für die grosse und rasche Theilnahme der Frauen am Christenthum wirkte neben der bei dem Ueberwiegen des Gefühlslebens grössere Empfänglichkeit des weiblichen Geschlechts für das Religiöse überhaupt auch die soziale Umwälzung mit, welche das Christenthum für die Frauen herbeiführte."[55] Dennoch habe die christliche Botschaft auch bei Höhergestellten und Vermögenden gewirkt, die sich von dem beschriebenen sozialen Hintergrund um so deutlicher abhoben. So setze die Gütergemeinschaft in Jerusalem wohlhabende Gemeindeglieder voraus, gehörten zu solchen der äthiopische Kämmerer (Act 4), der Hauptmann Cornelius (Act 10), Sergius Paulus (Act 13,6ff) und andere.[56] Hasenclevers eigentliches Thema sind jedoch die "Proselyten der höheren Stände" in Rom. Wie das Judentum habe das Christentum seine Proselyten gehabt, vielfach habe der Weg zum Christentum über das Judentum geführt.[57] In einer - hier nicht nachzuzeichnenden quellenkritischen Argumentationsreihe - versucht er für Flavia Domitilla und Flavius Clemens eine Zugehörigkeit zum Christentum wahrscheinlich zu machen, ferner für den Senator und Konsul Acilius Glabrio.[58] Für die Gemeinden ergab sich aus der Mitgliedschaft solcher Persönlichkeiten zwei Chancen: Zum einen hätten jene durch die Stiftung von Begräbnisstätten den Gemeinden die Möglichkeit gegeben, als Begräbnisvereine eine rechtliche Existenz zu finden,[59] zum anderen sei durch die Mitgliedschaften solcher Persön-

---

[53]Hasenclever war kein Universitätstheologe, sondern arbeitete u.a. als Pfarrer in Badenweiler, später in Braunschweig. Sein Interesse galt allgemein weniger exegetischen Fragen als der Kunstgeschichte und christlichen Archäologie. Vgl., Neu, H., Pfarrerbuch der evangelischen Landeskirche Badens von der Reformation bis zur Gegenwart II, Lahr, 1939, 236.

[54]Hasenclever, K.A., Christliche Proselyten, 34-36.38.

[55]a.a.O., 37.

[56]a.a.O., 41f.

[57]a.a.O., 48.

[58]a.a.O., 69ff.230ff.249ff.267f.

[59]a.a.O., 269f.

lichkeiten das äußere Erscheinungsbild der Gemeinden zum Guten hin verändert worden.[60]

Während Hasenclever den sozialen Status der ersten Christen recht pauschal skizziert hatte, entwarf Rudolf Knopf[61] ein differenzierteres Bild von der sozialen Schichtung der urchristlichen Gemeinden. Dabei setzte er sich betont von einem sozialethisch motivierten Interesse an der Erforschung der urchristlichen Sozialgeschichte ab und beschränkte seine Studie auf einen begrenzten Bereich: die heidenchristlichen Gemeinden.[62] Ihren Weg sei die christliche Botschaft entlang der römischen Handelsstraßen gegangen, von Stadt zu Stadt, so daß es im ersten und zweiten Jahrhundert vorwiegend städtische Gemeinden mit typischen, in Städten angesiedelten Berufen gegeben habe: Kaufleute, Handwerker, Kleingewerbetreibende und Sklaven, ein Befund, der von der korinthischen Korrespondenz gestützt werde.[63] Wie Hasenclever sieht Knopf die hohe Anziehungskraft des Christentums für die unteren Schichten im Vergleich zu den begüterten. Einzelne Wohlhabende habe es gegeben. Die Purpurhändlerin Lydia sei der Typus für solche reichere Kaufleute.[64] Ferner sprächen die Warnungen vor Habsucht oder dem Führen von Prozessen vor heidnischen Instanzen, der Besitz von Häusern und Sklaven und nicht zuletzt die korinthischen Abendmahlswirren für eine in sozialer Hinsicht differenziert abgestufte Gemeindestruktur.[65]

Im zweiten Teil seines Aufsatzes konzentriert sich Knopf auf die Verhältnisse in der römischen Gemeinde.[66] Dort wiesen z.B. die Phil 4,22 genannten Angehörigen des kaiserlichen Hauses, die Geschichte der Flavia Domitilla ebenfalls auf eine differenzierte Schichtung der Gemeinde. Die Befürchtung des Ignatius, die römische Gemeinde könnte ihre Beziehungen spielen lassen und sein Martyrium verhindern und die Polemik gegen den Reichtum im Hirten des Hermas wurden so verständlich. In größerer Zahl hätten sich Reiche jedoch erst im 3./4. Jahrhundert in den christlichen Gemeinden gefunden.[67]

---

[60]a.a.O., 270f.

[61]Zur Biographie: Rudolf Knopf wurde 1874 in Biala (Galizien) geboren. Er studierte in Wien und habilitierte sich 1899 in Marburg, nachdem er für v. Soden eine Orientreise unternommen hatte, um verschiedene Handschriften des Neuen Testaments aufzufinden und einzusehen. 1907 wurde er auf einen Lehrstuhl nach Wien berufen, von 1914 bis zu seinem Tode im Jahre 1920 lehrte er in Bonn. Merk, O., Art. Knopf, Rudolf, NDB 12, Berlin, 1980, 215.

[62]Knopf, R., Zusammensetzung, 325f.

[63]a.a.O., 326 mit Berufung auf I Kor 1,26-28; II Kor 8,2; Apk 2,8;3,7f.

[64]a.a.O., 327.329.332f.

[65]a.a.O., 332-336.

[66]a.a.O., 337ff.

[67]a.a.O., 346f.

A. Deißmanns Buch "Licht vom Osten" bildet dann zusammen mit seinem genannten Aufsatz - in wirkungsgeschichtlicher Perspektive zumindest - den vorläufi-
gen Endpunkt der Frage nach dem sozialen Status der ersten Christen. Sein Buch,
1908 veröffentlicht, mit vielen Skizzen und Photographien versehen, ist eine eher
flächige Beschreibung von ihm so genannter "nichtliterarischer Schriftdenkmäler"[68]
der römischen Kaiserzeit, die Sprache, Literatur und die Umwelt des Neuen Testaments erhellen sollten.[69] Die in dem Buch edierten und ausgewerteten Texte hätten,
wie die archäologischen Zeugnisse der neutestamentlichen Wissenschaft, schon seit
dem 19. Jahrhundert vorgelegen, seien jedoch, im Unterschied zur alttestamentlichen Exegese, nicht ausgewertet worden.[70] Betont wehrt er sich hier gegen die Isolierung eines "neutestamentlichen" Griechisch von der Koine, der Volkssprache,
wie sie in der Altphilologie und insbesondere in dem neutestamentlichen Wörterbuch von H. Cremer vorgenommen wurde.[71] Die Philologie spielt also in Deißmanns Ansatz eine zentrale Rolle, was der Ausrichtung der Historie gegen Ende des
19. Jh.s. entspricht.[72] Zugleich zeigt er mit der Auswertung von literarischen wie
nicht-literarischen Quellen und mit der geforderten Integration des neutestamentlichen Griechisch in die Koine sein Interesse an der "Volkskultur" der antiken Menschen. Im Prinzip betreibt er also eine Art volkskundlicher Erforschung der Antike
und des Urchristentums. Dabei betrachtet er im Gegensatz zu v. Dobschütz nicht nur
das Binnenleben bzw. Ethos der christlichen Gemeinden. Insofern erweitert er die
Grenzen von dessen Konzept einer neutestamentlichen Kirchenkunde hin zu einer
allgemeinen Volkskunde.

Zunächst beschreibt er freilich ausführlich Monumente, Papyri und Ostraka,
auf denen sich die für ihn relevanten Texte befinden; besonders die in den 70er Jahren des vergangenen Jahrhunderts entdeckten Papyri aus dem Fajjum stellt er hier
heraus.[73] Als Gebrauchstexte wie Urkunden, Verträge u.a. seien sie "nichtliterari-

---

[68]Deißmann, A., Licht, 3.

[69]a.a.O., 6.

[70]a.a.O., 3.

[71]a.a.O., 41.48.

[72]Er entspricht im übrigen auch Deißmanns wissenschaftlicher Biographie. Deißmann wurde 1866
in Langenscheid (Hessen-Nassau) geboren. Nach dem Vikariat und seiner Habilitation bei Heinrici
über Fragen des urchristlichen Taufverständnisses veröffentlichte er zwei Bände mit "Bibelstudi-
en" zur Philologie der LXX und des Neuen Testaments. Nach eigenen Angaben wollte er zur "Sä-
kularisation der dogmatischen Philologia sacra", die seiner Ansicht nach die neutestamentliche
Forschung bestimmte, beitragen. Deißmann, der 1897 Professor in Heidelberg geworden war, be-
reiste am Anfang des 20. Jh.s. mehrfach Kleinasien, Ägypten und Palästina. Von 1908 bis zum
seinem Tode 1934 wirkte er in Berlin. Deißmann, A., Selbstdarstellung, RWGS, Bd. 1, Leipzig,
1925, 43-78; Lietzmann, H., Adolf Deißmann zum Gedächtnis, ZNW 35, 1936, 299-306; Harder,
G., Zum Gedenken an Adolf Deißmann, KiZ 22, 1967, 297-303; zur Arbeitsweise der Historie vgl.,
Oestreich, G., Fachhistorie, 322.

[73]Deißmann, A., Licht, 6ff.18ff.

scher" Art und gäben mehr als alle offiziellen Inschriften Einblicke in das antike Leben.[74] "Aber der eigentliche wissenschaftliche Schatz im Acker der ägyptischen Bauern ist nicht das Stück antiker Kunst und Literatur, das in ihm ruht, sondern das Stück antiken Lebens, antiker Wirklichkeit, greifbarer Wirklichkeit, das hier seiner Wiederbelebung harrt."[75]

Durch diese Texte sei es somit möglich, ein weiteres Feld der antiken Wirklichkeit zu erfassen, die man bisher allzusehr nach den überlieferten literarischen Texten rekonstruierte, die von Oberschichtangehörigen verfertigt und rezipiert wurden.[76] Dagegen stammten seiner Überzeugung nach die urchristlichen Schriften aus der unteren bis mittleren Schicht, einer Welt, die erst über die Archäologie wieder zugänglich geworden sei. "Licht von Osten" könne mithin als Illustration dieses Sachverhaltes verstanden werden.[77]

Im ersten Abschnitt seines Buches verhandelt Deißmann vorwiegend sprachgeschichtliche Fragen.[78] Das Neue Testament sei aufgrund seiner sprachlichen Gestalt ein "Volksbuch" und "Menschheitsbuch", weil es "nicht aus der matten, resignierten Kultur einer abgelebten Oberschicht, der das klassische Zeitalter, nicht wieder erreichbar, in der Vergangenheit lag, sondern aus der unverbrauchten und durch die Gegenwart des Göttlichen gestählten Kraft von unten (Matth 11,25f; 1. Kor 1,26-31)" kam.[79]

Literaturgeschichtliche Fragen illustriert Deißmann anhand einer Reihe von antiken Privat- und Geschäftsbriefen im zweiten Kapitel von "Licht vom Osten". Dabei geht es in erster Linie um die Einordnung der neutestamentlichen Briefe.[80] Deißmann unterscheidet zwischen der Epistel als einer literarischen Kunstform und echten, situationsgebundenen Briefen, zu denen die Mehrzahl der neutestamentlichen Briefe, darunter alle authentischen Paulusbriefe, zu zählen seien, während Jak oder Hebr als Epistel zu bezeichnen seien.[81] Diese Beobachtungen werden nun von Deißmann zu einer "Skizze der literarischen Entwicklung des Urchristentums" verallgemeinert. Jesus und Paulus seien völlig unliterarisch gewesen, mit der Unterschicht verwachsen, ohne Kontakt zur gebildeten Oberschicht; in dem, was von beiden überliefert sei, zeige sich ihre Lebenswelt, die des ländlichen Palästina bei Jesus und die Welt der Handwerker und Händler in den hellenistischen Städten bei Pau-

---

[74]a.a.O., 21.

[75]a.a.O., 20

[76]a.a.O., 5. Deißmann, A., Urchristentum, 10.

[77]Deißmann, A., Licht, 4 Anm. 1.5; ders., Urchristentum, 11.

[78]Deißmann, A., Licht, 37-98. ders., Urchristentum, 16f.

[79]Deißmann, A., Licht, 98f.

[80]a.a.O., 100-183.

[81]a.a.O., 173.165.176f.

lus.[82] Dieser unliterarischen Anfangszeit folgte die literarische Periode, in der sich zunächst die christlichen Autoren, "ungelehrte, kleine Leute"[83], der Formen der antiken "Volksliteratur" (Evangelium als Selbstschöpfung, Apokalypse, Episteln, Diatribe) bedienten. Erst in späteren Schriften wie dem Hebr erreichten die urchristlichen Schriften literarisches Niveau.[84]

Im dritten Teil illustriert Deißmann schließlich die kultur- bzw. religionsgeschichtlichen Dimensionen der neuentdeckten Texte: Fundamental ist für ihn dabei die schon oben gezogene Grenzlinie zwischen der antiken großstädtischen und ländlichen Kultur.[85] Die letztere könne aus den ägyptischen Papyri erhellt werden, auch wenn Deißmann gewisse Unterschiede zwischen den Verhältnissen in Palästina und Ägypten zugeben muß. Dennoch seien besonders im Rechtswesen parallele Strukturen anzunehmen.[86] Kulturgeschichtlich bedeutsam seien auch die Zeugnisse über Persönlichkeiten, auch solche aus niederen Schichten, deren Typen sich in den Papyri spiegelten, wie die Stimmungen ganzer Schichten auf den antiken Grabsteininschriften abzulesen sei.[87] Schließlich greift Deißmann noch die Zusammenhänge zwischen der Terminologie und Metaphorik des Apostels Paulus und der Volkssprache auf. So greife - dies sei hier als Beispiel angeführt - die paulinische Soteriologie auf die Begrifflichkeit des antiken Volksrechtes, etwa auf das der Freilassung von Sklaven zurück.[88] Politisch sei das Urchristentum weitgehend indifferent geblieben. Die Ablehnung des Kaiserkultes als Kult der herrschenden Schicht zeige freilich eine Abwehrhaltung gegen diese Religion der Oberschicht, zumal das Konkurrenzverhältnis in einer parallelen Terminologie der Christologie und des Herrscherkultes insbesondere bei Paulus zum Ausdruck komme.[89]

So zeigt sich für Deißmann das Urchristentum als eine Religion, die aus den Unterschichten stammt, deren kreative Persönlichkeiten, Jesus und Paulus, unliterarische Handwerker waren. Ihre Sprache und Vorstellungswelt war die der kleinen Leute, so daß schon aufgrund der kulturellen Voraussetzungen niemand aus seiner Schicht "hinaufgezerrt" worden sei.[90] Vielmehr belebte das Urchristentum die antike Welt und Kultur von unten her. Kennzeichnend für die Bewegung sei der Glaube an den einen Gott gewesen, an Jesus Christus, die Kultgestalt, an dessen Wieder-

---

[82]a.a.O., 178-182; ders., Urchristentum, 18-20, wo dieser Abschnitt als "soziologische Betrachtung" bezeichnet wird.

[83]Deißmann, A., Licht, 182.

[84]a.a.O., 179-181.

[85]a.a.O., 198f.

[86]a.a.O., 199.

[87]a.a.O., 221.223f.

[88]a.a.O., 225.240ff.

[89]a.a.O., 254-288.254f.

[90]a.a.O., 293.

kunft und endlich die hohe Sittlichkeit des genossenschaftlich organisierten Christentums.[91] Als Aufgabe weiterer, interdisziplinär anzulegender Forschung sieht Deißmann die Publikation weiterer Texte, ferner sollten verschiedene "Typen des volkstümlichen Erzählerstils" wie verschiedene volkstümliche Erzählformen wie Brief, Vision oder Traum durch die gesamte antike Literatur verfolgt und auch mit psychologischen Kategorien gedeutet werden. Schließlich sollte ein Wörterbuch zum Neuen Testament erstellt werden, das die neu entdeckten Verbindungen von Volkssprache und neutestamentlichen Sprache berücksichtige.[92]

4.2.1 Methodische und Wissenschaftssoziologische Aspekte

Als Adolf Deißmann 1908 vor dem Evangelisch-Sozialen Kongreß seinen Vortrag "Das Urchristentum und die unteren Schichten" hielt, war seine, im eigentlichen Sinne "sozialgeschichtlich" zu lösende Frage längst nicht mehr ein Thema für Außenseiter und Gelegenheitsschriften, die womöglich die urchristliche Überlieferung auf der Basis des historischen Materialismus deuteten, bzw. sich apologetisch gegen solche Interpretationen verwahrten. Spätestens seitdem R. Knopf 1899 mit diesem Thema seine Antrittsvorlesung bestritten hatte und sie in der ZThK plazieren konnte, hatte es seinen Ort auf dem akademischen Terrain. Zwanzig Jahre zuvor, bei K.A. Hasenclever, ist das noch anders. Sein Aufsatz über "Christliche Proselyten der höheren Stände im ersten Jahrhundert", in den relativ kurzlebigen "Jahrbücher(n) für protestantische Theologie" publiziert, wurde anscheinend nicht beachtet und entging ja sogar Knopf, obwohl sich Thema und Ergebnis beider eng berührten. Vielleicht suchte man nicht an einer entlegenen Stelle und recherchierte nicht bei einem Autor, der vorwiegend über Fragen der christlichen Kunst publiziert hatte. Jedenfalls diskutieren Knopf und Deißmann diese Frage abseits aktueller Anfragen aufgrund eines eigenständigen historischen Forschungsinteresses, und Deißmann kann geradezu auf eine Zeit der vorschnellen Aktualisierungen zurückblicken.[93] Man kann diesen Vortrag als Abschluß eines Prozesses der "Verwissenschaftlichung" der Fragestellung ansehen, an dessen Ende nicht mehr das aktuelle Problem eine handlungsorientierte Antwort erzwingt, sondern, wissenschaftlich fundiert, distanziertere Reflexion ermöglicht wird. Dieses wurde erreicht, obwohl diese Frage nach wie vor gesellschaftspolitische Relevanz besaß - was sich schon daran zeigte, daß dieses Thema das einzige Mal einen ausgewiesenen Neutestamentler an das Rednerpult des Evangelisch-Sozialen Kongresses führte.[94]

---

[91]a.a.O., 294-296.

[92]a.a.O., 303ff.311f.

[93]Deißmann, A., Urchristentum, 8f.36ff.; Knopf, R., Zusammensetzung, 325f.

[94]Diese distanzierte Reflexion sozialer Probleme entsprach ganz der Arbeitsweise und dem Konzept des Kongresses, zumindest nach der "Krise" in den 90er Jahren. Kretschmar, G., Der Evangelisch-

Methodisch und in der Art der Quellenbenutzung bestehen im einzelnen große Unterschiede, obwohl Deißmann und Knopf aus dem Schülerkreis Heinricis stammten und beide durch Reisen in die Mittelmeerwelt und den Nahen Osten ihr Quellenstudium durch eine authentische Wahrnehmung der dortigen Verhältnisse ergänzen und ggf. korrigieren konnten. Auch hinsichtlich der geographischen und chronologischen Zeiträume, die herangezogen werden, unterschieden sich alle drei Arbeiten, wobei Deißmann Quellen von Ägypten bis Kleinasien aus einem Zeitraum zwischen 100 v. Chr bis ins 7. Jh. nach Christus auswertet. Auf die wichtige Rolle philologischer Argumentation wurde bei Deißmann bereits hingewiesen; darüber hinaus zieht er stärker noch als Hasenclever Monumente und Inschriften neben sonstigen alltäglichen Texten heran, während sich Knopf im wesentlichen auf die bekannten urchristlichen Schriften beschränkt. Entsprechend bezieht er sich hauptsächlich auf prosopographische Aussagen und erschließt auf "analytischem" Wege aus Ereignissen und Normen relevante Daten, um das Urchristentum sozial einzuordnen. Deißmann zieht sein Material vorwiegend vergleichend zur Illustration heran.[95] In ein modernes Schema sozialgeschichtlicher Forschung gebracht, gehörte Deißmanns Werk wohl in die "Alltagsgeschichte", die sich für das "Repetitive des menschlichen Handelns und Denkens" interessiert, "so wie es vor allem im Wohnen, Kleiden und Essen, im Privatleben und in der Berufsausübung, in Vergnügen und Geselligkeit sowie in der "Kultur" im weiten Sinn zum Ausdruck kommt".[96] Dabei spielt die Wahrnehmung der subjektiven Erfahrungen mit diesen lebensweltlichen Strukturen eine erheblich größere Rolle als in anderen Formen der Sozialgeschichte;[97] bei Deißmann finden sich ähnliche Überlegungen insbesondere im dritten Kapitel bei der Auswertung der antiken Originalbriefe.[98] Deißmann selbst hat seine Arbeit als Beitrag zur antiken Volkskunde verstanden, die - wie die gesamte Volkskunde - viele Fragestellungen der modernen Alltagsgeschichte vorwegnahm.[99]

Soziale Kongreß. Der deutsche Protestantismus und die soziale Frage, Stuttgart, 1972, 38.118-125; Nipperdey, Th., Deutsche Geschichte 1866, 502; Greschat, M., Industrielle Revolution, 222; Schick, M., Kulturprotestantismus und soziale Frage. Versuche zur Begründung der Sozialethik, vornehmlich in der Zeit von der Gründung des Evangelisch-Sozialen Kongresses bis zum Ausbruch des 1. Weltkrieges, Tübinger wirtschaftswissenschaftliche Abhandlungen 10, Tübingen, 1970, 76-95.

[95]Knopf, R., Zusammensetzung, 329.332f; Deißmann, A., Urchristentum, 12f. Zur Unterscheidung von Rückschlußverfahren vgl., Theißen, G., Die soziologische Auswertung.

[96]Borscheid, P., Alltagsgeschichte - Modetorheit oder neues Tor zur Vergangenheit, in: <Hg.> W. Schieder/V. Sellin, Sozialgeschichte in Deutschland. Entwicklungen und Perspektiven im internationalen Zusammenhang. Bd. III, KVR 1523, Göttingen, 1987, 78-100: 78f.

[97]ebd.; zur Alltags- und Mentalitätengeschichte als "Subjektivierung von Geschichte" ferner Duby, G., Histoire und Sellin, V., Mentalitäten.

[98]Deißmann, A., Licht, 102-163.

[99]a.a.O., 304; man vergleiche ferner das häufige Auftreten von "Volk" und "Volkstümlichkeit" sowie von hiervon abgeleiteten Stichworten im Register. Ferner Borscheid, P., Alltagsgeschichte, 80f.

Kennzeichend für die volkskundliche Methodik um die Jahrhundertwende ist die Verbindung von Philologie mit psychologischen Deutungsansätzen, wie wir sie auch bei Deißmann finden.[100]

Deißmann gelang nun - und das ist forschungsgeschichtlich bedeutsam - die Formulierung eines Konsenses, auch wenn sich in der Diskussion des Vortrags zunächst leiser Widerspruch regte.[101] Bemerkenswerterweise wurde weniger die Bewertung von ökonomischen Faktoren kritisiert als die der kulturellen, wobei der Begriff der "Bildung" zentral ist. So sei nach Hermann von Soden, dessen Votum hier exemplarisch dargestellt werden kann, das Bildungsniveau eines ägyptischen Fellachen dem eines galiläischen Bauern nicht zu vergleichen, da letztere als Juden durch Schulen und den regelmäßigen Besuch der Synagoge ein Höchstmaß an Bildung erwerben konnten.[102] Zum zweiten setzten die Briefe des Paulus oder die Schriften des Lukas sowohl auf der Seite der Autoren wie der der Rezipienten ein höheres Bildungsniveau voraus. Bei Paulus sei nicht einfach seine berufliche Existenz als Handwerker zum Gradmesser seiner sozialen Stellung zu machen, da die Ausbildung als Handwerker zum Beruf des Rabbiners gehörte.[103] Schließlich zeigten Stellen wie I Kor 1,26ff und die Berichte der Apostelgeschichte über die Mission des Paulus in Thessalonich (Act 17,4) oder Korinth (Act 18,8), daß auch Höhergestellte vom frühen Christentum angesprochen wurden und ihm angehörten.[104]

Neben diesem Votum aus dem sozialpolitisch konservativen Flügel des Kongresses[105] verdient in erster Linie das Votum Fr. Naumanns unsere Beachtung, da er den allgemeinen methodischen und den gesellschaftlichen Hintergrund von Deißmanns Vortrag beleuchtet. Nach seiner Überzeugung hätten sich nur durch die Hilfe anderer Disziplinen wie der Soziologie solche Erkenntnisse gewinnen lassen. Ferner, so Naumann, "... trotz aller ägyptischen und hellenistischen Philologie und psychologisch-historischen Arbeit würde der Deißmannsche Vortrag und seine Arbeit unmöglich sein, wenn nicht die Arbeiterbewegung als solche uns psychologisch den Blick geschärft hätte. Deißmann selbst hat es an einer Stelle hervorgehoben, als er von Kautsky sprach... Denn mag Kautsky in seiner ganzen Konstruktion phantastisch sein... aber er bringt doch einen gewissen Einschlag materialistischer Methodologie mit, die dann Lamprecht in die Geschichtswissenschaft eingeführt hat..."[106]

---

[100]Deißmann, A., Licht, 218-225.304f; Weiser-Aall, L., Art. Volkskunde: I. Allgemeines, RGG² 5, 1931, 1665-1668.

[101]Die Diskussion ist dokumentiert VESK 1908, 28-47.

[102]a.a.O., 29.

[103]a.a.O., 30.

[104]a.a.O., 29f.31.

[105]Vgl., Kouri, E.I., Der deutsche Protestantismus und die soziale Frage 1870-1899. Zur Sozialpolitik im Bildungsbürgertum, AKG 55, Berlin, 1954, 103.

[106]Vgl. VESK 1908, 36f.

Damit ordnet Naumann Deißmanns Arbeit nicht nur in den schon beschriebenen gesellschaftlichen Bewußtseinswandel ein, sondern bringt ihn zugleich in Zusammenhang mit dem Bemühen einiger jüngerer Historiker - Kurt Breysig und Karl Lamprecht sind hier hervorzuheben -, die zeitgenössische, einseitig an der Politikgeschichte und den individuellen Persönlichkeiten orientierte Historie um sozialgeschichtliche Aspekte zu erweitern.[107]

An Lamprecht und seiner "Deutschen Geschichte" personalisierte sich in den 1890er Jahren eine Auseinandersetzung um die Legitimität einer solchen Erweiterung. Lamprecht hatte wirtschaftliche und soziale Strukturen und Prozesse für die Entwicklung der deutschen Geschichte in Anschlag gebracht, was dann als materialistische Geschichtsdeutung (miß-)verstanden wurde.[108] Neben diesem Faktum wurden im Verlauf der Kontroverse die tatsächlich unzureichenden methodischen Instrumente, mit denen er arbeitete, kritisiert.[109] In seinem Resultat führte der "Lamprecht-Streit" zu einer bis in die Besetzung der Lehrstühle spürbaren Diskreditierung der Sozialgeschichte in der Historie und damit zugleich indirekt in einer an historischen Standards orientierten Theologie. Sie wurde gewissermaßen Oppositionswissenschaft, die weniger im Rahmen der allgemeinen Geschichte als in der Lokalgeschichte, Kulturgeschichte oder der Nationalökonomie einen Ort fand.[110]

So distanzierte sich Deißmann selbst vorsichtig von einer solchen Sozialgeschichte. Auf Naumann antwortete er, er könne einer Ausschaltung der "schöpferischen Persönlichkeiten" wie im Materialismus nicht zustimmen. Ferner würde seine Arbeitsweise wohl kaum von Lamprecht oder den "Materialisten" akzeptiert. Das Verhältnis von "materialistischer" und historischer Methodik, Persönlichkeit und Verhältnissen, Ereignis und Struktur blieb auch bei Deißmann ungeklärt.[111]

Zuletzt betrachten wir einige Wertungen, mit denen Deißmann sein Material versieht. So genießen die Papyri und Ostraka als "Dokumente des Lebens" eine höhere Wertschätzung gegenüber den Inschriften mit ihrem offiziösen Charakter.[112] Charakteristisch für seine Urteile ist die folgende Passage aus "Licht vom Osten",

---

[107]Kocka, J., Sozialgeschichte, 57-59; ferner Steinberg, H.J., Karl Lamprecht, in: Wehler, H.-J., Deutsche Historiker, Bd. 1, KVR 331-333, Göttingen, 1971, 58-68; Schorn-Schütte, L., Karl Lamprecht, Kulturgeschichtsschreibung zwischen Wissenschaft und Politik, SHKBA 22, Göttingen, 1984.

[108]Schorn-Schütte, L., Lamprecht, 117f; Steinberg, H.-Jos., Lamprecht, 60.62; zum gesamten Verlauf der Kontroverse samt den mit ihr einhergehenden Beleidigungen und Verunglimpfungen vgl. Oestreich, G., Fachhistorie.

[109]Nipperdey, Th., Deutsche Geschichte 1866, 642f; Kocka, J., Sozialgeschichte, 63.

[110]Nipperdey, Th., Deutsche Geschichte 1866, 575f; Kocka, J., Sozialgeschichte, 60f.62; Steinberg, H.-Jos. Lamprecht, 58.

[111]Vgl. VESK 1908, 46.

[112]Deißmann, A., Licht, 19f.101f.; ders., Urchristentum, 12.

die Deißmann fast wörtlich in seinem Vortrag vor dem Evangelisch-sozialen Kongreß wiederaufgenommen hat: "Sie (die Texte R.H.) repräsentieren ein großes wiederauferstandenes Stück antiken Lebens. Von Tatbeständen der Vergangenheit legen sie mit einer Frische, Wärme und Treuherzigkeit Zeugnis ab, wie sie von keinem antiken Schriftsteller, ja von den wenigsten antiken Inschriften gerühmt werden kann. Die Überlieferung der antiken Autoren ist immer, auch im besten Falle eine mittelbare, ihr Inhalt ist immer irgendwie gekünstelt und zurechtgemacht. Die Inschriften sind oft kalt und tot. Das Papyrusblatt ist etwas viel Lebendigeres: man sieht Handschriften, krause Schriftzüge, man sieht Menschen; man blickt in intime Winkel und Falten des persönlichen Lebens... der eigentliche wissenschaftliche Schatz im Acker der ägyptischen Bauern ist nicht das Stück antiker Kunst und Literatur, das in ihm ruht, sondern das Stück antiken Lebens, antiker Wirklichkeit, das hier seiner Wiederbelebung harrt."[113] Auf dieser Linie kann Deißmann auch in der Natürlichkeit der neutestamentlichen Sprache ihre Schönheit erkennen und die neutestamentlichen Briefe als ein authentisches Zeugnis aus dem Alltagsleben bewundern.[114]

Mit dieser Betonung des "Lebens" als eigentlichem Ziel historischer Arbeit nimmt Deißmann einen Begriff auf, der um die Jahrhundertwende Konjunktur hatte. Einmal durch die sog. Lebensphilosophie, jener philosophischen Strömung, die ohne eine Schule bilden zu können, das "Leben" zum Ausgangspunkt ihres Denkens machte. Zu ihr gehörten so verschiedene Denker wie Nietzsche, Dilthey und Henri Bergson.[115] "Leben" ist für sie ein Begriff gegen das Herkömmliche, gegen Kultur und Konvention und verkörpert Authentizität, Unmittelbarkeit und Erfahrung. "Leben" steht für Dilthey vor der Geschichte und aller Kultur, zumal der einer "abgelebten Oberschicht", wie Deißmann die kulturelle Situation zur Zeit des Christentums beschreibt; in ähnlichem Stil kritisierte die Lebensphilosophie die zeitgenössische Kultur.[116]

"Leben" ist jedoch nicht nur der Leitbegriff einer philosophischen Strömung: "Leben" ist zugleich das Leitwort der Jugendbewegung, jener im deutschsprachigen Raum auftretenden, vorwiegend bürgerlichen Protestbewegung, die mit ihrem Wi-

[113]Deißmann, A., Licht, 20; ders., Urchristentum, 12.

[114]Deißmann, A., Licht, 44.165ff.

[115]Albert, K., Art. Lebensphilosophie, TRE 20, 1990, 580-594; Lieber, H.-J., Zur Kulturkritik der Jahrhundertwende, in: ders., Kulturkritik und Lebensphilosophie. Studien zur deutschen Philosophie der Jahrhundertwende, Darmstadt, 1974, 1-19; ders., Lieber, H.-J., Die deutsche Lebensphilosophie und die Folgen, in: ders. , Kulturkritik und Lebensphilosophie. Studien zur deutschen Philosophie der Jahrhundertwende, Darmstadt, 1974, 106-127; Nipperdey, Th., Deutsche Geschichte 1866, 684-691.

[116]Lieber, H.-J., Zur Kulturkritik, 5 und insbes. das Nietzsche-Zitat, a.a.O., 1; auch die Volkskunde wertete die Volkskultur als "Blutauffrischung" für eine matt gewordene Oberschichtkultur, Bausinger, H., Volkskultur, 35.38.

derspruch gegen die bürgerliche Welt, gegen die Fremdbestimmung durch die Elterngeneration, gegen die überkommenen Lebenseinstellungen und -verhältnisse, Lebensstil, Kultur und Mentalitäten der nachwachsenden Generation bis in die Weimarer Zeit hinein und darüber hinaus prägte.[117]

Einige strukturelle Momente dieser Bewegung sind für unsere Fragestellung wichtig: Die Entstehung der Jugendbewegung wie die Entdeckung des Phänomens "Jugend" überhaupt gehört zu den Folgen der Industrialisierung.[118] Stärker als bei den anderen Jugendlichen ihrer Zeit verzögerte sich bei den bürgerlichen Jugendlichen der Übertritt von der Schule in den Arbeitsprozess - und damit die Möglichkeit, Verhalten und Haltungen zu erproben, "Leben" zu erfahren. Th. Nipperdey spricht davon, gegenüber früheren Zeiten habe sich die Erziehung dieser Jugendlichen "verbalisiert".[119] Gegen diesen Verlust setzt die Jugendbewegung wie im übrigen auch die zeitgenössische Pädagogik das unmittelbare Erleben als Basis des Lernens[120]: Erleben von Natur als Ausbruch aus der objektivierten Alltagswelt[121], neues Interesse an "Volks-Religion", die Revitalisierung romantischer Erlebens- und Verhaltensmuster und mit ihr das Interesse an Volkskultur, - das im "Zupfgeigenhansl" damals gesammelte Liedgut und die Renaissance der Gitarre als dem Instrument der Volksmusik sind ein äußeres Zeugnis hierfür. Zweifellos wurde durch diese Entwicklung die Plausibilität einer wissenschaftlichen Rückfrage nach Volkskultur gesteigert und konnte eine religiöse Gemeinschaft Legitimität gewinnen, deren konstituierende Urkunden der Volkskultur entstammten. Insofern hat sich hier die Plausibilitätsbasis der sozialgeschichtlichen Erforschung des Urchristentums gegenüber den Anfängen im Kontext der Sozialen Frage verändert.

Noch ein zweiter wichtiger Gedanke der Lebensphilosophie findet sich bei Deißmann, nämlich das Bemühen, Geschichte in "Typen" zu rekonstruieren, sei es auf psychologischem Wege, indem man "Typen antiken Personenlebens", sei es literaturgeschichtlich, indem man "Typen volkstümlichen Erzählerstils" oder "Ty-

---

[117]Nipperdey, Th., Deutsche Geschichte, 1866, 118.120f.; Lieber, H.-J., Lebensphilosophie, 106.126f.

[118]Zum folgenden vgl. Nipperdey, Th., Deutsche Geschichte 1866, 112f.116f.

[119]a.a.O., 116.120.

[120]a.a.O., 568.

[121]Man vergleiche das folgende Zitat aus "Licht vom Osten": "Nicht als Museum mit Statuen aus Marmor und Erz erscheint dieser Methode das Neue Testament, sondern als ein weiter, von der Frühlingssonne des Ostens zu üppigstem Wachstum gesegneter Gottesgarten: das Hellgrün seiner jungen Feigenblätter und das Blutrot seiner österlichen Anemonen kann kein Maler wiedergeben; die düstere Schwermut seiner Olivenhaine, das leise Erdbeben seiner Weinranken kann nicht beschrieben werden, und die verschwiegene Feierlichkeit seines heiligen Bezirks, wo unter uralten Zedern den Reinen ein lebendiger Springquell sprudelt, verscheucht den Feldmesser, der mit Schnur und Stab genaht hatte." Deißmann, A., Licht, 229.

pen religiöser Produktion" rekonstruierte.[122] Vielfach werden in der Lebensphilosophie "Zyklen" oder "Typen" als Konstanten der Geschichte angesehen, deren Variationen dann die individuellen Konkretionen in der Geschichte verkörpern sollen.[123]

Zur vollen Wirkung gelangt sind diese Gedanken dann in der Formgeschichte, die ja wesentlich von zwei Deißmann-Schülern, M. Dibelius und K.L. Schmidt, als Methode der neutestamentlichen Exegese vorgestellt und durchgesetzt wurde. Auf die Verwurzelung der Formgeschichte in romantischen Vorstellungen wurde schon öfter hingewiesen, ebenso auf den Zusammenhang von Volkskunde und Formgeschichte.[124] Ph. Vielhauer und K. Berger haben darüber hinaus auf die Bedeutung von Franz Overbeck hingewiesen, durch dessen Vermittlung lebensphilosophische Motive in der Theologie und insbesondere in der Formgeschichte Martin Dibelius' wirksam wurden.[125] Anscheinend ist dieser letztgenannte Zusammenhang auch über Adolf Deißmann vermittelt.[126] Die Wirksamkeit lebensphilosophischer Vorstellungen und der Ideale der Jugendbewegung auch nach dem Ersten Weltkrieg dürfte die Fortsetzung der sozialgeschichtlichen Forschungen Deißmanns in Gestalt der Formgeschichte entschieden gefördert haben.

4.3 Sozialgeschichte als Missions- und Verfassungsgeschichte des Urchristentums (A.v. Harnack)

"Auf Gott vertrauen, Pulver trocken halten, Lehr- und Handbücher schreiben", hatte einmal Albrecht Ritschl dem noch jungen Adolf von Harnack zur Verbreitung seiner theologischen Überzeugungen empfohlen.[127] Es leidet keinen Zweifel, daß dieser äußerst eifrig den Ratschlägen des liberalen Altmeisters gefolgt ist.

---

[122]a.a.O., 303f.304f.

[123]Lieber, H.-J., Kulturkritik, 15; ders., Geschichte und Gesellschaft im Denken Diltheys, in: ders., Kulturkritik und Lebensphilosophie. Studien zur deutschen Philosophie der Jahrhundertwende, Darmstadt, 1974, 20-66:33.48-50; der Typenbegriff wurde im übrigen von Lamprecht in die Historik eingeführt, vgl., Oestreich, Fachhistorie, 358; ferner besteht hier eine Nähe zur Soziologie Max Webers, a.a.O., 37f.

[124]Güttgemanns, E., Offene Fragen, 35f.; Berger, K., Einführung, 63-67.70f.; Gewalt, D., Neutestamentliche Exegese und Soziologie, EvTh 31, 1971, 87-99: 87f.

[125]Vielhauer, Ph., Franz Overbeck und die neutestamentliche Wissenschaft, EvTh, 10, 1950/1951, 193-207 <Nachdruck in: ders., Aufsätze zum Neuen Testament, ThB 31, München 1965, 235-252>; Berger, K., Exegese und Philosophie, 78f.; ders., Einführung, 67-71; Gewalt, D., Neutestamentliche Exegese, 87f.

[126]Deißmann, A., Licht, 100.

[127]zitiert bei: Zahn-Harnack, A.v., Adolf von Harnack, Berlin, 1951[2], 94.

Sozialgeschichtliche Exegese heute stellt sich "auf die Schultern eines Riesen" der historischen Theologie und neutestamentlichen Exegese, wenn sie sich auf A.v. Harnack beruft.[128] Zwei der Harnack'schen "Lehr- und Handbücher" sind für unsere Fragestellung von besonderer Wichtigkeit, denn in seiner 1902 erschienen Monographie "Die Mission und Ausbreitung des Christentums in den ersten drei Jahrhunderten"[129] hat Harnack unter verschiedenen Ursachen auch soziale zur Erklärung der relativ schnellen Ausbreitung des Christentums herangezogen. Mit seiner Abhandlung über die "Entstehung und Entwickelung der Kirchenverfassung und des Kirchenrechts in den zwei ersten Jahrhunderten"[130] hat er 1910 in seiner Auseinandersetzung mit dem Kirchenrechtler Rudolph Sohm dieses zentrale Thema sozialgeschichtlicher Exegese auf eine solch eindrucksvolle Weise bearbeitet, daß Rudolf Bultmann in seiner "Theologie des Neuen Testaments" die hier markierten Positionen zum Ausgangspunkt seiner Darstellung machen konnte, nicht ohne Harnack

---

[128]So etwa Schottroff, L./Stegemann, W., Jesus von Nazareth, 14; Theißen, G. Zur forschungsgeschichtlichen Einordnung, 4; L.M. White macht A.v. Harnacks "Mission und Ausbreitung" überhaupt zum Ausgangspunkt einer sozialgeschichtlichen Erforschung der urchristlichen Geschichte. Vgl., White, L.M., Adolf Harnack and the Expansion of Early Christianity, A Reappraisal of Social History, The Second Century 5, 1985/86, 97-127. Einige biographische Daten und Hinweise: Adolf von Harnack wurde am 7. Mai 1851 in Dorpat (Estland) geboren. Sein Vater Theodosius Harnack lehrte an der dortigen Universität Theologie, wo 1869 der Sohn mit seinem Theologiestudium begann, das er später in Leipzig fortsetzte. Spätestens dort entfernte er sich von den orthodoxlutherischen Überzeugungen seines Vaters. 1873 promovierte er, 1874 habilitierte er sich, jeweils mit Arbeiten zur Gnosis. 1876 wurde er außerordentlicher Professor in Leipzig. Von dort führte ihn sein weiterer Weg über Gießen und Marburg nach Berlin, wohin er 1888 gegen einigen Widerstand der Kirchenleitung berufen wurde. 1886 war bereits der erste Band seiner Dogmengeschichte erschienen, die er 1890 abschließen konnte. Die Arbeiten zur Missions- und Verfassungsgeschichte kann man als komplementäre Seitenstücke zu dieser Geschichte der christlichen Lehre ansehen. Nachdem Harnack 1890 Mitglied der Preußischen Akademie der Wissenschaften geworden war, engagierte er sich zunehmend als Wissenschaftsorganisator und - politiker. 1891 begründete er mit anderen die Kirchenväterausgabe der Akademie, 1905 übernahm er die Präsidentschaft der von ihm mitbegründeten "Kaiser-Wilhelm-Gesellschaft", der direkten Vorgängerin der heutigen Max-Planck-Gesellschaft. 1903-1912 präsidierte er dem "Evangelisch-Sozialen Kongreß", während er im auffälligen Gegensatz zu diesen Aufgaben nie ein kirchliches Amt bekleidete, nicht einmal das eines Prüfers bei kirchlichen Examina. 1914 wurde Harnack nobilitiert, nachdem er längere Zeit in intensivem Kontakt zum Kaiserhaus gestanden hatte. Im Ersten Weltkrieg nahm Harnack trotz seiner Nähe zum Kaiser bald eine vermittelnde Haltung ein, indem er für einen "Verständigungsfrieden" und demokratische Reformen im Innern eintrat. Nach dem Ende des Weltkrieges arbeitete er weiter für die oben genannten Institutionen und beteiligte sich an der Ausgestaltung der Weimarer Verfassung. 1921, im Jahre seiner Emeritierung, erschien seine letzte große Monographie: "Marcion". Harnack starb achtzigjährig 1930. Zahn-Harnack, A.v., Adolf von Harnack; Döbertin, W., Adolf von Harnack, Theologe, Pädagoge, Wissenschaftspolitiker, Frankfurt/M., 1985; Kantzenbach, F.W., Art. Harnack, Adolf von, TRE 14, 1985, 450-458.

[129]Harnack, A.v., Die Mission und Ausbreitung des Christentums in den ersten drei Jahrhunderten, Leipzig, 1902; zur Bedeutung des Buches vgl. Kantzenbach, F.W., Art. Harnack, 454.

[130]Harnack, A.v., Entstehung und Entwickelung der Kirchenverfassung und des Kirchenrechts in den zwei ersten Jahrhunderten, Urchristentum und Katholizismus, Leipzig, 1910 <Nachdr. Darmstadt 1990>.

vorzuwerfen, er habe das Selbstverständnis der Urkirche vernachlässigt und statt dessen ihre "Gestalt und Geschichte allein aus historischen und soziologischen Motiven" verstanden.[131]

Betrachten wir zunächst die Missionsgeschichte: Mit ihr wollte Harnack die rasche Ausbreitung des Christentums als Zusammenwirken sehr verschiedener Faktoren verständlich machen.[132] Die Entstehung der Kirche sollte nicht mehr nur als die Realisierung einer Idee verstanden werden, sondern religiöse, ethische, philosophische, "volkswirthschaftliche" und politische Faktoren trieben für Harnack die Missionsgeschichte des Urchristentums voran.[133] Ausgangspunkt sollte eine Darstellung der Verbreitung des Judentums sein, deren "Netzwerk" die christliche Missionstätigkeit folgte. Ein besonderes Interesse liegt auf einer statistischen Erfassung der verschiedenen Stadien der urchristlichen Missionsgeschichte[134], ein Vorhaben, das er aufgrund der Beschaffenheit der Quellen nicht in der von ihm gewünschten Exaktheit durchführen konnte.[135] Auffällig ist in Harnacks Programm, daß der Vormann einer theologischen Richtung, die permanent im Verdacht steht, der Bildung der religiösen Persönlichkeit und Individualität über die Maßen zu betonen, große Sensibilität für soziale Fragen aufbringt: Nationalität und soziale Schichtung der ersten Christen, die Verbreitung des neuen Glaubens unter Frauen und Männern, Gebildeten, Soldaten und der Beamtenschaft sollten untersucht werden.[136]

In "Mission und Ausbreitung" hat Harnack dann diese sozialgeschichtlichen Fragestellungen vollständig integriert, ihnen jedoch keinen Sonderstatus hinsichtlich der Bedeutung oder Methodik zugesprochen. Zum ersten Mal thematisiert er sie explizit im zweiten Kapitel seiner Einleitung unter dem Titel "Äußere Bedingungen

---

[131]Bultmann, R., Theologie des Neuen Testaments, Tübingen, 1953, 442.

[132]Vgl. zum Folgenden: Harnack, A.v., Vorstudie zu einer Geschichte des Christenthums in den ersten drei Jahrhunderten, SPAW 1901, 810-845; Nachdruck in: ders., Kleine Schriften zur Alten Kirche, Bd. 1, Leipzig 1908, 486-521.

[133]a.a.O. 811f.

[134]a.a.O., 812; Anhand von Bischofslisten im Ansatz durchgeführt bei Harnack, A.v., Zweite Vorstudie zu einer Geschichte der Verbreitung des Christenthums in den ersten drei Jahrhunderten, SPAW, 1901, 1186-1214 <Nachdruck in: ders., Kleine Schriften zur Alten Kirche Bd. 1, Leipzig 1980, 522-550>.

[135]Harnack, A.v., Mission und Ausbreitung, VII.

[136]Harnack, A.v., Vorstudie 812f.824: "Zur Geschichte der Verbreitung gehört aber auch die genaue Erkenntnis der intensiven Verbreitung, also erstlich die Verschiedenheit der Verbreitung bei Männern und Frauen, sodann die in den verschiedenen socialen Schichten. Die Didache sucht das Christentum in erster Linie bei den Handwerkern, und noch Celsus sieht in ihm wesentlich eine Bewegung der Armen; aber bereits der Hirte des Hermas zeigt, dass die römische Gemeinde zahlreiche Wohlhabende in ihrer Mitte hatte, und noch früher setzt Ignatius voraus, dass diese Gemeinde Einfluss bei den Mächtigen habe... Namentlich auf die Verbreitung unter den Gelehrten, im Heere und in der kaiserlichen Beamtenschaft ist die Aufmerksamkeit zu lenken."

für die universale Ausbreitung der christlichen Religion".[137] Er unterscheidet sie von
den religiösen Voraussetzungen, die er bei den "inneren Bedingungen" einordnet.[138]
Äußere Bedingungen sind im wesentlichen kulturelle, soziale und politische Strukturen: Entscheidend für die rasche Ausbreitung des Christentums sei der durch den
Prozeß der Hellenisierung hergestellte einheitliche Kulturraum, der durch entsprechend einheitliche Herrschaftsstrukturen abgestützt wurde.[139] Ein gewichtiger Faktor
sei die durch den Ausbau der Verkehrswege gesteigerte Mobilität, sowie ein geisti-
ges Klima der Toleranz gegenüber neuen Religionen, das auch politisch gewollt
wurde, so lange es den offiziellen staatlichen Kult nicht unterminierte.[140] Diese Verhältnisse habe das Christentum mittels der bereits bestehenden Strukturen des
Diasporajudentums nützen können. "Die Synagogen in der Diaspora sind nicht nur,
wie Tertullian bezeugt, die 'fontes persecutiorum' für die jugendliche Christenheit
gewesen, sondern zugleich auch die wichtigsten Voraussetzungen für die Entstehung und das Wachstum christlicher Gemeinden im Reiche. Das Netzwerk der Synagogen stellt die Mittelpunkte und die Linien der christlichen Propaganda im voraus
dar".[141] Ferner hätten gewisse Auflösungserscheinungen der überkommenen Gesellschaftsstrukturen stärkere Kontakte zwischen Angehörigen verschiedener Schichten
begünstigt. Das Vereinswesen sowie kommunale und provinziale Organisationsstrukturen hätten Modelle bereitgestellt, nach denen sich die neue Religion mühelos
eine innere Struktur habe geben können.[142]

Die folgenden, ersten Teile der Monographie tragen den Charakter einer Ereignisgeschichte. Sie schildern den Verlauf der christlichen Mission von den Anfängen bis zur endgültigen Trennung vom Judentum.[143] Im zweiten Buch stellt Harnack dann die theologischen Grundlagen der urchristlichen Mission dar, im dritten
handelt er von den Amtsträgern und der inneren Struktur der Gemeinden, im vierten, abschließenden, untersucht er die geographische Verbreitung des Christentums
und fragt nach dessen Anhängerschaft unter spezifischen sozialen Gruppen.

Im zweiten Buch der Monographie tauchen sozialgeschichtliche Gesichtspunkte verstärkt in dem mit dem Titel "Das Evangelium der Liebe und Hülfleis-
stung" versehenen Kapitel, also der Diakoniegeschichte, auf.[144] Ausgangspunkt der

---

[137]Harnack, A.v., Mission und Ausbreitung, 12-15.

[138]a.a.O., 16-24.

[139]a.a.O., 12f.

[140]Harnack schreibt hierzu: "Das schwere Hemmnis, welches die Aufrechterhaltung des Staatskul-
tes der Ausbreitung der christlichen Religion in den Weg legte, wurde durch die Freiheit, welche
die Religionspolitik sonst gewährte, reichlich aufgewogen." A.a.O., 14.

[141]a.a.O., 1.

[142]ebd.

[143]a.a.O., 25-60.

[144]a.a.O., 105-148. Es ist im übrigen das umfangreichste Kapitel des Buches.

Diakonie ist nach Harnack die Predigt Jesu und sein Vorleben des Doppelgebotes der Liebe.[145] Später sei die Nächstenliebe geradezu zum Kennzeichen der Christen geworden und habe dieser "Erlösungsreligion"[146] ihr besonderes, prosoziales Gepräge gegeben: "Das Evangelium wurde so zu einer sozialen Botschaft. Die Predigt, welche das innerste Wesen des Menschen ergriff, ihn aus der Welt herauszog und ihn mit seinem Gott zusammenschloß, war auch die Predigt von der Solidarität und Brüderlichkeit. Das Evangelium, hat man mit Recht gesagt, ist im Tiefsten individualistisch und im Tiefsten sozialistisch zugleich. Seine Tendenz auf Assoziation ist nicht eine zufällige Erscheinung in seiner Geschichte, sondern ein wesentliches Element seiner Eigenart. Es vergeistigt den unüberwindlichen Trieb, der den Menschen zum Menschen zieht, und erhebt die gesellschaftliche Verbindung der Menschen über die Konvention hinaus in den Bereich des sittlich Notwendigen. Es steigert damit den Wert des Menschen und schickt sich an, diese gegenwärtige Gesellschaft umzubilden, den Sozialismus, der da steht auf der Voraussetzung widerstreitender Interessen, umzuwandeln in den Sozialismus, der sich gründet auf dem Bewußtsein einer geistigen Einheit und eines gemeinsamen Zieles."[147]

Organisiert wurde die urchristliche Diakonie durch die Amtsträger, wobei dem Bischof die Verteilung der Mittel oblag.[148] Unterstützt werden konnten ganze Gemeinden,[149] aber auch einzelne Bedürftige, sowie die Lehrer und Amtsträger der Gemeinden.[150] Witwen und Waisen habe das besondere Augenmerk gegolten;[151] die Gefangenen seien regelmäßig von den Diakonen besucht worden,[152] ferner sei aus der Gemeindekasse ein angemessenes Begräbnis für die Bedürftigen finanziert worden.[153] Für die Sklaven habe es keine besondere Fürsorge gegeben. In der Gemeinde seien sie gleichberechtigt und gleichgestellt gewesen, ihr rechtlicher Status im alltäglichen Leben sei dagegen nicht verändert worden. Das Urchristentum habe sich an dieser Stelle nicht anders verhalten als die heidnische Umwelt, wobei allerdings die Freilassung von Sklaven als gutes Werk gegolten habe.[154] Die große Bereitschaft zur Hilfe habe freilich da eine Grenze gefunden, wo die Arbeitsfähigkeit eines "Bedürftigen" bestand, wobei dieser die Zuweisung eines Arbeitsplatzes verlangen

---

[145]a.a.O., 107.
[146]a.a.O., 72.
[147]a.a.O., 108.
[148]a.a.O., 113f.
[149]Wie die paulinische Kollekte für Jerusalem zeige, a.a.O., 133f.
[150]a.a.O., 113f.
[151]a.a.O., 115f.
[152]a.a.O., 118.
[153]a.a.O., 120f.
[154]a.a.O., 123f.

konnte, so daß nach Harnack die Gemeinden "auch wirtschaftliche Gemeinschaften" gewesen seien.[155]

Im dritten Buch von "Mission und Ausbreitung" kommen sozialgeschichtliche Aspekte in besonderer Weise bei der Beschreibung der Funktionen urchristlicher Missionare, Apostel, Evangelisten, Propheten und Lehrer, zum Tragen.

Apostel, Propheten und Lehrer fänden sich bereits im Judentum. Nach dem Zeugnis der Didache seien sie keine Gemeindebeamten gewesen, die durch Wahl legitimiert seien, sondern durch Geistbesitz oder göttliche Beauftragung.[156] Apostel und Prophet(-inn)en[157] sind als wandernd vorgestellt, während die Lehrer ortsfest und nicht auf die Besitzlosigkeit wie die beiden ersten Gruppen verpflichtet gewesen seien.[158] Alle hätten Anspruch auf Unterstützungsleistungen der Gemeinde gehabt.[159] Mit dem Zurücktreten der Charismatiker habe sich die Institution des Lehrers insofern umgebildet, als nun Schulen entstanden seien, die sich allerdings wegen ihrer sektiererischen Tendenzen nicht in den Gemeinden hätten halten können und durch das dreigliedrige Amt schließlich an den Rand und aus den Gemeinden gedrängt worden seien.[160]

Harnack schließt diesen Abschnitt mit dem Hinweis auf Märtyrer und Konfessoren, die durch ihre Lebensgestaltung zu überzeugen und damit missionarisch zu wirken wußten. Ohne diese und die Christen, die nicht als berufsmäßige Missionare arbeiteten, hätte sich das Christentum nicht in der bekannten Weise ausbreiten können. Dieses Urteil wird für Harnack um so plausibler, als nur Petrus, Paulus und der ephesinische Johannes uns in der urchristlichen Literatur als bedeutende Missionare entgegentreten. Angesichts ihres beschränkten geographischen Wirkungskreises hätten sie allein die flächendeckende Ausbreitung des Christentums nicht bewerkstelligen können.[161]

Als weiterer Faktor für die rasche Ausbreitung des Christentums bringt Harnack nun die Bildung von Gemeinden mit einer festen inneren Struktur ins Spiel.[162] Harnack leitet diese Struktur im wesentlichen aus den Synagogengemeinden ab, während er die Ableitung aus den Kultvereinen - trotz seiner Sympathien für die

---

[155]a.a.O., 128.

[156]a.a.O., 243.248.

[157]a.a.O., 251.

[158]a.a.O., 248.249

[159]ebd.

[160]Mit Verweis auf Tatian und Justin d.M. als Schulhäupter, a.a.O., 260.262.264.

[161]a.a.O., 267f.257.

[162]a.a.O., 309.311.

Bezeichnung "Verein" - ablehnt.[163] "In der Diaspora entwickelten sich die christlichen Gemeinden zunächst... aus den Synagogen mit ihrem Anhang von Proselyten. Ihrem Wesen nach auf einen Bruderbund angelegt und aus den Synagogen hervorgegangen, bildeten die christlichen Vereine die lokale Organisation mit doppelter Stärke aus, fester noch, als es die jüdischen Gemeinschaften getan hatten."[164] Für die innere Strukturierung der Gemeinden wurde dann das dreigegliederte Amt mit dem Bischof an der Spitze prägend. An dieser Stelle verzichtet Harnack, trotz ihrer Relevanz für die Missionsgeschichte, auf ausgeführte verfassungsgeschichtliche Überlegungen zur Entstehung des Amtes.[165] Wir fügen deshalb Harnacks Sicht der Dinge ein, wie er sie in "Entstehung und Entwickelung der Kirchenverfassung und des Kirchenrechts in den zwei ersten Jahrhunderten" publiziert hat.[166]

Der Anfang der Kirche und einer kirchlichen Organisation liegt für Harnack nicht - wie die katholische Theologie behauptet - in einem Stiftungshandeln Christi, sondern erwächst aus dem Kreis der Jünger und der ersten Gläubigen.[167] Es lassen sich nach Act 1,15f die "Zwölf"[168], "Apostel und Missionare" sowie "Schüler" unterscheiden.[169] Dabei galten die "Zwölf", unter denen Petrus einen nicht übertragbaren "charismatischen Primat" hatte, als von Jesus installierte Regenten seines Reiches (Mt 19,28; Lk 22,28.30)[170] Im Laufe der Zeit sei der Apostelbegriff auf die "Zwölf" eingeengt worden und der des "Schülers" oder "Jüngers" in seinem ursprünglichen Sinne aufgegeben worden.[171]

Unter den Selbstbezeichnungen, die sich die christliche Gemeinde gab, ragt der der "Ekklesia" heraus. Damit habe man nicht auf die jüdische Kahal zurückgegriffen, man machte hier auch terminologisch die institutionelle Trennung vom Judentum und seiner Synagoge manifest. Als Ekklesia hätten die Heiden die neue Religion kennengelernt. Erfahrbar sei die Gemeinschaft in erster Linie in den gemeinsamen Mahlzeiten gewesen.[172] Als "genossenschaftlicher Bruderbund" habe im Inneren

---

[163]ebd.

[164]ebd.

[165]a.a.O., 315 Anm. 2. 317 Anm. 1; in späteren Auflagen hat er durch Exkurse die kirchenrechtlichen und verfassungsgeschichtlichen Fragestellungen stärker berücksichtigt.

[166]Unter einer ganzen Reihe von Arbeiten zur kirchlichen Verfassungsgeschichte ist besonders auf Harnacks Ausgabe der Didache zu verweisen, die schon inhaltlich als "Gemeindeordnung" Harnack sowohl mit verfassungs- wie sozialgeschichtlichen Fragen beschäftigen mußte. Harnack, A.v., Die Lehre der zwölf Apostel nebst Untersuchungen zur ältesten Geschichte der Kirchenverfassung und des Kirchenrechts, TU 2,1-2, Leipzig, 1884.

[167]Harnack, A.v., Entstehung, 1.3.

[168]Anscheinend verwalteten sie die gemeinsame Kasse (Act 4,35.37), a.a.O., 23.

[169]a.a.O., 5-7.

[170]a.a.O., 5f.

[171]a.a.O., 6.7f.

[172]a.a.O., 13.

"eine gewisse Gleichheit aller Mitglieder"[173] geherrscht, unbeschadet gewisser Rechte der "Zwölf", einzelner Geistträger oder der Versammlung der Gemeinde.[174]

Charakteristisch für die Rechtslage der "anfangs fast familienhaft zusammenlebenden"[175] Urgemeinde sei nicht ein Güterkommunismus, sondern ein "sanfter pneumatischer Anarchismus"[176] gewesen, innerhalb dessen mehrere Autoritäten unausgeglichen nebeneinander existierten und miteinander konkurrierten.[177] Rechtssetzend wirkten neben dem Alten Testament und jüdischen Traditionen die Autorität der "Zwölf" bzw. der unter ihnen herausragenden Johannes und Petrus, dazu aufgrund familiärer Verbindung der Herrenbruder Jakobus.[178] Zu nennen seien ferner die Siebenmänner[179] und charismatisch legitimierte Autoritäten wie Apostel[180] und Propheten[181], während die Lehrer[182] auf die Anerkennung und Beauftragung durch die Gemeinden angewiesen blieben. Die genannte Beauftragung sei durch Handauflegung, von Fasten und Gebet begleitet, erfolgt, wozu die "Zwölf" ebenso berechtigt gewesen seien wie Apostel, Missionare und Presbyter einer Einzelgemeinde.[183]

Ob die Jerusalemer Urgemeinde bis zur Zerstörung Jerusalems eine besondere Vorangstellung gehabt habe[184], ist nach Harnack nicht deutlich zu erkennen. Vielleicht kam den Gemeinden in Judäa insgesamt eine besondere Bedeutung zu[185], auch wenn die besondere Bedeutung der Urgemeinde für Paulus und Barnabas zu beachten ist.[186] Jedenfalls scheinen die judäischen Gemeinden keine bloßen Filialen der Jerusalemer Zentrale gewesen zu sein.[187]

---

[173]a.a.O., 14f.

[174]Vgl. Act 6,2;15,12.30;4,32;6,5; a.a.O., 14f.

[175]a.a.O., 16.

[176]a.a.O., 17f.

[177]a.a.O., 16-18.

[178]a.a.O., 17; Mit der allmählichen Auflösung des Zwölferkreises sei eine Zurückdrängung des charismatischen Elements in der Gemeinde verbunden gewesen, die zugleich den Herrenbruder Jakobus und andere Verwandte Jesu an die Spitze gebracht habe. Als innere Struktur habe sich ein "monarchischer Episkopat" gebildet, zu dem Jakobus aufgrund der davidischen Herkunft befähigt gewesen sei. Mit den Presbytern zusammen sei hier im Rahmen der Jerusalemer Gemeinde das Vorbild "Hoherpriester mit Hohem Rat" nachgebildet worden. a.a.O., 25 mit Verweis auf Act 15; Euseb h.e. II,11; II, 23,6; VII, 19 und eine Reihe von apokryphen Schriften.

[179]a.a.O., 23.25f.

[180]In der Regel zu zweit auftretend, Paulus bildete hier eine Ausnahme, a.a.O., 18; I Kor 12,28; Eph 4,11; Did; Mk 6,7; Lk 10,1; Act 17,14;19,22.

[181]Vgl. Mt 10,41; Act 11,27ff; 21,10; Did 11.

[182]a.a.O., 19.

[183]a.a.O., 20; Act 6,6; 13,3; I Tim 4,14; 5,22; II Tim 1,6.

[184]a.a.O., 30.

[185]Vgl. Gal 1,22; I Thess 2,14; Act 11,1.29; 15,1

[186]Act 11,22f; 15,22.32f; Gal 2,11f

[187]a.a.O., 21f.

Wie im Bereich der Urgemeinde und damit im Judenchristentum habe es auch im Heidenchristentum zunächst verschiedene Organisationsstrukturen gegeben, wobei zu den Einflüssen des Judentums noch Elemente der politischen und sozialen Strukturen des römischen Reiches hinzugekommen seien.[188] Als wirkmächtig hätten sich in der Verfassungsgeschichte des Heidenchristentums drei Antagonismen erwiesen: der zwischen Ortsgemeinde und überregionaler Gemeindeorganisation, der zwischen Charisma und Rechtsordnung, der von Laien und Klerus.[189]

Dem Judenchristentum entsprechend könne man zunächst von einem familienhaften Zusammenleben sprechen, wobei feste innere Strukturen fehlten. Anfangs scheinen Frauen in den Gemeinden eine wichtige Rolle gespielt zu haben.[190] Konkurrierende Autoritäten seien die oft im Bereich der Gesamtkirche wirkenden Geistträger für den Bereich der Überlieferung, die "Älteren" für den Bereich der Sittlichkeit und Gemeindedisziplin, die lokalen Gemeindebeamten für die Gottesdienste gewesen.[191] Gemildert worden seien diese Spannungen, die sich aus den erwähnten Antagonismen und konkurrierenden Ansprüche ergeben hätten,[192] durch das Bewußtsein der Gemeinden, die sich als "Paroikia" auf der Erde verstanden hätten, als individuelle Repräsentanz des himmmlischen Ganzen.[193] Zum anderen habe im Vertrauen auf die Wirksamkeit des Geistes noch lange die ausschließliche Verantwortung der Einzelgemeinde für ihre eigenen Angelegenheiten bestanden, so daß man von den ersten heidenchristlichen Gemeinden als "pneumatischen Demokratien"[194] sprechen könne.[195]

Die innere Struktur der Gemeinden sei also auch im Heidenchristentum im Flusse gewesen, bevor sich mit dem Zurücktreten des Charismatikertums das dreigestaltige Amt etablieren konnte.[196] Den Einfluß der Kultvereine auf die Strukturbildung der christlichen Gemeinden selbst schätzt Harnack gering ein, auch wenn eine Affinität hinsichtlich der demokratischen Verhältnisse in beiden bestanden habe.[197]

---

[188]a.a.O., 31f

[189]a.a.O., 32f.

[190]a.a.O., 35.

[191]a.a.O., 33.

[192]Typisch seien z.B. die Eingriffe des Paulus in die von ihm gegründeten Gemeinden. A.a.O., 38f.40.45.

[193]a.a.O., 36f mit Verweis auf I Petr 1,1.17; 2,11; Hebr 11,13; I Clem 1,1 u.ö.

[194]a.a.O., 37.

[195]a.a.O., 36-38; im folgenden stützt Harnack dieses Bild durch die Präsentation verfassungsgeschichtlich wichtiger Abschnitte aus urchristlichen Schriften die von der Zeit Vespasians bis zu Hadrian reichen. Er nennt: I Petr, Jak, Hebr, Apk, Joh, I-III Joh, I+II Tim, Tit, I Clem, PastHerm, Did, Pol. A.a.O., 46-60.

[196]Zu beachten sei jedoch, daß die "Kyberneseis" als Charismen galten. A.a.O., 63f.

[197]a.a.O., 64: "Die demokratische Gleichheit, die auf dem Boden der Charismen und in einem engen Bruderbunde gegeben war, konnte dazu verführen, gewisse freie Formen der profanen Kultvereine zu rezipieren."

*Die allmähliche Konzentration der Funktionen auf den Bischof, der ursprüng-
lich im Kollegium der Presbyter der primus inter pares gewesen sei,[198] habe sich in
der gnostischen Krise beschleunigt. Der Bischof habe gewissermaßen die autoritativen Lehrer und Apostel ersetzt, so daß die Herausbildung dieses Amtes keineswegs
als Bruch mit der Vergangenheit erscheinen mußte, sondern auch als Weiterentwicklung verstanden werden konnte.[199] Zweckmäßig konnten ferner die Herausbildung einer institutionalisierten Exekutive, einer ständigen sachkundigen Leitung des
Gottesdienstes und einer durch eine Einzelperson dargestellten Repräsentanz nach
außen erscheinen.[200] Freilich habe dieser Konzentrationsprozeß zum Ende der Hausgemeinden und der unabhängigen Schulen geführt, da ein einziger Bischof an einem
einzigen Ort nach einer einzigen Gemeinde als Korrelat verlangt habe.[201] Mittels
dieser Struktur habe das Christentum schließlich eine Organisation entwickeln können, die schließlich mit der städtischen konkurrieren konnte und immer weiter bis zur
Provinzial- und Reichsverfassung hin, in Rezeption und Ablehnung, parallele Strukturen zum Staat aufgebaut habe.[202]*

*Harnack führt an dieser Stelle die Geschichte der Ämter bis zur Herausbildung
des Klerus und seiner Unterscheidung von den Laien weiter. Für unser Thema ist
dieser Abschnitt weniger interessant als der kurze Abschnitt über "Verfassungsbil-
dung und soziale Lage"[203]. Harnack ordnet hier das Christentum dem kleinen Mittelstand zu: "Die Signatur der Christengemeinden ist nicht proletarisch"[204]. Dennoch
entfalteten die Gemeinden für die Bedürftigen in "patriarchalischer und brüderlicher
Weise" eine reiche diakonische Arbeit.[205] Über diese diakonischen Aufgaben, die
sich für die Gemeinden mehr oder minder ergeben hatten, sei der Funktionsumfang
der Ämter und damit mittelbar die kirchliche Verfassungsentwicklung mitbestimmt
worden.[206]*

*Aufgrund dieser Untersuchung kann Harnack im Gegenüber zu Sohm folgen-
des Ergebnis formulieren: "Rechtsordnungen ergaben sich... aus der Entfaltung der
Charismen, die zu Organisationen führten; denn "Charisma" und "Recht" schließen
sich nicht in jeder Hinsicht aus, sondern das Charisma schafft sich auch Rechte...
Alle Elemente der späteren Entwickelung der Kirchenverfassung waren am Ende des
2. Jahrhunderts, ja schon früher, bereits vorhanden. Neue Faktoren sind später nicht
mehr aufgetreten außer dem christlichen Kaiser."[207]*

---

[198]a.a.O., 71.

[199]a.a.O., 72.

[200]a.a.O., 70f.

[201]a.a.O., 76.77f.

[202]a.a.O., 103f.

[203]a.a.O., 99-101.

[204]a.a.O., 100.

[205]ebd.

[206]ebd.

[207]a.a.O., 119.

Am Ende unseres Überblicks wollen wir noch einmal zu "Mission und Ausbreitung" zurückkehren. Im vierten Buch beschreibt Harnack vorwiegend die geographische Verbreitung des Christentums. Ausgehend von allgemeinen Aussagen, die nur einen groben Überblick ermöglichen, gibt er dann eine geographisch gegliederte Übersicht über die Existenz christlicher Gemeinden, jeweils gegliedert nach den Jahren 100, 180 und 325, wobei sich das Christentum als "Städtereligion" erweist.[208] Für uns ist im vierten Buch das Kapitel über die "Intensive Verbreitung" des Christentums wichtig.[209]

Hier steht für Harnack außer Frage, "daß die christlichen Gemeinden damals ganz überwiegend aus geringen Leuten, aus Sklaven, Freigelassenen und Handwerkern bestanden haben".[210] Dennoch habe es einzelne Oberschichtmitglieder gegeben, auch wenn diese keine politischen Ämter bekleidet hätten. Seit der Zeit des Commodus habe sich die Zahl der Höherstehenden in den Gemeinden deutlich vermehrt,[211] und bereits vor Konstantin seien Christen mit Staatsämtern betraut worden. Schon Phil 4,22 erwähne Christen im Hause des Kaisers, ferner legten die in der Grußliste Röm 16 erwähnten Hausgemeinden des Narcissus und des Aristobul eine solche Einordnung nahe, da namensgleiche Freunde des Kaisers Claudius bekannt seien.[212] Dem Kaiserhaus seien ferner Claudius Ephebus und Valerius Bito, die Überbringer des I Clem zuzurechnen, deren Namen auf die Zugehörigkeit zum Kaiserhaus wiesen.[213] Auch unter der Schülerschaft Justins d.M. hätten sich kaiserliche Sklaven befunden.[214]

Unter Soldaten sei das Christentum in vorkonstantinischer Zeit wenig verbreitet gewesen; dennoch seien Bilder aus der Welt der Soldaten in urchristlichen Schriften herangezogen worden, und es fänden sich bei Kirchenvätern Hinweise auf Soldaten, die Christen geworden seien.[215]

---

[208]Harnack, A.v., Mission und Ausbreitung, 360-370.408-543.535. In späteren Auflagen hat er seine Ergebnisse durch Karten verdeutlichen können.

[209]a.a.O., 376ff.

[210]a.a.O., 376; in späteren Auflagen wendet er sich gegen Deißmanns Thesen. So schreibt er in der 4. Aufl., 1924, S. 560, Anm.3: "Deißmann übertreibt m.E. den proletarischen und unliterarischen Charakter der ältesten Gemeinden. Die paulinischen Briefe müßten anders lauten oder Paulus müßte ein schlechter Pädagoge gewesen sein, wenn seine Leser größtenteils der untersten, verlorenen Schicht der Bevölkerung angehört hätten. Von der aufreibenden Sorge um das tägliche Brot und der bittren Not des Lebens hört man kaum etwas. Daher wird die Mehrzahl der Gemeindemitglieder wohl zum kleinen Mittelstand gehört haben."

[211]a.a.O., 378.389.

[212]a.a.O., 383; Harnack betrachtet Röm 16 als integralen Bestandteil des Röm.

[213]a.a.O., 385.

[214]ebd.

[215]a.a.O., 389-391.

Schließlich handelt Harnack von der Verbreitung des Christentums unter Frauen und stellt deren bedeutende Rolle heraus. Erwähnt werden von ihm Priska, deren Nennung in I Kor 16,19 und Röm 16,3 auf eine bedeutende Stellung in der Hausgemeinde schließen lassen, die sich in ihrem Hause getroffen habe, dazu Phöbe (Röm 16,1f), die nicht Diakonisse, sondern Patronne einer Hausgemeinde gewesen sei.[216] Überhaupt scheinen sich mehr höhergestellte Frauen unter den Christen zu finden als Männer. Namentlich erwähnt er hier Flavia Domitilla und Julia Mammäa.[217] Was allgemein die Mischehen beträfe, werde öfter von Frauen berichtet, die mit Nichtchristen verheiratet seien als umgekehrt.[218] Von daher werde auch die Bereitschaft des römischen Bischofs Kallist verständlich, das Zusammenleben von höherstehenden, ledigen Frauen mit nicht "standesgemäßen" christlichen Männern auch ohne förmliche Eheschließung als gültige Verbindung anzusehen.

Angesichts der Mahnungen des Paulus in I Kor 11 und I Kor 14 geht Harnack davon aus, daß Frauen zunächst in Gemeindeversammlungen das Wort ergreifen konnten. Freilich begänne mit diesen Ermahnungen zugleich das Bestreben, die Frauen zurückzudrängen.[219] So forderten Kol 3,18, Eph 5,22 und I Petr 3,1 die Unterordnung der Frauen unter die Männer,[220] wohingegen bis in das 2. Jh., neben den schon in den Pastoralbriefen erwähnten Witwen und Diakonissen, Frauen als Lehrerinnen und Prophetinnen wirkten. Erst in der Auseinandersetzung mit Gnosis und Montanismus seien die Frauen anscheinend auf das Witwen- und Diakonissenamt beschränkt worden.[221]

Insgesamt konstatiert Harnack am Ende seines Werkes die erstaunlich rasche und großflächige Verbreitung des Christentums, freilich ohne als Ergebnis seines Werkes eine prima causa nennen zu können: "Die Gründe für diese erstaunliche Verbreitung haben wir zu entziffern versucht; sie liegen in dem Kern der neuen Religion (dem Monotheismus und dem Evangelium) einerseits, in ihrer Vielseitigkeit und wunderbaren Anpassungsfähigkeit andererseits. Aber welches Maß den einzelnen Hauptmomenten als Motiven zukommt - wieviel dem geistigen Monotheismus gebührt, wieviel der Verkündigung von Jesus Christus, wieviel der Unsterblichkeitshoffnung, der Liebestätigkeit und Hülfleistung, der Disziplin und Organisation, der synkretistischen Anlage und Ausgestaltung, der im 3. Jahrhundert ausgebildeten

---

[216]a.a.O., 396f.

[217]a.a.O., 401.404.407.

[218]a.a.O., 404f Anm. 2.

[219]a.a.O., 396.

[220]a.a.O., 397f: "Diese Mahnung ist uns doppelt verständlich, wenn wir beachten, wie nahe es den christlichen Frauen lag, eine Rolle zu spielen."

[221]Harnack verweist in diesem Zusammenhang auf die Arbeit seines Schülers Zscharnack; vgl. Zscharnack, L., Der Dienst der Frau in den ersten Jahrhunderten der christlichen Kirche, Göttingen, 1902.

Fähigkeit, jeden Aberglauben noch zu übertrumpfen - das entzieht sich unserer Feststellung."[222]

4.3.1 Wissenschaftssoziologische Aspekte

Harnacks "Mission und Ausbreitung des Christentums" ist wie seine Arbeiten zur Verfassungsgeschichte des Urchristentums und der Alten Kirche nicht nur disziplin- oder problemgeschichtlich ein Meilenstein der sozialgeschichtlichen Exegese, sondern auch für die Anerkennung und Bedeutung, die man einer sozialgeschichtlichen Befragung der urchristlichen und altkirchlichen Überlieferung zumaß und zumessen konnte. Dies ergibt sich nicht nur aus wirkungsgeschichtlicher Perspektive, aus der Bultmann sogar eine Überbetonung "soziologischer Motive" glaubte erkennen zu können[223], zu beachten ist ferner, daß durch Harnack die sozialgeschichtliche Frage bruchlos in den Aufriß seiner Arbeit eingefügt ist und bestimmte soziale Strukturen zur Erklärung geschichtlicher Entwicklungen herangezogen werden.

Wichtig ist die Publikationsform der Monographie. Sozialgeschichtliche Fragen werden damit nicht mehr nur in Gelegenheitsarbeiten aufgegriffen, sondern in größeren Forschungsprogrammen und -vorhaben berücksichtigt. Zugleich fehlt bei Harnack eine explizite Apologetik gegenüber marxistischen Positionen, wie sie vielen Arbeiten, die vorgestellt wurden, zu eigen ist. Harnack argumentiert im Blick auf diese bekannten, gesellschaftspolitisch relevanten Fragen in einer differenzierten, fast unterkühlt wirkenden Form. So gehörten die ersten Christen zumeist zur "hart arbeitenden Bevölkerung"[224], ohne daß deshalb die ersten Gemeinden eine "proletarische Signatur" gehabt hätten.[225] Die Frage nach dem Kommunismus der Urgemeinde wird eher beiläufig in einer Anmerkung behandelt,[226] Uhlhorns These über die nichtchristliche Antike als einer "Welt ohne Liebe" als ungerecht zurückgewiesen.[227] Umgekehrt blieb allerdings der Zusammenhang zu den älteren Arbeiten über einige Kategorien gewahrt, etwa, wenn er von einem fast "familienhaften"

---

[222]a.a.O., 546.

[223]Bultmann, R., Theologie, 442.

[224]Harnack, A.v., Mission und Ausbreitung, 126.

[225]Harnack, A.v., Entstehung und Entwickelung, 100.

[226]a.a.O., 109 Anm. 1.

[227]a.a.O., 105 Anm. 4.

Zusammenleben der ersten Christen spricht oder einzelne Elemente des Vereinsmo-dells aufgreift.[228]

Schließlich ist auch das wissenschaftliche Renomee für die Anerkennung der Fragestellung wichtig. Wir müssen an dieser Stelle nicht die Fülle der Ehrungen und Positionen Harnacks aufzählen. Entscheidend ist, daß mit ihm ein erstrangiger Wissenschaftler Themen aufgegriffen hat, die bisher eher von jüngeren Wissenschaft-lern und Außenseitern aufgegriffen worden waren, wenn man ihnen nicht aus prak-tisch-theologischen Motiven nachging.[229]

Dieser Entwicklungsgang ist nicht untypisch für neuentstandene Forschungs-bereiche. M. Mulkay, der eine Reihe von - allerdings neueren, im naturwissen-schaftlichen Bereich angesiedelten - Innovationsprozessen untersucht hat,[230] sieht in der Übernahme von Fragestellungen und Forschungsgebieten durch etablierte Wis-senschaftler ein Signal für die gewachsene Anerkennung einer neuen Forschungs-richtung. Typisch sei ferner, daß nach einer "Pionierphase" Nachwuchswissen-schaftler von den "Etablierten" mit speziellen Problemen der neuen Richtung befaßt würden, um ihnen Reputationsgewinne zu ermöglichen. Auch dieses ist zu beob-achten, wenn Harnack Leopold Zscharnack mit einer Studie zur Frauengeschichte betraute.[231] Schließlich ist nach Mulkays Modell auch die Themenwahl durch die Wissenschaftler in einer zweiten, konsolidierten Phase, von der ersten verschieden. Neue Beiträge trügen dann vielfach ergänzenden und vertiefenden Charakter:[232] Dies trifft - neben der Verfassungsgeschichte - in Harnacks Arbeiten im wesentli-chen auf die Kapitel zur Verbreitung im Heer oder bei Frauen zu, während er sonst

---

[228]z.B. spricht Harnack vom "christlichen Verein", von einem "genossenschaftlichen Bruderbund" oder von "pneumatischen Demokratien". Mit diesen Ausdrücken hielt er wesentliche Implikationen des Vereinsmodells fest, obwohl er es historisch seit 1906 explizit ablehnte. A.a.O., 15.35.309. Harnack, A.v., Entstehung und Entwickelung, 16.

[229]Uhlhorn, Ratzinger, Hasenclever und L. Stöcker, die wir später kennenlernen werden, stehen außerhalb der Universität, Chastel und Holtzmann veröffentlichen ihre Arbeiten mit deutlicher Apologetik. Heinrici schrieb seine Aufsätze wenige Jahre, nachdem er zum Ordinarius ernannt worden war. Knopf hielt seine Habilitationsvorlesung über die soziale Schichtung der korinthi-schen Gemeinde, Zscharnacks Buch über den "Dienst der Frau" war dessen erste Veröffentlichung. V. Dobschütz' Monographie über die urchristlichen Gemeinden ist nur scheinbar eine Ausnahme, da er sie als ntl. Seitenstück zu den kirchenkundlichen Arbeiten seines Freundes P. Drews konzi-piert hatte.

[230]Mulkay, M.J., Modelle der Wissenschaftsentwicklung, 57f.

[231]Zscharnack, L., Der Dienst, Vorwort; Harnack, A.v., Mission und Ausbreitung, 402 Anm. 1.

[232]Mulkay, M.J., Drei Modelle, 58.

wie bei der Diakoniegeschichte oder bei soziostrukturellen Gegebenheiten wie den Handels- und Verkehrswegen[233] auf Vorarbeiten zurückgreifen konnte.

Dennoch darf man nicht einfach von einem Stillstand sprechen. Harnack hat die genannten Themen durchaus auf eigenständige Art und Weise bearbeitet und teilweise revidiert. Er hat wohl darauf verzichtet, eine eigenständig Methodik für die Sozialgeschichte zu entwickeln, aber er hat sie ganz in die allgemein historische, quellenkritische Methodik integriert. Harnack überträgt also weder - wie Heinrici - "Modelle" aus der hellenistischen Umwelt auf die urchristliche und altkirchliche Verfassungsgeschichte, noch verbindet er wie Uhlhorn seine historischen Studien mit sozialethischen Fragestellungen, noch überträgt er wie Dobschütz Methodiken anderer theologischer Disziplinen auf die Sozialgeschichte. Da Harnack nach seiner Programmschrift die rasche Verbreitung des Christentums aus geistigen, politischen und "volkswirthschaftlichen" Faktoren erklären wollte, ferner die verschiedenen Stadien der urchristlichen Missionsgeschichte auf statistischem Wege voneinander abgegrenzt werden sollten, endlich das Vorkommen des Christentums in verschiedenen sozialen Gruppen untersucht werden sollte, bleibt er doch mit den zwei erstgenannten Absichten hinter seinem Programm zurück. Das betrifft insbesondere die Statistik, deren Ergebnisse Harnack genauso unbrauchbar schienen wie die der historischen Geographie, auf deren Ergebnisse er nicht zurückgreifen wollte.[234] Ferner wurde auch nicht auf die Nationalökonomie zurückgegriffen, obwohl diese als erste "Sozialwissenschaft" Einfluß auf die Historik gewinnen konnte.[235] So bleibt Harnacks sozialgeschichtliche Arbeit eine deskriptiv angelegte Darstellung der Verhältnisse.

Was nun die inhaltliche Seite von Harnacks Forschungen angeht, stehen sie in engem Zusammenhang mit seiner Ekklesiologie[236], am deutlichsten natürlich seine Arbeiten zur Verfassungsgeschichte. Harnack hat hier in seinen Anschauungen einen deutlichen Wandel vollzogen. War er anfangs auch als Historiker Anhänger des "Vereinsmodells",[237] so wird er später zurückhaltend, bis er endlich die These als "überschätzt" ansieht.[238] Es ist deutlich, daß sich hier auch inhaltlich die sozialgeschichtliche Interpretation der ur- und frühchristlichen Geschichte wieder ein Stück

---

[233]Dieses Thema fand schon früh Interesse: Steinmann, A., Die Welt des Paulus im Zeichen des Verkehrs, Braunsberg, 1915 führt viele Details über das antike Verkehrswesen und den Brieftransport an.

[234]Harnack, A.v., Mission und Ausbreitung, VII.

[235]Oestreich, G., Die Anfänge, 324.

[236]Neufeld, K.H., Adolf von Harnack, Theologie als Suche nach der Kirche, "Tertium Genus Ekklesiae", KKTS 41, Paderborn, 1977, 21.28.194.

[237]Maurer, W., Die Auseinandersetzung zwischen Harnack und Sohm und die Begründung eines evangelischen Kirchenrechts, KuD 6, 1960, 194-213: 194f; Neufeld, K.-K., A.v. Harnack, 239-241.

[238]a.a.O., 198; Harnack, A.v., Mission und Ausbreitung, 4. Aufl., 26 Anm.3.

von ihren anfänglichen gesellschaftspolitischen Intentionen entfernt und sich "verobjektiviert" hat, obwohl Harnack selbst - wie erwähnt - als langjähriger Präsident des Evangelisch-Sozialen Kongresses für einen sozial engagierten Protestantismus stand. Zudem stimmten Harnacks inhaltliche Aussagen über die urchristlichen Gemeinden, wie oben schon erwähnt wurde, im wesentlichen mit dem überein, was man zuvor über die "urchristlichen Vereine" dachte.[239]

Für seine Zeit hat Harnack wie kein anderer auch die Grenzen einer urchristlichen Sozialgeschichte ausgelotet und ein Maximum dessen geboten, was mit einer quellenkritischen Methodik und deskriptiven Darstellung erreichbar war. In der letzten Anmerkung von "Mission und Ausbreitung" hat er einen Hinweis gegeben, wie man zu weitergehenden Ergebnissen kommen könnte: "Wie man die sublime Frage der Einwirkung religiöser und sittlicher Bewußtseins-Inhalte auf materielle Verhältnisse in ihrer Tiefe und Breite aufzufassen hat, dafür hat Max Weber in seinen Abhandlungen über 'die protestantische Ethik und den Geist des Kapitalismus'... ein glänzendes Muster vorgestellt."[240]

4.4 Sozialgeschichte als Grundlagenwissenschaft der Sozialethik (E. Troeltsch)

Im Rahmen unserer Thematik nehmen Troeltschs monumentale "Soziallehren der kirchlichen Gruppen und Kirchen"[241] eine doppelte Stellung ein: Zum einen sind sie Abschluß und souveräne Zusammenfassung dessen, was Theologen am Anfang unseres Jahrhunderts als "sozialgeschichtliche Exegese" erarbeitet haben und was hier historisch eingeordnet wurde. Zum anderen ist dieses Werk bis heute ein Ausgangspunkt für weiterführende Überlegungen, seien sie der Theologie, der Historie oder Religionssoziologie zuzuordnen.[242]

---

[239]vgl. Anm. 103.

[240]Harnack, A.v., Mission und Ausbreitung, 4. Aufl., 958 Anm. 1.

[241]Troeltsch, E., Die Soziallehren der christlichen Kirchen und Gruppen, Ges. Schr. Bd. 1, Tübingen, 1912 <Neudruck: UTB 1811/1812, Tübingen 1984>. Nach der zuerst genannten Ausgabe wird zitiert.

[242]Drehsen, V., Die "Normativität" neuzeitlicher Frömmigkeitsgeschichte, Zur aktuellen Bedeutung der klassischen Religionssoziologie Ernst Troeltschs, in: Renz, H./Graf, F.W. <Hg.>, Troeltsch-Studien Bd. 3, Protestantismus und Neuzeit, Gütersloh, 1984, 257-280:258f; ferner: Wakkenheim, Ch., Trois initiateurs; zur Bedeutung für die sozialgeschichtliche Exegese: Stegemann, W., Zur Deutung des Urchristentums in den "Soziallehren", in: <Hg.> F.W. Graf/T. Rendtorff, Ernst Troeltschs Soziallehren. Studien zu ihrer Interpretation, Troeltsch-Studien Bd. 6, Gütersloh, 1993, 51-79; zur Biographie vgl. Drescher, H.-G., Ernst Troeltsch, Leben und Werk, Göttingen, 1991. Zur Orientierung hier genügen einige Hinweise: Ernst Troeltsch wurde 1865 als Sohn eines

Dabei hat Troeltsch - wie man vermuten könnte - keinesfalls den Bezug zu den sozialen Fragen und Veränderungen seiner Zeit verloren.[243] Er möchte vielmehr zur Bearbeitung dieser sozialen Probleme beitragen - in einer Arbeit, die durch die Verbindung von systematischen Interessen und einer universalgeschichtlichen Sicht der Dinge gekennzeichnet ist. Sie manifestiert sich einerseits in der Analyse der Korrespondenz von sozialen Gestalten des Christentums und ihrer entsprechenden Sozialethik, zum anderen in der Einsicht in die Notwendigkeit einer Neuformulierung der christlichen Sozialethik.[244] "Insbesondere gegenüber den Anforderungen der heutigen Sozialethik ist die Ethik der Kirchen veraltet. Ging ich aber dem weiter nach, so kam ich auf die Frage, wie denn ein derartig neu sich bildender Begriff der christlichen Lebenswelt zu ihren alten Organisationen, den Kirchen sich verhalte, ob sich eine solche neue Erfassung überhaupt auf die alten Organisationen aufpfropfen lasse, und wenn nicht, welche Möglichkeit der Gemeinschaftsbildung und des Anschlusses eine solche Neubildung überhaupt habe."[245] Methodisch sollte dieser Zusammenhang durch die Übertragung der "soziologischen Fragestellung" auf die Geschichte des Christentums, die "mit Einem Bedeutung und Wesen der religiösen Gemeinschaftsbildungen, die Grundzüge des christlichen Ethos in seinem Verhältnis zu den ethischen Problemen und Aufgaben des außerreligiösen Lebens und die innere Beziehung jeder dogmatischen Gedankenbildung auf einen ihr vorschwebenden Gemeinschaftskreis"[246] transparent machen sollte.

Troeltsch beginnt mit einer Klärung des Verhältnisses der Kirchen als den soziologischen Auswirkungen der ihnen zugrundeliegenden religiösen Ideen des Chri-

---

Arztes in Haunstetten bei Augsburg geboren. Von 1884 an studierte er Theologie in Erlangen, Berlin und Göttingen, wo er sich 1891 mit einer Arbeit über Melanchthon und den altorthodoxen Dogmatiker Johann Gerhard habilitierte. In Göttingen gehörte er zu einem Kreis von jungen Privatdozenten, der sich der religionsgeschichtlichen Erforschung des Alten und Neuen Testaments verschrieben hatte und - scherzhaft und anerkennend zugleich - als "Kleine Fakultät" bezeichnet wurde. In ihm fanden sich außer Troeltsch nur Exegeten, so daß er in den Ruf kam, der Systematiker der "Religionsgeschichtlichen Schule" zu sein. 1892 wurde Troeltsch a.o. Professor in Bonn, 1894 kam er nach Heidelberg, wo er in einem regen Austausch mit Max Weber stehend, sich zunehmend für soziale Fragen interessierte. 1912 veröffentlichte er die "Soziallehren". 1914 wurde Troeltsch auf einen Lehrstuhl für Philosophie in Berlin berufen. Nach dem Ersten Weltkrieg beteiligte sich der "Vernunftrepublikaner" als Staatssekretär an der Reorganisation des preußischen Bildungswesens. Troeltsch starb am 1. Februar 1923. Zur "Religionsgeschichtlichen Schule" insgesamt: Lüdemann, G., Die Religionsgeschichtliche Schule, in: <Hg.> B. Moeller, Theologie in Göttingen. Eine Vorlesungsreihe, Göttinger Universitätsschriften, Serie A Bd. 1, Göttingen, 197, 324-361.
[243]Das Interesse an sozialen Fragen ist vielmehr kennzeichnend für die "Religionsgeschichtliche Schule", insbes. aber für Troeltsch und den mit ihm eng befreundeten Wilhem Bousset. Lüdemann, G., Die Religionsgeschichtliche Schule, 337ff.
[244]a.a.O., VIIf.1f; Drescher, H.-G., Ernst Troeltsch, 371f.
[245]Troeltsch, E., Soziallehren, VIII.
[246]ebd.

stentums[247] zu Staat und Gesellschaft. Dabei grenzt er sich einerseits gegenüber einer Sicht des Christlichen ab, die in dessen sozialen Gestaltungen Norm und Ursprung aller sozialen Gestaltungen sieht und damit bestehende Unterschiede zwischen säkularer Welt und Kirche vergleichgültigt[248], wie er umgekehrt - was sich als cantus firmus durch seine gesamte Darstellung des Urchristentums ziehen wird - eine Zurückführung der christlichen Gesellungsformen lediglich auf ökonomischsoziale Faktoren zurückweist.[249] Troeltsch hält also weiterhin an der Eigenständigkeit des Religiösen gegenüber anderen sozialen Kräften fest; zugleich erkennt er freilich deren Autonomie an.

Ausgangspunkt seiner Verhältnisbestimmung bildet nun eine Definition des Sozialen, die dieses in der Aufnahme L.v. Steins als einen von staatlicher Einflußnahme freien Bereich versteht, worunter vor allem Wirtschaftsleben und Arbeit, die statistische Entwicklung der Bevölkerung und ihre Schichtung fallen.[250] Erst in der Moderne sei dieses Gegenüber entstanden. Wenn der Bereich des "Sozialen" jedoch zu den Kirchen in eine Beziehung gesetzt werde, genüge diese Definition nicht mehr, da dann das "Soziale" nicht mehr im Staat sein Gegenüber habe, sondern unter dem Aspekt religiös und säkular motivierter Sozialität gesehen werde, womit unter dem Begriff des "Sozialen" der moderne, säkular definierte Staat einzureihen sei.[251] Dazu tritt noch die Familie als dritte soziale Gestalt, da sie - nach Troeltsch - die Voraussetzung für die beiden genannten Bereiche, Staat und Ökonomie, bilde.[252]

Aus dieser Verhältnisbestimmung ergibt sich für Troeltsch die Aufgabe, zunächst nach der "soziologischen" Idee des Christentums und ihrer Realisation zu fragen. In einem zweiten Schritt solle dann die Beziehung und gegenseitige Beeinflussung der beschriebenen Sozialgestalt des Christentums zu Staat, Ökonomie und Familie aufgezeigt werden. Leitend bleibt für Troeltsch dabei die Frage, ob und inwieweit eine Einheit von christlichem und gesamtgesellschaftlichem sozialem Leben erreicht wurde. Dieses sei nur im Mittelalter und im Zeitalter des Konfessionalismus erreicht worden, während sich in Antike und Neuzeit hier eine Dichotomie zeige. Daraus ergab sich für Troeltsch die Gliederung des gesamten Werkes.[253]

---

[247]a.a.O., 6.

[248]a.a.O., 5f.

[249]a.a.O., 7. Für die erste Position ist M.v. Nathusius repräsentativ, dessen Buch "Die Mitarbeit der Kirche an der Sozialen Frage" den unmittelbaren Anlaß für die Abfassung der Soziallehren gab, für die zweite neben R. v. Pöhlmann K. Kautsky. Vgl. Drescher, H.-G., Ernst Troeltsch, 372; Stegemann, W., Zur Deutung, 54.56.

[250]Troeltsch, E., Soziallehren, 7-9.

[251]a.a.O., 11f.

[252]a.a.O., 12.

[253]a.a.O., 15.

Die Darstellung der sozialen Entwicklungen und Veränderungen im Zeitalter der Alten Kirche gliedert Troeltsch in drei Teile: Davon basieren die Kapitel über das "Evangelium" und die paulinischen Gemeinden auf neutestamentlichen Texten, während er sich bei der Darstellung des "Frühkatholizismus" im wesentlichen auf die Kirchenväter bezieht.

Den Ausgangspunkt der Geschichte des Christentums bildet für Troeltsch die Predigt Jesu, aus der das Urchristentum hervorgegangen sei. Sie sei eine "rein religiöse Predigt" gewesen und daher sei das Entstehen der neuen Religion - aufgrund der Eigenständigkeit der Religion - aus der Religionsgeschichte zu verstehen.[254] Die neue Religion sei also nicht das Produkt einer "sozialen Bewegung"; im übrigen kenne wie das gesamte Neue Testament auch Jesus keine soziale Frage im modernen Sinne.[255] Dennoch sei festzustellen, daß sich Jesus vorwiegend den unteren Bevölkerungsschichten zugewandt habe, zu der auch die ersten Anhänger des Christentums in den Städten gezählt hätten. Erst in späterer Zeit habe es eine große Zahl von Gebildeten und Begüterten in den Gemeinden gegeben.[256] Als "Mann des Volkes" habe sich Jesus in den genannten Schichten bewegt. Entsprechend zeige seine Predigt die Spuren der ländlichen Kultur Palästinas und sei durch ihre Naivität weit von dem reflektierenden Denken der Oberschicht verschieden, die selbst nicht mehr zu religiösen Neubildungen fähig gewesen sei.[257] "Dagegen sind die eigentlich schöpferischen, gemeindebildenden religiösen Grundlegungen das Werk der unteren Schichten. Hier allein ist die Ungebrochenheit der Phantasie, die Einfachheit des Gemütslebens, die Unreflektiertheit des Gedankens, die Urwüchsigkeit der Kraft und die Heftigkeit des Bedürfnisses vereinigt, aus denen heraus der unbedingte Autoritätsglaube an eine göttliche Offenbarung, die Naivität der Hingabe und die Intransigenz der Gewißheit sich bilden kann. Die Bedürftigkeit einerseits und die Abwesenheit der stets relativierenden Reflexionskultur andererseits sind nur hier zu Hause."[258] Erst vom zweiten Jahrhundert an sei es zu einer engeren Verbindung mit dieser Reflexionskultur gekommen.[259] Für Jesus wie später für Paulus gelte: sie seien "unliterarische" Menschen gewesen und deshalb zeige die von ihnen angeregte und geschaffene Literatur typische Merkmale von "Volksliteratur".[260] Ihr zentraler Gedanke sei die Verkündigung des Gottesreiches, zu dessen Vorbereitung sich die Hörer einer strengen Gesinnungsethik unterwerfen sollen.[261] Unter soziologischen Gesichtspunkten ergebe sich daraus eine doppelte Struktur: Einmal ein unbedingter

---

[254]a.a.O., 25f.34; Stegemann, W., Zur Deutung, 56.

[255]a.a.O., 15

[256]a.a.O., 16.

[257]a.a.O., 26f.

[258]a.a.O., 27.

[259]ebd.

[260]a.a.O., 29.

[261]a.a.O., 34f.

Individualismus, der sich in einer absoluten Hingabe an Gottes Willen zeige, zum anderen ein absoluter Universalismus, der durch die Liebe in Gott gegründet sei und in Gott als dem Ziel aller individuellen Hingabe alle vereinige: "Denn der Individualismus wird absolut nur durch die ethische Hingebung an Gott und die Erfüllung mit Gott; und wiederum im Besitz des Absoluten schmelzen alle individuellen Differenzen zusammen zur unbedingten Liebe, deren Urbild der die Seelen berufende und sich vereinigende Vatergott selbst ist."[262] Eine ähnliche Doppelstruktur von Individualismus und Universalismus habe die römische Stoa entwickelt, die mit ähnlichen ethischen Forderungen wie das Urchristentum als Oberschichtbewegung an die von ihr getragenen gesellschaftlichen Institutionen gebunden geblieben sei und daher nicht zu neuen sozialen Gestalten kommen konnte.[263]

Konkret ergebe sich daraus eine freie Gemeinschaft ohne feste Organisationsstrukturen. Jesus selbst habe keine strukturierte Gemeinschaft, sondern nur die Verbreitung seiner Botschaft durch die Jünger organisieren wollen.[264] Da für ihn das Kommen des Gottesreiches noch ausgestanden hätte, seien Staat und Wirtschaftsleben unter eschatologischem Aspekt als Teile der vergehenden Welt betrachtet worden.[265] Anders habe es sich bei der Familie verhalten, zu der Jesus eine positive Stellung eingenommen habe: "Die Individualisierung der Personen in der monogamischen Familie und die Innigkeit des Familienbandes ist in der Tat auch innerlich verwandt mit dem religiösen Individualismus und Universalismus seiner Predigt und die Schätzung des Gemütes mit dem undogmatisch-intuitiven Charakter seines Gottesglaubens."[266]

Durch die Sammlung einer dauerhaften Gemeinschaft habe sich aus der Predigt eine soziale Ordnung entwickelt, die sich jedoch zunächst auf einen engen Kreis beschränkte; so kam es zum "Liebeskommunismus" der Urgemeinde:[267] "Das ist ein Kommunismus, der die Gemeinsamkeit der Güter als Beweis der Liebe und des religiösen Opfersinnes betrachtet, der lediglich ein Kommunismus der Konsumption ist und den fortdauernden privaten Erwerb als die Voraussetzung der Möglichkeit von Schenkung und Opfer zur Bedingung hat."[268] Die Idee der Gleichheit sei hier nicht realisiert. Lediglich in einer sozial relativ homogenen Gemeinschaft sei ein solcher Liebeskommunismus möglich gewesen.[269]

---

[262]a.a.O., 38-40.41f.

[263]a.a.O., 52f.55f.

[264]a.a.O., 44f.

[265]a.a.O., 48.

[266]a.a.O., 48.

[267]a.a.O., 49.

[268]ebd.

[269]a.a.O., 49f.

Mit Paulus und durch seine Wirksamkeit habe sich dann eine tiefgreifende Veränderung des Christentums vollzogen, indem es sich zu einer eigenständigen Kultreligion entwickelte.[270] Zugleich wurde die doppelte Ausrichtung auf Individualismus und Universalismus insofern verändert, als nicht mehr die gesinnungsethische Ausrichtung auf den Gotteswillen, sondern die mystische Verbindung mit Christus dem Individuum seinen Wert verleiht und zugleich mit den anderen verbindet. Die Liebe kehre sich nun nach innen und werde zur Bruderliebe; nach außen wirke sie in Mission und Bekehrungspredigt.[271]

Die Frage der Gleichheit der Gemeindeglieder sei in den paulinischen Gemeinden nach religiösen Gesichtspunkten gelöst worden. In der Sphäre des Kultes habe es Gleichheit als Gleichheit des Abstandes von der Gottheit und der Zuwendung seiner Gnade gegeben.[272] Außerhalb des Gottesdienstes blieben die Ungleichheiten bestehen, seien jedoch durch den Persönlichkeitsgedanken und die Bruderliebe relativiert worden.[273] So werde im Bild vom Leib und den Gliedern die Bedeutung eines jeden einzelnen Gliedes anerkannt, zugleich seien die dazu fähigen Glieder auf die Fürsorge für die Bedürftigen verpflichtet worden, ohne daß ihre religiöse Gleichheit hiervon berührt worden sei.[274] Damit habe Paulus den Typus des christlichen Patriarchalismus geschaffen und die sozialen Unterschiede akzeptiert und zugleich überwunden:[275] "Alles Tun ist ein Gottesdienst und ein anvertrautes Amt, die Herrschaft wie der Gehorsam. Als Haushalter Gottes sorgen die Großen für die Kleinen und als Diener Gottes ordnen sich die Kleinen den Großen unter; und, indem so sich beide im Dienste Gottes begegnen, behauptet sich die innere religiöse Gleichheit und erweitert sich der ethische Besitz durch die zarten Tugenden der Haftung für andere und der vertrauensvollen Hingebung."[276]

Mit dieser inneren Struktur begründeten die paulinischen Gemeinden christliche Gemeinden als eigene Lebenskreise, die sich gegenüber Staat und Gesellschaft zwar abgrenzten, deren Ordnungen jedoch anerkannten. Damit verbunden sei der Verzicht auf eine bewußte Umgestaltung der gegebenen sozialen Verhältnisse gewesen wie eine konservativ-patriarchalistische Struktur der Ehe.[277] Für Troeltsch zeigt sich hier eine rein äußerliche Anpassung an die natürlichen Ordnungen der Welt[278], die in den hellenistischen Städten im Unterschied zum ländlichen Galiläa

---

[270]a.a.O., 59.

[271]a.a.O., 59f.

[272]a.a.O., 61.

[273]a.a.O., 66.

[274]a.a.O., 66f.

[275]a.a.O., 67.

[276]a.a.O., 68.

[277]a.a.O., 72f.

[278]a.a.O., 69f.73.

notwendig gewesen sei.[279] Freilich seien solche Gemeinden nur in den Winkeln der großen Städte und Staaten lebensfähig gewesen[280], so daß mit einer Vergrößerung der Gemeinden dieser Typus nicht mehr lebensfähig gewesen sei und durch die Entwicklungen im "Frühkatholizismus", den wir im Hinblick auf unsere Fragestellung nur kurz streifen müssen, substantiell verändert worden.

Während in den paulinischen Gemeinden letztlich der Konflikt zwischen Anpassung an oder Distanzierung von der Welt nicht entschieden worden sei,[281] beschleunige sich im Frühkatholizismus die Anpassung an staatliche und gesellschaftliche Gegebenheiten. Zugleich verfestigten sich Dogma, Ethik und Gottesdienst in gleicher Weise wie enthusiastische Strömungen zurückgedrängt worden seien.[282] Priestertum und Episkopat stützten institutionell diese Veränderungen, die das Verlangen nach einer normativen Deutung der überlieferten Religion erfüllten. Das kirchliche Amt sei also nicht aus den praktischen Bedürfnissen der Diakonie entstanden.[283] So habe die entstehende Kirche parallel zum Staat, auf lokaler wie regionaler Ebene eine selbstständige Organisation entwickelt.[284]

Mit diesen institutionellen Veränderungen hätten sich auch die sozialen Ideen des Christentums verändert: "War diese vom radikalen religiösen Individualismus ausgegangen und hatte sie den Universalismus aus dem Zusammentreffen der Individuen in Gott, der Zurückwendung der in Gott Geeinigten auf die Offenbarung der göttlichen Lebensgesinnung an die Brüder, gewonnen, so ist nun die Gemeinsamkeit der Heilsanstalt übergeordnet, die Carität als Hingebung an die Kirche und als gutes Werk gegenüber dem Bruder die Hauptsache."[285] Der ethische Radikalismus und Individualismus finde sich nur noch in einzelnen Residuen wie dem Mönchtum.[286] Die jetzt erstarkende Kirche behalte ihre sozialkonservative Ausrichtung und strebe auch jetzt keine umfassende Sozialreform an. Durch die Rezeption des antiken Naturrechtsgedankens konnten Konvergenzen zum Gleichheitsgedanken und zu den ethischen Forderungen der alttestamentlichen Tradition erkannt werden, die die sozialkonservative Haltung zu Staat, Gesellschaft und Familie eher bestätigten.[287] Die Diakonie, die immer stärker zur Aufgabe des "Amtes"[288] geworden sei,

---

[279]a.a.O., 70.

[280]a.a.O., 78.

[281]a.a.O., 82.

[282]a.a.O., 83f.

[283]a.a.O., 84f

[284]a.a.O., 90f.

[285]a.a.O., 107.

[286]a.a.O., 107f.

[287]a.a.O., 173.178.

[288]In der Öffentlichkeit konnten durchaus Bischöfe als "Wohltäter" erscheinen. A.a.O., 138.

habe soziale Nöte nur punktuell gelindert.[289] Insgesamt habe sich damit die Kirche weit von ihren Anfängen entfernt, deren Ideale in der Kirche selbst, im Mönchtum und im Gedanken des Naturrechtes, weitergelebt hätten; freilich seien durch diese Transformationen die "Soziallehren" des Mittelalter vorbereitet worden.

4.4.1 Wissenschaftssoziologische Aspekte

Wer die "Soziallehren der christlichen Kirchen und Gruppen" mit einer gewissen Vorkenntnis der bis dahin unternommenen Versuche liest, die sozialen Aspekte der christlichen Überlieferung zu erforschen, betritt bei Troeltsch eine neue Sprachwelt. Allein die "sozialwissenschaftliche" Terminologie zeigt bereits einen qualitativen Sprung über die weithin quellenkritisch arbeitende Methodik der "klassischen" Historie mit ihren narrativen und deskriptiven Darstellungsformen. So sprach Troeltsch nicht nur von der "soziologischen Fragestellung", sondern belegte ferner die in dieser Arbeit referierten Veröffentlichungen Uhlhorns, Harnacks, Knopfs, Kautskys und Overbecks, m.W. erstmals in unserer Literatur, mit dem Titel "Sozialgeschichte".[290] Vor allem bemühte sich Troeltsch um eine Definition des "Sozialen", der Gesellschaft, und trug damit zu einer längst überfälligen begrifflichen und methodischen Klärung von "Sozialgeschichte" bei. Freilich sah er "Gesellschaft" als in erster Linie durch ökonomische Kriterien bestimmt: als den Bereich des Wirtschaftslebens[291], als Sektor, den der Staat dem Bürger als "staatsfreien" Raum ließ - ganz im Erfahrungshorizont des liberalen Bürgertums, das diesen Raum, wie wir unten schon gesehen haben - für sich zu nutzen verstand. Troeltsch stand hier im übrigen nicht im Widerspruch zur zeitgenössischen Sozialwissenschaft,[292] und auch in der Historie wurde die Geschichte des "Sozialen" als Geschichte eines Teilbereiches gefaßt und war eng mit wirtschaftsgeschichtlichen Fragestellungen verknüpft.[293]

Zugleich zeigt Troeltsch dann, daß dieser Begriff von Gesellschaft nicht ausreicht, um den Wirkungskreis der christlichen Soziallehren zu umfassen, denn die Trennung einer relativ autonomen "Gesellschaft" vom Staat ist nach Troeltsch eine Erscheinung der Moderne. In Beziehung zu den Kirchen gesetzt, verliere diese Definition an Klarheit, da im Gegenüber zu den Kirchen nicht die Abgrenzung vom Bereich des Staates kennzeichnend sei, sondern nun die Unterschiedenheit von einer

---

[289]a.a.O., 134.137.

[290]a.a.O., 17 Anm. 10.

[291]a.a.O., 9; Wichelhaus, M., Kirchengeschichtsschreibung und Soziologie, 156.

[292]Troeltsch, E., Soziallehren, 9.

[293]Kocka, J., Sozialgeschichte, 55.59f.

religiös motivierten Weltgestaltung.[294] Da nun dieser Gegensatz in gleicher Weise das Verhältnis von Staat und Kirche charakterisiere, richte sich die Sozialethik der Kirche nicht nur auf die ökonomisch bestimmte Gesellschaft, sondern zugleich auf den Staat und damit auch auf die Familie, die Troeltsch als Basis der beiden genannten weltlichen Bereiche sieht.[295] Insofern hat er in diesen Definitionen und Verhältnisbestimmungen den Begriff des "Sozialen" weiter gefaßt als nur auf die Gesellschaft bezogen, indem er unter ihm Familie, Staat und ökonomische Gesellschaft zusammenfaßte.[296] Für die Analyse der sozialen Ideen des Christentums hat Troeltsch damit zweierlei gewonnen: Zum einen vermag er den vormodernen Traditionen des Christentums gerecht zu werden, weil er mit seiner Perspektive auf Staat und Gesellschaft gemeinsam in den Blick nehmen kann, was vor der Moderne noch nicht getrennt ist. Zum anderen vermag er der modernen Entwicklung einer nicht religiösen, rechtlich-formalen Begründung des Staates gerecht zu werden, wie sie im Staatsrecht des Kaiserreiches diskutiert und durchgesetzt wurde.[297]

Auf das Christentum angewandt bedeutet die soziologische Fragestellung für Troeltsch zunächst die Frage nach der "soziologischen Idee" des Christentums sowie nach deren Realisierung.[298] Desweiteren ist nach den Wechselwirkungen zu fragen, die zwischen dieser realisierten Idee, der religiösen Gemeinschaft, und der sie umgebenden Welt, bestehen. Troeltsch hält also konsequent am Vorrang des Ideellen vor dem Materiellen fest[299], das "Evangelium" ist als quasi autonome und normative Größe einer direkten sozialwissenschaftlichen, nicht jedoch einer religionswissenschaftlichen Analyse entzogen. Er grenzt sich hier deutlich von den Thesen Kautskys, v. Pöhlmanns und anderer ab, die das Urchristentum vor allem als soziale Bewegung verstehen. Trotz des hohen sozialwissenschaftlichen Reflexionsniveaus hat auch bei Troeltsch die sozialgeschichtliche Exegese ihre apologetischen Eierschalen nicht ganz abgestreift. Freilich leugnet er die Einwirkung politischer oder sozialer Faktoren auf die in der religiösen Gemeinschaft realisierte Idee des Christentums nicht[300], wie für ihn umgekehrt Stellungnahme und Einwirkung des

---

[294]a.a.O., 11.

[295]Im Prinzip deutet Troeltsch hier die moderne Entwicklung auf dem Hintergrund von Vorstellungen der Zwei-Reiche-Lehre. Ferner modifiziert er hier die traditionelle Zuordnung von ecclesia, oeconomia und politia in der lutherischen Sozialethik. Vgl. zu dieser Zuordnung: Schwarz, R., Ecclesia, oeconomia, politia, Sozialgeschichtliche und fundamentalethische Aspekte der protestantischen Drei-Stände-Theorie, in: Renz, H./Graf, F.W., Troeltsch-Studien Bd. 3, Protestantismus und Neuzeit, Gütersloh, 1984, 78-88

[296]a.a.O., 11f.

[297]vgl. Nipperdey, Th., Deutsche Geschichte, 1866-1918, Bd. 1, 659f.

[298]Troeltsch, E., Soziallehren, 15f; Wichelhaus, M., Kirchengeschichtsschreibung und Soziologie, 81f.

[299]Heinz, G., Das Problem der Kirchenentstehung, 74.

[300]Troeltsch, E., Soziallehren, 14.966.

Christentums auf die Gesamtgesellschaft notwendige Elemente seiner soziologischen Analysen sind.[301]

Aus den genannten Gründen folgt fast zwangsläufig, daß die drei Idealtypen, in denen sich nach Troeltsch das Christentum sozial gestaltet, Kirche, Sekte und Mystik, in der Analyse der neutestamentlichen Überlieferung nicht direkt zur Anwendung kommen, weder auf die Verkündigung Jesu und das Zusammenleben der Urgemeinde, noch auf die paulinische Tradition.[302] Die neutestamentliche Überlieferung - im Gegensatz zum Frühkatholizismus - zeigt sich für Troeltsch eben als "Urzeit"[303] resistent gegen eine soziologische Typisierung, obwohl es - wie er in der Zusammenfassung konzediert - einige Berührungspunkte gibt.[304] So finden sich im Sektentypus einige Merkmale der "Jesusbewegung" wieder: Jesus ist weniger Kultheros als der Verkündiger des nahenden Gottesreiches, es gibt eine rigoristische Ethik, eine starke eschatologische Erwartung, und diese Form der Religiosität findet sich vorwiegend in Unterschichten.[305]

Stützt sich Troeltsch mit diesem methodischen Vorgehen im wesentlichen auf die verstehende Soziologie Max Webers[306], so sind damit zugleich die genannten Differenzen zur marxistischen Soziologie gegeben.[307] Trotzdem kann er auch marxistische Begriffe und Kategorien aufgreifen, wenn er den Liebeskommunismus der Urgemeinde wie Kautsky als einen "Kommunismus der Konsumption" kennzeichnet, den er dann freilich nicht auf Subsidiarität, sondern auf "privaten Erwerb" gegründet sieht.[308]

Angesichts dieses methodisch reflektierten Ansatzes stellt sich für eine Forschungsgeschichte die Aufgabe zu erklären, warum dieser Ansatz sozialgeschichtli-

---

[301]ebd.

[302]Im Nebeneinander der Predigt Jesu, der paulinischen Gemeinden und des Frühkatholizismus ist die Unterscheidung von Sekte, Mystik und Kirche schon angelegt. Anders Stegemann, W., Zur Deutung, 78f. Ausführlich wird der Typus der "Sekte" in den Abschnitten über das Mittelalter, a.a.O., 360-377 thematisiert, die Mystik im Zusammenhang des Protestantismus, a.a.O., 882f.865-868. Wichelhaus, M., Kirchengeschichtsschreibung und Soziologie, 156f

[303]a.a.O., 157

[304]Troeltsch, E., Soziallehren, 967.

[305]a.a.O, 967f.970; Stegemann, W., Zur Deutung, 78f.

[306]Zu diesem Verhältnis und der durchaus strittigen Frage des Einflusses Webers auf Troeltsch vgl. Graf, F.W., Fachmenschenfreundschaft, Bemerkungen zu "Max Weber und Ernst Troeltsch", in: Mommsen, W.J./Schwentker, W., Max Weber und seine Zeitgenossen, Veröffentlichungen des Deutschen Historischen Instituts London, Bd. 21, Göttingen, 1988, 313-336; Sicher ist, daß Troeltsch seine "Soziallehren" in regelmäßigem wissenschaftlichem Austausch mit Weber verfaßte; Drescher, H.-G., Ernst Troeltsch, 372f.

[307]Troeltsch, E., Soziallehren, 975.977; Drescher, H.-G., Ernst Troeltsch, 372f.

[308]Troeltsch, E., Soziallehren, 49.

cher Exegese - gerade im Vergleich zur volkskundlich inspirierten Exegese, die
später zur Formgeschichte führte - nur eine recht bescheidene Wirkung auf dem
Gebiet der neutestamentlichen Exegese erzielte.

Zunächst ist festzustellen, daß es sich bei den Soziallehren nicht eigentlich um
eine exegetische oder historische Arbeit handelt. Troeltsch greift zwar auf exegetische, historische und soziologische Fragestellungen und Erkenntnisse zurück, sein
eigentliches Interesse liegt aber auf einer systematisch-theologischen Fragestellung,
so daß es sich um eine "fachfremde" Arbeit handelt.[309] Konsequenterweise wurde
die Auseinandersetzung um die "Soziallehren" weniger um historische als um systematische Fragen geführt. Bestritten wurde - die für den Protestantismus systematisch höchst relevante - Deutung Luthers und der lutherischen Sozialethik durch
Troeltsch, v.a. in ihrem Verhältnis und hinsichtlich ihres Beitrages zur Neuzeit[310],
den Troeltsch eher gering einschätzte. Auch heute findet diese Frage größeres Interesse[311], während nur selten Kritik an seiner Deutung der urchristlichen Überlieferung artikuliert wird.[312]

Ferner waren Troeltschs theologische Überzeugungen selbst im Protestantismus und in der Theologie alles andere als "konsensfähig". Schließlich wurde die
Rezeption durch das Fehlen eines festen Schülerkreises von Ernst Troeltsch erschwert. H.-G. Drescher macht darauf aufmerksam, daß einerseits Troeltschs Art,
Theologie zu treiben, für die Studierenden wenig "griffig" gewesen sei, zum anderen macht er auf seine Eigenart aufmerksam, der Individualität und Eigenständigkeit
seiner Schüler großen Wert beizumessen. Jedenfalls gab es nach den Umbrüchen
von 1918 keinen nennenswerten Schülerkreis, der sein Werk unter den veränderten
Bedingungen neu hätte bedenken und erforschen können.

Im Bereich der Theologie geriet Troeltsch von zwei Seiten her in die Kritik:
Für die Dialektische Theologie waren seine Forschungen zu den "soziologischen

---

[309]a.a.O., 15 Anm. 9: "Meine Arbeit verfügt bezüglich jener Probleme des faktischen Verhältnisses
(der christl. Kirchen und Gemeinschaften zu Politik und Ökonomie R.H.) nur in sehr beschränktem
Maße über eigene Quellenforschung, am wenigsten bezüglich der alten und mittelalterlichen Kirche. Ihr etwaiges Verdienst liegt überhaupt nicht in selbständiger Quellenforschung, sondern in
selbständigem Durchdenken der aus der jeweiligen Lage und Konstellation der Interessen erfol-
genden Vereinheitlichung des Ganzen zu einer Theorie der Stellung des Religiösen zum Politisch-
Sozialen. Doch hoffe ich für die Tatsachenfragen mich überall an die besten Darstellungen gehalten
zu haben."

[310]Diese Diskusssion ist zusammengefaßt bei Wichelhaus, M., Kirchengeschichtsschreibung und
Soziologie, 177-194.

[311]vgl. z.B. Renz, H./Graf, F.W., Troeltsch-Studien, Bd. 3, Protestantismus und Neuzeit, Gütersloh,
1984.

[312]Schottroff, L., "Nicht viele Mächtige", Annäherungen an eine Soziologie des Urchristentums,
in: dies., Befreiungserfahrungen, Studien zur Sozialgeschichte des Neuen Testaments, ThB 82,
München, 1990, 247-256.

Kulturwirkungen" des Christentums ebensowenig akzeptabel, wie seine These vom Zusammenwirken von Staat, Gesellschaft und Kirche zu einer einheitlichen Kultur.[313] Troeltsch selbst hat die Differenz zu der neuen Richtung in Auseinandersetzung mit seinem Schüler Friedrich Gogarten auf den Punkt gebracht: "Gottes Wesen... steht der Welt nicht gegenüber wie bei Gogarten, sondern trägt die Welt in sich, ist selbst das Leben der Welt, ist selbst die beständige Selbstspaltung in endliche Lebensfülle und Erhebung des Endlichen aus der Selbstliebe und Selbstverherrlichung zu Gotteinigkeit und Gottesdienst, die beständige Selbstentäußerung und die beständige Selbstvereinigung."[314] Karl Holl und seine Schüler bestritten, was schon erwähnt wurde, Troeltschs Lutherdeutung, worunter sich - insbesondere nach dem Ersten Weltkrieg nationalistische Töne mischten, wenn Troeltsch und Max Weber von Heinrich Boehmer als "Westler" und damit als Geistesverwandte der Siegermächte bezeichnet wurden.[315]

Neben der theologischen Ablehnung durch die zwei Richtungen, die nach dem Ersten Weltkrieg eine gewisse Dominanz erreichen konnten, wirkten sich auch auf dem Gebiet der Historie antisoziologische Affekte aus, die sich nach dem Weltkrieg wieder verstärkt der Politikgeschichte zuwandte.[316] Schließlich verzichtete umgekehrt die Soziologie im Zuge ihrer Verselbständigung als wissenschaftlicher Disziplin auf die Erforschung von Gesetzmäßigkeiten historischer Abläufe und konzentriert sich auf die Erforschung der Gesetze sozialer Strukturen,[317] so daß auf einmal weder in der systematischen Theologie, noch der Historie oder Soziologie ein Interesse und der Bedarf an einer Integration dieser drei Wissenschaften bestand. Daß sich ein neues Interesse an Troeltsch in diesen Wissenschaftszweigen unabhängig voneinander entwickelte[318], scheint diese These zu bestätigen.

---

[313]Troeltsch, E., Soziallehren, 10.12.

[314]Troeltsch, E., Ein Apfel vom Baume Kierkegaards, ChW 35, 1921, 186-189, <Nachdruck in: Moltmann, J., Anfänge der dialektischen Theologie. Bd. 2, ThB 17/2, München, 1963³, 134-140>. Dort 138.

[315]Wichelhaus, M., Kirchengeschichtsschreibung und Soziologie, 182f.

[316]Oestreich, G., Die Fachhistorie, 363.

[317]Vgl. Plessner, H., Der Weg der Soziologie in Deutschland, in: ders., Diesseits der Utopie, Ausgewählte Beiträge zur Kultursoziologie, Düsseldorf, 1966, 36-54.

[318]Drehsen, V., Die "Normativität" neuzeitlicher Frömmigkeitsgeschichte, 258f.

4.5 Besondere Gruppen in der Perspektive der sozialgeschichtlichen Exegese des 19. Jahrhunderts

4.5.1 Zur (Sozial-)Geschichte der Frauen im Urchristentum

Die Frage nach der Rolle der Frauen im Urchristentum spielte in der sozialgeschichtlichen Exegese des 19. Jahrhunderts längst nicht die Rolle wie heute, auch wenn die Frage der "Frauenemancipation" in der weiteren kirchlichen Öffentlichkeit durchaus Interesse fand.[319] Sie war eher ein Nebenthema, das sich nicht durch die gesamte Forschungsgeschichte zog und sich - zumindest in Deutschland - nur teilweise und sehr langsam aus dem Komplex der Diakoniegeschichte löste.[320] Als sich das Thema "monographisch" verselbständigte, klingt dieser Zusammenhang noch in Titeln wie "Der Dienst der Frau in den ersten Jahrhunderten der christlichen Kirche"[321] von Leopold Zscharnack oder "Der Dienst der Frau in der christlichen Kirche"[322] von Eduard von der Goltz an. Zwar hatte bereits 1889 J. Donaldson in einer Artikelserie allgemein über "The Position of Women among the Early Christians" gehandelt, doch hatte sein - für das Urchristentum wenig schmeichelnder - Beitrag, der er 1907 zusammen mit Studien zur Stellung der Frau bei Griechen und Römern in Buchform veröffentlichte, wenig Widerhall gefunden.[323] Lydia Stöcker scheint sich dann doch vom diakoniegeschichtlichen Kontext unabhängig gemacht zu haben und publiziert schlicht über "Die Frau in der alten Kirche".[324] Hiermit sind zugleich die wichtigsten Titel genannt. Unter den Verfasser(innen) ist kein Neutestamentler. Zscharnack, der die einzige wissenschaftliche Arbeit verfaßte, war Kirchengeschichtler; er gehörte zur Schule A.v. Harnacks.[325] Ed. v.d. Goltz war prakti-

---

[319]So taucht auch das Thema in einer sicher repräsentativen "Arbeitshilfe" zu apologetischen Gemeindevorträgen auf, die 1900 in den Protestantischen Monatsheften erschien. Kühner, K., Die Stellung des evangelischen Geistlichen zu den nichttheologischen wissenschaftlichen Theorien der Gegenwart, PrM 4, 1900, 306-319.338-345

[320]Typische Beispiele sind Schäfer, Th., Die Geschichte der weiblichen Diakonie, Hamburg, 1879 und Wacker, E., Der Diakonissenberuf nach seiner Vergangenheit und Gegenwart, Gütersloh, 1890.

[321]Zscharnack, L., Der Dienst der Frau in den ersten Jahrhunderten der christlichen Kirche, Göttingen, 1902.

[322]Goltz, Ed.v.d., Der Dienst der Frau in den ersten Jahrhunderten der christlichen Kirche, Potsdam, 1905.

[323]Donaldson, J., Woman; Her Position and Influence in Ancient Greek and Rome, and Among The Early Christians, London, 1907 <Nachdruck Frankfurt/M. 1984>.

[324]Stöcker, L., Die Frau in der alten Kirche, SGV 47, Tübingen, 1907.

[325]L. Zscharnack, 1877 in Berlin geboren, habilitierte sich nach einer längeren Tätigkeit in der kirchlichen Bildungsarbeit 1906. 1922 wurde er Professor in Breslau, 1925 in Königsberg, von 1948 bis zu seinem Tod 1955 in Marburg. Neben seiner Tätigkeit als Herausgeber verschiedener Auflagen der RGG arbeitete er vor allem über den Deismus. Das Buch über den "Dienst der Frau" war seine erste Veröffentlichung. Vgl., Hohlwein, H., Art. Zscharnack, Leopold, RGG[3] 6, 1962, 1934.

scher Theologe, J. Donaldson Altphilologe und Fräulein Lydia Stöcker eine frauen- und sozialpolitisch engagierte Oberlehrerin. Die zuletzt genannten Arbeiten sind populärwissenschaftlich ausgerichtet und müssen, da sie zu ähnlichen Ergebnissen wie Zscharnack kommen, nicht eigens dargestellt werden.

Wenn man den zeitgeschichtlichen Bezug der - im Vergleich zu heute - marginal bearbeiteten Thematik zu beschreiben sucht, kann er mit den Veränderungen im Rollenverständnis der Frauen an der Wende vom 19. zum 20. Jahrhundert in Verbindung gebracht werden, als sich in der Folge der Industrialisierung die bürgerlichen Ideale einer auf Heirat und Familiengründung ausgerichteten Lebensperspektive von Frauen überlebt hatten.[326] Die entstehenden Frauenvereinigungen forderten und erreichten immerhin eine Verbesserung der Bildungs- und Arbeitsmöglichkeiten, darunter den Zugang zum Universitätsstudium, der in ganz Deutschland bis 1908 möglich wurde, nachdem einzelne Bundesstaaten wie Baden vorangegangen waren. Freilich blieben die beruflichen Tätigkeiten von Frauen in der Regel auf "typische Frauenberufe", v.a im Sozialsektor beschränkt.[327] Dies hat sich auf die Perspektive ausgewirkt, aus der in unserer Literatur Frauen der neutestamentlichen Zeit wahrgenommen wurden.

Zscharnack versteht seine Arbeit als einen "Beitrag zur Kulturgeschichte"[328] und stellt den oben genannten zeitgeschichtlichen Bezug her: "...habe ich auch bei der Arbeit nicht die Absicht gehabt, der Frauenbewegung das Wort zu reden, so hat doch die Behandlung von historischen Stoffen, die sich mit den Problemen der Gegenwart berühren, den Vorteil, daß sie dazu anregt, zu erwägen, in wie weit das Gute der Vergangenheit neu erworben werden kann für die Zukunft."[329] Eine Differenz zu den typisch diakoniegeschichtlich interessierten Arbeiten ist dadurch gegeben, daß Zscharnacks Monographie die Frage nach der Rolle der Frauen aus der Perspektive der Kirchenverfassung stellt.[330] Der Verfasser setzt eine gewisse Uneinheitlichkeit der Verhältnisse voraus, die neben der Darstellung der historischen Entwicklung auch geographische Differenzierungen notwendig machte. Desweiteren analysiert er auch die Handlungsmöglichkeiten von Frauen außerhalb der Großkirche.[331] Methodisch beschränkt sich Zscharnack auf die üblichen historischen Verfahren, ohne Vorgaben anderer theologischer oder sozialwissenschaftlicher Disziplinen aufzugreifen. Der Untersuchungszeitraum reicht von der neutestamentlichen

---

[326]Zum folgenden vgl., Nipperdey, Th., Deutsche Geschichte, 1866, 73-90.

[327]Born, K.E., Von der Reichsgründung, 70f.

[328]Unter dem Begriff der "Kulturgeschichte" wurden um die Jahrhundertwende häufig "sozialgeschichtliche" Themen bearbeitet. Vgl., Kocka, J., Sozialgeschichte, 60.

[329]Zscharnack, L., Der Dienst, Vorwort.

[330]a.a.O., 1.

[331]Dabei stellt er die große Bedeutung der Frauen für Gnosis und Montanismus heraus, a.a.O., 1f.156ff.

Zeit über das Aufkommen von Gnosis und Montanismus bis an die Grenze des dritten zum vierten Jahrhunderts, aus dem die bekannten Kirchenordnungen stammen.

Zscharnack setzt mit drei Vorüberlegungen ein: Zunächst geht es um die allgemeine Wertung der Frau im Urchristentum. Er konstatiert zwei gegenläufige Tendenzen: Einmal, mit einer negativen Wertung, eine mehr asketische Richtung, die sich an die entsprechenden Jesusworte anlehnen konnte,[332] sowie eine die Ehe bejahende, die Frauen hochschätzende, die in der ganzen antiken Welt verbreitet gewesen sei. Im Urchristentum finde sie sich v.a. bei Paulus in Stellen wie I Kor 11,11; 7,14; Gal 3,28, ohne sich als eindeutige Wertung innerhalb der Gemeinden durchsetzen zu können.[333] Im zweiten Schritt beschreibt er die Stellung der Frauen zum Christentum: So zeige die synoptische Tradition die große Bedeutung, die Frauen bei Jesus und im Jüngerkreis gehabt hätten, was auch viele apokryphe Schriften bestätigten. In der Missionsgeschichte hätten die Christinnen, vermittelt über die jüdischen Synagogengemeinden, eine bedeutende Rolle gespielt; die häufige Erwähnung von Frauen in den Grußlisten der Briefe unterstreiche deren Bedeutung.[334] Schließlich hätten, hier beruft sich Zscharnack auf die Berichte über die Frauen in der Umgebung des Kaisers und die Regelung von Eheangelegenheiten durch Kallist, Frauen dem Christentum den Weg in die höheren Schichten geebnet.[335]

Abschließend weist Zscharnack darauf hin, daß nach den Prinzipien der altkirchlichen Gemeindeverfassung die Vergabe eines Amtes an Frauen nicht unmöglich war. Dies sei eine "soziale Einzelfrage", die von "sozial-religiösen Prinzipien" aus zu verstehen und zu beantworten sei.[336] Wenn nach Justin Frauen und Männer mit Charismen begabt seien[337], so müßten auch Frauen Ämter ausgeübt haben können, womit die Frage der Frauenordination virulent werde.[338] Allerdings sei mit dem Aufkommen der festen lokalen Gemeindestrukturen der ursprüngliche Einfluß der Charismatiker und Laien, damit zugleich der von charismatisch begabten Frauen zurückgedrängt worden.[339]

---

[332]a.a.O., 8.

[333]a.a.O., 15.

[334]a.a.O., 19-21.

[335]a.a.O., 22-26.

[336]a.a.O., 39.

[337]Justin, dial. c.88.

[338]a.a.O., 40f. Diese Frage stellt Zscharnack jedoch nur indirekt: "Hat man wohl jemals alle Konsequenzen dieses Gedankens gezogen?" .

[339]a.a.O., 43f.

Im ersten Kapitel geht es nun um Frauen, die im Lehramt oder als Prophetinnen wirkten. Für eine Beteiligung an den Gottesdiensten in diesen Funktionen wirkte sich die Organisation der ersten Gemeinden als Hausgemeinden günstig aus, vor allem, wenn Frauen wie Lydia ihr Haus zur Verfügung stellen konnten. Solche Vorsteherinnen (προστάται) habe es auch im antiken Judentum gegeben.[340] Ein solches Amt, eigentlich als "Dienst" zu verstehen, habe zum Beispiel Phöbe (Röm 16,1f) ausgeübt. Ihr "Dienst" dürfe nicht im Sinne des späteren Diakonissenamtes verstanden werden, und sie sei schon gar kein Urbild heutiger Diakonissen.[341] Eine ähnlich bedeutende Stellung scheine Priska gehabt zu haben, die im Neuen Testament immer vor ihrem Mann genannt werde, Röm 16,3 sogar allein. Anscheinend habe sie gelehrt, da sie nach Act 18,26 an der Bekehrung des Apollos mitgewirkt habe.[342]

Im folgenden handelt Zscharnack von den Prophetinnen. Nicht nur in den Act, auch bei Epiphanius würden die Töchter des Philippus als Prophetinnen erwähnt, Paulus setze in den einschlägigen Stellen des I Kor Prophetinnen voraus. I Clem 1,3;21 sowie I Petr 3,1 setzten bei ihren Mahnungen voraus, daß Frauen das Wort in der Gemeindeversammlung ergriffen.[343] Durch das Erstarken der lokalen Ämter im Verlauf der antihäretischen Auseinandersetzungen wurden das Lehren und die Prophetie der Frauen wie die Πρόστασις zurückgedrängt,[344] so daß einzig das Witwen- und Diakonissenamt als kirchliche Ämter für Frauen längere Zeit überlebten.[345] Im Gegensatz zum Lehrrecht hätten die Frauen nach Zscharnack keine selbstständige gottesdienstliche Funktionen gehabt.[346] Allein in den historisch wenig zuverlässigen Märtyrerakten werde von taufenden Märtyrerinnen berichtet, so daß man in diesem Zusammenhang höchstens an eine Mithilfe von Diakonissen bei Taufen, in Analogie zur Mitwirkung des Diakons als Helfer des Presbyters oder Bischofs denken könne.[347]

So blieben über längere Zeit lediglich das Diakonissen- und Witwenamt, das die Frauen im Urchristentum und der Alten Kirche ausgeübt hätten, wobei nicht in jedem Fall sicher sei, ob es sich um in den einzelnen Gemeindeverfassungen abgesicherte Ämter gehandelt habe.[348] Erste Zeugen für diese Ämter seien die Pastoralbriefe (I. Tim 3,11; 5,3-16; Tit 2,3), Act (Act 6,11f; 9,36ff), sowie der bekannte

---

[340]a.a.O., 45f.

[341]a.a.O., 46f.

[342]a.a.O., 49.

[343]61f.74f.

[344]a.a.O., 83.

[345]a.a.O., 84.

[346]a.a.O., 84f.

[347]a.a.O., 88.93 mit Verweis auf die Apostolischen Konstitutionen

[348]a.a.O., 104.

Pliniusbrief.[349] In nachneutestamentlicher Zeit zeigten die Quellen ein vielschichtiges Bild. So rechnete jedenfalls die syr. Didaskalie die Witwe mit der Diakonisse zum Klerus.[350] Konkret hätten die Witwen die Aufgabe der Fürbitte und diakonische Aufgaben gehabt,[351] während die Diakonissen - nach dem Zeugnis der Apostolischen Konstitutionen - anscheinend gottesdienstliche Funktionen hatten. Sie seien Türhüterinnen gewesen und hätten bei der Taufe von Frauen assistiert. Möglicherweise hatten sie im Laufe der Zeit einige Funktionen der Witwe übernommen.[352] Dieses Ämtergefüge habe sich dann einige Zeit halten können, bis das aufkommende Mönchtum im 4.Jh. die Frauenämter endgültig zurückdrängte.[353]

4.5.2 Sklaverei und Urchristentum

Wer sich um 1880 über die Sklaverei in der Antike im allgemeinen und im besonderen über die Stellung und das Verhalten des Urchristentums zu dieser antiken Institution informieren wollte, konnte aus einem breiten Sortiment von Werken auswählen. Den Anfang machte 1834 J.A. Möhler mit dem Aufsatz "Bruchstücke aus der Geschichte der Aufhebung der Sklaverei"[354], 1862 erschienen M. Schneckenburgers "Vorlesungen über neutestamentliche Zeitgeschichte"[355], in denen er unter der Überschrift "Socialer Zustand" lediglich die Lebensverhältnisse von Skla-

---

[349]a.a.O., 100.103.

[350]a.a.O., 123f.

[351]a.a.O., 126f.

[352]a.a.O., 137f.144. Hier grenzt sich Zscharnack von der älteren diakoniegeschichtlichen Forschung, insbes. von Uhlhorn ab.

[353]a.a.O., 156.

[354]Möhler, J.A., Bruchstücke aus der Geschichte der Aufhebung der Sklaverei (1834), in: ders., Ges. Schriften und Aufsätze, hg.v. J.J.I. Döllinger, Regensburg, 1840, 54-140. J.A. Möhler wurde am 6. Mai 1796 geboren und studierte in Ellwangen und Tübingen katholische Theologie. Nach seiner praktischen Ausbildung lehrte er von 1821 an der Tübinger Universität, seit 1823 hielt er zunächst als Privatdozent, ab 1828 als Ordinarius Vorlesungen über Kirchengeschichte, Kirchenrecht und Apologetik. 1832 schuf er mit der "Symbolik, oder Darstellung der dogmatischen Gegensätze der Katholiken und Protestanten" sein berühmtestes und wirkungsvollstes Buch. Eine 1822 unternommene Reise ins "protestantische Deutschland" und Begegnungen mit führenden protestantischen Theologen wie Neander und Schleiermacher beeinflußten tief seine theologische Arbeit. Wirksam waren auch Einflüsse des Humanismus und der Romantik und damit die immer wieder gestellte nach den Anfängen des Christentum. Hier ist auch diese Arbeit einzuordnen. (vgl. a.a.O., 54.) 1835 nahm Möhler einen Ruf nach München an, wo er am 12. April 1838 starb. Wagner, H., Art. Möhler, Johann Adam (1796-1838), TRE 23, 1994, 140-143.

[355]Schneckenburger, M., Vorlesungen über neutestamentliche Zeitgeschichte, hg. aus d. handschriftlichen Nachlaß v. Th. Löhlein, Frankfurt/M., 1862. Zu Schneckenburger vgl. Glaue, P., Art. Schneckenburger, Matthias (1804-48), RGG², Bd. 5, 1931, 215.

ven und Gladiatoren aus den einschlägigen Rechtsquellen darstellte.[356] Zu nennen sind ferner Monographie des französischen Archäologen und Historikers P. Allard, "Les esclaves chrétiens depuis les premiers temps de l'eglise jusqu'à la fin de la domination romaine en Occident" von 1875[357] und G.V. Lechlers Abhandlung "Sklaverei und Christentum" (1877/78)[358]. Dazu kommen die einschlägigen Kapitel aus den schon erwähnten Diakoniegeschichten.

Methodisch folgen diese Arbeiten weitgehend demselben Schema: In einem ersten Teil werden die paganen Einstellungen zur Sklaverei notiert, dazu kommen die meist aus den Rechtsquellen erhobenen Lebensumstände und Rechtsverhältnisse von Sklaven und Herren. In einem zweiten Teil wird dann die Stellung des Urchristentums zur Sklaverei und der Beitrag des Christentums zu ihrer Überwindung beschrieben. Der Konsens konnte folgendermaßen formuliert werden: Die Befreiung der Sklaven "...ging jedoch langsam, durch eine Reihe von Stufen hindurch... Die erste Stufe war die einer inneren Umwandlung und sittlichen Heiligung des wechselseitigen Verhältnisses zwischen Sklaven und Herrschaften. Die zweite Stufe war die einer freiwilligen Lösung des Sklavenbandes als eines Rechtsverhältnisses von Seiten der Herrschaften. Die dritte Stufe war die der Gesetzgebung, indem sowohl der christliche Staat als die Kirche selbst die Pflichten der Herren und die Rechte der Sklaven im Sinne der Humanität feststellten, aber auch prinzipiell auf Verminderung des Sklaventums hinarbeiteten."[359] Nicht nur die Betonung ideeller Faktoren rückt diese Arbeiten in die Nähe der "Diakoniegeschichten", es ist auch die Überzeugung, die gesellschaftliche Ordnung der Antike sei durch den Einfluß des Christentums nachhaltig verändert worden, hinter der wohl der allgemein im liberalen Protestantismus kultivierte gesellschaftspolitische Optimismus stehen könnte, das Christentum könne durch seine Ethik auch die Gesellschaft der Gegenwart formen.

Freilich gab es bereits einen Störenfried, der diese exegetisch-kirchenhistorische Harmonie störte: Franz Camille Overbeck.[360] Und es ist sicher kein Zu-

---

[356]a.a.O., 27-33.

[357]Allard, P., Les esclaves chrétiens depuis les premiers temps de l'eglise jusqu'à la fin de la domination romaine en Occident, Paris, 1875 <1914⁵> <Nachdruck Hildesheim 1974>. Die Nachweise folgen der 5. Auflage. Zu Allard vgl. Zscharnack, L., Art. Allard, Paul (1841-1916), RGG², 1, 1927, 219.

[358]Lechler, G.V., Sklaverei und Christentum. 2 Teile, Leipzig, 1877/78. Zu Lechler vgl. Hermelink, H., Art. Lechler, G.V. (1811-1888), RGG², 3, 1929, 1518.

[359]Lechler, Sklaverei und Christentum, 1. Teil, 30.

[360]Overbeck, F., Über das Verhältniss der alten Kirche zur Sclaverei im römischen Reiche, in: ders., Studien zur Geschichte der alten Kirche, Erstes Heft, Schloss-Chemnitz, 1875, 158-230. Overbeck wurde am 16. Nov. 1837 in St. Petersburg geboren. Als Elfjähriger kam er nach Deutschland. Er studierte von 1856 bis 1860 in Leipzig und Göttingen, 1864 habilitierte er sich für neutestamentliche Exegese in Jena. 1870 erhielt er einen Ruf nach Basel, wo er bis zu seinem Tode

fall, daß sich seine Polemik gegen diesen Konsens namentlich an einer Diakoniegeschichte festmacht, an Ch. Schmidt, "Essai historique sur la société civile dans le
monde romain et sur sa transformation par le christianisme".[361]

Overbecks Kritik richtet sich zunächst gegen die Tendenz, das frühe Christentum in allzu großer Distanz zur antiken Welt zu sehen. Die Frage der Sklaverei
sei dafür paradigmatisch, da es sich zeigen ließe, daß das Christentum eben nichts
Wesentliches zur Abschaffung der Sklaverei beigetragen habe.[362] Wie seine Kontrahenten orientiert sich Overbeck vorwiegend an den Rechtsquellen und an ideellen
Faktoren: "Von höchster Bedeutung für die Rechtsentwickelung ist der Sieg der
stoischen Doktrin von der Naturwidrigkeit der Sclaverei bei den großen römischen
Rechtslehrern der älteren Kaiserzeit, welche alle Menschen für natürlich gleich erklären... und diese römischen Rechtslehrer, nicht, wie oft durch arges Missverständ-
nis behauptet wird, die Kirche, legen den Grund zur Lehre von den unveräusserli-
chen Menschenrechten in modernen Emancipationstheorien."[363] Schon das frühe
Christentum habe weder den Staat, noch die Sklaverei, noch privaten Besitz in Frage gestellt. Damit habe es zugleich den Besitz von Sklaven anerkannt.[364] Dagegen
seien "kommunistische" Vorstellungen zurückgedrängt worden, wie sie sich bei den
gnostischen Sekten des 2. Jh.s. fanden.[365] Zwar hätten Sklaven Ämter offengestan-
den, deren Annahme sei jedoch von der Zustimmung des (christlichen) Herrn abhängig gewesen. Insofern sei nicht einmal in der Gemeinde der Unterschied von
Sklaven und Freien aufgehoben worden.[366] Im übrigen zeige schon Phm, daß auch
Paulus bestehende Rechtsverhältnisse nicht angetastet habe, worin ihm die Kirche
später gefolgt sei.[367] So kommt Overbeck zu dem Resümee: "Aus der Gleichheit des
Sclaven und seines Herrn vor Gott als Erlöste Christi folgert aber das Neue Testament sonst für die Moral nichts anderes als die Mahnung zur Gütigkeit an die Herrn

---

1905 wirkte. Er wußte sich einer rein historischen, profanen Betrachtung der christlichen Geschichte verpflichtet. Während er zu seinen Lebzeiten ein eher geringes Echo fand, wirkte er nach
dem Aufkommen der formgeschichtlichen Methode mit seiner Kennzeichnung der urchristlichen
Literatur als von der profanen Literatur streng geschiedenen "Urliteratur" insbesondere über Martin
Dibelius auf die neue Forschungsrichtung ein. Vgl. Vielhauer, Ph., Franz Overbeck und die neutestamentliche Wissenschaft, EvTh 10, 1950/1951, 193-207, <Nachdruck in: ders., Aufsätze zum
Neuen Testament, ThB 31, München 1965, 235-252>; ders., Art. Overbeck, RGG[3], 4, 1960, 1750-
1752. Zur Freundschaft Overbecks mit Nietzsche: Berger, K., Exegese und Philosophie, SBS
123/124, Stuttgart, 1986, 69-84.
[361]Overbeck, F., Über das Verhältniss, 160f. Zu Schmidt s. Kap. "3.1.2. Sozialgeschichte als Geschichte urchristlicher 'Sozialpolitik' (G. Uhlhorn)", Anm. 3.
[362]a.a.O., 158.
[363]a.a.O., 169f.
[364]a.a.O., 167.183.
[365]a.a.O., 183f.
[366]a.a.O., 181f.
[367]ebd.

und zur Treue und Dienstfertigkeit an ihre Diener. Unterwerfung in Gehorsam, eine andere Predigt an die Sclaven kennt das Neue Testament überhaupt nicht, und es kann nichts allen Gedanken an Sclavenemancipation entrückteres gedacht werden als die Art, wie darin im Namen des unschuldigen Leidens Christi von Sclaven namentlich Gehorsam auch gegen den schlechten Herrn gefordert wird."[368]

Bis zu diesem Zeitpunkt waren in dieser Fragestellung allein ideelle Faktoren zur Geltung gebracht worden. Wir sahen dies zuletzt bei Overbeck, der dem Gedankengut des Stoizismus die entscheidende Rolle zusprach und natürlich - implizit und über sein Geschichtsbild vermittelt - dem Urchristentum mit seiner seit Paulus beginnenden Anpassung an die "Welt" überhaupt keine positive Rolle bei einer Veränderung der antiken Kultur zuschreiben kann.[369] Dieses ändert sich nun mit Th. Zahns allgemeinverständlichem Vortrag "Sclaverei und Christentum in der alten Welt".[370] Hier wird der zuvor von Möhler und Overbeck nur angedeutete Zusammenhang von antiker Sklaverei und moderner "Sozialer Frage" explizit gemacht: "Was die arbeitende Bevölkerung unserer Tage ist, das war in den wesentlichen Beziehungen das Sclaventhums des Alterthums. Die Sclavenfrage war die sociale Frage der alten Welt; und Nichts hat so sehr zur Zerrüttung der antiken Gesellschaft beigetragen, als die mangelhafte Lösung dieser Frage. Wenn die sociale Frage der Gegenwart für eine ernste gilt... so kann es nicht ohne Lehre sein, sich zu vergegenwärtigen, wie sich das Christenthum in den Jahrhunderten seiner ersten Ausbreitung in der Welt zur Sclaverei gestellt hat."[371] Entsprechend dieser Zielsetzung

---

[368]ebd.

[369]Die Übereinstimmungen zwischen Overbeck und Nietzsche an diesem Punkt hat K. Berger herausgearbeitet: "Beide Autoren sind sich bezüglich des Christentums darin einig: Das 'kulturelle' Christentum der Gegenwart ist abzulehnen, die Kirchengeschichte ist als Verfall darzustellen, von dem allein Jesus ausgenommen ist..." Berger, K., Exegese und Philosophie, 75. In der vorliegenden Arbeit liegt Overbeck noch näher bei Nietzsche als später in seiner auf die Formgeschichte einflußreichen Schrift "Über die Anfänge der patristischen Literatur" (dazu, Vielhauer, Ph., Die Bedeutung, 202-205), da er hier den Bruch zwischen Jesus und Paulus betont, später stellt er den Bruch zwischen den urchristlichen Literaturformen und den Apologeten in den Vordergrund. Vgl. Berger, K., Exegese und Philosophie, 81.

[370]Zahn, Th., Sclaverei und Christenthum in der alten Welt, Sammlung von Vorträgen für das deutsche Volk. Bd.I,6, Heidelberg, 1879, 143-188 <Nachdruck in: ders., Skizzen aus dem Leben der Alten Kirche, Erlangen, 1894, 62-105> Theodor Zahn wurde am 10. Okt. 1838 in Moers geboren. Nach seinem Studium in Basel, Erlangen und Göttingen wurde er dort 1868 Privatdozent. Zahn arbeitete bis dahin vorwiegend im Grenzgebiet von neutestamentlicher Wissenschaft und Patristik. Sein besonderes Interesse galt der Kanonsgeschichte. Von daher kam er auch - hinsichtlich der Authentizität der neutestamentlichen Schriften - zu äußerst konservativen Urteilen, die nicht unbedingt konsensfähig waren. Erst 1877 wurde Zahn, wegen seiner politischen Überzeugungen - wie er selbst vermutet - zunächst auf einen Lehrstuhl nach Kiel berufen, 1878 wechselte er nach Erlangen, 1888-1892 lehrte er Kiel, von 1892 bis zu seinem Tode 1933 lebte er wieder in Erlangen. Vgl. Zahn, Th., Selbstdarstellung, RWGS, Bd. 1, Leipzig, 1925, 221-248; Metzger, H.-O., Art. Zahn, Theodor, RGG^3, 6, 1962, 1865.

[371]a.a.O., 144f

ändern sich nun die Kriterien. Die Sklaverei wird nicht mehr wie bei Möhler vom Sündenfall abgeleitet,[372] noch aus religiösen Defiziten des antiken Polytheismus wie bei Lechler[373] - die Sklaverei hat in der Anhäufung von Kapital eine ökonomische Ursache.[374] Sklaven seien in Rom vielfach eine Geldanlage gewesen und hätten in allen gesellschaftlichen Bereichen gearbeitet. In Rom sei das Verhältnis der Sklaven zu den Freien etwa 2/3 zu 1/3 gewesen.

Die zunächst gegebene völlige Rechtlosigkeit der Sklaven hätte zu den bekannten Aufständen geführt. Die Situation der Sklaven hätte sich freilich schon vor dem Aufkommen des Christentums gebessert. Neben der Stoa (Seneca) nennt Zahn Philo von Alexandrien. Dazu sei die Arbeit und damit zugleich der arbeitende Mensch im Judentum höher geschätzt worden als sonst in der Antike. Als das Christentum den Sklaven als Mitbruder in der Gemeinde anerkannte, habe das Urchristentum nichts Umstürzendes mehr gebracht, zumal die Gesetze zur Sklaverei nicht in Frage gestellt worden seien.[375] Das Christentum habe die Sklaverei weder bekämpft noch gerechtfertigt.[376] Insofern sei die Frage nach einem Beitrag des Urchristentums nicht zu beantworten, "weil die Sclaverei damals überhaupt nicht abgeschafft worden ist, sondern, soweit sie nicht in andere Formen der Hörigkeit überging oder durch dieselben ersetzt wurde, allmählig ausstarb."[377] Nur innerhalb der christlichen Gemeinschaft sei es zu einer allmählichen Gleichberechtigung des Sklaven gekommen und nur als religiöse Gemeinschaft habe sie auch später gegen die Sklaverei gewirkt.[378]

Zahns Vortrag bildete zunächst den Abschluß einer zweiten Phase der Erforschung des Verhältnisses von Urchristentum und Sklaverei. Im Unterschied zum ersten Abschnitt der Forschungsgeschichte wird von einem Beitrag der Kirche in Zusammenarbeit mit dem Staat bzw. eines christlich überformten Staates nicht mehr gesprochen. Zahns explizite Parallelisierung von Sozialer Frage und Sklavenfrage wie sein Argument einer Neubewertung der Handarbeit im Urchristentum blieben eine längere Zeit wirksam.[379]

---

[372]Möhler, J.A., Bruchstücke, 56-58.

[373]Lechler, G.V., Sklaverei und Christentum I, 17.

[374]Zahn, Th., Sclaverei und Christentum, 145.

[375]a.a.O., 170.

[376]a.a.O., 169.170f.

[377]a.a.O., 173.

[378]a.a.O., 173f.183f.

[379]Zahns Argumentation folgen im wesentlichen Jerovšek, A., Die antik-heidnische Sklaverei und das Christentum, XXXIII. Jahresbericht der k.k. Staatsoberrealschule in Marburg, 1902/1903, 1-30. Steinmann, A., Die Sklavenfrage in der alten Kirche. Eine historisch-exegetische Studie über die soziale Frage im Urchristentum, Berlin, 1910 <Mönchengladbach 1922[3+4]>; ders, Sklavenlos und Alte Kirche, Apologetische Tagesfragen 8, Mönchen-Gladbach, 1910. Jerovšek stellt im wesentli-

1894, 15 Jahre nach Zahns Vortrag, hatte sich der Hintergrund der Frage nach "Sklaverei und Christentum" verschoben. Es war nicht mehr nur die Soziale Frage, die man in den Zusammenhang mit unserem Thema brachte, man sah sich auch durch das Faktum herausgefordert, daß das Deutsche Reich als Kolonialmacht selbst mit dem Phänomen der Sklaverei in seinen Kolonien konfrontiert war.[380] Die neue gesellschaftspolitische Relevanz des Themas ist auch in dem Artikel "Sklaverei und Christentum" zu spüren, den 1906 E.v. Dobschütz für die "Realencyklopädie für protestantische Theologie und Kirche" verfaßt hat.[381] Darüberhinaus muß er sich mit einer größeren Zahl althistorischer Werke auseinandersetzen, die zunehmend soziale Faktoren für die Milderung und das Ende der antiken Sklaverei verantwortlich machten. Dies ist bereits in der Einleitung des Artikels zu spüren: "Die neueste nationalökonomisch orientierte Geschichtsforschung hat die landläufigen Vorstellungen über Ursprung, Wesen, Ausdehnung, Gestaltung und Aufhebung der Sklaverei einer so gründlichen Umbildung unterzogen, daß davon auch die Frage nach dem Einfluß des Christentums auf die Sklaverei stark berührt wird. Glaubte man früher, ihm ohne weiteres die Aufhebung dieses Instituts als Verdienst zuschreiben zu können, so wollen ihm jetzt manche jeden Einfluß in dieser rein wirtschaftlich zu betrachtenden Frage absprechen. Historiker und Nationalökonomen übersehen darin zum Schaden der Sache, daß die theologische Mitarbeit längst einen richtigen Mittelweg eingeschlagen hat. Aufgabe dieses Artikels wird es sein, den Theologen die

---

chen die Quellen zusammen und argumentiert mit ideellen Faktoren, so daß er methodisch eher in die erste Phase gehört. Steinmann bemüht sich darum I Kor 7 im Kontext der antiken Sklaverei zu verstehen. Darüber hinaus thematisiert er weitere sozialgeschichtlich relevante Fragen wie zur Schichtung des Urchristentums sowie seiner diakonischen Arbeit.

[380]Typisch Teichmüller, E., Einfluß des Christentums auf die Sklaverei im griechisch-römischen Altertum, Dessau, 1894, 5: "Deutschland ist inzwischen mächtig geworden und hat Kolonien erlangt, von Negern, Hottentotten und Namas in Afrika, von Papuas und Südseeinsulanern in Neu-Guinea bewohnt. Dadurch ist die Sklaverei näher in den Gesichtskreis unseres Volks getreten. Das deutsche Reich betheiligt sich an den Bestrebungen zur Unterdrückung des Sklavenhandels und an der Beseitigung der in diesen Kolonien bisher üblichen Sklaverei an der Seite anderer Mächte, besonders Englands, das in rühmenswerther Weise vorangegangen ist und Großes auf diesem Felde geleistet hat. Endlich wollen wir nicht vergessen, daß die Sozialdemokraten sich untereinander durch die Rede reizen und zum Kampf gegen die bestehende gesellschaftliche Ordnung aufstacheln, die meisten Handarbeiter seien in der That nichts als Sklaven..." Methodisch und sachlich findet sich bei Teichmüller keine Innovation, er folgt im wesentlichen der Argumentation Zahns, ferner bestimmen ihn auch apologetische Interessen, vgl. a.a.O., 5f.

[381]Dobschütz, E.v., Art. Sklaverei und Christentum, RE 18, 1906, 423-433. Vgl. den Schlußabschnitt des Artikels, der über die Abschaffung der modernen Sklaverei handelt: "Es war die germanisch-protestantische Kultur im Gegensatz zu der romanisch-katholischen, welche diese Entwicklung betrieb. Das zeigt sich auch in der führenden Stellung Englands bei Unterdrückung des Negersklavenhandels. Daß aber christliche Liebesmotive und nicht nur national-ökonomische Interessen dabei ausschlaggebend waren, dafür bürgt der Name Wilberforce... Durch Zusammenwirken aller beteiligten Mächte ist die Zurückdrängung des Sklavenhandels auf ein enges Gebiet gelungen. Neben der staatlichen Wirksamkeit ist dabei aber die freie Mitarbeit der christlichen Mission nicht zu übersehen." A.a.O., 433

neueren wirtschaftsgeschichtlichen Anschauungen zu übermitteln, zugleich aber, die jetzt meist unterschätzten religiös-sittlichen Faktoren zur Geltung bringen."[382] Damit folgt er dem Programm seiner Monographie über "Die urchristlichen Gemeinden".[383]

Dobschütz beginnt seinen Artikel mit einem Überblick über den Umfang der antiken Sklaverei. Durch die Kriege, insbesondere nach den Perserkriegen bei den Griechen und bei den Römern zwischen den punischen Kriegen und dem Anfang der Kaiserzeit habe die Zahl der Sklaven stark zugenommen und so die Lohnarbeit verdrängen können. Tätigkeitsfelder der Sklaven, ihr Alltagsleben und die Verhaltensweisen ihnen gegenüber werden breit dargestellt. Sklaven seinen als Gegenstände angesehen und in der Regel hart behandelt worden. In der Kaiserzeit habe sich die Stellung der Sklaven allmählich gebessert.[384] Dobschütz erwähnt hier die Gesetzgebung des Kaisers Hadrian und die Wirkung der Stoa, nicht ohne den gegen Overbeck gerichteten Hinweis, daß dieses nicht allein zur Abschaffung der Sklaverei geführt hätte.[385] Denn die Antike habe sich - mit Ausnahme weniger utopischer Schriften - keine Gesellschaft ohne Sklaven vorstellen können.[386]

Mit den zuletzt genannten Utopien habe das Christentum jedoch nichts gemein. Es habe die bestehenden Ordnungen geachtet. So fänden sich in der Jesusüberlieferung wie in den neutestamentlichen Gemeinden Sklaven. Nach den Apostolischen Constitutionen habe man zum Sklavenkauf auch auf den Jahrmarkt gedurft.[387] IgnPol 4,3 zeige, daß es keinen automatischen Freikauf aus Gemeindemitteln gegeben habe. In den äußeren Verhältnissen habe sich nicht viel geändert, während in der inneren Einstellung des christlichen Herrn zu seinen Sklaven wie im Leben der urchristlichen Gemeinden durch die religiöse Anerkennung, die der Sklave erhielt, eine große Änderung eingetreten. Nur von diesem Faktum her seien die Gehorsamsforderungen an die Sklaven zu verstehen.[388] Politisch habe sich das Christentum für Milderungen, nicht für die völlige Abschaffung der Sklaverei eingesetzt, nur in den Klöstern sei es dazu gekommen.[389] Freilassungen, die meist als scheinbare Schenkung oder einen Verkauf an einen Tempel durchgeführt wurden, habe es in größerem Umfange schon vor dem Christentum gegeben, sie verbanden sich später vielfach mit dem Übertritt von Reichen zum Christentum.[390]

---

[382]a.a.O., 423.

[383]s. dazu Kapitel 4.1. "Sozialgeschichte als neutestamentliche Kirchenkunde (E. v. Dobschütz)".

[384]a.a.O., 425f.

[385]a.a.O., 426f.

[386]a.a.O., 427.

[387]a.a.O., 427.

[388]a.a.O., 428.

[389]a.a.O., 429.431.

[390]a.a.O., 430.

Die durch die Pax Romana stark abnehmende Zahl von Sklaven aus den Kriegen, die das Bewirtschaften großer Güter durch Sklaven unmöglich und unrentabel machte, war für Dobschütz die ökonomische Ursache für den Rückgang der Sklaverei. Entsprechend sei das Latifundienwesen allmählich durch die Bebauung des Landes durch "halbfreie" Colonen ersetzt worden.[391] Dies hielt sich als Hörigkeit durch das gesamte Mittelalter, wo es nach wie vor Sklaven gab. Erst in neuester Zeit sei die Sklaverei dann stark zurückgedrängt worden.[392]

Mit Dobschütz' Artikel ist nun das Thema "Sklaverei und Christentum" nach eindeutig sozialgeschichtlichen Gesichtspunkten bearbeitet worden. Bis Overbeck und zu Teil darüberhinaus argumentieren die Autoren vorwiegend mit ideellen Faktoren. Sie folgten damit dem in den "Diakoniegeschichten" beheimateten Bild der vorchristlichen Antike als einer Welt ohne Liebe, die durch das Christentum veredelt wurde. Seit Overbecks Protest gegen dieses einseitige Bild und Zahns Vortrag werden vermehrt ökonomische Faktoren in den Diskurs einbezogen. Sie dienten der Kritik einiger für Theologen unbequemen Position. Aber damit konnte zugleich gezeigt werden, daß nicht allein idelle Faktoren die Entstehung und weitere Geschichte der Sklaverei bestimmt haben, sondern in viel stärkerem Maße soziale Gegebenheiten, womit dann eben Overbecks Argumentation relativiert werden konnte, zumal aus dem Vergleich von Ideen und sozialgeschichtlichen Fakten gezeigt werden konnte, daß das Urchristentum zwar die Sklaverei nicht abschaffte, aber allemal besser abschnitt als der Durchschnitt. Festzuhalten bleibt jedoch, daß kein Theologe zur einer Bevorzugung sozialer Faktoren gegenüber ideellen neigt. Erst Dobschütz glich den Konflikt zwischen beiden Perspektiven aus. Auffallend ist auch die höhere Relevanz, die dem Thema "Sklaverei und Christentum" gegenüber der Erforschung der urchristlichen Frauengeschichte seinerzeit zugeschrieben wurde. Vermutlich galten gerade die Sklaven (vielfach unausgesprochen mit dem zeitgenössischen "Proletariat" identifiziert) als die paradigmatische Gruppe für eine Forschungsrichtung, die sich wesentlich und lange Zeit als "Geschichte unterprivilegierter Schichten und Gruppen" verstanden hatte, während in einer männlich dominierten, im Bürgertum verankerten althistorischen und neutestamentlichen Wissenschaft die Frauen nicht als solche angesehen wurden.[393]

Für das Gesamtbild der sozialgeschichtlichen Erforschung des Urchristentums im 19. Jh. ist wichtig, daß sich an einem relativ eng umgrenzten Bereich zwei typische Merkmale der Verwissenschaftlichung der sozialgeschichtlichen Fragestellung zeigen. Zum einen, wie der anfängliche Optimismus einer positiven Beeinflussung

---

[391]a.a.O., 429.

[392]a.a.O., 432.

[393]S. dazu Kapitel 1.3.2. "Wissenssoziologische Aspekte: Externe Faktoren der Wissenschaftsgeschichte"

der Gesellschaft durch christliche Werte einer nüchternen Kenntnisnahme und Berücksichtigung ökonomischer Faktoren wich. Das entspricht im wesentlichen der
Entwicklung von dem Ansatz der Diakoniegeschichte zu den großen Monographien
des beginnenden 20. Jh.s.. Zum anderen sind praktisch alle hier genannten Arbeiten
Gelegenheitsarbeiten gewesen, zum Teil populärwissenschaftlich, zum Teil stark
apologetisch ausgerichtet, so daß man hier von für das 19. Jh. über weite Teile typischen Publikationsformen sprechen kann.

4.6 Zwei Blicke seitwärts. Max Weber und Robert von Pöhlmann
4.6.1 Sozialgeschichte als Religionssoziologie (M. Weber)

Max Webers[394] Wirkung auf die sozialgeschichtliche Exegese des Neuen Testaments, wie wir sie heute spüren, steht in einem auffallenden Kontrast zur Rezeption seiner Arbeiten zu Lebzeiten. Zwei Brüche in der Rezeptionsgeschichte Webers
vermögen dies zu illustrieren:

---

[394]Max Weber wurde am 21. April 1864 in Erfurt geboren. Nach dem Abitur begann er 1882 in
Heidelberg sein Studium in den Rechtswissenschaften und der Nationalökonomie, das er 1883 in
Straßburg, Berlin und Göttingen fortsetzte. Nach dem Abschluß des Studiums im Jahre 1888 und
der Promotion 1889 über italienische Handelsgesellschaften verfaßte er seine Habilitationsschrift
über "Die römische Agrargeschichte in ihrer Bedeutung für das Staats- und Privatrecht". Schon in
diesen Arbeiten zeigten sich sozialwissenschaftliche Interessen. Weber war zu dieser Zeit schon
Mitglied des "Verein(s) für Socialpolitik" und betätigte sich im "Evangelisch-Sozialen Kongreß";
in dessen Auftrag erstellte er die sog. "Landarbeiterenquêten". 1893 wurde Weber, inzwischen mit
Marianne Weber, geb. Schnitger verheiratet, Professor für Nationalökonomie in Freiburg. 1896
folgte der Wechsel nach Heidelberg, wo Weber in einen intensiven Austausch mit Ernst Troeltsch
kam. Über verschiedene informelle Kreise hatte er auch Kontakt zu Deißmann. Nach einer längeren Krise trat Weber 1903 von seinem Lehramt zurück, entfaltete aber eine reiche literarische Tätigkeit. 1904/1905 veröffentlichte er seine Protestantismusstudie, seit 1911 arbeitete er an seinen
Studien zur "Wirtschaftsethik der Weltreligionen" und begann mit der Niederschrift von "Wirtschaft und Gesellschaft". 1909 gehörte er zu den Gründern der "Deutsche(n) Gesellschaft für Soziologie", in deren Vorstand er die Position des "Rechners" bekleidete. Erst seit dieser Vereins-
gründung bezeichnete sich Weber selbst als "Soziologe". Im 1. Weltkrieg war Weber bis 1915 als
Lazarettoffizier tätig. Danach wurde seine Haltung zur deutschen Politik kritischer, und er wurde
zum Befürworter eines "Verständigungsfriedens". 1918 hielt Weber Vorlesungen in Wien, bevor
er 1919 in München wieder einen Lehrstuhl übernahm. Dort starb er am 14. Juni 1920. Vgl. hierzu:
Weber, M., Max Weber. Ein Lebensbild, Tübingen, 1950[2] <1926>; Käsler, D., Max Weber, in:
ders.<Hg.>, Klassiker des soziologischen Denkens. Zweiter Band. Von Weber bis Mannheim,
München, 40-177:40-55. Folgende Schriften Webers werden abgekürzt zitiert: Weber, M., Wirtschaft und Gesellschaft. Grundriß der verstehenden Soziologie, hg.v. J. Winckelmann, Tübingen,
1972[5] <1921/1922> (=WuG) und Weber, M., Gesammelte Aufsätze zur Religionssoziologie. 3
Bde., <Bd. 2+3 hg.v. Marianne Weber>, UTB 1488.1489.1490, Tübingen, 1988[9+7+8]
<1920.1921.1921> (=RS I-III).

Heute wirken Webers Theorien so intensiv auf dem Gebiet der neutestamentlichen Exegese und der Geschichte des Urchristentums nach, daß man cum grano salis die erste Phase der Wiederentdeckung der sozialgeschichtlichen Fragestellung als "Geschichte der Weber-Rezeption" in der neutestamentlichen Theologie schreiben könnte.[395] Dagegen hatte Weber selbst wohl eine große Studie über das antike Judentum veröffentlicht, dabei hatte er aber lediglich in dem Fragment über die Pharisäer das neutestamentliche Zeitalter "erreicht", während er die Geschichte des frühen Christentums nicht mehr gesondert bearbeitet hatte.[396]

Zweitens hat Weber für seine Arbeiten in breitem Umfange die zeitgenössische theologische Forschung rezipiert. So übernahm er z.B. den Begriff der "charismatischen Herrschaft" von dem Kirchenrechtler Rudolph Sohm. Dagegen wurde der Einfluß Webers auf die biblischen Wissenschaften seinerzeit zurückhaltend notiert und bis heute kaum untersucht, so daß er kaum kenntlich ist.[397]

Diese Brüche in der Rezeptionsgeschichte sind auf dem Gebiet der Theologie - aus damaliger Perspektive gesehen - erstaunlich. Immerhin sah nicht nur A.v. Harnack - im Gegensatz zu vielen Historikern und Wirtschaftswissenschaftlern - Webers Methodik als weiterführend an, auch wenn er ihre Anwendung in der neutestamentlichen Wissenschaft wie in der Geschichte der alten Kirche aufgrund der Quellenlage kritisch beurteilte.[398] Ferner hatte Ernst Troeltsch mit seinen "Soziallehren" Webers Ansatz aufgegriffen und eigenständig weitergeführt.[399] Aus unserer heutigen Perspektive sind sowohl innertheologische wie wissenschaftsgeschichtliche Ursachen dafür verantwortlich zu machen, daß es trotz nicht ungünstiger "Startbedingungen" dann doch nicht zu einer Fortsetzung und Intensivierung das Austausches mit Webers Soziologie kam.

---

[395]Hierfür stehen die Arbeiten von B. Holmberg, W.A. Meeks, G. Theißen und anderen.

[396]Schluchter, W., Einleitung: Max Webers Analyse des antiken Christentums. Grundzüge eines unvollendeten Projekts, in: <Hg.> ders. , Max Webers Sicht des antiken Christentums. Interpretation und Kritik, stw 548, Frankfurt/M., 1985, 11-71; Zingerle, A., Max Webers historische Soziologie. Aspekte und Materialien zur Wirkungsgeschichte, EdF 163, Darmstadt, 1981, 6-19.

[397]Dies gilt auch für Ernst Lohmeyer, der in breiterem Umfange auf Max Webers Arbeiten zurückgreift. Vgl. Kapitel "5.3. Transzendentale Gemeinschaftstheologie und sozialgeschichtliche Exegese". Holstein, J.A., Max Weber and Biblical Scholarship, HUCA 46, 1975, 159-179:159f. Anders jedoch Zingerle, A., Max Webers historische Soziologie, 182.

[398]Vgl. dazu Kapitel "4.4. Sozialgeschichte als Grundlagenwissenschaft der Sozialethik (E. Troeltsch)". Ferner Tödt, H.E., Max Weber und Ernst Troeltsch in Heidelberg, in: <Hg.> W. Doerr, Semper Apertus. Sechshundert Jahre Ruprecht-Karls-Universität Heidelberg 1386-1986. Bd.III. Das Zwanzigste Jahrhundert 1918-1985, Berlin, 215-258, 1985.

[399]Vgl. dazu Kapitel "4.4. Sozialgeschichte als Grundlagenwissenschaft der Sozialethik (E. Troeltsch)". Ferner: Tödt, H.E., Max Weber und Ernst Troeltsch in Heidelberg, in: <Hg.> W. Doerr, Semper Apertus. Sechshundert Jahre Ruprecht-Karls-Universität Heidelberg 1386-1986. Bd.III. Das Zwanzigste Jahrhundert 1918-1985, Berlin, 1985, 215-258.

Zunächst ist zu vermuten, daß Weber (samt seinem Freund Troeltsch) unter das Verdikt geriet, mit dem nach 1918 die liberale Theologie belegt wurde.[400] Ferner dürfte eine Theorie, die die Prägekraft religiöser Überzeugungen und ihre Auswirkungen auf das alltägliche Leben untersucht und herausstellt, im Säkularisierungsschub, den die deutsche Gesellschaft und Kirche nach 1918 erlebte, deutlich an Plausibilität verloren haben. Politische Wertungen dürften wie bei Troeltsch ebenfalls eine Rolle gespielt haben.[401]

Ein nicht zu unterschätzender Faktor ist ferner die institutionell ungefestigte Stellung der Wissenschaft "Soziologie". Denn die längste Zeit wurde zu Webers Lebzeiten "Soziologie" auf juristischen und nationalökonomischen Lehrstühlen getrieben. Weber selbst bezeichnete sich ja erst seit 1909 als "Soziologe". Man könnte also sagen, daß auch nach Weber die Soziologie ihre Etablierung als eigenständige akademische Disziplin noch *vor* sich hatte. Insofern ist es durchaus verständlich, wenn sich an sozialen Fragen interessierte Neutestamentler wie v. Dobschütz, Deißmann und ihre Nachfolger bei ihren theoretischen Annahmen an der schon länger als Wissenschaft etablierten Volkskunde als Bezugswissenschaft orientierten.

Weitere Gründe liegen in Webers prekärer Stellung innerhalb der Soziologie selbst: Denn auch dort verlief die Rezeptionsgeschichte - abgesehen von einer geringfügigen und deshalb zu vernachlässigenden Phasenverschiebung - nicht anders als auf unserem Terrain.[402] Zwar stand ihm, seit er 1904 die Herausgeberschaft des "Archiv für Sozialwissenschaft und Sozialpolitik" übernommen hatte und er dort regelmäßig veröffentlichte, *das* Organ der Sozialwissenschaften in Deutschland zur Verfügung. Dennoch befand er sich am Rand der akademischen Öffentlichkeit, seit er 1903 von seinem Lehramt zurückgetreten war und auf seine akademischen Rechte verzichtet hatte. Die informellen Kreise, in denen er sich mit Freunden und ehemaligen Kollegen traf, waren nicht mehr als eine "Ersatzöffentlichkeit", wenn sie auch Webers Gedankengut in die wissenschaftliche Öffentlichkeit wirkungsmächtiger vermittelten als seine Veröffentlichungen.[403] Konsequenterweise bildete

---

[400]Vgl. hierzu das Kapitel "5. Sozialgeschichtliche Exegese in der ersten Hälfte des 20. Jahrhunderts".

[401]Vgl. dazu Kapitel "4.4. Sozialgeschichte als Grundlagenwissenschaft der Sozialethik (E. Troeltsch)".

[402]Käsler, D., Max Weber, 175; Zingerle, A., Max Webers historische Soziologie, 134. Beide Autoren datieren den Beginn der "Weber-Renaissance" auf die Jahre nach 1945 und lokalisieren sie in den USA. In Deutschland selbst fand Weber erst in den 60er Jahren vermehrt Interesse. Anscheinend hemmte der nach dem 2. Weltkrieg in Europa dominierende Existentialismus nicht nur in der Theologie soziale Fragestellungen.

[403]Käsler, D., Max Weber, 170f. Küenzlen, G., Die Religionssoziologie Max Webers. Eine Darstellung ihrer Entwicklung, Sozialwissenschaftliche Abhandlungen der Görres-Gesellschaft. Bd.6,

sich um Max Weber, der nur wenige Promovenden und keinen Habilitanden betreut hatte,[404] auch keine Schule, wiewohl dies, wenn man an andere Angehörige seiner Wissenschaftlergeneration wie Troeltsch und andere Göttinger "Religionsgeschichtler" denkt, nicht untypisch ist. Vielleicht war nicht nur die Denkmentalität dieser Forscher einer Schulbildung im Weg, sondern auch ihre, durch die Zeitläufte bedingt, relativ kurze Tätigkeit als Ordinarien.

Schließlich ist noch das besondere Profil von Webers wissenschaftlichen Interessen zu nennen. Das Augenmerk, das er auf die subtilen Zusammenhänge ideeler und sozialer, wirtschaftlicher und religiöser Faktoren in der Entwicklung des okzidentalen Rationalismus richtete, stand letztlich quer zu den Interessen einer noch zwischen Sozialwissenschaft und Sozialpolitik, Psychologie und Historie, Gesellschaftswissenschaft und Nationalökonomie schwankenden Wissenschaft.[405]

Wenn nun heute auf Webers Theorien und Modelle zurückgegriffen wird, ist vielfach außer Blick geraten, daß diese selbst in einem größeren Zusammenhang stehen. Sie sind nämlich von der für Weber zentralen Frage bestimmt, welchen Beitrag und welche Weichenstellungen die Religionen und die jüdisch-christliche Glaubenstradition insonderheit für die Entwicklung der okzidentalen Kultur, ihres Rationalismus und ihrer Weise zu wirtschaften, gebracht und veranlaßt haben. Da diese nach Webers wohl bekanntester Studie durch den Protestantismus bestimmt ist, ist dieser der eigentliche Fluchtpunkt von Webers Religionssoziologie. Konsequenterweise hat er seine Protestantismusstudie seinen Untersuchungen zur Wirtschaftsethik der Weltreligionen vorangestellt.[406] Damit ist aber zugleich deutlich, daß Webers Theoriebildung implizit ein Entwicklungsschema zugrundeliegt, wie wir es auch in der Absolutheitsschrift von Ernst Troeltsch finden, der im Christentum und speziell im Protestantismus den Konvergenzpunkt der bisherigen Religions- und Kulturgeschichte findet, wenn auch nicht die Realisation des Begriffes Religion.[407] In der Konsequenz des Erkenntnisinteresses liegt nun die Typologie, die Webers Religionssoziologie zugrundeliegt. Wie W. Schluchter herausgestellt hat, unterscheidet Weber zwei, jeweils zu kombinierende Alternativen: Einmal ist zu unterscheiden, ob eine Religion eine "innerweltliche" oder "außerweltliche" Orientierung ihrer Anhänger präferiert. Zweitens ist zu unterscheiden, ob sich die Gläubigen von ihrer Religion zu einer aktiven oder passiven Rolle motiviert sehen. Durch

---

Berlin, 1980, 6f.51f. sieht in der Publikationsform der Arbeiten Webers ein wesentliches Rezeptionshindernis.

[404]Käsler, D., Max Weber, 172.

[405]a.a.O., 175.169f.

[406]Schluchter, W., Altisraelitische religiöse Ethik und okzidentaler Rationalismus, in: ders. <Hg.>, Max Webers Studie über das antike Judentum. Interpretation und Kritik, stw 340, Frankfurt/M., 1981, 11-77: 14.

[407]Troeltsch, E., Die Absolutheit des Christentums und die Religionsgeschichte und zwei Schriften zur Theologie, Siebenstern TB 138, München, 1969, 84f.90.

die Kombination dieser Alternativen ergeben sich vier Typen eines religiös motivierten Weltverhältnisses, die sich in folgendem Schema darstellen lassen[408]:

	innerweltliche Lebensori-entierung	*außerweltliche Lebensori-entierung*
passive Haltung	*Weltanpassung*	*Weltflucht*
aktive Haltung	*Weltbeherrschung*	*Weltüberwindung*

Abb. 3

Der Einordnung in dieses Schema geht in seinen Studien zur Wirtschaftsethik
der Weltreligionen eine Untersuchung der sozialen Umwelt einer Religion voraus,
gefolgt von einer Darstellung ihrer (Sozial-)ethik, dann wird nach dem Verhältnis
von orthodoxen und heterodoxen Ausprägungen gefragt, bis am Ende das Verhältnis von religiösen Eliten und Massen geklärt wird.[409]

Nach Weber ist das Urchristentum "...eine Lehre wandernder Handwerksburschen. Es war und blieb eine ganz spezifisch städtische, vor allem: bürgerliche, Religion in allen Zeiten seines äußeren und inneren Aufschwungs, in der Antike ebenso wie im Mittelalter und im Puritanismus. Die Stadt des Okzidentes in ihrer Ein-
zigartigkeit gegenüber allen andern Städten und das Bürgertum in dem Sinne, in
welchem es überhaupt nur dort in der Welt entstanden ist, war sein Hauptschauplatz,
für die antike pneumatische Gemeindefrömmigkeit ebenso wie für die Bettel-orden
des hohen Mittelalters und für die Sekten der Reformationszeit bis zum Pietismus
und Methodismus hin."[410]

Wenn nun eine derartig den Okzident bis in die Moderne hinein prägende Religion im Orient entstanden ist, muß das Judentum, dem das Christentum (und der

---

[408]Schluchter, W., Altisraelitische religiöse Ethik, 55.

[409]Vgl. Schluchter, W., Einleitung: Max Webers Analyse des antiken Christentums. Grundzüge
eines unvollendeten Projekts, in: <Hg.> ders. , Max Webers Sicht des antiken Christentums. Interpretation und Kritik, stw 548, Frankfurt/M., 1985, 11-71 und ders., 8. Ursprünge des Rationalismus
der Weltbeherrschung: Das antike Christentum, in: ders., Religion und Lebensführung, 2 Bde, stw
961/962, Frankfurt/M., 1991 <1988>, Bd.2, 197-260, wo er aufgrund dieser Vorüberlegungen aus
den einzelnen Bemerkungen Webers versucht, umfassend dessen Sicht des frühen Christentums zu
rekonstruieren. Ferner Schluchter, W., Altisraelitische Ethik, 20. Natürlich ist Webers Interesse an
Eliten nicht günstig für eine Rezeption innerhalb der sich nach 1920 entwickelnde Formgeschichte,
die in einem anonymen, kollektiven Autor das Subjekt religiöser Traditionsbildung sieht.

[410]RS I, 240.

Islam) entstammt, ebenfalls in die Betrachtung miteinbezogen werden.[411] In seiner Studie über das antike Judentum unterscheidet Weber scharf zwischen vorexilischem und (nach)exilischem Judentum.[412] Vor dem Exil sieht er zwei Tendenzen, einmal "... die rituelle Korrektheit und die dadurch bedingte Abgesondertheit von der sozialen Umwelt... Daneben stand eine in hohem Grade rationale, das heißt von Magie sowohl wie von allen Formen irrationaler Heilssuche freie religiöse Ethik des innerweltlichen Handelns."[413] Im Exil und vollends in der Gesetzgebung Esras und Nehemias trat die priesterliche Tradition, Träger der ersten genannten Tendenz in den Vordergrund, während die Prophetische Tradition, Träger der zweiten Tendenz, zurückgedrängt wurde.[414] Die Pharisäer hätten diese Tendenzen seit der Makkabäerzeit und besonders nach 70 n.Chr.[415] nur verstärkt, die zu einer rituellen Absonderung, sektenmäßigen Ausgestaltung ihrer Gemeinschaft[416] und Festigung des Judentums als "Paria-Volk" geführt hätten. "Die Gestaltung der Frömmigkeit in der nunmehr vom prophetischen Charisma entblößten jüdischen Gemeinschaft wurde... sehr... mitbestimmt durch jene soziale Gliederung, welche die Nehemia-Berichte erkennen lassen. Die 'Frommen', die chasidim... sind vornehmlich...ein städtischer Demos von Ackerbürgern, Handwerkern, Händlern und stehen in der typisch antiken Art in oft äußerst schroffem Gegensatz zu den begüterten stadt- und landsässigen Geschlechtern, weltlichen sowohl wie priesterlichen."[417] Jesu Konflikt mit den Pharisäer sei Ausdruck dieses Konflikts zwischen pharisäischen, gebildeten Stadtbürgern und der Landbevölkerung.[418] Typisch für die Entwicklung des Judentums sei eine ausgeprägte Scheidung von Binnen- und Außenmoral, die wohl das Wohl-

---

[411]a.a.O., 237f.

[412]Weber folgt hier - auch in seinen Wertungen - Wellhausen und seiner Schule. Freilich ist die Unterscheidung von (vorexilischem) Israel und (nachexilischem) Judentum mit gleichzeitiger Abwertung des letzteren älter - und bis in unsere Gegenwart wirksam. Vgl. Rendtorff, R., Das Bild des nachexilischen Israel in der deutschen alttestamentlichen Wissenschaft von Wellhausen bis von Rad, in: ders., Kanon und Theologie. Vorarbeiten zu einer Theologie des Alten Testaments, Neukirchen, 1991, 72-80. Zur vielschichtigen Problematik von Webers Bild des Judentums vgl. auch Raphaël, F., Die Juden als Gastvolk im Werk Max Webers, in: <Hg.> W. Schluchter, Max Webers Studie über das antike Judentum. Interpretation und Kritik, stw 340, Frankfurt/M., 1981, 224-262 und Fleischmann, E., Max Weber, die Juden und das Ressentiment, in: <Hg.> W. Schluchter, Max Webers Studie über das antike Judentum. Interpretation und Kritik, stw 340, Frankfurt/M., 1981, 263-286. An diesem Punkt ist heute neu nachzudenken. Schluchter, W., Einleitung, 57f.

[413]RS III, 6f.

[414]a.a.O., 363.365.

[415]a.a.O., 407.

[416]a.a.O., 403.

[417]a.a.O., 399f.

[418]a.a.O., 403.407.

ergehen der eigenen Leute förderte, letztlich das Judentum als aktiven gestaltenden Faktor der modernen Welt ausscheiden ließen.[419]

Gegen *dieses* Judentum profiliert Weber nun das Urchristentum, das Erbe der vorexilischen Prophetie sei, des Trägers der zweiten Tendenz und der mit ihr verbundenen rationalen Ethik. Es habe damit für die okzidentale Entwicklung ermöglicht:[420] "Denn zu den wichtigsten geistigen Leistungen der paulinischen Mission gehörte es, daß sie dies heilige Buch der Juden als ein heiliges Buch des Christentums in diese Religion hinüberrettete und dabei doch alle jene Züge der darin eingeschärften Ethik als nicht mehr verbindlich, weil durch den christlichen Heiland außer Kraft gesetzt, ausschied, welche gerade die charakteristische Sonderstellung der Juden: ihre Pariavolkslage rituell verankerten... Ohne die Uebernahme des Alten Testaments als heiligen Buch hätte es auf dem Boden des Hellenismus zwar pneumatische Sekten und Mysteriengemeinschaften mit dem Kult des Kyrios Christos gegeben, aber nimmermehr eine christliche Kirche und eine christliche Alltagsethik."[421] Dazu kommt es nach Weber, indem das Liebesgebot allen Geboten des atl. Gesetz vorgeordnet wurde und nun eine flexible "gesinnungsethische" Orientierung am Sinnganzen möglich wurde.[422] Freilich sieht Weber Paulus - im Unterschied zu heute[423] - weniger als Charismatiker an[424], denn als Urheber dieser neuen Ausrichtung des Urchristentums. Nach Weber ist es auch plausibel, dies nicht in den Vordergrund zu stellen: Denn "Jünger" und "Apostel" gehören zum Umfeld des Charismatikers[425], wenn sie auch selbst charismatisch qualifiziert sein können.[426]

Freilich hat diese Entwicklung ihren Ursprung bereits in der durch Jesus und Johannes den Täufer entstandenen Prophetischen Bewegung, die sich gegen den schon erwähnten städtisch-intellektualistischen Zug des "Pharisäertums" absetzt. "Nicht die in ihn hineininterpretierten 'proletarischen' Instinkte, sondern die Art der Gläubigkeit und das Niveau der Gesetzeserfüllung des Kleinstädters und Land-

---

[419]a.a.O., 403.422.433.435. WuG 373f.

[420]Schluchter, W., Altisraelitische Ethik, 57.

[421]RS III, 6f.

[422]WuG, 349.380.

[423]Vgl. etwa Theißen, G., Legitimation und Lebensunterhalt. Ein Beitrag zur Soziologie urchristlicher Missionare, NTS 21, 1974/1975, 192-221 <Nachdruck in: ders., Studien zur Soziologie des Urchristentums, WUNT 19, Tübingen 1979, 201-230>; Holmberg, B., Paul and Power. The Structure of Authority in the Primitive Church as reflected in the Pauline Epistles, CB.NT 11, Lund, 1978; Schütz, J.H., Paul and the Anatomy of Apostolic Authority, MSSNTS 26, Cambridge, 1975.

[424]Dazu Bendix, R., Umbildungen des persönlichen Charismas. Eine Anwendung von Max Webers Charismabegriffs auf das Frühchristentum, in: <Hg.> W. Schluchter, Max Webers Sicht des antiken Christentums. Interpretation und Kritik, stw 548, Frankfurt, 1985, 404-443: 432.

[425]RS I, 270.

[426]WuG, 277.

handwerkers, im Gegensatz zu den Virtuosen des Gesetzeswissen ist es, was in dieser Hinsicht seinen Gegensatz bildet gegen die auf dem Boden der Polis Jerusalem gewachsenen Schichten... Seine Art der Gesetzeserfüllung und Gesetzeskenntnis ist jener Durchschnitt, welchen der praktisch arbeitende Mann, der auch am Sabbath nicht sein Schaf im Brunnen liegen lassen kann, wirklich leistet."[427] Als Charismatiker, also als Inhaber einer "außeralltäglichen" Ausstrahlung, die ihm bei seinen Anhängern eine besondere Autorität verleiht[428], der die Gnadengabe der "Dämonenherrschaft" und der Predigt besitze, habe Jesus die Prophetischen Traditionen aufgegriffen.[429] "Es darf keinen Augenblick vergessen werden, daß Jesus seine eigene Legitimation und den Anspruch, daß er und nur er den Vater kenne, daß nur der Glaube an ihn der Weg zu Gott sei, durchaus auf das magische Charisma stützte, welches er in sich spürte, daß dieses Machtbewußtsein weit mehr als irgend etwas anderes es zweifellos auch war, was ihn den Weg der Prophetie betreten ließ."[430] Das Urchristentum der ersten beiden Generationen habe solche Propheten, die wie Jesus selbst, eine Wanderexistenz führten, gekannt.[431] Die fehlende Ortsfestigkeit dieser die neue Bewegung tragenden Propheten wie Jesus selbst hat seinen Niederschlag in der Ethik des Urchristentums gefunden: "Die Sänger und Zauberer als die ältesten vom Boden gelösten 'Berufe' leben von der Freigebigkeit der Reichen... Daher ist das Almosen universeller und primärer Bestandteil auch aller ethischen Religiosität. Die ethische Religiosität wendet das Motiv verschieden. Das Wohltun an den Armen wird noch von Jesus gelegentlich ganz nach den Vergeltungsprinzipien so motiviert: daß gerade die Unmöglichkeit diesseitiger Vergeltung seitens der Armen die jenseitige durch Gott um so sicherer mache. Dazu tritt der Grundsatz der Glaubensbrüder, der unter Umständen bis zu einer an 'Liebeskommunismus' grenzenden Brüderlichkeit geht."[432] Damit werde deutlich, daß neben dem auf sozialer Ungleichheit beruhenden "Hauskommunismus" Charisma eine zweite Wurzel den Kommunismus, diesmal eine egalitär geprägte, sei.[433] Der feste Glaube an die Verheißungen Gottes und die eschatologische Naherwartung bei Jesus hätten in seinem Kreis und seiner Jüngerschaft zwar einerseits die rituellen Grenzen des Judentums überschritten. Sie hätten jedoch nicht zu Askese und Weltbeherrschung geführt, sondern nur zu Weltindifferenz.[434]

Weber umschreibt diese Haltung mit dem Begriff der "akosmistischen Ethik". Der Begriff "Akosmismus" stammt nicht von Weber selbst. Er hat ihn den religi-

---

[427]a.a.O., 371.
[428]a.a.O., 140f.
[429]a.a.O., 268.
[430]a.a.O., 269.
[431]ebd.
[432]a.a.O., 351.
[433]a.a.O., 659f.
[434]a.a.O., 380.

onswissenschaftlichen Arbeiten E.v. Hartmanns zum Hinduismus entnommen.[435]
Bei Weber dient dieser Begriff zur Beschreibung eines vor allem in der Mystik verwurzelten "Gemeinschaftshandelns". Dieses sei nicht wie ein asketisch motiviertes
soziales Handeln innerweltlich orientiert und steigere deshalb das rationale Verhalten seiner Träger nicht; eine akosmistische Ethik motiviere vielmehr ihre Handlungen aus einem irrationalen Fühlen heraus.[436] Jesu Ethik und die des Urchristentums
habe solche Züge, sei jedoch nicht ohne weiteres aus mystischem Denken heraus zu
verstehen, sondern durch ein zugespitztes "jüdisches" Vergeltungsdenken motiviert,
das alle Vergeltung in die Hand Gottes lege. In Abgrenzung gegen die Interpretation
des Urchristentums durch die Sozialisten, aber auch in Auseinandersetzung mit
Nietzsche formuliert Weber: "Nicht aus 'sozialpolitischen' Interessen oder womöglich aus 'proletarischen' Instinkten heraus, sondern gerade aus dem völligen Weg-
fall dieser Interessen erwuchs die Macht apolitischen christlichen Liebesreligion...
Es sind dabei keineswegs nur... die beherrschten Schichten und ihr moralistischer
Sklavenaufstand, sondern... die politisch desinteressierten, weil einflußlosen...
Schichten der Gebildeten, welche Träger speziell antipolitischer Erlösungsreligiosi-
täten werden."[437] Wie bei einer mystischen Religiosität führe diese Einstellung zu
einem "akosmistischen objektlosen Liebesempfinden"[438]. Dagegen finde sich in der
Ethik Jesu "die urwüchsige Nothilfeethik des Nachbarschaftsverbandes der kleinen
Leute."[439] Weber fährt fort: "Aber freilich ist alles 'gesinnungsethisch' zur brüderli-
chen Liebesgesinnung systematisiert, dies Gebot 'universalistisch' auf jeden, der
jeweils gerade der 'Nächste' ist, bezogen und zur akosmistischen Paradoxie gesteigert an der Hand des Satzes: daß Gott allein vergelten wolle und werden."[440] In seiner Schrift "Politik als Beruf" zeigt Weber pointiert die seiner Überzeugung nach
gegebene Unbrauchbarkeit dieser Ethik für ein politische Ethos. Die Ethik der
Bergpredigt sei nämlich eine "Ethik der Würdelosigkeit - außer: für einen Heiligen.
Das ist es: man muß ein Heiliger sein in allem, zum mindesten dem Wollen nach,
muß leben wie Jesus, die Apostel, der heilige Franz und seinesgleichen, dann ist
diese Ethik sinnvoll und Ausdruck einer Würde. Sonst nicht. Denn wenn es in Konsequenz der akosmistischen Liebesethik heißt: 'dem Übel nicht widerstehen mit
Gewalt', - so gilt für den Politiker umgekehrt der Satz: du sollst dem Übel gewalt-
sam widerstehen, sonst - bist du für seine Überhandnahme verantwortlich."[441] Da
Jesu Denken jedoch nicht aus der Mystik komme, sondern aus dem "jüdischen Ver-

---

[435]Küenzlen, G., Die Religionssoziologie Max Webers, 66.
[436]WuG, 333f.
[437]a.a.O., 357.
[438]ebd.
[439]a.a.O., 380.
[440]ebd.
[441]Weber, M., Politik als Beruf. Vortrag, in: ders., Gesammelte Politische Schriften, hg.v. J.
Winckelmann, UTB 1491, Tübingen, 1988⁵ <1921>, 505-560.

geltungsgedanken"[442], ziele sie, da man die Gesinnung einer Person an ihren Handlungen erkennen solle, dann doch auf die tätige Bewährung der Liebesgesinnung.[443]

Für die spätere Entwicklung ist nach Weber dann Paulus entscheidend, denn er bewerkstelligt den Übergang dieser ursprünglich auf dem Land verwurzelten Bewegung in die antike Stadt.[444] "Eine spezifische Handwerkerreligiosität war allerdings von Anfang an das alte Christentum. Sein Heiland, ein landstädtischer Handwerker, seine Missionare wandernde Handwerksburschen, der größte von ihnen, ein wandernder Zelttuchmachergeselle, schon so sehr dem Lande entfremdet, daß er in einer seiner Episteln ein Gleichnis aus dem Gebiete des Okulierens handgreiflich verkehrt anwendet, endlich die Gemeinden, wie wir schon sahen, in der Antike ganz prononziert städtisch..."[445] Zu dieser Schicht des städtischen Kleinbürgertums gehörten für Weber auch die Sklaven der Christengemeinden.[446] Nachdem mit Paulus freilich ein allmählicher Rückgang, eine Veralltäglichung und Transformation der Charismen, überhaupt eine Institutionalisierung ansetzt und dadurch auch die Bedeutung der Frauen in den Gemeinden zurückgeht[447], ändert sich auch das intellektuelle Profil des Urchristentums. "Jenes Schriftgelehrtentum nun und der dadurch gepflegte Kleinbürgerintellektualismus drang vom Judentum aus auch in das Frühchristentum ein. Paulus, ein Handwerker, wie dies anscheinend viele der spätjüdischen Schriftgelehrten... auch waren, ist ein sehr hervorragender Vertreter des Typus... Seine Episteln sind in ihrer Argumentation höchste Typen der Dialektik des kleinbürgerlichen Intellektualismus... die rasende Wut des Diasporajudentums, dem seine dialektische Methode als ein schnöder Mißbrauch der Schriftgelehrtenschulung erscheinen mußte, gerade gegen ihn, zeigt nur, wie genau jene Methodik dem Typus dieses Kleinbürgerintellektualismus entsprach. Er hat sich dann noch in der charismatischen Stellung der 'Lehrer' (διδάσκαλοι) in den alten Christengemeinden (noch in der Didache) fortgesetzt... dann ist er mit dem allmählich immer stärker hervortretenden Monopol der Bischöfe und Presbyter auf die geistliche Leitung der Gemeinden geschwunden und ist das Intellektuellentum der Apologeten, dann der hellenistisch gebildeten, fast durchweg dem Klerus angehörigen Kirchenväter und

---

[442]WuG, 380.

[443]ebd.

[444]Vgl., Meeks, W.A., Die Rolle des paulinischen Christentums bei der Entstehung einer rationalen ethischen Religion, in: <Hg.> W. Schluchter, Max Webers Sicht des antiken Christentums. Interpretation und Kritik, stw 548, Frankfurt/M., 1985, 363-385.

[445]a.a.O., 293.

[446]a.a.O., 265.

[447]a.a.O., 297f. Webers Darstellung ist an diesem Punkt nicht ganz eindeutig und konsistent. Einerseits spricht er an der genannten Stelle explizit von einer "Veralltäglichung" des Charisma und von einer zunehmenden Institutionalisierung, andererseits ist für ihn das Christentum der apostolischen und nachapostolischen Zeit immer noch charismatisch geprägte Gemeindereligion. Erst mit der konstantinischen Wende kommt der Prozeß der Institutionalisierung des Christentums zu seinem Abschluß. Zu diesem Problemkreis vgl. Schluchter, W., Einleitung, 40f.44-49.

Dogmatiker, der theologisch dilettierenden Kaiser an die Stelle getreten...".[448] Dennoch wurde das Christentum damit nicht zur intellektualistischen Gnosis, da es die Erlösung nicht an ein Wissen, sondern an den Glauben band.[449] So trägt das Urchristentum - auch darin für Weber ganz "Handwerkerreligion"[450] - divergente Züge in sich: Einmal die durch Paulus vermittelte rationale Ethik der alten Prophetie und damit die Durchbrechung der "Paria-Situation" des nachexilisch-pharisäischen Judentums, aber auch die durch Jesus vermittelte gemeinschaftliche, charismatische Struktur. Letztere sei für das Weltverhältnis des Urchristentum zusammen mit der Erwartung des nahen Weltendes prägend geworden, so daß es letztlich nicht aktiv weltgestaltend geworden, sondern weltindifferent in der Art eines Akosmismus geblieben sei. "Nachdem dann die Auferstehungsvisionen, wohl sicher unter dem Einfluß der rundum weit verbreiteten soteriologischen Mythen, einen gewaltigen Ausbruch pneumatischer Charismata und die Gemeindebildung, mit der eigenen, bisher ungläubigen Familie an der Spitze, und die folgenschwere Bekehrung des Paulus die Zerbrechung der Pariareligiosität unter Erhaltung der alten Prophetie und die Heidenmission zur Folge gehabt hatte, blieb für die Stellung der Gemeinden des Missionsgebiets zur 'Welt' die Wiederkunftserwartung einerseits, die überwältigende Bedeutung der charismatischen Gaben des 'Geistes' andererseits, maßgebend. Die Welt bleibt, wie sie ist, bis der Herr kommt. Der Einzelne bleibt ebenso in seiner Stellung und seinem 'Beruf'(χλῆσις), untertan der Obrigkeit, es sei denn, daß sie Sünde von ihm verlangt."[451]

Sieht man von Ernst Lohmeyer ab, der sich in seiner kleinen Studie "Soziale Fragen im Urchristentum" in breiterem Umfange mit dem Weberschen Bild des Urchristentums auseinandersetzte[452], sind insbesonders die folgenden drei Punkte für die Erforschung des Urchristentums wichtig geblieben: Erstens der "Charisma-Begriff", der nach wie vor geeignet scheint, die soziale Wirkung und Bedeutung von Johannes d.T., von Jesus und Paulus für die urchristlichen Gemeinden zu beschreiben.[453] Zumal kommt dieser Begriff zur Bezeichnung irrationaler Phänomene, da er sich ursprünglich bei Paulus findet, einem theologischen Selbstverständnis entgegen. In gleicher Weise sind zweitens Webers Überlegungen zur "Veralltäglichung" von Charisma von Bedeutung, da sie erlauben, den Weg der Institutionalisierung des Christentums angefangen von der ersten Generation bis zu den Deutero-

---

[448]a.a.O., 310f.

[449]a.a.O., 311.

[450]a.a.O., 293.

[451]a.a.O., 380f.

[452]Vgl. dazu Kapitel "5.3. Transzendentale Gemeinschaftstheologie und sozialgeschichtliche Exegese (E. Lohmeyer)".

[453]Dazu u.a. Mödritzer, H., Stigma und Charisma im Neuen Testament und seiner Umwelt. Zur Soziologie des Urchristentums, NTOA 28, Fribourg, 1994 sowie die in Anmerkung 395 genannten Autoren.

paulinen und Pastoralbriefen bruchlos zu zeichnen. Drittens hatte Webers Sicht des Urchristentums als einer weltindifferenten, bzw. zur Welt distanzierten Bewegung zumindest in der Formgeschichte eine gewisse Nachwirkung, während in der gegenwärtigen Diskussion eher die "weltgestaltenden" Züge des Urchristentums im Vordergrund stehen, Apolitismus und Weltindifferenz eher mit altkirchlichen Sekten in Verbindung gebracht werden.[454].

4.6.2 Das Urchristentum als Annex der antiken Sozialgeschichte (R. v. Pöhlmann)

Als Robert von Pöhlmann[455] 1893 seine kleinen Studien in einem Aufsatzband veröffentlichte, gab er der Sammlung den Namen "Aus Altertum und Gegenwart".[456] Der Titel war gut gewählt. Denn er kennzeichnet treffend v. Pöhlmanns Arbeits- und Argumentationsstil, der vom Beginn seiner Forschertätigkeit an immer wieder Parallelen zwischen Antike und Gegenwart zog und aktuelle Fragestellungen in den Horizont seiner Forschertätigkeit einbezog.[457] Für uns ist er aber vor allem deshalb interessant, weil er auch die Einbeziehung "moderner" Methoden in die von der Philologie dominierte Altertumswissenschaft forderte: "Die junge Wissenschaft der Sozial- und Wirtschaftsgeschichte hat sich aus naheliegenden Gründen überwiegend dem Mittelalter und der Neuzeit zugewendet, während die Altertumskunde trotz trefflicher Einzelarbeiten den Fortschritten der modernen Staats- und Sozialwirtschaft noch lange nicht genügend gefolgt ist... Eine allseitige Würdigung sozialgeschichtlicher Erscheinungen ist nicht möglich ohne eine systematische Verwertung der Ergebnisse der verschiedenartigsten Wissenschaftszweige: der Psychologie, der Ethik und Rechtsphilosophie, der Rechts- und Staatswissenschaften, der

---

[454]Z.B. bei Kippenberg, H.G., Versuch einer soziologischen Verortung des antiken Gnostizismus, Numen 17, 1970, 211-231.

[455]Robert von Pöhlmann wurde am 31.10.1852 in Nürnberg geboren. Nach seinem Studium in München, Göttingen und Leipzig, wo ihn der Nationalökonom Wilhem Roscher prägte, und ersten wissenschaftlichen Arbeiten zur Geschichte des Mittelalters, habilitierte er sich 1879 in der Alten Geschichte. 1881 arbeitete er über die Anfänge Roms, wobei er die Zusammenhänge von Politik, geographischen Bedingungen und Siedlungsstruktur erforschte, 1884 veröffentlichte er seine Studie "Die Überbevölkerung der antiken Großstädte im Zusammenhange mit der Gesamtentwicklung städtischer Civilisation". 1884 bis 1901 lehrte v. Pöhlmann als Professor für Alte Geschichte in Erlangen. Dort verfaßte er seine beiden Hauptwerke, den "Grundriß der griechischen Geschichte" und "Die Geschichte der sozialen Frage und des Sozialismus in der antiken Welt". 1901 wurde er nach München berufen, seit 1909 nobilitiert starb er dort am 27.9.1914. Vgl. Christ, K., Robert von Pöhlmann, in: ders., Von Gibbon zu Rostovtzeff. Leben und Werk führender Althistoriker der Neuzeit, Darmstadt, 1989, 201-247; ders., Einleitung zur Neuausgabe, in: R.v. Pöhlmann, Geschichte der sozialen Frage und des Sozialismus in der antiken Welt. Bd. 1, Nachdruck Darmstadt <München>, 1984 <1925>, V-XVI.

[456]Christ, K., Robert von Pöhlmann, 241.

[457]Christ, K., Robert von Pöhlmann, 215f.245; ders., Einleitung, XX.

Volkswirtschaftslehre und Sozialwissenschaft, der allgemeinen Kultur- und Wirtschaftsgeschichte usw."[458]

In seiner "Geschichte der sozialen Frage und des Sozialismus in der antiken Welt" führt er dieses Programm vom "Kommunismus der Urzeit" über Sparta zur "sozialen Demokratie" des antiken Stadtstaates, im zweiten Buch behandelt er "Rom und das Römische Reich". Beide Bücher schließen jeweils mit einer Darstellung des in den genannten Bereichen entstandenen "sozialen Utopismus". Die Utopien des Phaleas von Chalcedon, Platons, der Stoa und antiker Staatsromane werden im ersten Buch genannt, im zweiten die Gracchen, deren sozialer Utopismus am Ende auch die Gebildeten, Philosophen und Dichter, erreicht habe und - als gewissermaßen Ausklang und Anhang zur antiken Geschichte - das Christentum.

Ausgangspunkt seiner Darstellung ist die alttestamentliche Prophetie und deren theokratisches Ideal.[459] Aus ihnen schöpfte das Urchristentum seine sozialen Utopien, die wiederum in der im ganzen Orient verbreiteten "Erlösungssehnsucht" wurzelten.[460] Damit lehnt Pöhlmann die marxistische Deutung des Urchristentums ab: "Wer so den sozialen Utopismus als ein bedeutsames Element in dem Christentum der römischen Kaiserzeit anerkennt, braucht doch noch lange nicht mit der materialistischen Geschichtstheorie des Marxismus anzunehmen, daß das Christentum ursprünglich eine rein proletarische, d.h. lediglich auf den Klassenkampf und auf die Besserung der ökonomischen Lage gerichtete Bewegung gewesen sei. Die religiösen Grundgedanken des Christentums waren gewiß keine bloße Spiegelung sozialer Verhältnisse ins Transzendente..."[461] Vielmehr bringe das Urchristentum den alten Gedanken zum Ausdruck, daß die Veränderungen alter Ordnungen das Leid der Menschen beseitigen könne. Dies sei schon in der Predigt Jesu der Fall, einer "Anschauungsweise, die den Boden der Wirklichkeit völlig unter den Füßen verloren"[462] habe, so daß die kommunistischen Ideale, wie wir sie später in den Act fänden, nicht auf den Einfluß der Essener zurückgeführt werden müßten, sondern zum Grundbestand der urchristlichen Ideenwelt gehörten.[463] Die im Urchristentum spür-

---

[458]Pöhlmann, R.v., Geschichte der sozialen Frage und des Sozialismus in der antiken Welt, 2 Bde., München, <Nachdruck Darmstadt 1984>, 1925³ <1893/1901>, XVII. In der ersten Auflage veröffentlichte v. Pöhlmann das Werk noch unter dem Titel "Geschichte des antiken Kommunismus und Sozialismus", von der zweiten Auflage 1912 an unter dem heute bekannten Titel. Zitiert wird hier aus dem Nachdruck der wissenschaftlich verbindlichen 3. Auflage. Christ, K., Einleitung, VII. Das Werk teilt sich ursprünglich in zwei Bücher, der Nachdruck verteilt davon abweichend auf zwei Bände.

[459]a.a.O., 465f.

[460]a.a.O., 464.

[461]ebd. Pöhlmann sieht sich hier auch von Troeltsch und anderen mißverstanden. A.a.O., 464 Anm. 1.

[462]a.a.O., 469.

[463]a.a.O., 483.483 Anm. 1 gegen Holtzmann.

bare Reserve gegen das Streben nach Wohlstand hindere nun die Kulturentwicklung der Menschheit[464], andererseits habe die Kritik Jesu am Reichtum auch ihre Berechtigung gehabt: "Und es war in der Tat von welthistorischer Tragweite, daß sich hier aus der Tiefe des Volkes eine mächtige Stimme gegen die Anhäufung von Geld und Gut in den Händen einer macht- und genußsüchtigen Minderheit erhob und mit beispielloser Eindringlichkeit der Welt die Lehre ins Gedächtnis zurückrief, daß alles Eigentum als ein zur Verwaltung anvertrautes Gut zu gelten habe, dessen Verwendung an sittliche Normen gebunden ist..."[465] Die Zuspitzung dieser Kritik im urchristlichen Traditionsprozeß habe die an sich rein religiöse christliche Botschaft für die Besitzenden unattraktiv gemacht[466], so daß die Reich-Gottes-Predigt zu einem "sozialen Klassenevangelium"[467] wurde. Infolgedessen fand diese Botschaft bei Sklaven, Freigelassenen, Proletarien und Kleinbürgern offene Ohren, also bei den Menschen, die die sozialen Krisen und Spannungen der Kaiserzeit besonders spürten.[468]

Nachdem in der weiteren Geschichte des Urchristentums - auch angesichts der stabilen politischen Verhältnisse - die sozialrevolutionären Züge zugunsten einer pragmatischen, das ärgste Elend lindernden Haltung zurückgedrängt wurden, fanden sich zunehmend auch Angehörige der Oberschicht in den Gemeinden. Auch die Religiosität des Christentums zog diese Gesellschaftsschicht an.[469] Trotzdem bliebe ein prinzipieller Gegensatz zwischen Christentum und Kapitalismus. Dies zeige sich in der Kollekte, die der "Wanderprediger und Teppichmacher"[470] Paulus im Namen der Gleichheit aller Glieder des Leibes Christi forderte[471], ferner in der Predigt der Kirchenväter und dieser Gegensatz finde dann seinen Höhepunkt in der Vision der himmlischen Stadt aus der Offenbarung des Johannes. Sie sei gewissermaßen der christliche "Zukunftsstaat".[472] Insgesamt zeige sich das entstehende Christentum als eine massenpsychologisch äußerst wirksame Verbindung von "Christusmystik und kommunistische(r) Gottesreichsidee".[473] Durch Jahrtausende sei die Kraft dieser Utopie nicht zu unterdrücken gewesen, was sich bis zu den Schriften Weitlings zeige. Im Untergang des Römischen Reiches hätten diese Ideen, die von keiner relativierenden Predigt aufzuhalten gewesen seien, ihre destruktive Kraft entfaltet.[474] So

---

[464]a.a.O., 469f.

[465]a.a.O., 472f.

[466]a.a.O., 471f.

[467]a.a.O., 473f.

[468]a.a.O., 477f.480.

[469]a.a.O., 480.

[470]a.a.O., 481.

[471]ebd.

[472]a.a.O., 495.

[473]a.a.O., 497.

[474]a.a.O., 499.506.

sei das Urchristentum Mit-Urheber des "Irrwahn(s) der uns in der Geschichte des Sozialismus immer wieder von neuem begegnet, daß Glück und Leid des Menschengeschlechtes im wesentlichen bedingt ist durch die äußere Ordnung des menschlichen Lebens. Nur weil diese Ordnung so unvollkommen ist, ist Elend und Not noch nicht überwunden. 'Schafft eine neue Ordnung und ihr werdet Wunder erleben', dieser Glaube ist das Erbe, das der antike Sozialismus allem späteren hinterlassen hat. Es ist derselbe Glaube, der die chiliastischen Schwärmer des Mittelalters und später die münsterschen Wiedertäufer beherrscht hat, durch die das kommunistische Gottesreich auf Erden zu grauenvoller Wirklichkeit geworden ist. Derselbe Glaube, der noch heute in zahllosen Menschenherzen kaum weniger lebendig ist, als einst in der römischen Kaiserzeit die Hoffnung der Christen auf das 'Königtum Gottes' - die größte Massenillusion der Weltgeschichte!"[475]

Es ist instruktiv für die Deutung und Einordnung Pöhlmanns, diesen fulminanten Abschluß des zweiten Buches mit dem des ersten direkt zu vergleichen. Dort schreibt Pöhlmann über die Verhältnisse in Griechenland: "So viel ist ja gewiß, daß in der Zeit, in der die bedeutsamsten Staatsromane, der des Euhemeros und des Jambulos, entstanden, das sozialistische Ideal nicht mehr die Bedeutung für die Wirklichkeit hatte, wie einst die Proletarierkomödie des Aristophanes... An der Idee der ökonomischen Ausgleichung hatte sich der Proletarier der freien und autonomen Polis berauschen können, auf dem Boden des hellenistischen Absolutismus war dergleichen nicht mehr zu erhoffen... So weit es in einer solchen Zeit für den Einzelnen überhaupt noch eine 'soziale Frage' gab, konnte sie höchstens die Gestalt einer romantischen Träumerei oder frommer Wünsche annehmen."[476]

Es leidet keinen Zweifel, welcher Staatsform in diesem Punkt Pöhlmanns Sympathien gehörten. Unverhohlen kommt ein antidemokratisches Ressentiment zum Vorschein, das überhaupt die Forschungsarbeit Pöhlmanns insgesamt durchzieht.[477] In seinem politischen Denken spielte der Gegensatz von Elite und Masse eine entscheidende Rolle, gesellschaftlichen Fortschritt konnte er sich nur als von einer Elite getragen vorstellen.[478] Schon in seiner Studie zur "Übervölkerung der antiken Großstädte" wird diese Reserve gegenüber der "Masse" deutlich. In ihr schreibt er mit der für ihn typischen Verknüpfung von Vergangenheit und Gegenwart: "Wir haben es heutzutage unmittelbar vor Augen und empfinden es in banger Sorge, daß 'Europa krankt an der Größe seiner Städte'. Wir..., die wir selbst in dem individualisierten Deutschland die enorme Steigerung der großstädtischen Volksmassen... als einen für das ganze Volk fühlbaren socialen und politischen Druck empfinden, wir können uns auf das lebhafteste vergegenwärtigen, in welchem Um-

---

[475]a.a.O., 508.
[476]a.a.O., 324.
[477]Christ, K., Einleitung, VI.
[478]Christ, K., Robert v. Pöhlmann, 216f.234.

fange bei der ungeheuren Centralisation des römischen Staatswesens die aus einer Übervölkerung der Capitale und der großen Städte überhaupt entspringenden Krankheitserscheinungen auf das Allgemeine zurückgewirkt haben müssen."[479]

Es wird schon hier deutlich, daß Pöhlmann nicht nur unter dem Eindruck der sozialen Verhältnisse seiner Zeit schreibt, sondern in gleicher Weise in einer Abwehrhaltung gegen das Denken der sozialistischen Bewegung. Das zeigt ferner die negative Aufnahme des Begriffes "Zukunftsstaat".[480] Interessanterweise ähnelt sein Bild des Urchristentums als einer von Utopien gelenkten Gemeinschaft weitgehend dem seiner weltanschaulichen Kontrahenten.

Zugleich greift er eine Thematik auf, die nach dem ersten Weltkrieg im sog. "Antihistorismus" und - unter gegensätzlichen Vorzeichen - bei der Entstehung der formgeschichtlichen Methode hohe Relevanz gewann,[481] andererseits aber eine Vorgeschichte im 19. Jh. hatte. Das mag eine Erklärung dafür sein, daß das Buch, das zunächst eine sehr zurückhaltende Aufnahme gefunden hatte[482], nach dem Tode des Verfassers 1925 noch eine dritte Auflage erlebte, die heute als die wissenschaftlich verbindliche angesehen wird.[483]

Was die Rezeption seines methodischen Ansatzes angeht, schadete Pöhlmann vermutlich am meisten die Tendenz, seine durchaus diskutablen Forschungsergebnisse direkt zu aktualisieren. So kritisierte M. Gelzer in einer Rezension[484] Pöhlmanns Methodik, "weil darin die wissenschaftliche Forschung durchkreuzt wird von der Tendenz, die antiken Berichte mit einem modernen Schlagwort oder mit einem Zitat eines modernen sozialistischen oder sozialpolitischen Autors abzustempeln und so belehrend auf die soziale Politik der Gegenwart einzuwirken." Dagegen wurde die Berücksichtigung sozialwissenschaftlicher Methodik in diesem Zusammenhang nicht direkt angegriffen. Das ist ein auffälliger Unterschied zum sogenannten "Lamprecht-Streit", in dem es um die Rezeption sozialwissenschaftlicher Methodik im Bereich der deutschen Geschichte ging.[485] Natürlich ist die legitimatorische Funktion eines Themas aus der "Alten Geschichte" viel geringer als die einer "Deutschen Geschichte" - 15 Jahre nach Gründung des "kleindeutschen" Nationalstaates.

---

[479]zitiert a.a.O., 208.

[480]a.a.O., 495.

[481]Dort wurde die "Masse" durchaus positiv als Gestaltungssubjekt der synoptischen Überlieferung gewürdigt. Vgl. Kapitel "5.2. Die Formgeschichte und die sozialgeschichtliche Exegese".

[482]Christ, K., Einleitung, VII.

[483]ebd.

[484]Sie ist bei Christ, K., Einleitung, VII zitiert.

[485]Vgl. hierzu: Oestreich, G., Die Fachhistorie und die Anfänge der sozialgeschichtlichen Forschung in Deutschland, 320-365.

Trotzdem kam es zu keiner breiteren Rezeption der Methodik Pöhlmanns: Fr. Oertel, der Herausgeber der dritten Auflage von Pöhlmanns Werk, macht auf drei Rezeptionshindernisse aufmerksam: Zunächst auf die schon genannten allzu direkten Aktualisierungen[486], ferner galt vielen, auch M. Weber, der Gebrauch des Wortes "Sozialismus" zur Beschreibung von Segmenten des antiken Wirtschaftslebens oder gar einzelner Strömungen der antiken Gesellschaften, als inadäquat,[487] schließlich war mit dem Erscheinen der bekannten Arbeiten von Troeltsch und Harnack Pöhlmanns Deutung der Kirchenväter überholt, die zumindest im zweiten Teil seines Werkes fast allein die Beweislast für die Existenz eines sozialistischen Massenideals tragen.[488] Neben diesen Faktoren haben Pöhlmanns negative Urteile über Jesus und die soziale Relevanz der biblischen Tradition, zumindest für den seinerzeit tonangebenden, sozialpolitisch interessierten und engagierten theologischen Liberalismus, eine Rezeption unmöglich gemacht - angesichts der politischen Implikationen, die mit seinen Wertungen verbunden waren, wird man dies kaum bedauern.

---

[486]Pöhlmann, R.v., Geschichte, 513.

[487]a.a.O., 514.

[488]a.a.O., 567.

5 Sozialgeschichtliche Exegese in der ersten Hälfte des 20. Jahrhunderts

Im ersten Teil dieser Arbeit konnte die Entwicklung der sozialgeschichtlichen Exegese dargestellt werden, ohne daß Differenzen zwischen der Entwicklung inner- und außerhalb des deutschen Sprachraumes herausgestellt werden mußten. Das wird jetzt anders, denn die geistigen und sozialen Entwicklungen in Deutschland unterscheiden sich von nun an ebenso signifikant von denen außerhalb wie die der neutestamentlichen Exegese. Für unsere Fragestellung ist dabei eine entscheidende Frage, in welcher Weise der theologische Liberalismus in Deutschland, dem die meisten "Sozialgeschichtler" mehr oder minder verbunden waren, auf die politischen und sozialen Veränderungen reagierte.

Zuvor sei jedoch auf zwei Entwicklungen hingewiesen: Zuerst kam es in der sozialgeschichtlichen Exegese mit den Ereignissen der Revolution zu einem Wiederaufleben der apologetischen Literatur, ohne daß die Zahl der bekannten Argumente größer geworden wäre. Mit ihr wurde die Frage nach dem "Kommunismus" der Urgemeinde neu aktuell.[1] In der Folge erwachte - distanzierter zu aktuellen Vorgängen ein neues Interesse an sozialethischen Fragen, wobei sich verstärkt katholische Theologen beteiligten.[2] Für die weitere Entwicklung der Methodik der sozialgeschichtlichen Exegese hatten diese Arbeiten jedoch nur marginale Bedeutung.

Der kirchliche Liberalismus erlebte die Veränderungen mit und nach dem Ersten Weltkrieg ambivalent: Einerseits teilte er das allgemeine Krisenbewußtsein, zum anderen sah er in dem politischen Umbruch eine Chance, seine ekklesiologischen Vorstellungen zu realisieren. Martin Rades Aufruf zur Bildung von "Volks-

---

[1]Behm, J., Kommunismus und Urchristentum, NKZ. 31, 1920, 275-297; Meffert, F., Das Urchristentum, Mönchengladbach, 1920. Teile aus dem Buch wurden 1946 neu veröffentlicht: Vgl. ders., Der kommunistische und proletarische Charakter des Urchristentums. Ein Beitrag zur Frage Christentum und Politik, Politik aus christlicher Verantwortung H. 6, Recklinghausen, 1946. Ders., Der "Kommunismus" Jesu und die Kirchenväter, Apologetische Vorträge VI, Mönchengladbach, 1922. Zu Behm: Grützmacher, St., Die Gütergemeinschaft, 31-34.

[2]Hier ist bes. A. Steinmann zu nennen, der bereits vor dem Kriege zu sozialgeschichtlichen Themen publiziert hatte. Bezeichnenderweise lehrte er eher an der akademischen Peripherie, denn er war Professor für Neues Testament an der Akademie in Braunsberg, die zur Ausbildung des Priesternachwuchses für Westpreußen diente. Steinmann, A., Sklavenlos und alte Kirche. Eine historisch-exegetische Studie über die soziale Frage im Urchristentum, Berlin, 1910 <Mönchengladbach 1922[3+4]>; ders., Steinmann, A., Jesus und die soziale Frage, Paderborn, 1920 <1925[2]>; ferner Schumacher, R., Die soziale Lage der Christen im apostolischen Zeitalter, Paderborn, 1924. Von evangelischen Theologen: Preisker, H., Das Ethos des Urchristentums, <urspr.: Geist und Leben. Das Telos-Ethos des Urchristentums, Gütersloh 1933>, Gütersloh, 1949[2]; Greeven, H., Das Hauptproblem der Sozialethik in der neueren Stoa und im Urchristentum, NTF 3,4, Gütersloh, 1935; Bornhäuser, K., Der Christ und seine Habe nach dem Neuen Testament, BFChTh 38, Gütersloh,1936.

kirchenräten" und das Aufkommen "volkskirchlicher" Konzepte zeigten die Richtung an, in die es gehen sollte: eine demokratische, antihierarchische Kirche.[3]

Auch der Historismus, die dem Liberalismus eng verbundene Weltsicht, schien zunächst nicht erschüttert, so daß Karl Mannheim noch 1924 von ihm als dem "Fundament" sprechen konnte, "von dem aus wir die gesellschaftlich-kulturelle Wirklichkeit betrachten".[4] Somit waren die geistesgeschichtlichen Bedingungen für die Weiterentwicklung der sozialgeschichtlichen Fragestellung nicht ungünstig, zumal nach dem Kriege gerade für den freien Protestantismus das Thema der religiösen Gemeinschaft an Relevanz gewann.[5]

Zugleich waren allerdings gegenläufige Tendenzen spürbar, die den Historismus als "Weltanschauung" schließlich marginalisierten. Während sich die Fachhistorie weitgehend diesen Anfragen verschloß und in ihrem "Paradigma" bis in die jüngste Vergangenheit verblieb,[6] hat diese Historismuskritik für die Theologie deshalb besondere Bedeutung gewonnen, weil sie vor allem von der "jüngere Theologengeneration" getragen wurde.[7] Während sich die theologische Kritik vor allem gegen die Idee der Kulturbedeutung des Christentums wandte,[8] wurden in allgemeineren Zusammenhängen insbesondere zwei tragende Säulen des Historismus hinterfragt: Seine Vorstellungen von "Individualität" und "Kontinuität".

Während nach dem Verständnis des Historismus die Individualität immer zugleich in eine soziale Struktur eingebunden war, - der liberale Kirchenbaustil des "Wiesbadener Programms", um ein Beispiel zu nennen, verlieh diesem Verständnis

---

[3]Meier, K., Krisenbewältigung im freien Protestantismus. Kontinuitäts- und Umbruchsbewußtsein im kirchlichen Liberalismus nach 1918, in: <Hg.> H. Renz/F.W. Graf, Troeltsch-Studien Bd.4. Umstrittene Moderne. Die Zukunft der Neuzeit im Urteil der Epoche Ernst Troeltschs, Gütersloh, 1987, 285-304: 289f; ders., Volkskirche 1918-1945. Ekklesiologie und Zeitgeschichte, TEH 213, München, 1982.

[4]Nowak, K., Die "antihistoristische Revolution". Symptome und Folgen der Krise historischer Weltorientierung nach dem Ersten Weltkrieg in Deutschland, in: <Hg.> H. Renz/F.W. Graf, Troeltsch-Studien Bd.4. Umstrittene Moderne. Die Zukunft der Neuzeit im Urteil der Epoche Ernst Troeltschs, Gütersloh, 1987, 133-171. Das Zitat von Mannheim findet sich S. 133.

[5]Meier, K., Krisenbewältigung, 299f.

[6]Nowak, K., Die "antihistoristische Revolution", 136f.

[7]Es handelt sich dabei um sehr disparate Strömungen, die öfter unter dem Titel "antihistoristische Revolution" zusammengefaßt werden, da sie die philosophischen Grundlagen des Historismus kritisierten. Nowak, K., Die "antihistoristische Revolution"; zur Geschichte des Begriffes vgl., Graf, F.W., Die "antihistoristische Revolution" in der protestantischen Theologie der zwanziger Jahre, in: <Hg.> J. Rohls/G. Wenz, Vernunft des Glaubens. Wissenschaftliche Theologie und kirchliche Lehre. FS W. Pannenberg, Göttingen, 1988, 377-405: 378f; ferner Meier, K., Krisenbewältigung, 297; Lindt, A., Das Zeitalter des Totalitarismus. Politische Heilslehren und ökumenischer Aufbruch, Christentum und Gesellschaft, Bd. 13, Stuttgart, 1981, 87-91.

[8]Meier, K., Krisenbewältigung, 297.

mit seinen der Kreisform angenäherten, die gottesdienstliche Gemeinschaft der Individuen betonenden Grundrissen, architektonisch Gestalt[9]- neigte der "Antihistorismus" dazu, das Individuum aus seinen sozialen Bezügen zu lösen. Besonders im Kontext "lebensphilosophisch" inspirierten Denkens und unter dem Eindruck der Bedrohung von Individualität durch ein anbrechendes "Massenzeitalter" suchte man diese in einem starken Kontrast zur "Masse" zu sehen,[10] interessierte weniger das Werden von historischen Gestalten und sozialen "Individualitäten" wie "Volk" oder "Staat" als ihr Wesen.[11] Auf ähnliche Weise wurde die dem Historismus zugrundeliegende lineare Kontinuitätsvorstellung ausgehebelt, indem man nach Zyklen fragte, seien sie kulturell oder biologisch bestimmt, oder indem man das Geschichtsdenken futurisierte und in der jeweiligen Gegenwart immer schon Vorwegnahmen des Zukünftigen und des Ewigen erkannte.[12]

In den folgenden Kapiteln wird nun gezeigt werden, wie die sozialgeschichtliche Exegese sich den Anfragen der Historismuskritik nicht verschließen kann, sie zugleich aber an Grundpositionen des Historismus festhält, sie also in diesem Zeitraum hermeneutisch zwischen den genannten Positionen oszilliert. So blieb die palästinakundliche Exegese, die zuerst dargestellt wird, in ihrer Methodik - trotz verschiedener theologischer Begründungen - am stärksten der Fachhistorie verpflichtet. Zugleich büßte sie an hermeneutischer Relevanz ein, da sie weniger das Neue Testament sozialgeschichtlich interpretierte als beschreibend seine Umwelt erforschte.[13] Bei den Formgeschichtlern wie bei Ernst Lohmeyer, denen die darauffolgenden Kapitel gewidmet sind, finden sich deutlichere Bezugnahmen auf die Positionen der Historismuskritik, wenn sie etwa die Distanz des Urchristentums zu Kultur und Gesellschaft herausstellen. Beide von ihnen repräsentierte Richtungen verbleiben jedoch in entscheidenden Punkten bei historistischen und liberalen Positionen, so daß sie eine Mittelstellung einnehmen: Lohmeyer durch den Bezug auf seine dem Idealismus verpflichtete Philosophie, die formgeschichtliche Exegese durch die Rezeption der volkskundlichen Methodik, die sich gegen die Hypostasierung des Volksbegriffes weitgehend immun erwiesen hatte.[14] Indem letztere die neutestamentliche Literatur soziologisch als kirchliche "Gebrauchsliteratur" verortete, wurde sie in hohem Maße hermeneutisch relevant. Die Exegese der "Chicago-School", die wir am Ende betrachten werden, zeigt sich von der Kritik des Historismus weitgehend

---

[9]Vgl., hierzu: Horn, C., Art. Kirchenbau II., RGG^2 3, 1929, 849-867: 863f.

[10]Nowak, K., Die "antihistoristische Revolution" 139f.142f.

[11]a.a.O., 146.

[12]a.a.O., 158-161.

[13]Entsprechend bezeichnete D. Tidball die palästinakundliche Forschung als "notwendiges Prolegomenon" der sozialgeschichtlichen Exegese. Tidball, D., On Wooing a Crocodile. An Historical Survey of the Relationship between Sociology and the New Testament Studies, VoxEv 15, 1985, 95-109: 99.

[14]a.a.O., 147f.

unberührt und stellt bevorzugt die Wirksamkeit kultureller Faktoren in der Sozialgeschichte des Christentums und der Antike heraus, ohne deshalb die theologische
Relevanz dieser kulturellen Wirkungen des Christentums zu problematisieren.

5.1 Die "Landeskunde Palästinas" und die sozialgeschichtliche Exegese

"Wer geistige Vorgänge erfassen will, muß ihre Heimat kennen. So ist für die
Erfassung der Anfänge des Christentums eine Kenntnis des zeitgenössischen Palästina unentbehrlich. Bisher hat man im Rahmen der neutestamentlichen Zeitgeschichte den Hauptwert auf Untersuchungen der politischen und religiösen Zustände
und Anschauungen gelegt. Aber ebenso wichtig ist die Kenntnis der übrigen kulturellen Verhältnisse."[15]

Mit diesen Worten umschreibt der "Repetent am theologischen Seminar
Herrnhut", der Dr. phil. J. Jeremias die Programmatik seiner bis heute für die sozialgeschichtliche Exegese unentbehrlichen Untersuchung über "Jerusalem zur Zeit
Jesu". Auch wenn dieses Buch eine der wenigen sozialgeschichtlichen Untersuchungen ist, die zwischen 1918 und 1960 erschienen sind, ist es doch nicht das
Buch eines Einzelgängers. Es ist vielmehr repräsentativ für eine Richtung, die neben
der genannten Landeskunde vor allem mit Hilfe der Orientalistik und Judaistik
neutestamentliche Exegese betreiben wollte. G. Dalman, J. Jeremias, J. Leipoldt, G.
Kittel, K.G. Kuhn, und W. Grundmann sind zu nennen, wobei sozialgeschichtliche
Beiträge im eigentlichen Sinne zunächst von Jeremias und Dalman veröffentlicht
wurden. Auf sie werden wir uns deshalb beschränken.

Wie Jeremias war auch Gustaf Dalman in der herrnhutischen Gemeine und ihrer Frömmigkeit beheimatet.[16] Dort erhielt er seine theologische Ausbildung, im
theologischen Seminar der Brüdergemeine fand er 1882 seine erste Stelle als Lehrer.
1887 promovierte er in Leipzig, wo Kontakte zu Franz Delitzsch schließlich zu einer Berufung an das dortige "Institutum Judaicum", einer Ausbildungsstätte für
Israelmissionare führte. Nach weiteren philologischen Studien habilitierte sich Dalman im Fach "Altes Testament".

1902 übernahm er das erste Direktorat des "Deutschen Evangelischen Instituts
für Altertumswissenschaft des Heiligen Landes", dem Institut, das ein wichtiger

---

[15]Jeremias, J., Jerusalem zur Zeit Jesu, Eine kulturgeschichtliche Untersuchung zur neutestamentlichen Zeitgeschichte, 2 Teile, Leipzig/Göttingen, 1923-1929, 1. Teil, V.
[16]Zur Biographie Dalmans vgl. Dalman, G., Selbstdarstellung, RWGS 4, Leipzig, 1928, 1-29; Gal-
ling, K., Art. Dalman, G., RGG³, 2, 1958, 21f.

Bezugspunkt für viele Exegeten der "landeskundlichen" Richtung werden sollte. Dort trug er naturwissenschaftliches, geographisches, ethnologisches, archäologisches Material zusammen, das zur Erhellung biblischer Sachverhalte beitragen konnte. Infolge des Ersten Weltkrieges mußte das Institut seine Arbeit einstellen; Dalman übernahm einen Lehrstuhl in Greifswald, ohne die Kontakte zum Institut, dessen Leitung A. Alt übernommen hatte, zu vernachlässigen. In den zwanziger Jahren erschienen Dalmans große landeskundliche Arbeiten, in denen er seine Forschungsergebnisse aus Palästina publizierte: "Orte und Wege Jesu" und "Arbeit und Sitte in Palästina"[17].

Die Tätigkeit Dalmans als Institutsdirektor brachte es mit sich, daß er sich hin und wieder verpflichtet sah, die Existenz des Instituts wie die Arbeit selbst zu begründen - gerade auch gegenüber den Trägern der Einrichtung. Wir haben deshalb einige Aufsätze aus der Hauszeitschrift des Jerusalemer Instituts, dem "Palästinajahrbuch", die über die methodischen und theologischen Voraussetzungen seiner Arbeit Auskunft geben.[18]

Zunächst fällt auf, daß es keinen erkennbaren Zusammenhang mit aktuellen sozialpolitischen und -ethischen Fragen gibt, die, bisher mehr oder weniger verdeckt, die Forschungsinteressen mitbestimmten. Ziel ist es, "die Wechselwirkung der natürlichen Vorbedingungen der Kultur eines Landes und des in ihm geschehenden menschlichen und völkischen Handelns klar zu erfassen".[19] Die Erforschung der Geologie, Vegetation und des Wirtschaftslebens sollen helfen, die konkreten Lebensverhältnisse zu rekonstruieren, zu erklären und das "Wesen" der Landesgeschichte zu verstehen, "weil das Werden des Erdbodens dem Werden der auf ihm lebenden Völker vorgängig ist".[20] Die Landeskunde Palästinas könne jedoch nicht darauf reduziert werden, zur Illustration der neutestamentlichen Verhältnisse beizutragen. Die Erforschung dieser natürlichen Voraussetzungen sei theologisch notwendig, da in ihnen Gottes Wirken in und durch die Geschichte, Gottes Plan für Palästina erkennbar werde.[21] Die Palästinakunde solle ermöglichen, den "ins Fleisch gekommenen, aber darin nicht verbliebenen Christus plastisch, wahrhaftig, lebendig" zu erfassen.[22]

---

[17]Dalman, G., Orte und Wege Jesu, BFChrTh 23, 1919 <2. Aufl. BFChrTh.M 1, 1921>; ders., Arbeit und Sitte in Palästina, 7 Bde., BFChrTh.M 14.17.27.29.33.36.41.48, 1927-1942.

[18]Dalman, G., Das heilige Land und die heilige Geschichte, PJB 8, 1913, 67-84; ders., Die Theologie und Palästina, PJB 17, 1921, 7-18; ders., Daß und wie wir Palästinaforschung treiben müssen, PJB 20, 1924, 5-22.

[19]Dalman, G., Die Theologie und Palästina, 8.

[20]ebd.; ders., Das heilige Land und die heilige Geschichte, 68ff.

[21]Dalman, G., Die Theologie und Palästina, 8.

[22]Dalman, G., Daß und wie wir Palästinaforschung treiben müssen, 21.

Dieses Programm hat Dalman dann in seinen beiden genannten Monographien umgesetzt. Dabei folgt er in der Darstellung von "Orte und Wege Jesu" im wesentlichen dem geographischen Aufriß des Markusevangeliums, wobei er die Gegebenheiten an diesen Orten beschreibend erläutert. Demgegenüber bevorzugt er in "Arbeit und Sitte in Palästina" einen systematischen Aufriß. Zunächst widmet er sich zeitlichen, wiederkehrenden Strukturen, wenn er sich - auch den subjektiven Seiten - der Wahrnehmung der Jahreszeiten und des Jahreslaufes und den damit gegebenen Lebens- und Arbeitsformen zuwendet.[23] In den folgenden Bänden thematisiert er den Ackerbau. Anbau, Ernte und Verarbeitung, sowie die wichtigsten Nahrungsmittel, Brot, Öl und Wein werden ausgiebig erfaßt und beschrieben.[24] Schließlich geht es um das Leben und Arbeiten im Bereich des Hauses bzw. des Zeltes: Kleidung, Zelt, Viehhaltung und Jagd sind dann die Themen.[25] Charakteristisch für Dalmans Methodik ist die Verbindung der landeskundlichen Beobachtungen in Palästina vorwiegend mit Aussagen der rabbinischen Literatur, die sich gegenseitig ergänzen und erhellen, wobei sich Dalman der Problematik der zeitlichen Differenz bewußt ist.[26] "Sozialgeschichte" hat also auch hier keine eigene Methodik, sondern "entsteht" aus der Kombination von Landeskunde und Judaistik.

Ähnlich verfährt Joachim Jeremias in seiner Studie "Jerusalem zur Zeit Jesu", die im übrigen von Dalman angeregt wurde.[27] Das Buch hat eine etwas verwickelte Editionsgeschichte: Es konnte nur in mehreren Lieferungen in einem Zeitraum von fast 15 Jahren in zwei Verlagen erscheinen.[28] Die erschienenen Teile über die wirtschaftlichen und sozialen Verhältnisse bildeten lediglich einen Ausschnitt des Intendierten: Ursprünglich sollten nach der Verlagsankündigung auch die "staatspolitischen Verhältnisse", das "hellenistische Geistesleben" und "Religion und Kultus" das Bild abrunden. Auch wenn dieses nicht in der beabsichtigten Weise realisiert

---

[23]Dalman, G., Arbeit und Sitte, Bd. 1,1 und Bd. 1,2

[24]Dalman, G., Arbeit und Sitte, Bde. 2-4.

[25]Dalman, G., Bde. 5-7.

[26]a.a.O., Bd. 1,1, VII.

[27]Black, M., Joachim Jeremias, in: Eltester, W. <Hg.>, Judentum, Urchristentum, Kirche, FS J. Jeremias, BZNW 26, Berlin, [2]1964, IX-XVIII, XI .

[28]J. Jeremias (1900-1979), der, was ihm den Zugang zu dieser Form der Exegese erleichtert haben dürfte, aus einer Familie stammte, in der sich schon mehrere Mitglieder der Orientalistik verschrieben hatten, hatte bereits von 1910 bis 1915 selbst in Jerusalem gelebt. Nach seinem Studium war er zunächst Dozent am theologischen Institut der Brüdergemeine in Herrnhut. Von 1923 bis 1928 war er zunächst Dozent, dann Professor am Herder-Institut in Riga, seit 1925 zugleich a.o. Professor in Leipzig. 1928 übernahm er die Leitung des Berliner Institutum Judaicum und dort zugleich eine a.o. Professur; 1929 wurde er auf einen Lehrstuhl in Greifswald berufen. 1931/1932 war er als Mitarbeiter am Jerusalemer Institut tätig. Von 1935 bis 1968 lehrte er schließlich in Göttingen. Zur Biographie vgl. neben Black, M., J. Jeremias: Bultmann, R., Art. Jeremias, Joachim, RGG[2], 3, 1929, 81; Hengel, M., Zum Andenken an Joachim Jeremias, ZDPV 94, 1978, 89-92; Jeremias, Jö., J. Jeremias, in: Bautz, F.-W. <Hg.>, Biographisch-Bibliographisches Kirchenlexikon, Bd. 3, 1992, 51-53.

werden konnte, zeigt uns der Plan selbst schon eine Erweiterung der ursprünglichen Methodik. Erschienen sind schließlich zwei Bände: Der erste handelt vom Wirtschaftsleben der Stadt, das die Bereiche des Gewerbes, des Handels und des Fremdenverkehrs umfaßt habe.[29] Dabei beschreibt Jeremias Jerusalem als eine typische Stadt des palästinisch-syrischen Wirtschaftsraumes, deren Gewerbe stark vom Tempel abhängig war.[30] Ihre ungünstige geographische Lage habe die Stadt durch ihre Bedeutung als Kultzentrum kompensieren können, so daß es einen nicht unbeträchtlichen Handelsverkehr gegeben habe.[31] Ebenso war der Reiseverkehr vor allem aus religiösen Gründen nicht unbeträchtlich[32] und der bedeutendste Wirtschaftsfaktor überhaupt.[33]

Die sozialen Differenzierungen, die Jeremias im zweiten Teil seines Buches schildert, teilen sich in solche aufgrund ökonomischer Kriterien und solche aufgrund des Prestiges. Nach dem ersten Kriterium teilt sich die Jerusalemer Gesellschaft in eine Oberschicht, zu dem der Hof, der Priesteradel, Großhändler, Grundbesitzer, Steuerpächter und "Rentner" zählten[34], eine Mittelschicht, zu der Händler, Handwerker, Gastwirte und einfache Priester gehörten[35], schließlich eine arme Bevölkerungsgruppe, zu der Sklaven und Tagelöhner sowie die auf Unterstützung Angewiesenen gehörten, zu denen auch Schriftgelehrte zählen konnten.[36] Für die nicht einfache ökonomische Lage der Bevölkerung selbst sind nach Jeremias zunächst die schon im ersten Teil genannte ungünstige wirtschaftsgeographische Lage sowie die Belastungen durch die römische Besatzung bzw. die Herrschaft der Hasmonäer verantwortlich.[37]

Diese schwierige ökonomische Lage der Bevölkerung zeige nun, daß die sozialen Dimensionen der Predigt Jesu nicht ausschließlich dem Evangelisten Lukas zuzuschreiben seien, sondern sowohl auf privatem, öffentlichen und religiösem Sektor habe es tatsächlich Unterstützungsleistungen für Bedürftige gegeben.[38] Wie die Essener hätten auch die Christen Leute unterstützt; aufgrund dieses Vergleichsmaterials hält Jeremias eine freiwillige Gütergemeinschaft des Landbesitzes für historisch.[39]

---

[29]Jeremias, J., Jerusalem, 1.33.66.

[30]a.a.O., 9.20.29.

[31]a.a.O., 65.

[32]a.a.O., 82.84.

[33]a.a.O., 97.

[34]a.a.O., II A 1.10f.

[35]a.a.O., II A 14-16.

[36]a.a.O., II A 24-28.32f.

[37]a.a.O., II A 35.39-42.

[38]a.a.O., II A 44.45f.48f.

[39]a.a.O. II A 16 Anm. 4.

Im zweiten Teil geht es dann zunächst um die gesellschaftliche Oberschicht in Jerusalem, die vor allem von den hohen Priesterämtern und der priesterlichen Aristokratie dominiert wurde, wobei Jeremias die wachsende Bedeutung der Schriftgelehrten und Pharisäer nicht verschweigt,[40] während demgegenüber der Laienadel nur eine unbedeutende Rolle gespielt habe.[41] Unter dem Titel "Die Reinerhaltung des Volkstums" wird dann die weitere Differenzierung der Bevölkerung dargestellt: Verachtete Gewerbe, jüdische und heidnische Sklaven, Waisen und Samaritaner. Leitender Gesichtspunkt bei der gesellschaftlichen Einordnung ist nach Jeremias die Abstammung, deren Bedeutung sich aus religiösen Gründen ergebe: "das Volkstum gilt als gottgegeben und seine Reinheit als gottgewollt; die endzeitlichen Verheißungen gelten dem reinen Volkskern"[42]. Jeremias vergißt dabei nicht zu erwähnen, daß - wie die Behandlung und gesellschaftliche Stellung der Proselyten zeige - die "Zugehörigkeit zur Religionsgemeinschaft... schwerer (wiege) als die Abstammung"[43]. Ein Anhang über die gesellschaftliche Stellung der Frau beschließt dann das Buch.[44]

Im Unterschied zur liberalen Exegese wirkt die palästinakundliche Forschung[45] - v.a. über Chr. Burchard und M. Hengel in deren sozialgeschichtlich und kulturgeschichtlich ausgerichteten Teilen und bildet methodisch einen der Anknüpfungspunkte der neueren sozialgeschichtlichen Exegese.[46] Die Gründe hierfür dürften vielschichtig sein.

Zunächst ist festzuhalten, daß zwei theologische Motive, die die sozialgeschichtliche Exegese des liberalen Protestantismus vorantrieben, nämlich die So-

---

[40]a.a.O., II B 101ff; II B 115.

[41]a.a.O., II B 88.

[42]a.a.O., II B 141.

[43]ebd. Zeitgeschichtlich ist dieser anscheinend unscheinbare Satz insofern wichtig als sich Jeremias mit ihm eindeutig von den politischen und theologischen Positionen distanziert, die einige Exegeten dieser Richtung während des Kirchenkampfes und des "Dritten Reiches" eingenommen haben, insbesondere Kittel und Grundmann, aber auch Leipoldt und K.G. Kuhn. Jeremias war Mitglied der Bekennenden Kirche. Zu diesem Komplex vgl. Siegele-Wenschkewitz, L., Neutestamentliche Wissenschaft vor der Judenfrage, Gerhard Kittels theologische Arbeit im Wandel der deutschen Geschichte, TEH 208, München, 1980; Siegele-Wenschkewitz, L., Mitverantwortung und Schuld der Christen am Holocaust, EvTh 42, 1982, 171-190.

[44]a.a.O., II B 232-250.

[45]So hat J. Leipoldt in den fünfziger Jahren einige Arbeiten zur Sozialgeschichte des Urchristentums publiziert. Leipoldt, J., Der soziale Gedanke in der altchristlichen Kirche, Leipzig, 1952; ders., Leipoldt, J., Die Frau in der antiken Welt und im Urchristentum, Leipzig, 1954 <1955²>.

[46]Neben den verschiedenen Werken M. Hengels ist v.a. zu nennen: Burchard, Chr., Jesus von Nazareth; ders., Erfahrungen multikulturellen Zusammenlebens im Neuen Testament, in: Micksch, J., Multikulturelles Zusammenleben. Theologische Erfahrungen, Frankfurt/M., 1983, 24-41.

ziale Frage und die Frage nach den Ursprüngen von Kirchenordnung und -verfassung in der Palästinakunde keine Rolle spielten. Das Interesse ist also letztlich nicht sozialethisch, sondern christologisch motiviert, wenn es gilt, den "ins Fleisch gekommenen, aber darin nicht gebliebenen Christus plastisch, wahrhaftig, lebendig" zu erfassen.[47] Von den Veränderungen der politischen und gesellschaftlichen Strukturen und deren zugleich veränderter Wahrnehmung und Interpretation war eine solche Begründung nicht in dem Maße berührt, wie die "liberalen" Problemstellungen vom Zurücktreten der Sozialen Frage im öffentlichen Bewußtsein nach 1918. Ferner war der "Trägerkreis" dieser Form sozialgeschichtlicher Exegese, der - vom Altpietismus beeinflußt - eher im theologisch-konservativen Lager zu suchen ist, von den politischen und insbesondere theologischen Umbrüchen dieses Jahrhunderts nicht in der Weise betroffen, wie der liberale Protestantismus. Günstig hat sich auf die Kontinuität der Arbeit sicherlich ausgewirkt, daß die Richtung mit mehreren Institutionen verbunden war. Zu nennen ist zunächst das "Deutsche Evangelische Institut für Altertumswissenschaft des Heiligen Landes zu Jerusalem", an dem Dalman und Jeremias gearbeitet hatten und das unter der Leitung Dalmans die Methodik der Fragestellung zunächst begründet hatte. Weiter ist das "Delitzschianum" zu nennen, eines der beiden Instituta Judaica in Deutschland, in denen mit unterschiedlicher Zielsetzung judaistische Studien getrieben wurden.[48] Schließlich ist als Einrichtung der Leipziger Universität, die "Neutestamentliche Abteilung des Forschungsinstituts für Vergleichende Religionsgeschichte", die mit J. Leipoldts Lehrstuhl verbunden war, zu nennen. Im Rahmen des von Leipoldt gewissermaßen als Institutszeitschrift herausgegebenen "Angelos. Archiv für neutestamentliche Zeitgeschichte und Kulturkunde"[49] war eine Publikation von Arbeiten möglich, die - was für die Auswertung archäologischen Materials wichtig ist - auch die Wiedergabe von Bildern und Photographien einschloß.

Eine Einrichtung der Leipziger Universität scheint freilich keine literarischen Spuren in den Veröffentlichungen der palästinakundlichen Exegese hinterlassen zu haben. Es handelt sich um das "Institut für Kultur- und Universalgeschichte", das von dem Sozialhistoriker Karl Lamprecht gegründet worden war und das insbesondere nach dem Ersten Weltkrieg sich verstärkt landeskundlichen Studien zuwandte[50]. Erweitert um geistesgeschichtliche Gesichtspunkte wurde Sozialgeschichte vielfach unter dem Oberbegriff "Kulturgeschichte" betrieben. Jeremias griff ihn im

---

[47]Dalman, G., Daß und wie wir Palästinaforschung treiben müssen, 21.

[48]Beide Institute wurden zu Zwecken der Judenmission gegründet; das Berliner Institut diente bald rein wissenschaftlichen Interessen.

[49]Die Zeitschrift erschien von 1925 bis 1932. Nach Leipoldt sollte der "Angelos" die Entstehung und Durchsetzung des Christentums erforschen, sowie den Beziehungen von Religion, Sittlichkeit und Kultur nachgehen. Auch J. Jeremias publizierte in dieser Zeitschrift. Vgl. Angelos, 1, 1925, 1.

[50]Kocka, J., Sozialgeschichte, 62.62, Anm. 43; Oestreich, G., Die Fachhistorie und die Anfänge der sozialgeschichtlichen Forschung, 323ff.344; Steinberg, H.J., Karl Lamprecht, in: Wehler, H.-J., Deutsche Historiker, Bd. 1, Göttingen, 1973, 58-68.

Untertitel von "Jerusalem zur Zeit Jesu" auf, und unter der Bezeichnung "Kultur-kunde" umschrieb dieser Begriff auch die im "Angelos" thematisierten For-schungsinteressen. Dieser Sachverhalt ist um so erstaunlicher, als sich hier eine pa-rallele Entwicklung von Sozialhistorie und sozialgeschichtlicher Exegese vollzieht. Beide gehen den Weg von der allgemeinen Geschichte zu territorialgeschichtlich begrenzten Detailstudien.

Nachdem sich die Sozialgeschichte in Deutschland nicht hatte durchsetzen können, blieb lange die Regionalgeschichte und Landeskunde, aus der heraus sie sich in Deutschland entwickelt hatte, ein Residuum für sozialgeschichtliche Frage-stellungen.[51] Neben Bonn bildete gerade Leipzig ein Zentrum dieser Forschung.[52] Wahrscheinlich bildete auch hier die Konzentration auf neuzeitliche Phänomene seitens der Regionalgeschichte und Landeskunde ein Hindernis für eine Zusammen-arbeit und Rezeption. Umgekehrt ist jedoch festzuhalten, daß sich die sozialge-schichtliche Exegese in der Form der Palästinakunde methodisch durchaus auf der Höhe der Zeit befand.

Trotzdem ist hier eine Einschränkung zu machen. Anders, als es Dalman ge-wollt hatte, bleibt die Sozialgeschichte mit dieser Methodik im wesentlichen auf die Illustration neutestamentlicher und dort vorausgesetzter Sachverhalte beschränkt. Unbestritten bleibt, daß von der palästinakundlichen Forschung nur ein kurzer Weg zur neueren sozialgeschichtlichen Exegese führt, zumal diese - was die Jesusüberlie-ferung betrifft - die tendenziell konservative Haltung der Palästinakunde in Authen-tizitätsfragen zu bestätigen scheint.[53]

5.2 Die Formgeschichte und die sozialgeschichtliche Exegese

In den ersten Jahren nach dem Ende des ersten Weltkrieges erschienen in kur-zer Folge drei Bücher, die bis fast in die Gegenwart die Methodik und die Voraus-setzungen der formgeschichtlichen Methode bestimmten. Wie wir gesehen haben, stellt sie einen wichtigen Anknüpfungspunkt für die neuere sozialgeschichtliche Erforschung des Urchristentums dar, da sie methodisch kontrolliert, durch Rück-schlußverfahren das soziale Leben des Urchristentums erforscht hat.

---

[51]Oestreich, G., Die Fachhistorie und die Anfänge der sozialgeschichtlichen Forschung, 323. Anm. 10.363.

[52]Faber, K.-G., Geschichtslandschaft - Région historique - Section in History, 8.

[53]Ein Beispiel für die positive Aufnahme sozialgeschichtlicher Fragestellungen: Riesner, R., So-ziologie des Urchristentums, Ein Literaturüberblick, ThBeitr 17, 1986, 213-222.

K.L. Schmidt trennte literarkritisch 1919 in seinem Buch "Der Rahmen der Geschichte Jesu"[54] traditionelle, ursprüngliche kleine Einheiten der synoptischen Überlieferung von "sekundären" Verbindungsstücken, mit denen die Evangelisten die Einzelstücke verbunden hatten. Er schuf so eine gesicherte Basis für eine fundierte formgeschichtliche Untersuchung der ältesten synoptischen Tradition.

Im selben Jahr veröffentlichte Martin Dibelius "Die Formgeschichte des Evangeliums"[55], wo er zu zeigen versuchte, daß sich das Urchristentum in einem längeren Prozess nicht nur in seiner geschichtlichen Gestalt, sondern auch in den Formen seiner Verkündigung den Normen und Erfordernissen der "Welt" anpaßte, den Weg von einer "unliterarischen" "Urliteratur" zu ästhetisch anspruchsvolleren Literaturformen ging. R. Bultmann analysierte schließlich in "Die Geschichte der synoptischen Tradition"[56] vollständig die Einzelstücke der synoptischen Überlieferung und versuchte sie verschiedenen, typischen Situationen im Leben der urchristlichen Gemeinden zuzuordnen. Die Entwicklung, Ausarbeitung und Durchsetzung der Methode, die sie schließlich zum selbstverständlichen Bestandteil der neutestamentlichen Propädeutik machte, vollzog sich im Anschluß an diese ersten Veröffentlichungen in einem längeren Prozeß, der durch die Neubearbeitung der Erstauflagen[57] und einige ergänzende Veröffentlichungen gekennzeichnet ist.[58]

Nachdem mehrfach die geistesgeschichtliche Verwurzelung der Formgeschichte in der Romantik herausgearbeitet wurde,[59] soll hier einmal forschungsgeschichtlich die Frage nach Kontinuität und Diskontinuität zur sozialgeschichtlichen Exegese des 19. Jahrhunderts gestellt werden, zweitens soll gezeigt werden, in welcher Weise soziale Zusammenhänge und Faktoren in der formgeschichtlichen Methodik in Anschlag gebracht werden, schließlich sollen die zeitgeschichtlichen Kontexte erhellt werden, in denen die Formgeschichte aufkam und sich entwickelte.

---

[54]Schmidt, K.L., Der Rahmen der Geschichte Jesu, Berlin, 1919 <Nachdruck Darmstadt 1964>.

[55]Dibelius, M., Die Formgeschichte des Evangeliums, Tübingen, 1919 <1933[2] 1971[6]>.

[56]Bultmann, R., Die Geschichte der synoptischen Tradition, FRLANT 29, 1921 <1931[2] 1979[9]>

[57]Dabei wurden nicht nur Ergänzungen und Erweiterungen vorgenommen, sondern auch einige Veränderungen in den einleitenden, die Methode erläuternden Kapiteln. Dies gilt v.a. für Bultmanns "Geschichte der synoptischen Tradition".

[58]Hier ist an folgende Arbeiten zu denken: Schmidt, K.L., Die Stellung der Evangelien in der allgemeinen Literaturgeschichte, in: ders., Neues Testament - Judentum - Kirche, Kleine Schriften, hg.v. G. Sauter, ThB 69, München, 1981, 37-130 <= Eucharisterion, Studien zur Religion und Literatur des Alten und Neuen Testaments, Hermann Gunkel zum 60. Geburtstag, 2. Teil, Göttingen 1923, 50-134>; ders., Art. Formgeschichte, RGG[2] 2, 1928, 638-640; Dibelius, M., Zur Formgeschichte der Evangelien, ThR 1, 1929, 185-216; ders., Zur Formgeschichte des Neuen Testaments (außerhalb der Evangelien), ThR 3, 1931, 207-242.

[59]Güttgemanns, E., Offene Fragen, 120ff; Berger, K., Einführung, 63-71; Köster, H., Art. Formgeschichte/Formenkritik II., TRE 11, 1983, 286-299

Elemente der Kontinuität sind zunächst die wissenschaftlichen Biographien von Dibelius, Bultmann und Schmidt. Bultmann hatte bei Hermann Gunkel gehört, der die formgeschichtliche Exegese in der alttestamentlichen Exegese begründet hatte.[60] Dibelius gehörte zu Gunkels Schülerkreis, habilitierte sich allerdings bei Deißmann, der - wie wir gesehen haben - auf eine andere Art und Weise als Gunkel - Anregungen der Folkloristik und Volkskunde rezipierte.[61] K.L. Schmidt schließlich war Assistent Deißmanns in Berlin gewesen, wo er sich auch habilitierte.[62] Ferner sind viele der formgeschichtlichen Arbeiten vor der Epochenwende in der Theologie konzipiert worden, so K.L. Schmidts Arbeit über den "Rahmen der Geschichte Jesu". Dibelius hatte bereits viele Züge seiner formgeschichtlichen Methodik in seiner Habilitationsschrift über Johannes d. Täufer vorweggenommen.[63] Zugleich wird jedoch nur eine der in den vorausgegangen dargestellten Möglichkeiten, sozialgeschichtliche Exegese zu betreiben, realisiert, nämlich die "volkskundliche", für die es bereits eine innerdisziplinäre Tradition gab. Obwohl die Formgeschichte von ihren Begründern explizit als "soziologische"[64] Fragestellung angesehen wurde, greift sie nicht auf die Soziologie als Bezugswissenschaft zurück.

Diskontinuitäten sind - insbesondere bei Dibelius - zunächst durch die Rezeption des Geschichtsbildes und der Literaturtheorie Franz Overbecks gegeben, der in der neutestamentlichen und kirchengeschichtlichen Forschung des 19. Jahrhunderts eine Außenseiterrolle innehatte, eine Wahl, die nicht untypisch für die theologische Entwicklung nach dem Ersten Weltkrieg ist, in der öfter Außenseiter zu neuen Leitgestalten wurden.[65] Ferner hat sich die sozialgeschichtliche Exegese ein neues Themenfeld gegeben, indem sie im wesentlichen den "Kult" als den "soziologischen Zusammenhang" der urchristlichen Überlieferung bestimmte. Demgegenüber werden die Außenkontakte der christlichen Gemeinden und ihre Wirkung auf die Gesamtgesellschaft durch diese methodische Vorentscheidung marginalisiert.[66] So

---

[60]Wonneberger, R., Art. Gunkel, Hermann, TRE 14, 1985, 297-300; Klatt, W., Hermann Gunkel; Schmithals, W., Theologie.

[61]Dibelius, M., Selbstdarstellung, RWGS, Bd. 5, Leipzig, 1929, 1-37; Kümmel, W.G., Art. Dibelius, Martin, TRE 8, 1981, 726-729.

[62]Cullmann, O., Karl Ludwig Schmidt, ThZ, 12, 1956, 1-9; ders., Cullmann, O., Art. Schmidt, Karl Ludwig, RGG³ 5, 1961, 1458; Vielhauer, Ph., Karl Ludwig Schmidt (1891-1956), in: Schmidt, K.L., Neues Testament - Judentum - Kirche, Kleine Schriften, hg.v. G. Sauter, ThB 69, 1981, München, 13-36.

[63]Vgl., Cullmann, O., Karl Ludwig Schmidt, 3; Dibelius, M., Die urchristliche Überlieferung von Johannes dem Täufer, FRLANT 15, Göttingen, 1911.

[64]Bultmann, R., Die Geschichte, 1931², 4f.

[65]Vgl., Graf, F.W., Die "antihistoristische Revolution", 378; zu Overbeck und Dibelius, Berger, K., Exegese und Philosophie, 69-83; Dibelius, M., Selbstdarstellung 22; ders., Formgeschichte 1933², 6.

[66]Dibelius, M., Formgeschichte, 3f; ders., Formgeschichte 1933², 8: "Wer die Entstehung volkstümlich-literarischer Gattungen in einem Kreis unliterarischer Menschen verstehen will, wird ihres

spielt selbst bei Bultmann, der die Bedürfnisse des urchristlichen Gemeindelebens weiter auffächert als Dibelius oder Schmidt,[67] die Diakonie als soziales Handlungsfeld keine Rolle. Schließlich tritt mit Dibelius, Bultmann und Schmidt eine neue Generation von Exegeten in das Blickfeld der wissenschaftlichen Öffentlichkeit. Ihnen gelingt - was die Berücksichtigung und methodische Einbindung sozialer Gegebenheiten in die Exegese betrifft - die Formulierung eines Konsenses. Dies geschieht "in einer Reihe von Verhandlungen, in denen die Forscher ihre ursprünglichen Ansichten in Reaktion auf die Forschungsprobleme des neuen Bereiches und im Hinblick auf alternative Perspektiven von Mitgliedern mit unterschiedlichem wissenschaftlichen Werdegang modifizieren."[68] Ob dieser methodische Konsens die sozialgeschichtliche Erforschung des Neuen Testaments eher erschwert oder erleichtert hat, wird nun zu fragen sein.

Zunächst ist festzuhalten: Das Interesse der Formgeschichte ist ein literaturgeschichtliches.[69] Die Frage nach dem sozialen Ort dieser Überlieferungen ist demgegenüber sekundär. Sie erlaubt es, die synoptische Tradition als "Volksüberlieferung" zu qualifizieren und auf dieser Basis die Gesetzmäßigkeiten zu beschreiben, nach denen die neutestamentliche Überlieferung geformt und gestaltet wurde.[70] So erhellen sich gegenseitig die Frage nach dem Sitz im Leben und nach

---

Lebens und - da es sich um religiöse Texte handelt - ihres Kultes Brauch zu untersuchen haben. Er wird zu fragen haben, welche Gattungen in diesem soziologischen Zusammenhang möglich oder wahrscheinlich sind:" Ferner, Schmidt, K.L., Die Stellung, 66f; die Entwicklung von der form- zur kultgeschichtlichen Methode wurde von G. Bertram vorangetrieben; insbesondere durch das Werk von S. Mowinckel entwickelte sich die altestamentliche Wissenschaft in eine ähnliche Richtung. Schmidt, K.L., Art. Formgeschichte, 639; Müller, H.P, Art. Formgeschichte/Formenkritik I., TRE 11, 1983,271-285: 279.

[67]Bultmann nennt: Apologetik, Polemik, Erbauung, Paränese, Gemeindedisziplin und Predigt. Die Evangelien sind für ihn Kultlegenden. Bultmann, R., Geschichte, 225-227.

[68]Mulkay, M., Drei Modelle, 57; diese "Verhandlungen" fanden ihren Niederschlag in den Abweichungen der auf die Erstausgaben folgenden Auflagen bei Dibelius und Bultmann so wie in unterschiedlichen Akzenten, die sich in den verschiedenen Arbeiten K.L. Schmidts finden.

[69]Dibelius, M., Formgeschichte, 1; Bultmann, R., Geschichte 1931[2], 4f; Schmidt, K.L., Die Stellung, 66f.

[70]Dibelius, M., Formgeschichte, 1.

der Geschichte der Überlieferungen,[71] wobei Bultmann die literaturgeschichtlichen Aspekte stärker betont als Dibelius.[72]

Während bei Bultmann Fragen der sozialen Schichtung der Träger der synoptischen Überlieferung nicht direkt erörtert werden, finden sich hierzu bei Dibelius einige Hinweise: So spricht er von der "Unterschicht" als Träger der synoptischen Überlieferung.[73] Diese "Unterschicht" definiert sich jedoch nicht anhand ökonomischer, sondern kultureller Kriterien, auch wenn Dibelius in anderen Zusammenhängen die Bedeutung ökonomischer Faktoren bewußt ist.[74] Diese "unliterarischen" Menschen leben abseits der hohen Kultur und seiner Rezipienten. Sie kennen keine individuelle Autorenschaft, sondern anonyme Kollektive überliefern nach Gesetzmäßigkeiten, die durch die Bedürfnisse und Traditionen des gemeinsamen Lebens bestimmt werden.[75] Diese Unbestimmtheit hinsichtlich des sozialen Ortes der Überlieferer dürfte von der Volkskunde übernommen sein, da auch dort die Differenz von Ober- und Unterschicht aufgrund kultureller und ökonomischer Kriterien bestimmt werden konnte.[76] Auch bei Bultmann spielt dann - in anderer Weise - ein kultureller Gegensatz bei der historischen Einordnung der Überlieferungen eine entscheidende Rolle: der zwischen palästinensischem und hellenistischem Urchristentum.[77]

Trotzdem kann man nicht einfach von einer völligen Neutralisierung soziologischer Motive sprechen. Sie wurden allerdings auf eine höhere Abstraktionsebene gehoben, die Ebene der Geschichtsphilosophie: So schrieb K.L. Schmidt bereits

---

[71]Bultmann, R., Geschichte, 3; ähnlich schreibt Dibelius: "Die Formgeschichte des Evangeliums, d.h. dieses Stoffes beginnt also nicht etwa mit der Arbeit der Evangelisten, sondern sie erreicht in der Formwerdung der Evangelien-Bücher bereits einen gewissen Abschluß... Was vorher liegt, ist Gestaltung und Wachstum der kleinen Einheiten, aus denen die Evangelien zusammengesetzt sind. Auch diese kleinen Gebilde gehorchen formbildenden Gesetzen; sie tun es um so mehr, als bei ihrer Formwerdung schriftstellerische Individualitäten erst recht keine Rolle spielen. Jenen Gesetzen nachspüren, die Entstehung dieser kleinen Gattungen begreiflich machen, das heißt Formgeschichte des Evangeliums treiben." Dibelius, M., Die Formgeschichte, 3; Schmidt, K.L., Art. Formgeschichte, 638.

[72]Bultmann, R., Geschichte 1931[2], 7. Biographisch ist Bultmanns Interesse an der synoptischen Tradition durch die Auseinandersetzung mit dem Jesus-Bild seiner der Religionsgeschichtlichen Schule zugehörigen Lehrer motiviert. Jaspert, B., Rudolf Bultmanns Wende von der Liberalen zur Dialektischen Theologie, in: <Hg.> ders., Rudolf Bultmanns Werk und Wirkung, Darmstadt, 1984, 25-43.

[73]Dibelius, M., Formgeschichte, 1.

[74]Dibelius, M., Geschichtliche und übergeschichtliche Religion im Christentum, Göttingen, 1925, 107f.159-164.

[75]ebd.

[76]Weiser-Aall, L., Art. Volkskunde I., 1666; Güttgemanns, E., Offene Fragen, 125.130; Bausinger, H., Volkskultur und Sozialgeschichte, 35.

[77]Bultmann, R., Geschichte, 3.

1923: "Die frühere mehr individualistische Betrachtung wird von einer mehr soziologischen abgelöst. Auch der Wissenschaftler ist ein Exponent seiner Zeit; das ist Schicksal und Glück. Eine neue geschichtsphilosophische Einstellung ist spürbar für den, der beobachtet, wie sich auch im Wissenschaftsbetrieb Generationen ablösen."[78] R. Bultmann rezensiert E. Lohmeyers Werk "Vom Begriff der religiösen Gemeinschaft"[79] anhand des dort zugrundegelegten Geschichtsbegriffes.[80] Ähnlich macht O. Cullmann Zustimmung und Ablehnung der formgeschichtlichen Methode von der Stellung zu der ihr zugrundeliegenden Geschichtsphilosophie abhängig.[81] Er verbindet diese Feststellung mit der Kritik, die formgeschichtliche Methode habe wohl die Soziologie in die neutestamentliche Wissenschaft eingeführt, andererseits fehle in der Durchführung des formgeschichtlichen Programmes eine solide methodische Grundlegung.[82]

Bereits dieser Überblick hat gezeigt, daß in der formgeschichtlichen Exegese andere soziale Zusammenhänge und Themen in den Mittelpunkt des Interesses treten, als bisher. Einige Ergebnisse jedoch, wie die Frage nach dem sozialen Status der ersten Christen, gehören zu den Voraussetzungen, unter denen das formgeschichtliche Programm entwickelt wurde. Neue Thematiken sind dagegen zuerst der Gottesdienst, zweitens speziell Predigt und Kult als Sitz im Leben der synoptischen Überlieferung und drittens die Theorie des kollektiven Autors und der "Masse" als gestaltender Faktor der urchristlichen Religions- und Literaturgeschichte. Alle drei Motive finden sich vor dem ersten Weltkrieg in der neutestamentlichen Exegese[83], alle drei haben jedoch in gleicher Weise Bezüge zur Sozialgeschichte, zu Theologie und Kirchengeschichte der Nachkriegszeit, die der formgeschichtlichen Exegese eine hohe Plausibilität verliehen haben dürften. Sie sollen im folgenden, wobei die ersten beiden zusammengenommen werden, erhellt werden.

---

[78]Schmidt, K.L., Die Stellung, 80; Güttgemanns, Offene Fragen, 46f.

[79]Lohmeyer, E., Vom Begriff der religiösen Gemeinschaft, Wissenschaftliche Grundfragen, Philosophische Abhandlungen III, Leipzig, 1925.

[80]Bultmann, R., Vom Begriff der religiösen Gemeinschaft. Zu Ernst Lohmeyers gleichnamigen Buch, ThBl, 6, 1927, 66-73.

[81]Cullmann, O. , Die neueren Arbeiten zur Geschichte der Evangelientradition (1925), in: ders., Vorträge und Aufsätze 1925-1962, Tübingen, 1966, 41-89. Cullmann, O. , Die neueren Arbeiten zur Geschichte der Evangelientradition (1925), in: ders., Vorträge und Aufsätze. 1925-1962, hg.v. K. Fröhlich, Tübingen, 41-89, 1966

[82]a.a.O., 80.

[83]In verschiedenen Arbeiten, die aus der "Religionsgeschichtlichen Schule" stammen, sind diese beiden Motive verbunden. Verheule, A.F., Bousset, 305, wo sich ein bezeichnendes Zitat von Wilhelm Bousset findet: "Man lernte verstehen, daß es bei einer lebendigen Auffassung der Religion nicht nur, und vielleicht nicht in erster Linie, auf die Erfassung der abgeklärten Vorstellungs- und Begriffswelt, der biblischen Lehrbegriffe, Dogmen und Theologoumenen ankomme, daß der breite Strom des *religiösen Lebens der Masse* in einem andern Bette fließe, als man bisher gesucht, in dem Bette der Stimmungen und Phantasien, der oft schwer kontrollierbaren Erfahrungen und Erlebnisse primitivster Art, in Sitte, Brauch und *Kultus.*" (Hervorhebungen von mir).

Während in der sozialgeschichtlichen Exegese des 19. Jahrhunderts unbefangen und ein wenig zu optimistisch Wechselwirkungen zwischen den urchristlichen Gemeinden und der Gesamtgesellschaft diskutiert wurden, erscheinen in der Formgeschichte die urchristlichen Gemeinden sehr auf sich und ihre Bedürfnisse zurückgeworfen, indem der "Kult" als Ort der Hege und Pflege der überlieferten Traditionen in den Mittelpunkt tritt.

Diese Binnenperspektive entspricht weitgehend den Aufgaben, vor die sich die evangelische Kirche und Theologie nach der Revolution und dem Ende des landesherrlichen Summepiskopates gestellt sah. Mit diesen Verlusten mußten sich die Kirchen einerseits eine neue Ordnung geben, zum anderen auf das besinnen, was ihnen in diesem Wechsel als Orientierungspunkt blieb: der Gottesdienst.[84] Dies zeigte sich einerseits - worauf schon hingewiesen wurde - in einem wachsenden Interesse am Thema der religiösen Gemeinschaft, zum anderen an einem gewachsenen Interesse am Gottesdienst selbst. So ist zunächst auf die verschiedenen liturgischen Erneuerungsbewegungen hinzuweisen, die nach dem Ersten Weltkrieg entstanden,[85] wie auf die Bemühungen O. Bartnings, architektonisch Kirchenräumen gemeinschaftlichen und - durch Wort und Gemeinschaft vermittelt - sakralen Charakter zu verleihen.[86] Auch die "Wort-Gottes-Theologie" ist eine solche Erneuerungsbewegung und Theologie, die ihren "Sitz im Leben" selbst in der Predigt, im Gottesdienst hatte. An dieser Stelle bestehen nun die deutlichsten Affinitäten zwischen der Formgeschichte und der neuen theologischen Richtung, die in der weiteren theologie- und kirchengeschichtlichen Entwicklung zur Durchsetzung der Methode entscheidendes beigetragen haben dürften.[87] Indem die Formgeschichte, insbesondere durch Dibelius, behauptete, die synoptische Überlieferung, zu der die meisten Predigtperikopen gehören, entstamme der gottesdienstlichen Praxis, konnte deren Auslegung auf die gegenwärtige Predigt hin nur konsequent im Gefälle und in der Intention der Texte selbst liegen. Auf diese Weise artikulierten und legitimierten

---

[84]Scholder, K., Die Kirchen und das Dritte Reich. Bd. 1. Vorgeschichte und Zeit der Illusionen. 1918-1934, Frankfurt/M., 1977, 44. Auch in der systematischen Theologie findet sich eine solche Binnenperspektive, die sich in einer Vielzahl von Publikationen zur Ekklesiologie zeigte, von denen die von Dietrich Bonhoeffer und Paul Althaus die bekanntesten sind. Bonhoeffer, D., Sanctorum Communio. Eine dogmatische Untersuchung zur Soziologie der Kirche, NSGTK 26, Berlin, 1930; Althaus, P., Communio Sanctorum. Die Gemeinde im lutherischen Kirchengedanken, FGLP 1. Reihe 1, München, 1929.

[85]Cornehl, P., Art Gottesdienst VIII. Evangelischer Gottesdienst von der Reformation bis zur Gegenwart, TRE 14, 1985, 54-85: 71.73; Stählin, W., Die Geschichte des christlichen Gottesdienstes von der Urkirche bis zur Gegenwart, in: <Hg.> K.F. Müller; W. Blankenburg, Leiturgeia. Handbuch des Evangelischen Gottesdienstes, Kassel, 1954, 1-81: 72ff.

[86]Horn, C., Art. Kirchenbau, 866.

[87]Vgl. hierzu: Theißen, G., Zum Stand der Diskussion in der neutestamentlichen Theologie. Überlegungen anläßlich des 100. Geburtstages von Martin Dibelius (1883-1947), NStim, 1984, 20-24.

formgeschichtliche Exegese und Kerygmatheologie das neue Interesse am gottes- dienstlichen Handeln der Kirchen.

K.L. Schmidt sah in der Formgeschichte auch die ältere individualistische Ge- schichtsphilosophie zugunsten einer "soziologischen" überwunden. Er sieht sich hier in Kontinuität mit der religionswissenschaftlichen Forschung überhaupt, wenn er schreibt, "daß der Gang der Forschung hier mit bestimmten Ergebnissen der reli- gionsgeschichtlichen Arbeit zusammentrifft: in der Geschichte der Religionen und damit der religiösen Literaturen hat die Masse, die Gemeinde eine größere Bedeu- tung, als das früher erkannt worden ist."[88]

An dieser Stelle entfernen sich die Formgeschichtler vielleicht am stärksten von Hermann Gunkel, der 1903 vor einer Vernachlässigung der großen Persönlich- keiten zugunsten der "Zeitströmungen" gewarnt hatte.[89] Andererseits entsprach die hohe Bedeutung, der hier der "Masse" zugeschrieben wurde, dem zeitgenössischen Erfahrungshorizont, der vielfach in Zusammenhang mit der Erfahrung der Indu- strialisierung und Modernisierung Deutschlands gesehen wird. Die Vorstellung von einer von der "Masse" bedrohten Individualität war ein Teil des zeitgenössischen Krisenbewußtseins und wurde immer wieder im Zusammenhang des "Antihistoris- mus", aber auch anderweitig artikuliert.[90] Eine ambivalente Haltung kommt in ei- nem Vortrag H.v. Schuberts vor Pfarrern zum Ausdruck: "Gewiß, 'die Masse' ist ein Abstraktion, die man nicht fassen kann, und es wird auch mit diesem Begriff ein greulicher Mißbrauch getrieben; sie ist aber doch nicht nur ein Popanz für Hasen- herzen, sondern eine große, man muß sagen, fürchterliche Wirklichkeit, die schon lange vor dem Krieg wie ein unheimlicher Druck auf uns lag. Jedermann kennt die Entstehung aus der modernen Wirtschaftsentwicklung, die durch die Maschine und Fabrik auf Massenproduktion der Waren und Massenanhäufung von Menschen in den Großstädten, auf Entgeistung und Entpersönlichung der Arbeit hinführte. Was Massengeist ist, kann man recht nur im Fabriksaal, hier aber fast körperlich spü- ren."[91] Die Formgeschichte kommt dagegen zu einer positiven Wertung der "Mas- se" wie zu einer Aufwertung des Durchschnittsmenschen gegenüber einer kulturel- len Elite. F. Fascher trifft das Pathos der Formgeschichte, wenn er schreibt: "Nicht mehr die Religion der Heroen, sondern die der Masse wird jetzt erforscht, man er- kennt ihre Bedeutung. Das demokratische Prinzip dringt neben dem aristokratischen

---

[88]Schmidt, K.L., Die Stellung, 80.

[89]Gunkel, H., Zum religionsgeschichtlichen Verständnis des Neuen Testaments, FRLANT 1, Göt- tingen, 1903, 12. Ferner Müller, H.P., Art. Formgeschichte, 274; Güttgemanns, E., Offene Fragen, 44.

[90]. Schulze, H., Weimar. Deutschland 1917–1933, Berlin, 1982, 47f; Nowak, K., Die "antihistori- stische Revolution", 142.

[91]Schubert, H.v., Kirche, Persönlichkeit und Masse. Vortrag auf der Hauptversammlung des Ver- bandes deutscher evangelischer Pfarrvereine in Heidelberg am 19. September 1921 gehalten, Tü- bingen, 1921, 1.

ein in die Wertung der Geschichte und der sie schaffenden Faktoren, und damit ist
der Weg zur Volkstradition wieder gebahnt. Endlich hat man es auch satt, das Christentum als Lehre zu betrachten, man sieht es als Leben an, das sich im Kult sichtba-
ren Ausdruck verleiht."[92] Zudem wußten sich die Kirchen durchaus ihre Massen
schon im 19. Jahrhundert in Wallfahrten und in volksmissionarischen Anstrengun-
gen mit ihrer vielgestaltigen "Kleinliteratur"[93] zu organisieren[94] und auch nach der
Revolution politisch zur Geltung zu bringen,[95] so daß der Begriff, zumal wenn er
mit dem Begriff der "Gemeinde" zusammengebracht wurde, nicht notwendig negativ konnotiert war.

Die formgeschichtliche Exegese steht also zunächst in der Kontinuität der sozialgeschichtlichen Erforschung des Urchristentums im 19. Jahrhundert. Unter anderen theologischen, geistesgeschichtlichen und sozialen Bedingungen veränderte
sich allerdings die Perspektive und es kommt zu einer Vernachlässigung der Außenbeziehungen der Gemeinden. Mit ihrer Betonung der Binnenperspektive und der
Wirksamkeit kollektiver Strukturen und Phänomene konnte die Formgeschichte
wesentliche Aspekte kirchlicher und gesellschaftlicher Selbstwahrnehmung und
Theoriebildung thematisieren, was zu der hohen Akzeptanz, die die Methode in der
weiteren Forschungsgeschichte gefunden hat, beigetragen haben dürfte.

5.3 Transzendentale Gemeinschaftstheologie und sozialgeschichtliche Exegese (E. Lohmeyer)

Als 1958 zur Gewißheit wurde, daß Ernst Lohmeyer bereits im September
1946 in einem sowjetischen Internierungslager gestorben war, hatte die neutestamentliche Wissenschaft neben Martin Dibelius einen zweiten Forscher verloren, der
sich in besonderer Weise mit der Sozialgeschichte des Urchristentums befaßt hatte
und auf seine Weise hätte schulbildend wirken können.[96] Auch wenn Lohmeyer - im

---

[92]Fascher, E., Die formgeschichtliche Methode. Eine Darstellung und Kritik. Zugleich ein Beitrag
zur Geschichte des synoptischen Problems, BZNW 2, Gießen, 1924, 36; Berger, K., Einführung,
69-71.

[93]Dibelius, M., Formgeschichte, 2.

[94]Vgl., Schieder, W., Religion in der Sozialgeschichte, in: <Hg.> ders./V. Sellin, Sozialgeschichte
in Deutschland, Bd. 3, KVR 1523, Göttingen, 1987, 9-31: 19.f

[95]Vgl., Scholder, K., Die Kirchen, 22f.

[96]Ernst Lohmeyer wurde am 8.7. 1890 in Dorsten geboren. Nach dem Abitur studierte er von 1908
bis 1911 in Tübingen, Leipzig und Berlin, wo er 1912 bei Deißmann zum Dr. theol. promovierte.
Nachdem er 1914 in Erlangen den Dr. phil. erworben hatte, unterbrach zunächst der Erste Weltkrieg seine wissenschaftliche Karriere. 1918 habilitierte er sich bei Dibelius in Heidelberg und
wurde 1920 nach Breslau berufen. 1935 wurde Lohmeyer wegen seiner Gegnerschaft zum NS-

Unterschied zur Formgeschichte - nicht dem "volkskundlichen Programm" seiner Lehrer Deißmann und Dibelius folgte, sondern stärker auf soziologische und wirtschaftsgeschichtliche Literatur, etwa M. Weber und O. Neurath, rekurrierte, wäre doch die Charakterisierung seiner Forschertätigkeit als der eines "Sozialgeschichtlers" genauso überzogen wie für Dibelius oder Deißmann. Denn seine Arbeiten mit sozialgeschichtlichen Thematiken erschienen alle bis in die Mitte der zwanziger Jahre diese Jahrhunderts, also der Zeit, die schon im Kapitel über die Formgeschichte als eine Zeit intensiverer ekklesiologischer Reflexion beschrieben wurde. Bemerkenswert bleibt jedoch, daß Lohmeyer nicht nur soziologische Theorien rezipierte, sondern ein eigenständiges Interesse an der Sozialgeschichte des Urchristentums entwickelte und sich auch als "Sozialphilosoph" mit Fragen religiöser Gemeinschaftsbildung befaßte.[97] Während diese letztgenannten Arbeiten weniger beachtet wurden, gelten die 1921 veröffentlichten "Soziale(n) Fragen im Urchristentum"[98] bis heute als wichtiger Beitrag zur sozialgeschichtlichen Exegese.

Dort ist sein Ausgangspunkt zunächst ein Vergleich der hellenistischen mit der modernen Gesellschaft. Beide seien von einer hohen Mobilität und dem davon abhängigen Handel geprägt. Beide Zeitalter und Gesellschaften seien von Übergängen und Zeitenwenden geprägt gewesen.[99] Das bestehende Gegenwartsinteresse an sozialen Fragen vermag nun das Interesse an der Erforschung der Vergangenheit zu motivieren und zugleich diese zu erhellen. "Nicht also deutet die Geschichte das Leben der Gegenwart, wohl aber verlebendigt die Gegenwart die Erkenntnis der Geschichte. Aus dem Treiben unserer Tage heraus ist uns der Gegenstand aufgestiegen, den wir auf den folgenden Seiten betrachten wollen. Unsere Zeit ist von sozialen Nöten und Mächten bis zum Rande voll... Daß aber von sozialen Fragen im Urchristentum, also in einer, wie es scheint, rein religiösen Bewegung, mit irgend einem Recht gesprochen werden kann, hat seine besonderen Gründe in der allgemeinen Richtung und Art des gegenwärtigen Lebens..."[100] Diese sind nach Lohmeyer der historische Materialismus, der die geschichtlichen Bewegungen auf sozioökonomische Faktoren zurückführe, der religiöse Sozialismus, der die Wesens-

---

[97] Lohmeyer war hier von der idealistischen Philosophie des Breslauer Philosophieprofessors Richard Hönigswald beeinflußt, insbesondere was die Annahme von Transzendentalien anging. Esking, E., Glaube und Geschichte in der theologischen Exegese Ernst Lohmeyers. Zugleich ein Beitrag zur Geschichte der neutestamentlichen Interpretation, ASNU 18, Uppsala, 1951, 104f.

[98] Lohmeyer, E., Soziale Fragen im Urchristentum, Leipzig, 1921 <Nachdruck Darmstadt 1973>.

[99] a.a.O., 5f.

[100] a.a.O., 6f.

Regime nach Greifswald strafversetzt, dann von 1939 bis 1943 zum Kriegsdienst eingezogen. Nach dem Ende des Zweiten Weltkrieges übernahm er das Rektorat der Greifswalder Universität, geriet aber anscheinend schnell mit den russischen Besatzungsbehörden in Konflikt, als er sich weigerte, der Entlassung aller belasteten Professoren zuzustimmen. Am 14. Februar wurde er verhaftet und im Juli desselben Jahres in ein Internierungslager gebracht, wo er unter bis heute nicht geklärten Umständen verstarb. Vgl., Schmauch, W., Vita et Opera, in: ders., In Memoriam Ernst Lohmeyer, Stuttgart, 1951, 19-21; Haufe, G., Art. Lohmeyer, Ernst (1890-1946), TRE 21, 1991, 444-447.

verwandtschaft von Christentum und Sozialismus herausstelle und der Philosophie Nietzsches, der die urchristliche Ethik als Produkt des Hasses der niederen Massen angesehen habe.[101]

Das "Soziale" bestimmt Lohmeyer nun in enger Anlehnung an das bei Troeltsch Erarbeitete: "Soziale Fragen" betreffen Fragen aus dem Bereich der Gesellschaft, die neben Staat und Kirche die dritte große Bildung menschlicher Sozialität darstellt. Die ersten beiden seien von Normen und normativen Vorschriften gelenkt, dagegen folge die Gesellschaft Konventionen und Traditionen[102] und gebe divergierenden persönlichen und subjektiven Interessen Raum, so daß sie gewissermaßen zwischen der einzigen natürlichen Gesellungsform, der Familie mit ihren persönlichen Beziehungen, und dem "unpersönlichen" Staat eine Mittelstellung einnehme.[103] Erst in moderner Zeit sei man sich des Sozialen bewußt geworden und der Möglichkeiten und Chancen seiner Gestaltung.[104] Davor, also in Antike und damit im Urchristentum, gingen religiöse und soziale Motive und Faktoren zusammen,[105] so daß einerseits eine rein ökonomische Perspektive nicht ausreiche, zum anderen gerade der Zusammenhang von Religion und sozialem Leben aufgeklärt werden müsse.[106] Dieser Aufgabe stellt sich nun Lohmeyer, indem er zunächst die ökonomischen und sozialen Verhältnisse der hellenistischen Welt und des Judentums darstellt, bevor er die besondere Rolle des Urchristentums von Jesus über die Urgemeinde und Paulus bis in die nachapostolische Zeit darstellt.

Zwei grundlegende Tendenzen kennzeichnen nach Lohmeyer nun die hellenistische Zeit. Einmal die Ausbreitung der hellenistischen Kultur im gesamten Mittelmeerraum und parallel die Auflösung der Stadtstaaten in Griechenland.[107] Die hellenistischen Stadtgründungen hatten aufgrund ihrer Kultur und partiellen politischen Autonomie für die Diadochenreiche und Klientelfürstentümer eine stabilisierende Funktion[108], gerade wenn politische Wirren im Großen die wirtschaftliche Entwicklung hemmten.[109] Gerade in Judäa seien sie immer Stützpfeiler der römischen Herrschaft gewesen. Zur Bevölkerung des umliegenden Landes habe es wegen der politischen und wirtschaftlichen Unterschiede vielfach starke Statusdiffe-

---

[101]a.a.O., 7f. Lohmeyer setzt sich nicht nur mit den bekannten Themen sozialgeschichtlich argumentierender Apologetik auseinander, sondern greift dazu ein relevantes Thema des Antihistorismus der zwanziger Jahre auf.

[102]a.a.O., 10.

[103]a.a.O., 12.

[104]a.a.O., 15.

[105]a.a.O., 17.20.

[106]a.a.O., 20.

[107]a.a.O., 23f.

[108]a.a.O., 25f.

[109]a.a.O., 39.

renzen gegeben.[110] Für die Mission des Paulus hätten die Städte größte Bedeutung gehabt.

Der hellenistische Staat sei ein Beamtenstaat gewesen, der nach seinen Möglichkeiten für geordnete wirtschaftliche Rahmenbedingungen gesorgt hätte. So habe es ein einheitliches Steuer- und Pachtsystem gegeben. Trotz der bisweilen drückenden Lasten hätte es zumindest im Osten - aufgrund des Patriarchalismus - kaum Revolten gegeben.[111]

Der Handel sei als Großhandel strukturiert gewesen, von dem einzelne Kleinhändler abhängig waren. Auch einige "industrielle" Großbetriebe habe es gegeben. Kleinhändler und Handwerker hatten dagegen aufgrund der Geringschätzung der Handarbeit kein allzu hohes Ansehen.[112] Allerdings habe es gerade bei ihnen viele technische Neuentwicklungen gegeben, während es bei den Sklaven, die sowohl in Haushalten wie in der Wirtschaft tätig gewesen seien, keine innovierenden Interessen gegeben hätte.[113] In den Städten habe sich ein Sklavenproletariat entwickelt, das nach Freiheit und Emanzipation strebte und insofern auf die Entwicklung der Städte positiv einwirkte,[114] da die Chance auf die Freilassung zur Arbeit motivierte und eine Disziplin einübte, die den dann Freigelassenen einen gewissen sozialen Aufstieg ermöglichte.[115] Im Gegenzug zu diesen stabilisierenden Faktoren hätten wachsende soziale Differenzen zu Auflösungserscheinungen und Zentralisationstendenzen geführt, deren philosophische Begleiterscheinung die Stoa mit ihrer Nivellierung sozialer Rangunterschiede, deren politisch-religiöse Begleiterscheinung der Kaiserkult wurde. Er sei zum letzten Versuch geworden, öffentliches Leben und persönliche Frömmigkeit zu verbinden, die sich längst selbst in Kultvereinen organisiert hätte.[116]

Auch im Judentum habe es den angesprochenen Stadt-Land-Gegensatz gegeben, der durch die besondere Stellung des Jerusalems als religiöses Zentrum noch verschärft worden sei.[117] Bestimmend für sein inneres Leben blieb lange Zeit der Konflikt zwischen Sadduzäern zusammen mit den mit Landbesitz ausgestatteten

---

[110]Aufgrund der relativen Autonomie der Städte gegenüber der Abhängigkeit der Landbevölkerung sowie aufgrund des Gegensatzes von ländlicher Natural- und städtischer Geldwirtschaft. A.a.O., 26.

[111]a.a.O., 29-33.

[112]a.a.O., 33-35.

[113]a.a.O., 37.

[114]a.a.O., 24f.

[115]ebd.

[116]a.a.O., 48f.

[117]a.a.O., 52.

Priestern und den vielfach als Handwerkern tätigen Pharisäern.[118] Seit dem Exil habe sich eine besondere Form der "Armenfrömmigkeit" entwickelt, an die Jesu Predigt angeknüpft habe. Freilich werde diese "Soziale Frage" durch Gott als "religiösen Faktor" gelöst.[119] Soziokulturell sei die "pharisäische Gesetzesreligion" bedeutsam geworden, die dem Judentum zu einer "Rationalisierung" seiner Lebensführung verholfen hätte. "Die pharisäische Gesetzesreligion hat wie kaum eine zweite das Leben des Einzelnen in eine bestimmte Methode gefaßt, ein überweltliches, unerreichbares Heil zu erlangen... In dieser Religion lebt nichts von dem eigenen Duft und Glanz der Erde... hier ist alles "entzaubert", die Erde ist zu einer nüchternen, arbeitsamen Stätte geworden, auf der es allein für Gott, einen fernen und unnahbaren Gott, zu arbeiten und immer mehr zu arbeiten gilt."[120] Bei den Essenern sei diese Haltung schließlich aufs Äußerste gesteigert, so daß sich eine Lebenform der Brüderlichkeit entwickelt habe, die in ihrer "Erdenferne" und in ihrem gemeinsamen Leben viele Gemeinsamkeiten mit den Lebensformen der Urgemeinde zeige.[121]

Das Urchristentum selbst ist nun nach Lohmeyer keine soziale Massenbewegung und nicht als solche zu erklären, sondern eine religiöse Strömung, die in Distanz zur Welt gelebt habe.[122] Diese Überordnung des Religiösen über die Welt sei schon mit der Evangeliumsverkündigung Jesu gegeben. "Das Evangelium überschaut Menschen und Welt und schaut hinauf zu einer anderen, göttlichen Welt; die Erde ist ihm nicht Boden für Gott-Aufgänge, sondern die Stätte für Gott-Übergänge. So sammelt es auch nicht Menschen zu sich, die in den Gestaltungen dieser Erde aufgehen, sondern solche, die an ihnen vorübergehen, die wohl noch von dieser Erde sind, aber nicht mehr für diese Erde sind. Der letzte Grund ist deshalb ein religiöser Liebesakosmismus. In ihm wird Erde und Welt nicht verneint, aber in dem bekannten Doppelsinn des Wortes aufgehoben in einem Anderen, Göttlichen, Überweltlichen."[123]

Jesus sei in keiner speziellen Schicht verwurzelt, wie er von Lohmeyer überhaupt in starkem Kontrast zu seinem Volk gesehen wird.[124] Er stamme zwar aus der Landbevölkerung Galiläas, Kleinbauern und Handwerker, die sich in seiner Verkündigung auch wiedererkennen könnten.[125] Seine wandernde und subsidiäre Lebensweise deutet Lohmeyer ebenso als Ausdruck seiner Distanz zur Welt, wie das

---

[118]a.a.O., 58.

[119]a.a.O., 61f.

[120]a.a.O., 57f.

[121]a.a.O., 60.

[122]a.a.O., 63.

[123]a.a.O., 66.

[124]"Jesus steht in allem und jedem wider das Gesamtleben seines Volkes und seiner Zeit." A.a.O., 64.67.

[125]a.a.O., 67.

unbedingte Liebesgebot, das den egozentrischen Motiven, die die Gesellschaft bestimmten, widerspreche.[126]

In der Urgemeinde begründeten insbesondere die Mahlgemeinschaften die neue religiöse Gemeinschaft, deren Mitglieder zum Teil die unstete Wanderexistenz Jesu weitergelebt hätten.[127] In Jerusalem hätte sich das Christentum in der Form der jüdischen Bruderschaften nicht als Urkommunismus, aber als "religiöser Liebeskommunismus" vergesellschaftet und zugleich das Zentrum des Judenchristentums gebildet, das nach einigen Konflikten zurück aufs Land gezwungen worden sei.[128] Die Lebensform des "religiösen Liebeskommunismus" sieht Lohmeyer als eine irrationale Lebensweise an, die jederzeit auf dem Boden des Evangeliums aufleben könne, wenn seine Gebote zum Maßstab rationalen Handelns gemacht würden.[129]

Die Mission des Paulus sei an Städten orientiert gewesen, wo er vor allem bei Handwerkern, weniger bei Sklaven Anhänger gefunden hätte. Oberschichtangehörige seien in den Gemeinden selten gewesen, Frauen seien öfter aus oberen Schichten gekommen; überhaupt schreibt Lohmeyer Frauen einen großen Anteil an der Ausbreitung des Christentums zu.[130] Die Mehrzahl der Christen sei nicht an feste Orte gebunden gewesen und hätte durch ihre Reisetätigkeit die Verbreitung der neuen Religion gefördert.[131]

Zunächst seien die Gemeinden charismatisch gelenkt und geleitet worden, bis sich allmählich eine feste innere Ordnung gebildet habe. Der Organismusgedanke, den Paulus zur Regelung der internen Beziehungen eingeführt habe, habe sozial konservativ gewirkt, sowohl auf die privaten Beziehungen wie auf die Standesunterschiede, deren theoretische Vergleichgültigung in der Gemeinde ihre praktische Abschaffung verlangsamt habe.[132] Diesen "orientalische Apolitismus", den Paulus hier eingeführt habe, deutet Lohmeyer abschließend als adäquaten Ausdruck der Weltfremdheit des Urchristentums.[133] Paulus habe dennoch in vielen Zügen das Evangelium "rationalisiert", mit dem Denken der Welt vermittelt, indem er für die Theodizeefrage und die Eschatologieproblematik mit seinem prädestinatianischen Denken eine Lösung angeboten hätte, schlußendlich den ersten Enthusiasmus der ersten Gemeinde in Bahnen gelenkt habe, indem er diesen als "mystische Einigung"

---

[126]Hier fällt das Stichwort "akosmische Liebesethik", a.a.O., 73f.

[127]a.a.O., 80.

[128]a.a.O., 82.

[129]a.a.O., 83.

[130]69f.88.

[131]a.a.O., 89.

[132]a.a.O., 94f.97.

[133]a.a.O., 95.99.

verstanden und ihm damit den Platz zugewiesen habe, der ihm in einem "rationalen" Denksystem zukomme.[134]

In der nachpaulinischen Zeit dringe allmählich das Christentum in höhere
Schichten vor, ohne die politische und militärische Elite zu erreichen.[135] Mit der
zahlenmäßigen Vermehrung trete zum ersten Mal die "Masse" als Faktor der christlichen Geschichte auf.[136] Der Gegensatz zwischen Arm und Reich werde, wie das
Lukasevangelium zeige, zum Problem, entsprechend entwickle sich die Diakonie zu
einem wichtigen Arbeitsfeld. In den Gebeten für den Staat zeige sich eine allmähliche Anerkennung des Staates.[137] Dabei bleibe, wie Hebr 13,14 zeige, die Fremdling-
schaft in der Welt bewußt, auch wenn gerade durch die soziale Tätigkeit der Christen und die aufkommende positive Wertung des Staates es zu einer innigeren Verbindung von Kirche und Welt komme, die schließlich die irrationalen Formen des
christlichen Lebens in Nischen abdränge. Ihren theoretischen Ausdruck finde diese
Entwicklung in der Vorstellung von den beiden Welten, in denen ein Christ lebe.[138]
Mit dem Zurückgehen der Parusieerwartung habe sich diese doppelte Mitgliedschaft
der beiden Welten nicht mehr aufrechterhalten lassen. So blieben die irrationalen
Elemente nur noch in der Askese individualisiert und radikalisiert lebbar.[139] "So
wandelt sich die Weltdifferenz Jesu innerhalb der Gemeinde stärker zu einer Bejahung weltlicher Ordnungen, innerhalb der Askese der Einzelseele zur glut- und
notvollen Verneinung. So sehr beide in Zeiten der Verfolgung noch in einem Sinn
und einer Haltung sich finden, so beginnt das eine Pathos sich doch zu spalten und
bestimmt die Kirche zur Trägerin eines geschichtlichen Lebens, das in der Welt
Gottes überweltliche Ziele verwirklicht, und die Askese zur Trägerin eines überge-
schichtlichen Lebens, dessen göttliche Irrationalität sich in der von aller Welt losge-
bundenen Seele Einzelner darstellt."[140] Damit bleibt für Lohmeyer auch hier die
Prävalenz des religiösen Faktors vor dem historisch-sozialen gewahrt.[141]

Trotz dieses - die Wirksamkeit sozialer Faktoren letztlich nivellierenden Endes
- ist Lohmeyers Buch ein Markstein in der Geschichte der sozialgeschichtlichen
Exegese. Denn im Unterschied zu seinen Lehrern Deißmann und Dibelius hat Lohmeyer direkt religionssoziologische Theorien und Kategorien rezipiert und ist damit
einen entscheidenden Schritt über die volkskundlich inspirierte Exegese, auch in
ihrer formgeschichtlichen Variante, hinausgegangen und hat eine weitere Perspekti-

---

[134]a.a.O., 85f.
[135]a.a.O., 101.
[136]ebd.
[137]a.a.O., 103.107.
[138]a.a.O., 108.
[139]a.a.O., 110.115.
[140]a.a.O., 128.
[141]a.a.O., 129f.

ve als die der innergemeindlichen Bedürfnisse und des Kultes gewonnen. Zurückgegriffen hat Lohmeyer dabei auf die Religionssoziologie Max Webers, die - wie
W. Schluchter vermutet hat - selbst die historischen Arbeiten und Wertungen von
Lohmeyers Lehrer Deißmann voraussetzt.[142] Freilich sind diese Bezugnahmen für
uns nur implizit im Text wahrnehmbar, da Lohmeyer in diesem populärwissenschaftlich ausgerichteten Buch[143] auf einen ausgeführten Anmerkungsapparat verzichtet. Trifft die genannte Beobachtung Schluchters zu, so wird für uns einerseits
aus exegetisch-historischen Gründen die Wahl Lohmeyers für diesen Ansatz verständlich, zum anderen können wir uns auf eine der zentralen Fragen der Weberschen Religionssoziologie und damit von Lohmeyers Buch konzentrieren, nämlich
inwiefern das Christentum zu einer "Rationalisierung" der Lebensgestaltung seiner
Anhänger und damit letztlich zum Werden der modernen industriellen Welt beigetragen hat.[144] Hinter dieser Fragestellung steht bei Weber letztlich eine Wertent-
scheidung, wie Schluchter ebenfalls herausgearbeitet hat. Leitend ist hier das Ideal
des asketischen Protestantismus, der als Bezugspunkt genommen, "Fortschritte"
und "Rückschritte" in der Entwicklung auf diese moderne Welt hin erkennen läßt.[145]

Faßbar ist der Einfluß Webers zunächst bei Lohmeyers Analyse des Judentums, wo er auf eine religiös motivierte Rationalisierung der Lebensführung bei den
Pharisäern hinweist, die die Erde "entzaubert" hätte, da sie diese zum Ort eines innerweltlichen Arbeitens und Strebens nach einem radikal außerweltlichen Ziel gemacht hätten.[146] Mit Weber sieht er beim Urchristentum gegenüber dem Pharisäis-
mus einen Rückschritt: Während er bei Weber jedoch mit den im Urchristentum
lebendigen magischen Vorstellungen und der aufkommenden Heiligenverehrung
begründet wird,[147] spricht Lohmeyer von einer "Irrationalität des Evangeliums"[148]
oder einer "irrationalen Lebensgemeinschaft der Gläubigen".[149] Diese ist nun - und
hier modifiziert Lohmeyer den Weberschen Ansatz an einem zentralen Punkt - gerade nicht durch außeralltägliche Qualitäten eines charismatischen Religionsstifters
bestimmt, sondern - ohne daß Lohmeyer die Wirksamkeit charismatischer Phänomene leugnete[150] - durch ihre Indifferenz, wenn nicht ihren Widerspruch zur Logik

---

[142]Weber hat keine ausgeführte Studie zum Urchristentum verfaßt, sich jedoch anderweitig öfter
geäußert. Vgl. Kapitel "4.6.1. Sozialgeschichte als Religionssoziologie (M. Weber)". Ferner
Schluchter, W., Einleitung: Max Webers Analyse des antiken Christentums. Grundzüge eines unvollendeten Projekt, 22.

[143]Es erschien ursprünglich in einer Reihe mit dem Titel "Wissenschaft und Bildung".

[144]Schluchter, W. Einleitung, 55f.

[145]a.a.O., 50.54f.

[146]Lohmeyer, E., Soziale Fragen, 58.

[147]Schluchter, W., Einleitung 38.

[148]Lohmeyer, E., Soziale Fragen, 85

[149]a.a.O., 108.

[150]a.a.O., 83.85.

und zu den Gesetzmäßigkeiten der Gesellschaft, wie sie sich im Liebesgebot manifestiert: "Es gehört... zum Wesen der menschlichen Gesellschaft, daß in ihr der Einzelne zum eigenen Wohle eigene Ziele verfolgt... Aber eine Religion, die die tiefste
und innerlichste Erlösung jenseits von Raum, Grenze und Zeit weiß, muß dem Treiben dieses gesellschaftlichen Lebens völlig fremd, und wo sie mit ihm zusammen-
stößt, in stärkster Spannung gegenüberstehen; sie kann und darf von Wirtschaft und
Kultur nichts wissen."[151] Lohmeyer teilt hier also die in den Jahren nach dem Ersten
Weltkrieg weit verbreitete Vorstellung von der Kulturdistanz und -indifferenz des
Urchristentums, wie wir sie auch in der formgeschichtlichen Exegese gefunden haben. Dieses ist auch der Ort der Rede vom religiösen "Liebesakosmismus", der
nicht eine grundsätzlich ethische Irrelevanz prosozialer Verhaltensweisen bezeichnet, sondern deren transzendenten Grund und Widerspruch zu immanenten sozialen
Gegegebenheiten.[152] Lohmeyer greift hier erneut ein Element der Weberschen Religionssoziologie auf, wo sie einen Typus religiös motivierter Abkehr von der Welt
bezeichnet, der - mit einer apolitischen Haltung verbunden - zugleich in die Welt
hinein wirkt.[153]

Wie wir gesehen haben, entdeckt Lohmeyer, wie im übrigen auch Weber, in
der Geschichte des Christentums ein Zurücktreten irrationaler Verhaltensweisen,
jedoch faßt er diese Entwicklung weniger als einen Prozess der "Veralltäglichung"
und "Versachlichung von Charisma"[154]. Entscheidend ist hier vor allem, daß das
Irrationale bei Lohmeyer gerade nicht wie bei Weber institutionell eingebunden
wird,[155] sondern aus der Mitte des christlichen Lebens in individuelle Nischen abge-
drängt wird.[156] Lohmeyer bringt diese Rationalisierung unter den weiteren Aspekt
eines Anpassungsprozesses an die Welt[157], wie er für das Geschichtsbild von Lohmeyers Lehrer Martin Dibelius charakteristisch ist, dessen Plausibilität im vorigen
Kapitel erhellt wurde.

---

[151]a.a.O., 73f.

[152]a.a.O., 73f.

[153]Weber gebraucht für den Sachverhalt die Begriffe "akosmistische Menschenliebe" und "akosmistische Güte". Weber, M., Der Beruf zur Politik, in: ders., Soziologie. Universalgeschichtliche
Analysen. Politik, hg.v. J. Winckelmann, KTA 229, Stuttgart, 1973⁵, 167-185: 181f; ders., Richtungen und Stufen religiöser Weltablehnung, in: ders., Soziologie. Universalgeschichtliche Analysen. Politik, hg.v. J. Winckelmann, KTA 229, Stuttgart, 1973⁵, 441-483: 456.

[154]Dieser Aspekt steht bei Weber im Vordergrund, vgl., Schluchter, W., Einleitung, 41.

[155]Schluchter,W., Einleitung, 41-43.

[156]Lohmeyer, E., Soziale Fragen, 128.

[157]Lohmeyer, E., Soziale Fragen, 128.

Überhaupt spielt der Charisma-Begriff bei Lohmeyer keine zentrale Rolle. In seiner eigenen Religionsphilosophie[158] stellt er nicht den Kristallisationskern der entstehenden urchristlichen Gemeinschaft dar. Für Lohmeyer ist dies der Glaube, der die letzte Norm des Urchristentums darstellte, dessen Wahrnehmung durch die antike Umwelt weniger durch die Wahrnehmung als eine neue Religion, denn als eine durch den Glauben neu strukturierte Gemeinschaft gekennzeichnet sei.[159] Die Liebe ist in dieser Perspektive auch nicht eine gemeinschaftsstiftende Norm oder ein Strukturprinzip, sondern nachgeordneter Ausdruck dieser neuen Gemeinschaft. Damit ist natürlich zu fragen, ob Lohmeyer nicht durch diese starke Betonung des Glaubens, der durch seinen transzendenten Bezugspunkt in besonderer Weise die Weltdistanz des Christentums expliziert,[160] die soziologische Fragestellung durch seine Religionsphilosophie wieder neutralisiert, da durch die Parallelisierung von Gemeinschaft und Glaube der ersteren die gleiche Qualität einer "religiösen Tatsache"[161] zukommt. Jedenfalls dürften diese philosophischen Voraussetzungen verständlich machen, warum Lohmeyer sich eine ausgeführte Sozialgeschichte des Urchristentums nicht zur Aufgabe machen konnte.

5.4 Sozialgeschichtliche Exegese und Social Gospel: Die "Chicago-School"

Die Deutung der urchristlichen Überlieferung mit Hilfe von soziologischen Kategorien galt in Deutschland lange als Charakteristikum der amerikanischen Exegese.[162] Nicht zu Unrecht, denn mit der "Chicago-School" entstand im ersten Viertel unseres Jahrhunderts eine eigenständige Forschungstradition, an die die

---

[158]Lohmeyer hat diese in zwei Veröffentlichungen dargestellt: Lohmeyer, E., Vom Begriff der religiösen Gemeinschaft; Lohmeyer, E., Von urchristlicher Gemeinschaft, ThBl 4, 1925, 135-141.

[159] Es ist... eine... geschichtliche Tatsache, daß das Urchristentum nicht so sehr als ein neuer Glaube, den eine bestimmte Gruppe von Bekennern trug, vor die Augen der erstaunten und tief befremdeten antiken Welt getreten ist, sondern als eine neue Gemeinschaft, die ein bestimmter Glaube erfüllte." Lohmeyer, E., Vom Begriff, 3f.

[160]"Glaube ist... ein Transzendieren über den Bereich der "Seele", ein Weg jenseits aller Gegenständlichkeit, den deshalb auch nicht das Licht einer "Idee" oder einer gegenständlichen Einsicht zu erleuchten vermag. Es ist das Durchbrechen durch alle Gegenständlichkeit und Bedingtheit zu dem Unbedingten als dem letzten Grund und Wert der Gewißheit." A.a.O., 25.

[161]Lohmeyer, E., Von urchristlicher Gemeinschaft, 136.

[162]Fuchs, E., Jesus. Wort und Tat, Tübingen, 1971, 82; Wilder, A.N., Biblical Hermeneutic and American Scholarship, in: <Hg.> E. Haenchen, Neutestamentliche Studien für Rudolf Bultmann, Berlin, 1957[2], 24-32:25; Funk, R.W., The Watershed of the American Biblical Tradition: The Chicago School, First Phase, 1892-1920, JBL 95, 1976, 4-22: 7.

amerikanischen Sozialgeschichtler heute viel unbefangener anknüpfen, als es die deutschen mit ihren liberalen Großvätern tun.[163]

Die Bezeichnung "Chicago-School" verrät bereits, daß sich hier - im Unterschied zu Deutschland die sozialgeschichtliche Exegese institutionalisieren konnte. Freilich darf man sich unter dieser "Schule" nicht einfach eine durch den Bezug auf einen autoritativen Lehrer und "Veteranentreffen" definierte Gruppe vorstellen. Die Chicago-School ist vielmehr lokal und institutionell an die Divinity School der Universität Chicago gebunden und zunächst inhaltlich bestimmt durch ein starkes Interesse an sozialen Fragen, das sich in der Theologie und Bewegung des "Social Gospel" explizierte. Insofern teilt die sozialgeschichtliche Exegese in den USA den sozialen Kontext derer in Europa, wenn auch durch den Bürgerkrieg bedingt mit zeitlicher Verzögerung.[164] Sie ist aber zugleich von ihr insoweit verschieden, als hier fast eine ganze Fakultät sich sozialen Fragen zuwandte und dieses geradezu zum Kennzeichen einer theologischen Richtung werden konnte, während die sozialgeschichtlichen Arbeiten in Deutschland und überhaupt in Europa in der Regel eher am Rand der wissenschaftlichen Arbeit und Debatte verblieben.

Ebensowenig wie die sozialgeschichtlich interessierte Exegese in Europa war die Bewegung des "Social Gospel" primär eine exegetische Bewegung, sondern sie wurde vor allem von den systematischen und praktisch-theologischen Disziplinen bestimmt. Dies gilt auch für die Fakultät in Chicago, so daß sich der Begriff "Chicago-School" gar nicht auf eine Exegetengruppe einengen läßt, sondern auch Systematiker und Kirchenhistoriker umfaßt.[165] Die systematisch-theologische Ausrichtung der gesamten Richtung zeigt sich auch in der sozialethischen Ausrichtung einiger Veröffentlichungen, die sich explizit biblische Überlieferungskomplexe zum Thema genommen haben wie F.G. Peabodys "Jesus Christ and the Social Question" und Shailer Mathews " The Social Teaching of Jesus: An Essay in Christian Sociology". Zu erwähnen ist ferner L. Wallis, dessen Buch "Sociological Study of the

---

[163]Meeks, W.A., Vorwort des Herausgebers, in: ders., Zur Soziologie des Urchristentums. Ausgewählte Beiträge zum frühchristlichen Gemeinschaftsleben in seiner gesellschaftlichen Umwelt, TB 62, München, 1979, 7-129:9f; Keck, L.E., On the Ethos of Early Christians, JAAR 42, 1974, 435-452 <Nachdruck u.d.T. "Das Ethos der frühen Christen" in: <Hg.> W.A. Meeks, Zur Soziologie des Urchristentums. Ausgewählte Beiträge zum frühchristlichen Gemeinschaftsleben in seiner gesellschaftlichen Umwelt, ThB 62, München 1979, 13-36>). Nach der deutschen Übersetzung wird zitiert. A.a.O., 15-18.

[164]Mathews, Sh., The Development of Social Christianity in America, in: <Hg.> G.B. Smith, Religious Thought in the Last Quarter-Century, Chicago, 1927, 228-239; Latta, M.C., The Background for the Social Gospel in American Protestantism, ChH 5, 1936, 256-270; Nixon, J.W., The Status and the Prospects of the Social Gospel, JR 22, 1946, 346-358; Funk, R.F., The Watershed, 21.

[165]Hynes, W.J., Shirley Jackson Case and the Chicago School. The Socio-Historical Method, SBL Biblical Scholarship in North America 5, Ann Arbour 1981, 12f; Auch Ökonomen rechneten sich dazu. Vgl., Bates, J.L., The United States 1898-1928. Progressivism and a Society in Transition, New York, 1976, 9.

Bible" 1912 in Chicago erschien.[166] Den Schwerpunkt der Arbeit bildet das Alte Testament, das Neue Testament sieht er als dessen Reinterpretation, insbesondere im Hinblick auf die Versöhnungsthematik.[167] Das Buch ist durch aktuelle soziale Fragen motiviert und berücksichtigt im letzen Teil auch soziale Probleme der Gegenwart, denen sich die Kirchen ausgesetzt sehen. Dem Neuen Testament nähert er sich mit derselben Methodik wie dem Alten: "Without minimizing the great work of Jesus and Paul, we try to show that the interpretation of Christianity, as well as that of Judaism, should reckon with the external, social order... sociology looks upon persons as elements in the social process. But while personality comes within the terms of social evolution, sociology does not undertake to solve the mystery of personality any more than chestry undertakes to solve the mystery of matter."[168] Das Urchristentum sieht er dementsprechend als Abspaltung vom Judentum etwa wie sich der Methodismus von der Kirche von England abgespalten habe.[169] Das Abendmahl ist für ihn die zentrale Zeremonie des Urchristentums, das die Mitgliedschaft definiert. Auch wenn die neue Gruppierung zunächst Menschen aus niederen und mittleren Klassen anzog, wurde es keine sozialreformerische Bewegung, seit Paulus sozial eher konservativ.[170] Ein Anhang mit dem Titel "Note on the History of Sociological Bible-Study" führt mit Ausnahme von W. Robertson Smith fast nur Alttestamentler auf, zum Neuen Testament und der Alten Kirche wird oft Harnack zitiert.[171] Eine auffallende Parallele zur dieser Entwicklung sind in Europa die "Religiösen Sozialisten". Auch sie entwickelten keine eigenständige sozialgeschichtliche Auslegungsmethodik, sondern arbeiteten und veröffentlichten auf dem Gebiet der systematischen und praktischen Theologie.[172] Bevor wir nun die wohl einflußreichste exegetische Arbeit der Chicago-School, "The Social Origins of Christianity" von Shirley Jackson Case betrachten, müssen noch einige soziale und theologische Bedingungen geklärt werden, unter denen sie entstand.

S.J. Case[173] kam 1908 an die Divinity School, als Shailer Mathews, seit 1906 Dogmatik und Dogmengeschichte lehrend, für über ein Jahrzehnt das Dekanat der

---

[166]Wallis, L., Sociological Study of the Bible, Chicago, 1912.

[167]a.a.O., 10.

[168]a.a.O., 227f.

[169]a.a.O., 229.

[170]a.a.O., 240.242-244.

[171]a.a.O., 299f.

[172]Konsequenterweise hatte einer ihrer profiliertesten Vertreter, L. Ragaz einen Lehrstuhl für systematische und praktische Theologie.

[173]Zur Biographie: Shirley Jackson Case wurde am 28.9.1872 in Canada geboren und arbeitete nach seinem Studium zunächst als Mathematiklehrer, bevor er über seine Tätigkeit als Hilfsprediger bei den Baptisten zum Theologiestudium kam. 1907 promovierte er und lehrte von 1908 an in Chicago Neues Testament und Kirchengeschichte. 1910 verbrachte er zu Studienzwecken ein halbes Jahr in Marburg. Case lehrte bis 1938 in Chicago, wo er seine wichtigsten Arbeiten veröffentlichte. Neben The Social Origins of Christianity sind dies v.a. "The Evolution of Early Christianity.

Fakultät übernahm, sie reorganisierte und vergrößerte. Zu diesem Zeitpunkt war die Fakultät bereits durch das Wirken von Mathews nicht nur ein Zentrum des Social Gospel, sondern auch ein Zentrum der historisch-kritischen Exegese, deren Kenntnis bei fast allen Dozenten durch Studienaufenthalte in Deutschland erworben worden war. Freilich hatte sich die Methode längst noch nicht in den USA allgemein durchgesetzt, so daß hier die Einführung von sozialgeschichtlicher und historischkritischer Exegese Hand in Hand gingen,[174] während sich in Deutschland die sozialgeschichtliche Fragestellung ihren Platz als Addendum zu einem bereits allgemein anerkannten Methodenkanon erkämpfen mußte. Von daher erklärt sich die Emphase, mit der Mathews, Wallis und Case immer wieder betonten, das Urchristentum sei nicht als Lehrsystem, sondern als Lebensgemeinschaft von Menschen zu verstehen und aus dieser herausgewachsen. Die Geschichte des Urchristentums sollte nicht als Literaturgeschichte, sondern als Geschichte eines sozialen Prozesses verständlich gemacht werden.[175] Sie macht die Reserve verständlich, mit der Case sowohl der Barth'schen Theologie gegenüberstand, wie die gegenüber der seit etwa 1933 bekannten Formgeschichte[176], deren literaturgeschichtlichen Aspekte ihm verdächtig waren, zur Vernachlässigung der eigentlich mitgesetzten historischen zu führen.[177] Zu bedenken ist ferner, daß die Fakultät in Chicago nicht nur an einem der Brennpunkte der Industrialisierung Nordamerikas beheimatet war, sondern die Universität selbst Sitz einer der bedeutendsten sozial- und verhaltenswissenschaftlichen Fakultäten war.[178]

Case gilt nun als Vertreter der "zweiten Generation" der Chicago-School und in der Tat traten mit ihm exegetische und historische Fragestellungen in den Vordergrund, so daß wir - ähnlich der schon beschriebenen Entwicklung in Deutschland - eine Distanzierung von den sozial engagierten Ursprüngen, mithin eine Verwis-

---

A Genetic Study of First Century Christianity in Relation to Its Religious Environnement" und "The Social Triumph of the Ancient Church. Case starb 1947. Hynes, W.J., Case, 15-34; ferner Schubert, P., Shirley Jackson Case. Historian of Early Christianity: An Appraisal, JR 29, 1949, 30-46; McCown, C.C., Shirley Jacksons Case's Contribution to the Theory of Sociohistorical Interpretation, JR 29, 1949, 15-29; Jennings, L.B., Bibliography of the Writings of Shirley Jackson Case, JR 29, 1949, 47-58.

[174]Funk, R.W., The Watershed, 6.10; zum Konflikt zwischen liberalen und fundamentalistischen Strömungen: Horowitz, D.A./Carroll, P.N./Lee, D.D., On the Edge. A New History of the 20th-Century America, St. Paul, 1990, 163f.

[175]Funk, R.W., The Watershed, 15.

[176]Theißen, G., Die Erforschung der synoptischen Tradition seit R. Bultmann. Ein Überblick über die formgeschichtliche Arbeit im 20. Jahrhundert, in: R. Bultmann, Die Geschichte der synoptischen Tradition, FRLANT 29, Göttingen, 1995[10], 409-452: 411.

[177]Hynes, W.J., Case, 81; Funk, R.W., Watershed, 15f. Darauf macht auch Filson in seiner Arbeit über die Hausgemeinden von 1939 aufmerksam. Vgl. Filson, F.V., The Significance of the Early House Churches, JBL 63, 1939, 105-112: 106.

[178]Hynes vermutet, daß höchstens auf diesem Wege Case, der die deutsche neutestamentliche Literatur gut kannte, direkt von Sozialwissenschaftlern beeinflußt wurde. Hynes, W.J., Case, 88f.118f.

senschaftlichung und Anpassung der Fragestellung an die wissenschaftlichen Standards beobachten können.

Sein Buch "The Social Origins of Christianity" (1923) ist nun eine Neubearbeitung eines bereits 1914 erschienenen Werkes "The Evolution of Early Christianity". In ihm hatte Case bereits sein Verständnis von der Geschichte des Urchristentums als eines evolutionären Prozesses im Gegenüber zu einem, doktrinären, "statischen" Verständnis entwickelt, das - seiner Meinung nach zu direkt, ohne historische Rückfrage - normative Aussagen aus der Bibel ableite. Dieser Gedanke bestimmt zunächst das erste Kapitel des darzustellenden Buches.[179] In ihm versucht er zu zeigen, wie die historische Bibelexegese über die Zwischenstufe einer philologisch ausgerichteten Exegese notwendig zu einer sozialhistorischen führen müsse.[180] "Within recent years a quite new interest has been clamoring for recognition. Especially within the last quarter of a century there has appeared in certain circles a marked inclination to withdraw emphasis from the New Testament as a collection of documents, and to place stress upon the Christian society out of which this literature came. As everyone recognizes on a moment's reflection, the New Testament did not produce early Christianity. On the contrary, Christianity produced the New Testament... The various New Testament books were written to serve the Christian cause, and it was amid the activities of the communities as going concerns that the documents were preserved and finally assembled into a canon."[181]

Dies widerspricht zunächst nicht prinzipiell den Grundannahmen der Formgeschichte. Im weiteren Verlauf seines Buches entwickelt Case dann ein in drei Punkten von der Formgeschichte verschiedenes Konzept: Zunächst richtet sich sein Interesse auf das Christentum als historische Erscheinung; damit dient die Sozialgeschichte nicht als Hilfswissenschaft der Literaturgeschichte und der Geschichte einzelner Texte, sondern die sozialen Aspekte machen erst die Durchsetzung des Christentums in seiner heidnischen Umwelt verständlich.[182] Zum zweiten wird das soziale Leben der Christen nicht auf das "innergemeindliche" oder gar gottesdienstliche Leben beschränkt, sondern explizit die Außenbeziehungen des Urchristentums und der Alten Kirche thematisiert. Schließlich finden sich nicht dieselben Wertungen, mit denen in der formgeschichtlichen Exegese der Prozess der "Verweltlichung" oder Anpassung an die heidnische Welt belegt wird. Bei Case erscheint diese Entwicklung als folgerichtig, notwendig und geradezu als Erfolg.[183] An dieser Stelle wird deutlich, wie in der amerikanischen Exegese die Erfahrungen des Ersten Weltkrieges längst nicht diese Rolle spielten wie in der neutestamentlichen Exegese

---

[179]Case, S.J., Origins, 2.

[180]a.a.O., 23.

[181]a.a.O., 23f.

[182]a.a.O., 36.

[183]Vgl. Case, S.J., The Social Triumph of Ancient Church, London 1934.

in Deutschland,[184] wobei schon zuvor die christlichen Kirchen nicht in dieser Weise
in Legitimationskrisen geraten waren wie in Europa, so daß ein Bild, das eine relativ
bruchlose Integration des Christentums in die Gesellschaft zeichnete, plausibel
war.[185]

Nach diesen einleitenden Bemerkungen gliedert sich das Buch in fünf Abschnitte. Zunächst geht es um den Übergang des Christentums aus seinem ursprünglichen jüdischen in einen paganen Kontext, dann um das religiöse Leben in
diesem neuen Umfeld. Case widmet den paulinischen Gemeinden ein eigenes Kapitel, je ein Kapitel über die organisatorische Festigung des Christentums und über
die schlußendliche Durchsetzung des Christentums als neuer Religion des Römischen Reiches beschließen das Buch.

Auffällig ist zunächst, welche bedeutende Rolle kulturellen Faktoren in einem
Buch zugeschrieben wird, das sich selbst explizit als Sozialgeschichte versteht.
Auch hier scheint die gesellschaftliche Entwicklung in den USA diesen Ansatz
plausibel zu machen, die bis heute u.a. "dichte Einwanderungswellen und daraus
resultierender Pluralismus, quälende Probleme mit Sklaverei und Rassismus" kennt,
die eine Tradition der sozialen und kulturellen Selbsterforschung begründet haben,
die letztlich bis heute im Hintergrund des sozialgeschichtlichen Interesses am
Urchristentum steht.[186] Schon Case nennt übrigens neben Soziologie und Psychologie die Anthropologie als wichtige Bezugswissenschaft für die Sozialgeschichte.[187]
Dieser Akzent entspricht jedoch auch dem Vorgehen von Case, das man mit heutiger Begrifflichkeit als "funktionalistisch" bezeichnen würde, denn er fragt hinsichtlich der sozialen Welt des Urchristentums nach der "'functional effiency' for the
particular society which produced them".[188]

Es habe nun aufgrund seiner geographischen Lage wohl kaum ein Volk mehr
Kontakt mit fremden Völkern gehabt als das jüdische[189], sowohl in Palästina wie
besonders in der Diaspora. Trotz dieser vielen Außenkontakte, behielt das Judentum
in sich eine gewisse Stabilität und Integrität, die durch seine vorwiegend religiösen
Institutionen gesichert wurden, ohne daß damit zugleich eine dauerhafte politische

---

[184]Funk, R.W., Watershed, 21.

[185]Wilder, A.N., Biblical Hermeneutic, 27f.

[186]Meeks, W.A., Vorwort, 8; Horowitz, D.A., On the Edge, 132.152-157 weisen darauf hin, daß
gerade die zwanziger Jahre in den USA eine Zeit verstärkter Modernisierungskrisen und ethnischer
Konflikte waren.

[187]Case, S.J., The Historical Study of Religion, JR 29, 1949, 5-14:9 <Nachdruck d. Originals v.
1921>.

[188]Hynes, W.J., 83; ähnlich Keck, L.E., Ethos, 15.

[189]Case, S.J., Origins, 44.46.

Stabilität selbst gegeben war.[190] In der Zeit der römischen Besatzung sei der Wunsch nach einem politischen Wandel gewachsen, der seinen Ausdruck in Bewegungen wie der Johannes des Täufers gefunden hätte, der entsprechend der jüdischen Tradition in der Rolle des "Reformprofeten" den Anbruch eines neuen, besseren Zeitalters antizipiert hätte.[191] Jesus war selbst ein Exponent dieser Verhältnisse. Sein nonkonformistisches Auftreten habe ihn als Bedrohung der gesellschaftlichen Ordnungen erscheinen lassen, Aggressionen provoziert und schließlich aufgrund politischer Verdächtigungen wie bei Johannes dem Täufer zur Hinrichtung geführt.[192]

Der Übergang in einen neuen kulturellen Kontext begann mit dem Anklang, den das Christentum unter den Diasporajuden und den ihnen verbundenen Gottesfürchtigen fand[193], die mit ihren "liberalen" Einstellungen zu Fragen der Glaubenspraxis und des Kontaktes zur heidnischen Bevölkerung eine große Nähe zu den Überzeugungen der neuen Religion hatten.[194] Auch bot die relative Unbeweglichkeit und feste Fügung der jüdischen Gesellschaft wenig Platz, so daß das Christentum in der offeneren heidnischen Gesellschaft bessere Chancen der Durchsetzung fand.[195]

In dieser Gesellschaft hatte nun die Beendigung der Bürgerkriege durch Augustus relative Stabilität erbracht.[196] Dies gelte insbesondere für die gewachsene Mobilität, die die verschiedensten Völkerschaften miteinander in Kontakt brachte. "One important social consequence of these easy intercontacts was the free mingling of peoples of different races and different cultural heritages. Within the Roman army, among the slaves of the same household, or in the marts of the great cities, a man from Gaul might find himself side by side with a Jew, an Egyptian, a Syrian, or a Greek."[197] Das Gegenstück zu diesem Universalimus sei freilich ein Gefühl der Vereinzelung gewesen, der eine gewisse fatalistische Grundhaltung in der Gesellschaft entsprochen hätte.[198] Kompensiert sei dieses Gefühl am besten durch die Mysterienkulte geworden, die eine enge Bindung des Mysten zu einem Kultheros gekannt hätten. Das weitere Schicksal des Christentums sollte sich dann daran entscheiden, inwieweit diese neue Religion diese beiden religiösen Fragen bearbeiten konnte.[199]

---

[190]a.a.O., 48f.

[191]a.a.O., 48f.

[192]a.a.O., 57.58f.

[193]a.a.O., 63.

[194]a.a.O., 64.66.

[195]a.a.O., 74-76.

[196]a.a.O., 81-83.86.88.

[197]a.a.O., 83.

[198]a.a.O., 83f.92.

[199]a.a.O., 114.115f.

Am Beispiel des paulinischen Christentums zeigt Case nun, wie sich das Christentum unter den genannten Bedingungen als funktional erweisen konnte. Die ersten Christen seien das bewegliche Element in der paganen Gesellschaft gewesen. Bei ihnen hätte aufgrund ihrer hohen Mobilität der Glaube an lokal und ethnisch gebundene Gottheiten an Plausibilität verloren, während der an das Individuum adressierte, solche Schranken überschreitende Glaube an Überzeugungskraft gewonnen hätte.[200] Er habe den Gläubigen die Fähigkeit verliehen, in dieser religiösen Überzeugungswelt der Antike zu bestehen.[201] Die Mobilität hätte dem Christentum dann schnell zu einer weiteren Verbreitung verholfen. Dabei sei die kulturelle Anpassung an die heidnische Gesellschaft im gleichen Maße intensiviert worden, wie die Bindungen an das Judentum sich lösten, auch wenn die Kontakte der Christen mit heidnischen Mitbürgern immer wieder Schwierigkeiten bereiteten.[202] "As Christianity built up its own social stamina, it followed more and more lines which had been determined by the religious quest of the gentile world, and less the model which had been set the synagoge and the type of religion there perpetuated."[203] Dennoch habe es zunächst aufgrund der Entscheidung für das Christentum auch Schwierigkeiten mit den heidnischen Nachbarn und eigenen Familienmitgliedern gegeben.[204]

In ihrem inneren Leben seien die Gemeinden durch in der Person des Christus begründeten Mitgliedschaft geprägt gewesen, die ethnisch begründete und statusbedingte Differenzen nivelliert hätte.[205] Allein die direkte Bindung an Christus als dem erlösenden Kultheros habe dieses Leben begründet. Dieser direkten Bindung habe die direkte Erfahrung seiner Macht entsprochen, die sich in Geistbesitz und anderen Charismen gezeigt und zugleich zu einem emotionalen Ausgleich geführt hätten.[206] Nach außen hätten diese sozialen Strukturen die Glaubensentscheidung abgestützt. Obwohl sich die Christen in ihrem alltäglichen Leben als Individuen nicht von ihrer heidnischen Umwelt isolieren konnten, hätten sie die gemeinsamen Gottesdienste immer wieder ihrer Bindung an den Erlöser durch die gemeinsame Erfahrung des Geistes und damit ihrer Überlegenheit über die Bedrohungen der heidnischen Welt versichert.[207] Eine feste innere Leitungsstruktur der Gemeinden habe sich unter diesen Umständen nicht bilden können. Paulus habe eine besondere Rolle gespielt, sonst seien bestimmte lokale Gegebenheiten und die Anforderungen der Praxis lei-

---

[200]a.a.O., 120.

[201]a.a.O., 128f.

[202]a.a.O., 121.129.

[203]a.a.O., 125f.

[204]a.a.O., 129.

[205]a.a.O., 133.

[206]a.a.O., 135f.

[207]a.a.O., 139f.

tend gewesen.[208] Die Herausbildung fester organisatorischer Strukturen bildete das Charakteristikum der nachpaulinischen Zeit, die Case unter dem Titel "The Consolidation of the Christian Movement" darstellt.

Mit dem Wachstum der Gemeinden seien Schwierigkeiten aufgetreten, die sich im letzten Viertel des 1. Jh.s. auf das Problem der Gemeindeleitung zuspitzten. "While the company is small and composed of people whose inclinations run in the same channel, and who have in their midst only one or two dominating personalities, then the principle of guidance by the Spirit may be applied with safety. But when the membership becomes larger, when a diversity of interests manifest themselves, and when several persons in the group exhibit an inclination toward initiative and leadership, trouble inevitably ensues."[209] Diese Probleme erschienen dann potenziert, wenn mehrere Personen beanspruchten, geistgeleitet die Gemeinde führen zu wollen.[210] Daher kam es zu einigen Veränderungen, die eine dauerhafte Existenz in der Welt ermöglichen sollten und die mit einer weiteren Anpassung an die antike Gesellschaft und daher mit einer zunehmenden Distanzierung von den jüdischen Wurzeln des Christentums verbunden waren.[211] Es wurden nicht nur festere Ämtergefüge herausgebildet[212], das Alte Testament wurde als autoritative Schrift eingeführt und einige der urchristlichen Schriften verfaßt, um die Tradition gegen Verfälschungen abzusichern.[213]

Trotz dieser Hindernisse konnte sich das Christentum weiter ausbreiten und erfaßte - wie der bekannte Pliniusbrief zeige - weite Bevölkerungsschichten.[214] Das langsam aufkommende Problem der Häresien versteht Case als soziales Problem. Erst in dem Moment, in dem sich charakteristische Verhaltensweisen mit bestimmten inhaltlichen Präferenzen verbänden, käme es zu Auseinandersetzungen, bei der die propagandistisch meistens sehr aktive Minorität scharf bekämpft werde.[215] Es war deshalb ein weiterer Bedarf an Autorität gegeben, so daß sich letztlich Bischofsamt, Kanon und Glaubensbekenntnis als Garanten der Identitätssicherung durchsetzten.[216] Damit war das Christentum reif für die Auseinandersetzung mit seinen religiösen Konkurrenten, die in ihrem Ergebnis über die großen Christenverfolgungen hinaus zu seiner Durchsetzung im zerfallenden Römischen Reiche führte.[217]

---

[208]a.a.O., 141.152-154.

[209]a.a.O., 161.

[210]a.a.O., 162.

[211]a.a.O., 177

[212]a.a.O., 175-177.

[213]a.a.O., 175f.

[214]a.a.O., 181f.

[215]a.a.O., 198.

[216]a.a.O., 198ff.

[217]a.a.O., 214.217.

Seine Durchsetzung verdankte das Christentum nicht seiner Lehre, sondern seiner Fähigkeit, sich verschiedenen sozialen und religiösen Erfordernissen entsprechend jeweils neu zu gestalten. "It was not any supposably static feature of Christianity, remaining absolutely unaltered by time, that gave it perpetuity. Rather, its permanence was insured by the facility, more or less great according to circumstances, with which the movement from time to time produced such concrete features of dogma, ritual, organization, and action as served the needs of the hour. Christianity triumphed not by the virtue of one or another item that emerged in the course of its evolution, but as a movement taken in its entirety and ever developing by the intricate process of vital social experience."[218]

---

[218]a.a.O., 249.

6 Sozialgeschichtliche Exegese und Zeitgeschichte in der zweiten Hälfte des 20. Jahrhunderts

Im ersten Kapitel dieses Buches wurden die verschiedenen methodischen Verfahren der neueren sozialgeschichtlichen Exegese in vier Felder ausdifferenziert dargestellt und ein Überblick über ihre Verbreitung und Institutionalisierung gegeben. Nun sollen - in aller Vorläufigkeit - wichtige Stationen der Wiederentdeckung dieser Forschungsrichtung aufgezählt werden. Wie in den vorausgegangenen Kapiteln werden die thematischen Schwerpunkte und Interessen der Forschenden genannt werden, die einen Bezug zur Zeitgeschichte erkennen lassen.[1]

Um es vorweg zu sagen: Wie bei der Entwicklung der sozialgeschichtlichen Exegese im 19. Jh. begleitet auch ihre Wiederentdeckung im 20. Jh. ein spürbarer Rückgang gewachsener Kirchlichkeit. Ebenso auch in der Gegenwart leiten gesellschaftliche Prozesse und Erfahrungen die Wahrnehmung und Strukturierung der vorgegebenen Daten aus der Geschichte des Urchristentums. Jedoch gilt in gleichem Maße: Genausowenig wie im 19. Jh. "formt" sozialgeschichtliche Exegese heute ihre Ergebnisse nach kirchlichen und gesellschaftlichen Bedürfnissen. Mag ihr Ursprung eine Rebellion gegen die Verdrängung modernen sozialwissenschaftlichen Denkens aus der neutestamentlichen Exegese sein, mag am Anfang ein politisch motiviertes Interesse an historisch marginalisierten Menschen stehen - gerade ihre reflektierte und fortgeschrittene Theoriebildung zeigt: Die Geschichte der Wiederentdeckung ist zugleich eine Geschichte der Distanzierung von solchen zeitgeschichtlichen Voraussetzungen und Interessen. Wie im 19. und beginnenden 20. Jh. ist das Aufkommen sozialgeschichtlicher Fragestellungen im übrigen auch in Deutschland kein innertheologisches Phänomen. So begleiten in den Arbeiten von Heinz Kreissig marxistisch inspirierte Arbeiten das Wiederaufleben der Forschungsrichtung.[2] Ebenso finden sich in den Werken von Hans G. Kippenberg, Wolfgang Schluchter und anderen Zugänge aus der Perspektive von Religionswissenschaft, Alter Geschichte und Soziologie.[3] Impulse, die eigentlich erst in den 70er Jahren

---

[1]Dazu vor allem Theißen, G., Sociological Research into the New Testament. Some Ideas Offered by the Sociology of Knowledge for a New Exegetical Approach, in: ders., Social Reality and the Early Christians. Theology, Ethics, and the World of the New Testament, Minneapolis, 1992, 1-29.

[2]Kreissig, H., Zur sozialen Zusammensetzung der frühchristlichen Gemeinden im ersten Jahrhundert u.Z., Eirene 6, 91-100, 1967; ders., Das Frühchristentum in der Sozialgeschichte des Altertums, in: <Hg.> J. Irmscher/K. Treu, Das Korpus der griechischen christlichen Schriftsteller, TU 120, Berlin, 15-19, 1977; dazu Kowalinski, P., The Genesis of Christianity in the Views of Contemporary Marxist Specialists of Religion, Antonianum 47, 1972, 541-575.

[3]Kippenberg, H.G., Versuch einer soziologischen Verortung des antiken Gnostizismus, Numen 17, 1970, 211-231; ders., Religion und Klassenbildung im antiken Judäa. Eine religionssoziologische Studie zum Verhältnis von Tradition und gesellschaftlicher Entwicklung, StUNT 14, 1978; ders., Die vorderasiatischen Erlösungsreligionen in ihrem Zusammenhang mit der antiken Stadtherrschaft. Heidelberger Max-Weber-Vorlesungen 1988, stw 917, Frankfurt/M., 1991; Schluchter, W. <Hg.>, Max Webers Sicht des antiken Christentums. Interpretation und Kritik, stw 548, Frank-

wirksam wurden, kamen von dem Altertumswissenschaftler E.A. Judge in seiner
Arbeit zur sozialen Strukturierung der ersten Gemeinden.[4] Neu ist hingegen im Vergleich zum bisher betrachteten Zeitraum, daß mit den nun etablierten und selbst
stark ausdifferenzierten Sozialwissenschaften ein großes Reservoir an Methoden
und Modellen zur Verfügung steht.

Zunächst ist noch einmal darauf hinzuweisen: Das Zurücktreten der sozialgeschichtlichen Erforschung des Urchristentums ist kein Phänomen, das sich direkt
mit dem Aufkommen der dialektischen Theologie deckt. Dieser Rückgang geschah
vielmehr phasenverschoben. Er schlug erst in den Jahren nach dem Zweiten Weltkrieg durch, als nach Kirchenkampf und Krieg durch einen erneuten theologischen
Generationenwechsel vermehrt Schüler prominenter Vertreter der Kerygmatheologie auf verschiedene Lehrstühle berufen wurden und diese theologische Richtung in
der wissenschaftlichen Öffentlichkeit eine ähnliche Präsenz erlangte, wie sie einmal
die Liberale Theologie besessen hatte.[5] Im Unterschied zu 1918 kam es nach 1945
zu keinem theologischen Neuansatz. Es ging vielmehr darum, nach den Auseinandersetzungen des Kirchenkampfes die eigentlichen Anliegen der Dialektischen
Theologie zu verfolgen, deren Arbeit in einigen großen Werken und Entwürfen zu
einem gewissen Abschluß gebracht wurde.[6] So bestimmten also zunächst die von
der Dialektischen Theologie aufgeworfenen, für eine sozialgeschichtliche Erforschung des Urchristentums eher ungünstigen Fragestellungen die theologische Diskussion.[7]

---

furt/M., 1985; Messelken, K., Zur Durchsetzung des Christentums in der Spätantike. Strukturell-
funktionale Analyse eines historischen Gegenstandes, KZfSS 29, 1977, 261-294; Hamman, A., Die
ersten Christen, Stuttgart, 1985 <frz. 1971>.

[4]Judge, E.A., The Early Christians as Scholastic Community, JRH, 1, 1960/61, 4-15, <Nachdruck
u.d.T. "Die frühen Christen als scholastische Gemeinschaft" in: <Hg.> W.A. Meeks, Zur Soziologie des Urchristentums. Ausgewählte Beiträge zum frühchristlichen Gemeinschaftsleben in seiner
gesellschaftlichen Umwelt, ThB 62, München 1979, 131-164>; ders., Christliche Gruppen in nichtchristlicher Gesellschaft. Die Sozialstruktur christlicher Gruppen im ersten Jahrhundert, Neue Studienbücher 4, Wuppertal, 1964 <engl. 1960>

[5]So "lebten" einige Institutionen des liberalen Protestantismus bis in den Zweiten Weltkrieg hinein.
Der Evangelisch-Soziale-Kongreß veröffentlichte bis 1933 regelmäßig seine Verhandlungen und
die Christliche Welt konnte bis 1941 erscheinen.

[6]Charakteristisch dürfte für diese Haltung das folgende Zitat G. Ebelings sein: "Es konnte darum
kaum anders sein, als daß die kirchliche Neuordnung nach 1945 nur einen dürftigen und in vieler
Hinsicht unbefriedigenden Rahmen herstellte, in dem nun das Ringen um die kirchliche Erneuerung seine Fortsetzung finden mußte." Ebeling, G., Die Bedeutung der historisch-kritischen Methode für die protestantische Theologie und Kirche, in: ders., Wort und Glaube, Tübingen, 1967[3],
1-49: 10; Fischer, H., Systematische Theologie, in: <Hg.> G. Strecker, Theologie im 20. Jahrhundert, UTB 1238, Tübingen, 1983, 289-388: 364.

[7]Vgl. Theißen, G., Sociological Research, 8-15 und Kapitel "5.2. Die Formgeschichte und die
sozialgeschichtliche Exegese".

Zudem hatte sich nach dem Weltkrieg die gesellschaftliche Stellung der Kirchen, sowohl institutionell durch die Bewahrung der in der Weimarer Verfassung festgeschriebenen staatskirchenrechtlichen Regelungen wie moralisch durch die Ereignisse des Kirchenkampfes, gefestigt. Es gab in einem auffallenden Gegensatz zu den Jahren nach dem Ersten Weltkrieg keine ekklesiologische Debatte, so daß G. Rau in einem Forschungsbericht resumieren konnte: "Es hat wohl kaum eine Zeit in den letzten 180 Jahren gegeben, in der das Faktum der Volkskirche so plausibel war wie zwischen 1945 und 1960... 'Ich bin evangelisch' war nach 1945 sozialhochwertig, das hieß nämlich, 'ich war im Dritten Reich nicht aus der Kirche ausgetreten (oder war nach 1945 eben wieder eingetreten)'... dem entsprechend stand Kirchlichkeit nach 1945 gleichzeitig für eine Bejahung der moralischen (Neu-)Ordnung der Gesellschaft,... bei der christliche Nächstenliebe die innere Solidarität mit allen Gruppen des Volkes stärken sollte."[8] Nimmt man das sozialgeschichtliche Faktum hinzu, daß sich die Nachkriegsgesellschaft im Westen zu einer "nivellierten Mittelstandgesellschaft" entwickelte und der wirtschaftliche Aufschwung vielen die Erfahrung einer Verbesserung ihrer materiellen Verhältnisse und ein hohes Maß an sozialer Sicherheit ermöglichte,[9] wird das fehlende Interesse an einer sozialgeschichtlichen Erforschung und Deutung des Urchristentums verständlich. Denn weder forderte die Erfahrung massiver sozialer Ungleichheit zur Reflexion der sozialen Aufgaben heraus[10], noch war die gesellschaftliche Stellung der Kirchen problematisch, so daß die beiden zentralen Motive, die bisher die sozialgeschichtliche Exegese thematisch bestimmt hatten, keine gesellschaftliche Relevanz mehr besaßen. Dieser konsolidierten Kirchlichkeit entsprach die redaktionsgeschichtliche Methode. Sie profiliert die Individualität, Eigenständigkeit der Evangelisten sowie deren Kritik am Gemeindeglauben. Die Situation und Struktur der Gemeinde wurde dagegen nur in den Blick genommen, um dagegen die theologische Intention des Evangelisten zu profilieren.[11] Anders ging es in der DDR. Seit 1952 waren die Kirchen wachsendem ideologischem und politischem Druck ausgesetzt.[12] So ist es wenig verwunderlich, daß dort mehrere Arbeiten erschienen, die das Verhältnis des

---

[8]Rau, G., Volkskirche heute - im Spiegel ihrer theologischen Problematisierung, VuF 32, 1987, 2-31; 24; die restaurative Tendenz innerhalb des Protestantismus findet ein getreues Spiegelbild in der liturgischen Neugestaltung der Gottesdienste, denn die Jahre nach 1945 brachten "die umfassendste liturgische Restauration, die es in der Geschichte des evangelischen Gottesdienstes in Deutschland je gegeben hat." Cornehl, P., Art. Gottesdienst, 77. Auch hier finden wir durch den dezidierten Rückgriff auf das Liedgut und die Sprache der Reformation und der altprotestantischen Orthodoxie eine entschlossene Abwendung von liberalen Vorstellungen, jetzt allerdings durch die Revitalisierung vorliberaler Traditionen.

[9]Birke, A.M., Nation ohne Haus. Deutschland 1945-1961, Berlin, 1989, 395.399f.

[10]Die zudem durch kirchliche subsidiär Hilfsorganisationen wahrgenommen wurden. Rau, G., Volkskirche, 24.

[11]Conzelmann, H., Die Mitte der Zeit. Studien zur Theologie des Lukas, BHTh 17, Tübingen, 1974, 5; Marxsen, W., Der Evangelist Markus, FRLANT 67, Göttingen, 1956, 13.

[12]Birke, A.M., Nation, 418ff.

Urchristentums zur antiken Gesellschaft thematisierten, während im Westen eher theologisch orientierte Arbeiten erschienen, die sich auf innergemeindliche Fragen und Strukturen konzentrierten.[13]

Mit den beginnenden sechziger Jahren machten sich erste gesellschaftliche Veränderungen in der gesamten westlichen Welt bemerkbar. Ein erneuter Modernisierungsschub hatte begonnen, die festgefügten gesellschaftlichen Strukturen aufzubrechen.[14] Damit ging eine intensivierte Rezeption aufklärerischer Traditionen und eine starke Ausweitung des Bildungssektors einher.[15] Die Sozialwissenschaften und besonders die Soziologie waren Motor und Gewinner dieser Veränderungen. Nachdem sich das Fach in den fünfziger Jahren an den Universitäten etablieren konnte, trat sie bald mit dem Anspruch auf, als sinnvermittelnde Wissenschaft ältere Sinndeutungssysteme wie die der in den fünfziger Jahren zunächst dominierenden Existenzphilosophie abzulösen, was ihr bis in die Alltagssprache hinein gelang.[16] Mit ihr kam neben diesem philosophischen Anspruch zugleich ein neues Interesse an empirischen Phänomenen in die Diskussion, wobei Theorien zur Steuerung sozialer Prozesse besonders faszinierten.[17] Innerhalb der Theologie kam es insbesondere in der praktischen Theologie zu einer "empirischen Wende" und Rezeption sozial- und erziehungswissenschaftlicher Methodik.[18] Die Kirchen spürten in diesen Veränderungen neu die Konkurrenz anderer gesellschaftlicher Institutionen und Gruppen. Dazu brachten kirchensoziologische Erhebungen nicht nur eine institutionenkritische Haltung zur Volkskirche, sondern auch eine statistisch faßbare Erosion der Volkskirche an den Tag, von der anfänglich lediglich die Amtshandlungen und der schulische Religionsunterricht ausgenommen blieben.[19] Dieser Situation entspre-

---

[13]Aufschlußreich ist der Vergleich der Themenstellungen von Rengstorf, K.H., Mann und Frau *im Urchristentum*, Arbeitsgemeinschaft für Forschung des Landes Nordrhein-Westfalen 12, Köln, 1954 (West) und Leipoldt, J., Die Frau *in der antiken Welt und im Urchristentum*, Leipzig, 1953 <1955²> (Ost) (Hervorhebungen von mir). Ferner sind zu nennen: Campenhausen, H.v., Kirchliches Amt und geistliche Vollmacht in den ersten drei Jahrhunderten, BHTh 14, Tübingen, 1953 <1963²>; Kraft, H., Gnostisches Gemeinschaftsleben, Heidelberg, <Diss. maschr.>, 1950; Greeven, H., Propheten, Lehrer, Vorsteher bei Paulus. Zur Frage der "Ämter" im Urchristentum, ZNW 44, 1952, 1-43, <Nachdruck in: <Hg.> K. Kertelge, Das kirchliche Amt im Neuen Testament, WdF 435, Darmstadt 1977, 305-361>, sowie Leipoldt, J., Der soziale Gedanke in der altchristlichen Kirche, Leipzig, 1952 <Nachdruck 1972>; Kehnscherper, G., Die Stellung der Bibel und der alten Christlichen Kirche zur Sklaverei, Halle, 1957.

[14]Birke, A.M., Nation, 395.

[15]a.a.O., 405.

[16]Birke, A.M., Nation, 340; Glaser, H., Die Kulturgeschichte der Bundesrepublik Deutschland, Bd. 3, Fischer TB 10529, Frankfurt/M., 1990, 42f; zu den Auswirkungen auf die neutestamentliche Exegese: Theißen, G., Sociological Research, 16f.

[17]Vgl., Glaser, H., Die Kulturgeschichte der Bundesrepublik Deutschland. Bd. 2. 1949-1967, Fischer TB 10528, Frankfurt/M., 1990, 192-194.

[18]Rau, G., Theologie und Sozialwissenschaften, 192ff.

[19]Rau, G., Volkskirche, 25f.30.

chend intensivierte sich der ekklesiologische Diskurs, und es wurde in der ekklesiologischen Theoriebildung die Existenz der Kirche als gesellschaftliche Minderheit verstärkt thematisiert.[20] In diesen Kontext gehören auch die Wirkungen des II. Vatikanischen Konzils.[21]

Auf einen unbefangeneren Umgang mit diesen Veränderungen führen R. Morgan und J. Barton die führende Rolle amerikanischer Wissenschaftler bei der Erforschung der Sozialgeschichte des Urchristentums zurück: "The recent developments in biblical scholarship with which the remaining chapters are concerned have produced new leaders in the field. The emergence of the United States as trend-setter in place of Germany reflects its economic strength and its large market for religious ideas of all kinds. Departments of Religion were established in secular universities in the 1960s and, unlike the Germany theological faculties, these had no institutional relationship to the Churches. Biblical scholars' closest colleagues here were not systematic and practical theologians but secular university professors of literature, ancient history, and the social sciences. New possibilities of academic collaboration brought new kinds of writing."[22]

Trotzdem: Insgesamt brachten die Jahre nach 1960 in Westdeutschland nicht nur politisch, sondern auch kulturell eine immer stärkere Westorientierung. Diese Anpassung an westliche Standards und ihre - auch politischen - Kommunikationsformen dürfte die Rezeption aufklärerischer Traditionen und eines empiriegeleiteten, im westeuropäischen Kontext verwurzelten Wissenschaftsbegriffes auch in der Theologie erleichtert haben.[23]

Die genannten Impulse kulminierten schließlich in der Studentenrebellion der späten sechziger Jahre. Vielfach wurde erst durch sie dieser beschriebene, nicht auf die Studentenbewegung beschränkte und nicht durch sie in allen Zügen repräsentierte Wandel bewußt gemacht. Der Protest der Studenten artikulierte sich in einem radikaldemokratischen, institutionenkritischen und internationalistischen Pathos. Dieses konkretisierte sich zunächst bildungspolitisch in der Forderung nach direkten politischen Gestaltungsmöglichkeiten und einem selbstbestimmten Leben und Lernen. Ferner stellte es die überkommenen gesellschaftlichen Normen und Geschlechterrollen in Frage, indem sie sie auf deren vermeintlich repressiven Charakter hinwies. Schließlich artikulierte der Protest gegen den Vietnamkrieg ein gewach-

---

[20]a.a.O., 27; die Intensivierung ist ab 1967 an einer explosionsartig ansteigenden Zahl von Publikationen ablesbar. A.a.O., 3-22.

[21]Barton, S.C., The Communal Dimension of Earliest Christianity: A Critical Survey of the Field, JThS 43, 1992, 399-427: 400.

[22]Morgan, R./Barton, J., Theology and the Social Sciences, in: dies., Biblical Interpretation, Oxford, 1988, 133-166, 138; ähnlich Meeks, W.A., Zur Soziologie, 9f.

[23]Birke, A.M., Nation, 405.

senes Bewußtsein für den Wert und das Recht vormals kolonialisierter Völker auf eigenständige politische Gestaltungsmöglichkeiten und die Bewahrung ihrer kulturellen Identität. Alle diese Motive des studentischen Protestes, der selbst ein Phänomen der gesamten westlichen Hemisphäre war, finden sich auch in der sozialgeschichtlichen Exegese.[24] Bestimmte Zuordnungen von Inhalten oder "Modellen" und bestimmten Richtungen der sozialgeschichtlichen Exegese lassen sich nicht feststellen. Die genannten Motive finden sich in allen Richtungen sozialgeschichtlicher Exegese.

Wir konzentrieren uns bei der folgenden Darstellung auf den Zeitraum von 1965 bis 1985. Abschließend geben wir dann einen kurzen Ausblick über diesen Zeitraum hinaus. Die Darstellung orientiert sich inhaltlich an der Typologie, die im Anfangskapitel entwickelt wurde. Dabei werden mit der sozialdeskriptiven und sozialkerygmatischen Richtung die beiden Varianten zuerst vorgestellt, die auf bereits bestehende Methodiken zurückgriffen. Dann werden die methodisch innovativen Richtungen, die sozialwissenschaftlichen Varianten und die materialistische Exegese dargestellt. Innerhalb dieser Abschnitte wird dann chronologisch geordnet. Am Ende des gesamten Kapitels wird gefragt werden, ob das "Vier-Felder-Modell" des einleitenden Kapitels modifiziert werden muß, um die Entwicklung der sozialgeschichtlichen Exegese nach 1985 zutreffend zu beschreiben.

6.1 Sozialdeskriptive Richtung

1965 veröffentliche Heinrich Greeven in der Festschrift zur Eröffnung der Universität Bochum den Aufsatz "Evangelium und Gesellschaft in urchristlicher Zeit".[25] Was heute im Rückblick, wenn nicht als Heroldsruf eines neuen exegetischen Zeitalters, so doch als neuer Ton in der exegetischen Debatte der sechziger Jahre erscheinen könnte, war in Wirklichkeit eine Revitalisierung älterer Forschungstraditionen. Denn Greeven war ein Schüler von Martin Dibelius gewesen und hatte selbst über sozialethische Fragen in der Antike gearbeitet.[26]

Eine ähnliche Zwischenstellung zwischen älteren und neueren Forschungstraditionen der sozialgeschichtlichen Exegese nimmt die erste Arbeit ein, die wir als

---

[24]Zum folgenden Theißen, G., Sociological Research, 22-29.

[25]Greeven, H., Evangelium und Gesellschaft in urchristlicher Zeit, in: <Hg.> H. Wenke, Festschrift zur Eröffnung der Universität Bochum, Bochum, 1965, 105-121.

[26]Greeven, H., Das Hauptproblem der Sozialethik in der neueren Stoa und im Urchristentum, NTF 3,4, Gütersloh, 1935. Entsprechend orientiert sich sein Vortrag von 1965 an sozialethischen Kategorien.

Beispiel für die Kontinuität der sozialdeskriptiven, palästinakundlichen ausgerichteten Arbeit ausführlicher vorstellen wollen: Martin Hengels 1968 veröffentlichte Monographie "Judentum und Hellenismus".[27] Hengel führt in diesem Buch den Nachweis, daß bereits seit dem Ende des persischen Weltreiches Palästina ein hellenisiertes Land war; erst der gescheiterte Versuch, aus Jerusalem eine hellenistische Polis zu machen, und die darauf folgende Reaktion der Makkabäer habe zu dem Konflikt zwischen griechischer und traditioneller jüdischer Kultur geführt, der für das neutestamentliche Zeitalter typisch geworden sei. Damit relativierte Hengel in seiner Studie die strikte Unterscheidung zwischen "Judentum" und "Hellenismus", die seit den Forschungen der religionsgeschichtlichen Schule die neutestamentliche Exegese bestimmte.[28]

Das Werk teilt sich in vier große Kapitel. Das erste befaßt sich mit politischen und wirtschaftlichen Fragen. Neben der Ereignisgeschichte bilden Kriegstechnik und Söldnerwesen, Verwaltung und Steuererhebung die Themen dieses Abschnittes. Im zweiten Kapitel geht es um die kulturelle Expansion des Hellenismus durch das Vordringen der griechischen Sprache und des griechischen Bildungssystems. Kapitel 3 handelt von Anpassung und Behauptung des Judentums gegenüber dem Hellenismus. Das abschließende vierte Kapitel beschreibt die gescheiterte Hellenisierung Jerusalems in den 60er Jahren des 2. Jh.s.

Auch wenn für Hengel das Phänomen "Hellenismus" nicht auf ein soziales und politisches Phänomen reduziert werden darf, sei sein Einfluß zuerst und dort am stärksten zu spüren. Dabei bleibt die Arbeit trotz dieses explizit wirtschaftsgeschichtlichen Interesses landeskundlich orientiert: Es gibt eine Beschränkung auf einen geographisch definierten Raum (das ptolemäische Ägypten und Palästina), das Gewicht liegt auf quellenkritischer Arbeit, auf einen expliziten Theoriegebrauch wird verzichtet, schließlich werden kulturelle Faktoren in hohem Maße mitberücksichtigt. Typisch ist die Formulierung von Hengels These: "Das Interesse an der hellenistischen Zivilisation blieb jedoch überwiegend auf die wohlhabende Aristokratie Jerusalems beschränkt. Für die niederen Volksschichten und die Landbevölkerung brachte die intensivere wirtschaftliche Ausbeutung sowie die rein ökono-

---

[27]Hengel, M., Judentum und Hellenismus. Studien zu ihrer Begegnung unter besonderer Berücksichtigung Palästinas bis zur Mitte des 2. Jh. v. Chr., WUNT 10, 1968 <1988[3]>. Weitere Beispiele wären neben weiteren Veröffentlichungen von Hengel vor allem die schon erwähnten Arbeiten von Judge, ferner Malherbe, A.J., Social Aspects of Early Christianity, London, 1977 <rev. 1983[2]>; Georgi, D., Der Armen zu Gedenken. Die Geschichte der Kollekte des Paulus für Jerusalem, Neukirchen, 1994[2] <1965>; Burchard, Chr., Gemeinde in der strohernen Epistel. Mutmaßungen über Jakobus, in: <Hg.> D. Lührmann/G. Strecker, Kirche. FS G. Bornkamm, Tübingen, 1980, 315-328.

[28]Hengels Aufsatz "Das Gleichnis von den Weingärtnern..." zeigt die Fruchtbarkeit seiner Forschungen für die neutestamentliche Exegese. Hengel, M., Das Gleichnis von den Weingärtnern Mc 12, 1-12 im Lichte der Zenonpapyri und der rabbinischen Gleichnisse, ZNW 59, 1968, 1-39.

misch rechnende soziale Unbekümmertheit der neuen Herren und ihrer Nachahmer eher eine Verschärfung ihrer Situation."[29]

Die Kontinuität dieser Forschungsrichtung mit der älteren Forschung und ihre ausgeprägt deskriptiven Interessen legen es gewiß nicht nahe, die Themenstellung dieses Buches, das sich ja der Auseinandersetzung einer indigenen Kultur mit einer "überlegenen" Kolonisatorenkultur widmet, allein auf die schon erwähnten Erfahrungen des zu Ende gehenden Kolonialismus und das erwachende Selbstbewußtsein der ehemals kolonisierten Völker zurückzuführen. Und dennoch klingt dieser Zusammenhang bisweilen in der Diktion[30] und der Auswahl des Beobachtungsrasters und der Themen an: Wir begegnen der weltpolitischen Konkurrenz von Kolonialmächten, Kolonialtruppen, einer von der Kolonialmacht installierten Verwaltung und der Veränderung traditioneller Lebensformen durch die Zivilisation der neuen Herren. Auch das Bild einer kulturell zweigeteilte Gesellschaft (hellenisierte Oberschicht, nicht hellenisierte Unterschicht) entspricht weitgehend der Situation, wie sie in den ehemaligen Kolonien bestanden. Hermeneutisch hat die Darstellung insofern Relevanz, als es in ihr darum geht, den "Hintergrund" des Auftretens Jesu zu beschreiben. Dagegen wird darauf verzichtet, über die bloße Beschreibung hinaus alternative soziale Welten zu entwerfen und über sie zu einer tieferen Einsicht in die eigene Kultur zu kommen.[31] Auch im Bereich der Kirchengeschichte gab es ähnliche Kontinuität. H. Gülzow legte 1974 im Anschluß an die bisherige Forschung eine erste zusammenfassende Skizze einer urchristlichen Sozialgeschichte vor.[32]

6.2 Sozialkerygmatische Richtung

Während nun Hengel seine sozialgeschichtliche Arbeit nicht im Zusammenhang mit den gesellschaftlichen Umbrüchen der sechziger und siebziger Jahre sieht[33], wird dieser Zusammenhang in der sozialkerygmatischen Richtung bewußt gesucht. Als 1978 das hier vorzustellende Buch "Jesus von Nazareth - Hoffnung der Armen" von L. Schottroff und W. Stegemann und danach in kurzer Folge die Auf-

---

[29]Hengel, M., Judentum und Hellenismus, 106.

[30]So schreibt Hengel über die Entwicklung im ptolemäischen Ägypten: "Man arbeitete, wie die Zenonpapyri zeigen, in den ptolemäischen 'Gründerjahren' mit einer fieberhaften Aktivität und verlangte dasselbe von den Eingeborenen." A.a.O., 74.

[31]So bei Fuchs, St./Wingens, M., Sinnverstehen als Lebensform. Über die Möglichkeit hermeneutischer Objektivität, GuG 12, 1986, 477-501.

[32]Gülzow, H., Soziale Gegebenheiten der altkirchlichen Mission, in: <Hg.> H. Frohnes/U.W. Knorr, Kirchengeschichte als Missionsgeschichte. Bd.1. Die Alte Kirche, München, 1974, 189-226.

[33]Hengel, M., Judentum und Hellenismus, IXf.

satzbände "Der Gott der kleinen Leute" und "Traditionen der Befreiung" erschienen[34], ging es darum, durch eine Erweiterung der etablierten Form- und Redaktionsgeschichte mit ihrer sorgfältigen philologischen und quellenkritischen Methodik[35] die Stellung der biblischer Texte zu sozialen Fragen zu erarbeiten, ferner sollte zu einem Lebensentwurf ermutigt werden, der "Jesusnachfolge" "konkret" bzw. "praktisch" werden läßt.[36] Theologisch und hermeneutisch folgt diese Variante der Befreiungstheologie und den theologischen Entwicklungen, wie sie sich im Ökumenischen Rat der Kirchen nach 1970 vollzogen.[37]

Das Buch "Jesus von Nazareth - Hoffnung der Armen" teilt sich in drei Teile. Zunächst wird - verbunden mit einer kurzen thematischen und methodischen Einführung - die älteste Tradition über Jesus von Nazareth dargestellt, die Heilsverkündigung für die Armen ist. Diese Tradition wird in der untersten Schicht der Bevölkerung verortet, Adressat seiner Bußpredigt sind dagegen die Mächtigen in Israel. Der zweite Teil handelt von den Wanderpropheten der Logienquelle, deren inhaltliche Botschaft eines Lebens voller Gottvertrauens sozialhistorisch folgendermaßen eingeordnet wird: "Nur um Nuancen unterscheidet sich die Armut der wandernden Jesusboten von der ihrer (noch) seßhaften Freunde und von dem Leben der Nichtmehr-Seßhaften, Arbeitslosen und Bettler. Sie haben freiwillig den Zustand der letzten Stufe des sozialen Abstiegs herbeigeführt. Soziologisch von außen betrachtet, also unabhängig von der Intention, die die Boten selbst im Auge haben, gehören diese Wanderer in die große Fluchtbewegung aus sozialen Gründen, die sich wohl in allen antiken Gesellschaften belegen läßt... Man sollte diesen Schritt nicht 'Besitzverzicht' nennen. Er ist vielmehr der Versuch, die drückende Sorge um das Existenzminimum im Vertrauen auf Gottes Fürsorge abzuschütteln."[38] Im dritten Teil arbeitet W. Stegemann redaktionsgeschichtlich die soziale Botschaft des Evangelisten Lukas heraus. Die für Lukas schon in der Vergangenheit liegende Armut der Jesusjünger hat appellative Funktion in der sozial differenzierten Gemeinde des Lu-

---

[34]Schottroff, L./Stegemann, W., Jesus von Nazareth - Hoffnung der Armen, UB 639, Stuttgart, 1981² <1978>; Schottroff, W./Stegemann, W. <Hg.>, Der Gott der kleinen Leute. Sozialgeschichtliche Bibelauslegungen. 2 Bde., München, 1979; Schottroff, W./Stegemann, W. <Hg.>, Traditionen der Befreiung. Sozialgeschichtliche Bibelauslegungen. 2 Bde., München, 1980. Aus einem anderen Kontext aber ebenfalls mit traditioneller (jedoch weniger an Form- und Redaktionsgeschichte orientiert) Methodik bei gleichen hermeneutischen Interessen Pixley, G.V., God's Kingdom. A Guide for Biblical Study, Maryknoll, <span. 1977>, 1981.

[35]Schottroff, L./Stegemann, W., Jesus von Nazareth, 14

[36]ebd.

[37]Schottroff, L., Befreiungserfahrungen. Studien zur Sozialgeschichte des Neuen Testaments, TB 82, München, 1990, 7f. Dies., Lydias ungeduldige Schwestern. Feministische Sozialgeschichte des frühen Christentums, Gütersloh, 1994, 76-79 und v.a. 76. Anm. 169.

[38]Schottroff, L./Stegemann, W., Jesus von Nazareth, 64.

kas. Sie soll bei den Reichen zu halbem Besitzverzicht, Wohltätigkeit gegenüber den Armen und innergemeindlicher Caritas motivieren.[39]

Unverkennbar sind hier und in der sozialkerygmatischen Richtung überhaupt neben der Orientierung an etablierten exyegetischen Methoden zwei Züge: Einmal ein leidenschaftliches Interesse an den ärmeren Bevölkerungsschichten und die Parteinahme für sie, also der feste Wille, sie nicht nur "von außen" soziologisch zu betrachten. Zweitens eine Faszination für alternative, solidarische Lebensformen, wie sie in der Zeit des Umbruches ja auch erprobt wurden.

6.3 Sozialwissenschaftliche Richtung

Diese Faszination, die alternativen Lebensgestaltungen ausübten, war freilich schon etwas früher spürbar. Denn 1973 hatte Gerd Theißen in seinem Aufsatz über den "Wanderradikalismus" das Phänomen und die große Bedeutung von wandernden Christen, der "Wandercharismatiker" in der "Jesusbewegung", für die Überlieferung der Worte Jesu und das Leben der ersten Christen ins Bewußtsein gerufen.[40] Beobachter hegten nach überstandener "Studentenbewegung" die Vermutung, daß "Theißens Analysen inspiriert sind von einer Deutung der Jesus-people-Bewegung der siebziger Jahre im Kontext der verschiedenen gesellschaftlichen Protestgruppen"[41]. Zweifellos hatten alternative Lebensstile, die zu Außenseitern in der Gesellschaft machen und zugleich diese provokativ mit jenen konfrontieren, damals Interesse geweckt und zugleich hatten sie die Existenz einer solchen Bewegung auch im Urchristentum denkbar gemacht.

Freilich weist uns bereits der Terminus "Wander*charismatiker*" im Unterschied zu "Wanderpropheten" auf einen bestimmten theoretischen Bezugsrahmen:

---

[39] a.a.O., 136-144.

[40] Theißen, G., Wanderradikalismus. Literatursoziologische Aspekte der Überlieferung von Worten Jesu im Urchristentum, ZThK 70, 245-271, <Nachdruck in: ders., Studien zur Soziologie des Urchristentums, WUNT 19, Tübingen 1979, 79-105>, 1973. Die Arbeiten Theißens zur "Jesusbewegung" werden unten vorgestellt. Hier ist ferner noch auf Theißens Arbeiten zur Methodik der sozialgeschichtlichen Exegese und seine sozialgeschichtlichen Studien zum paulinischen Christentum aus der ersten Hälfte der siebziger Jahre aufmerksam zu machen, die auch in den USA rasch Aufmerksamkeit erregten. Sie liegen in Theißen, G., Studien zur Soziologie des Urchristentums, WUNT 19, Tübingen, 1989[3] <1979> gesammelt vor. Vgl. auch Meeks, W.A., Zur Soziologie des Urchristentum, 8.

[41] Hinz, Chr., Wandlungen der Nachfolge unter dem Ruf Jesu, in: Als Boten des gekreuzigten Herrn, FS W. Krusche, Berlin, 1982, 149-165: 146. Einen Überblick über die Diskussion zum Wanderradikalismus gibt Schmeller, Th., Brechungen.

Die Soziologie Max Webers. Ihr kommt in der Tat eine Schlüsselstellung im Kontext der sozialwissenschaftlichen Variante zu. Man könnte – wie schon gesagt - die neuere sozialgeschichtliche Exegese überhaupt als Revitalisierung dieser speziellen Forschungstradition begreifen. Und gewiß ist auch die Aufnahme des Weberschen Begriffs des "Charisma" zum einen inspiriert durch die neutestamentliche Herkunft dieses Begriffs, zum anderen durch das - wohl auch medial vielen ermöglichte, intensivierte und politisch instrumentalisierte - Erleben charismatischer Persönlichkeiten in den sechziger und frühen siebziger Jahren.[42]

Das Kennzeichen dieses dritten, als "sozialwissenschaftlich" benannten Arbeitsfeldes ist die Arbeit mit Modellen aus den Sozialwissenschaften. Entsprechend fächert sich die Darstellung nun in vier Teile auf. Zunächst beginnen mit G. Theißens "Soziologie der Jesusbewegung" und W.A. Meeks, "First Urban Christians". Sie geben zwei Beispiele für den Gebrauch moderner soziologischer Modelle in der sozialgeschichtlichen Exegese vorstellen, wie er für die "Strukturgeschichte" typisch ist. Danach geben J.H. Elliotts "A Home for the Homeless" und B.J. Malina, "The New Testament World" Einsichten in das Arbeiten mit antiken sozialen Kategorien bzw. kulturanthropologischen Modellen, wie es der "Mentalitätengeschichte" entspricht.[43]

In seiner "Soziologie der Jesusbewegung"[44] faßte 1977 Gerd Theißen eine Reihe von - für diese Variante sozialgeschichtlicher Exegese typischen - theoretischen Vorüberlegungen und einige exegetische Studien[45] zu einem knappen Entwurf zusammen. Als Jesusbewegung versteht Theißen "die von Jesus hervorgerufene innerjüdische Erneuerungsbewegung im syrisch-palästinischen Bereich ca. 30 bis 70 n. Chr."[46] Für sie sollen typische Verhaltensformen beschrieben werden, die gesellschaftlichen Faktoren, die auf die Jesusbewegung einwirkten, und die Wirkungen der Jesusbewegung auf die jüdische Gesellschaft sollen analysiert werden. Methodisch soll dies auf drei Wegen geleistet werden: Zunächst sollen in "konstruktiven Rückschlußverfahren" direkte Aussagen über soziale Gegebenheiten gesammelt werden, dann soll in "analytischen Rückschlußverfahren" indirekt aus Texten und ihrer Gestaltung auf soziologisch relevante Sachverhalte geschlossen werden, schließlich werden in "vergleichenden Rückschlußverfahren" analoge Erscheinungen in der Umwelt des Urchristentums herangezogen.[47] Für die methodische Ent-

---

[42]Baring, A., Machtwechsel. Die Ära Brandt-Scheel, Stuttgart, 1982, 173.600.744.

[43]Zur Unterscheidung "Strukturgeschichte vs. Mentalitätengeschichte" vgl. das Kapitel "1.1 Zur Definition von 'sozialgeschichtlicher Exegese'.

[44]Theißen, G., Soziologie der Jesusbewegung. Ein Beitrag zur Entstehungsgeschichte des Urchristentums, TEH 194, München, <KT 35, München 1991[6]>, 1977 <1988[5]>.

[45]Gesammelt in: Theißen, G., Studien zur Soziologie des Urchristentums, 79-197.

[46]Theißen, G., Soziologie, 9.

[47]a.a.O., 11.

wicklung der sozialgeschichtlichen Exegese ist es nicht ohne Belang, daß bei den "analytischen Rückschlußverfahren" eine Fortsetzung der Formgeschichte vorliegt.[48] Damit finden wir - wie bei der sozial-kerygmatischen Richtung - auch hier einen Anschluß an eine bewährte Methodik. Dieses mag in diesem einen Fall zum einen durch die deutsche Forschungstradition begründet sein, zum anderen kamen aber die Begründer der "Strukturgeschichte" wie Conze und Schieder selbst über die "Volkskunde" zur Sozialgeschichte und zur Öffnung für soziologischer Modelle.

Diese drei Rückschlußverfahren werden dann auf die erwähnten drei Themenkomplexe angewandt: Die "Rollenanalyse" untersucht "typisches Sozialverhalten in der Jesusbewegung". Dabei werden ausgehend von der Rollentheorie H. Sundéns drei "Existenzformen" innerhalb der Jesusbewegung unterschieden. Erstens die Wandercharismatiker, deren Existenz durch direkte Aussagen belegt ist, analytisch wird ihr Verhalten mit den Zügen "Heimatlosigkeit", "Familienlosigkeit", "Besitz- und Schutzlosigkeit" umschrieben. Analogien bieten die kynischen Wanderphilosophen. Zweitens werden die "Sympathisanten in den Ortsgemeinden" aufgeführt. Die Jesusüberlieferung erwähne direkt die Aufnahme des Jüngerkreises in Häusern, analytisch gäben verhaltensregulierende Normen sowohl zur Gesellschaft, wie nach innen (Aufnahme/Ausschluß) und zu den Wandercharismatikern Aufschluß über das innere Leben, das stark von der Autorität der Wandercharismatiker abhängig gewesen sei. Ein ähnliches Nebeneinander Existenzformen mit unterschiedlicher Ethik hätten auch die Essener gekannt. Die dritte wichtige Rolle für die Jesusbewegung sei dann die des Menschensohnes gewesen, dessen Schicksal der zentrales Bezugspunkt für Leben und Glauben seiner Anhänger gewesen sei.[49] Der zweite Teil widmet sich der "Faktorenanalyse", die die "Einwirkungen der Gesellschaft auf die Jesusbewegung" zum Thema hat. Dabei werden "sozioökonomische", "sozioökologische", "soziopolitische" und "soziokulturelle" Faktoren unterschieden. Zusammengefaßt kann man sagen, daß die Entwicklung der Jesusbewegung von Konflikten in all diesen Feldern mitbestimmt wurden: Durch die ökonomischen Spannungen, verursacht durch Besitzkonzentration und verschärft durch Naturkatastrophen, die die Menschen entwurzelten, durch die soziökologischen Konflikte zwischen Stadt und Land in Palästina, durch Instabilität aufgrund politisch ungeklärter Herrschaftsverhältnisse, die durch das Nebeneinander von jüdischen Autoritäten, hellenistischen Klientelfürsten und direkter Einflußnahme durch die Römer bedingt waren. Kulturell gab es sowohl Konflikte mit der nicht-jüdischen Bevölkerung und ihrem nicht geringen Antijudaismus, als auch durch das Ethos der Jesusbewegung selbst, insofern es vom "common sense" dessen, was im Judentum selbst "üblich" war, abwich. Es ist deutlich, daß diesem Abschnitt eine Konflikttheorie

---

[48]Deutlich vermerkt in Theißen, G., Wanderradikalismus, 245; ders., Zur forschungsgeschichtlichen Einordnung, 11f.

[49]Theißen, G., Soziologie, 14-32.

zugrundeliegt, die die Entwicklung der Jesusbewegung wesentlich durch die gesellschaftlichen und ökonomischen Antagonismen bestimmt sieht, ohne freilich deshalb die ganze Geschichte des Urchristentums oder Geschichte überhaupt durch grundsätzlich anzunehmende Spannungen determiniert zu sehen.[50] Auch der dritte Teil arbeitet mit sozialwissenschaftlichen Theorien. Zunächst mit einem funktionalistischen Ansatz, der die Einwirkungen der Jesusbewegung auf die Gesellschaft überhaupt betrachtet, dann wird mit Hilfe psychoanalytischer Kategorien der Umgang der Jesusbewegung mit Aggressionen dargestellt. Theißen kommt zu dem Ergebnis, daß der Entwurf der Jesusbewegung, der sich innerhalb der Bewegung mit der Hoffnung auf ein "Wunder" verband, innerhalb der jüdisch-palästinischen Gesellschaft scheiterte, da die Spannungen im Laufe der Entwicklung nach Jesu Tod zunahmen. Dagegen konnte sich ihr Anliegen in einem ganz anderen sozialen und gesellschaftlichen Zusammenhang, nämlich der kaiserzeitlichen Polis entfalten. Damit seien grundsätzliche Veränderungen der Rollenstrukturen verbunden gewesen. Dazu gehöre das Zurückdrängen des Einflusses der Wandercharismatiker zugunsten einer ortsgebundenen Organisation und Leitung, sowie eine veränderte Christologie.[51] "Stellt man alle Faktoren in Rechnung, so versteht man, warum die hellenistische Welt für das Urchristentum günstiger als die palästinische war: Die Vision von Liebe und Versöhnung wurde wohl in einer krisenhaften Gesellschaft geboren, aber sie hatte hier keine sozialen Realisierungschancen. Die spannungsfreiere Welt der hellenistischen Städte... kam der neuen Vision mehr entgegen. Hier gab es einen hohen Grad lokaler und sozialer Mobilität, ein Zwang zur Kommunikation zwischen verschiedensten Menschen, ein Bedürfnis nach Integration. Hier hatte eine irenische Bewegung von vornherein mehr Chancen."[52]

Die sozialgeschichtliche Erforschung der paulinischen Tradition trug diesem erwähnten Übergang in das neue soziale Umfeld der hellenistischen Städte auch durch die Auswahl soziologischer Modelle und Theorien Rechnung. Deshalb orientierte sich die sozialgeschichtliche Paulusexegese zunächst vorwiegend an Modellen der verstehenden Soziologie. Besonders Webers Konzept der "charismatischen Herrschaft" wurde zur Deutung der Beziehung zwischen Paulus und seinen Gemeinden herangezogen. John H. Schütz[53] im Jahre 1975 und Bengt Holmberg in seiner Dissertation "Paul and Power"[54] deuteten bereits 1978 mit Hilfe dieses Mo-

---

[50]a.a.O., 33-90.

[51]a.a.O., 91-111.

[52]a.a.O., 110.

[53]Schütz, J.H., Charisma and Social Reality in Primitive Christianity, JR 54, 1974, 51-70, <Nachdruck in: <Hg.> W.A. Meeks, Zur Soziologie des Urchristentums. Ausgewählte Beiträge zum frühchristlichen Gemeinschaftsleben in seiner gesellschaftlichen Umwelt, TB 62, München 1979, 222-244>; ders., Schütz, J.H., Paul and the Anatomy of Apostolic Authority, MSSNTS 26, Cambridge, 1975.

[54]Holmberg, B., Paul and Power. The Structure of Authority in the Primitive Church as reflected in the Pauline Epistles, CB.NT 11, Lund, 1978.

dells Kooperation und Konflikte des Paulus mit der Jerusalemer Gemeinde, mit seinen Mitarbeitern und Gemeinden. Dazu arbeitete Holmberg zunächst mit einer
"klassischen" Situationsanalyse das Beziehungsgeflecht zwischen diesen Perso-
nen(gruppen) heraus, bevor er zur Deutung der Konflikte als solcher zwischen charismatischen und sich institutionalisierenden Leitungsstrukturen kam.

Einen weiteren wichtigen Punkt in der Erforschung des paulinischen Christentums markierte W.A. Meeks mit seinem Buch "The First Urban Christians"[55],
das wir wie die "Soziologie der Jesusbewegung" als Summe einer einer ganzen
Reihe von Vorarbeiten lesen können.[56] Aufgabe seines Buches soll sein, das Leben
des gewöhnlichen Christen im städtischen Umfeld zu beschreiben. Wie bei Theißen
finden wir auch hier einen eklektischen Umgang mit Modellen. Meeks teilt seine
Arbeit in 6 große Kapitel, "The Urban Environment of Pauline Christiniaty", "The
Social Level of Pauline Christians", "The Formation of the EKKLESIA", "Go-
vernance", "Rituals" und "Patterns of Belief and Patterns of Life".

Zunächst betont Meeks den städtischen Charakter des paulinischen Christentums, der die Lebenswelt seines "Gründers" durch und durch bestimmte. Die Städte
hätten an der Spitze des politischen und gesellschaftlichen Fortschrittes gestanden,
freilich sei die Lage der Städte in der beginnenden Kaiserzeit schwieriger geworden,
auch durch eine wichtige Voraussetzung der paulinischen Mission, nämlich durch
die von den Römern geschaffenen Möglichkeiten zu reisen. Sie habe die ehemals
geschlossene Gesellschaften durch Zuwanderung verändert. Auch die Differenzen
zwischen Sklaven, Freigelassenen und Bürgern, zwischen Einheimischen und
Fremden, Bürgern und "Beisassen" seien dadurch intensiver erlebt worden. An dieser Stelle führt er die Theorie ein, die seine Darstellung der paulinischen Gemeinden
bestimmen wird: "From the particular case of the familia Caesaris, we come again
to the more general phenomenon of status inconsistency. In every society the status
of a person, family, or other group is determined by the composite of many different
clues, status indicators... It is the 'criss-crossing of categories'... that made Juvenal's
satires amusing to upper-class Romans. Sociologists call it status inconsistency or
status dissonance. Depending on the number of categories in conflict, the relative
importance of those categories in widely held attitudes, the distance traversed in
each category from one level to the next, and so on, such criss-crossing produces
feelings and reactions of varying power, both within the mobile person or group and
in others, especially actual or potential competitors. We may plausibly suppose that
such feelings would often find some form of religious symbols, beliefs, and attitudes would enhance, inhibit, or channel social mobility differently from others."[57]

---

[55]Meeks, W.A., The First Urban Christians. The Social World of the Apostle Paul, New Haven,
1983.
[56]Wir verweisen hier wieder summarisch auf die im Anhang befindliche Bibliographie.
[57]a.a.O., 22f.

Im zweiten Kapitel geht es um den sozialen Status der ersten Christen. Während Deißmann sie aufgrund sprachlicher Indizien auf einem niedrigen Level eingeordnet hätte, hätten Judge, Grant und vor allem Theißen ein differenzierteres Bild gekennzeichnet.[58] Meeks betont, daß der Status nicht nur aufgrund eines einzigen Kriterium bestimmt werden könne, sondern auf mehreren Kriterien beruhe.[59] Nach einer Auswertung direkter und indirekter Aussagen vermag Meeks wahrscheinlich zu machen, daß im Bereich der christlichen Gemeinde bei vielen Mitgliedern eine hohen Statusinkonsistenz vorliege.[60] Die innere Struktur der Gemeinden ist dann das Thema der folgenden Kapitel. Dabei sieht der Verfasser am ehesten in den Philosophenschulen Analogien, während er gegen eine Parallelisierung mit den Modellen des Hauses, obwohl später Metaphern und Begriffe aus diesem Bereich die Zusammengehörigkeit der Christen illustrieren, des Vereins und der Synagogen Einwände erhebt. In gewisser Weise kompensiere der starke innere Zusammenhalt und das Bewußtsein, einer weltweiten Gemeinschaft anzugehören, die zugleich von der umgebenden Gesellschaft unterschiedenwar, die Erfahrungen der Statusinkonsistenz.[61] Die Gemeindeleitung erfolge - zumindest wenn man sich an der korinthischen Gemeinde orientiere, durch die Instanzen Apostel - lokale Autoritäten - Geist.[62] Strukturiert und gestärkt werde das Gemeindeleben auch durch die Rituale und ihre einheitsstiftende Sprache, beginnend beim einfachen Treffen bis zu Taufe und Abendmahl. Im letzten Kapitel fragt Meeks dann nach den sozialen Funktionen der paulinischen Theologie. Meeks stellt auch hier den einheitsstiftenden Charakter der paulinischen Theologie in den Vordergrund, die den von Statusinkonsistenz Betroffenen, trotz innergemeindlich nachzuweisender wie im alltäglichen Verkehr untereinander erlebter Spannungen, ein tragfähiges Integrationsangebot gemacht hätte.[63]

Die innere Struktur der Gemeinden ist dann das Thema der folgenden Kapitel. Dabei sieht der Verfasser am ehesten in den Philosophenschulen Analogien, während er gegen eine Parallelisierung mit den Modellen des Hauses, obwohl später Metaphern und Begriffe aus diesem Bereich die Zusammengehörigkeit der Christen illustrieren, des Vereins und der Synagogen Einwände erhebt. In gewisser Weise kompensiere der starke innere Zusammenhalt und das Bewußtsein, einer weltweiten Gemeinschaft anzugehören, die zugleich von der umgebenden Gesellschaft unterschieden war, die Erfahrungen der Statusinkonsistenz.[64] Die Gemeindeleitung erfolge - zumindest wenn man sich an der korinthischen Gemeinde orientiere, durch die

---

[58] a.a.O., 52f.
[59] a.a.O., 54.
[60] a.a.O., 55-71.72f.
[61] a.a.O., 107f.
[62] a.a.O., 118.
[63] a.a.O., 191f.
[64] a.a.O., 107f.

Instanzen Apostel - lokale Autoritäten - Geist.[65] Strukturiert und gestärkt werde das Gemeindeleben auch durch die Rituale und ihre einheitsstiftende Sprache, beginnend beim einfachen Treffen bis zu Taufe und Abendmahl. Im letzten Kapitel fragt Meeks dann nach den sozialen Funktionen der paulinischen Theologie. Meeks stellt auch hier den einheitsstiftenden Charakter der paulinischen Theologie in den Vordergrund, die den von Statusinkonsistenz Betroffenen trotz innergemeindlich nachzuweisender wie im alltäglichen Verkehr untereinander erlebten Spannungen ein tragfähiges ein Integrationsangebot gemacht hätte.[66]

Hatten wir nun zwei Arbeiten vorgestellt, die die Verhältnisse in den antiken Gemeinden mit Hilfe moderner sozialwissenschaftlicher Kategorien deuteten, wenden wir uns nun zwei Autoren zu, die statt dieser an neuzeitlichen Erscheinungen gewonnenen Modellen solche bevorzugen, die entweder aus der Antike selbst stammen oder der Begegnung mit vormodernen Gesellschaften entstammen, nämlich B.J. Malina, "The New Testament World"[67], der sich einem kulturanthropologischen Ansatz verpflichtet weiß, und "A Home for the Homeless" von J.H. Elliott[68], der mit der antiken Kategorie des οἶκος arbeitet. Dabei ist nochmals zu betonen, daß hier die Grenzen nicht zwischen den Wissenschaften Soziologie und Ethnologie verlaufen. Auch die "strukturgeschichtlich" arbeitenden Theologen lehnen Modelle aus der Ethnologie oder Sozialanthropologie nicht ab; funktionalistische, an Konflikten orientierte und symbolische Interaktionsmodelle finden sich auch bei Malina, Elliott arbeitet neben dem antiken Modell des οἶκος auch mit dem "modernen" Sektenmodell. Die Streitfrage ist, aus welchen Kontexten die Modelle stammen sollten bzw. dürfen. Freilich bedeutet die Distanzierung von neuzeitlichen Modellen nicht zwingend eine größere Distanz zu den unvermeidlich immer aufzuspürenden zeitgeschichtlich wirksamen Vorstellungen und Modellen. So schreibt Wolfgang Stegemann in seinem Vorwort zur deutschen Ausgabe von B.J. Malina, "The New Testament World", von der Faszination, die fremdes Leben und fremde Kulturen auf heutige Menschen ausüben. Wir begegnen hier wieder der schon bei Martin Hengel bearbeiteten Thematik, freilich charakteristisch gewendet: Es geht nicht mehr um den Konflikt mit einer "überlegenen" Fremdkultur, sondern um eine Begegnung. Zweifellos ist das Erleben fremder Kulturen und alternativer Wertvorstellungen und Wahrnehmungen unserer Welt durch die erneut gewachsene Mobilität und die Migrationsbewegungen Teil unserer Lebenswelt - nicht nur der fiktionalen.[69]

---

[65]a.a.O., 118.

[66]a.a.O., 191f.

[67]Malina, B.J., The New Testament World. Insights from Cultural Anthropology, Louisville, 1993² <1981> <dt. 1993>.

[68]Elliott, J.H., A Home for the Homeless. A Sociological Exegesis of 1 Peter. Its Situation and Strategy, Philadelphia, 1981 <erw. Ausgabe Minneapolis 1990>.

[69]Malina, B.J., Die Welt des neuen Testaments, 7f.

Schon bei dem Modell der "Statusinkonsistenz" bei W.A. Meeks waren wir auf das Bild einer christlichen Gemeinde gestoßen, die Erfahrungen von "Desintegration" im alltäglichen und öffentlichen Leben aufzufangen vermag. Eine ganze Reihe von weiteren Arbeiten, die die Rolle der Christen als Minorität in einer paganen Umwelt zum Thema hat, nimmt dieses Motiv auf, teils hinsichtlich der Außenbeziehungen, teils hinsichtlich ihrer inneren Strukturierung.[70] So beschreiben J.H. Elliott und später Feldmeier die Situation und Selbstwahrnehmung der Christen des 1. Petrusbriefes als "Paroikoi" und Fremde. Es ist zu spüren, daß hier - wie in anderen Arbeiten, die sich mit der οἶκος-Ekklesiologie[71] befassen, nicht nur die Vergangenheit erhellt wird, sondern zugleich Strategien aufgezeigt werden, wie die Kirche der Gegenwart in einer säkularen Umwelt ein "Heim" bauen könnte.[72] Expliziert haben diese Thematik einige Veröffentlichungen zur Theologie des Gemeindeaufbaues, wobei die Differenz der Gemeinden zur Umwelt in diesen Arbeiten durch die Kommunikationsformen, die Verbindlichkeit der Glaubensentscheidung oder die gemeindliche Kultur des "Vertrauens" bestimmt sein kann. Typisch ist hier ferner eine kritische Distanz zur volkskirchlich-parochial organisierten Kirchlichkeit, wogegen diese Entwürfe häufig das Ideal einer "überschaubaren Gemeinde" stellen, sei sie als "Gemeinde am Arbeitsplatz" oder als Hausgemeinde organisiert.[73]

John H. Elliott teilt nun seine Studie zum I. Petr. nach einer Einführung in fünf Teile: Im ersten Teil klärt er den Begriff "Paroikos", im zweiten klärt er die soziale Struktur und Zusammensetzung der Adressaten des I Petr, im dritten die Strategie des Briefes, im vierten die Bedeutung, die die Haustafelethik für diese Argumentation hat. Im abschließenden Kapitel versucht er die Interessen des hinter dem I Petr stehenden, in Rom residierenden Petruskreises zu rekonstruieren.

Zur Klärung des Begriffes "Paroikos" geht Elliott zunächst vom profanen Sprachgebrauch aus. Dort bezeichnet er den "resident alien", den in seiner Umgebung politisch und sozial Unterprivilegierten. Diese Vorstellung sei in der Septuaginta durch religiöse Konnotationen erweitert worden. Im Sprachgebrauch des römischen Rechts bezeichne der Begriff den Bewohner einer Kolonie ohne römisches Bürgerrecht. Elliott kommt jedoch nach einem Durchgang durch die entsprechenden Stellen im I Petr zu dem Schluß, daß als Adressaten wirklich "Fremde" sind, Paroi-

---

[70]Elliott, J.H., A Home for the Homeless; Feldmeier, R., Die Christen als Fremde. Die Metapher der Fremde in der antiken Welt, im Urchristentum und im 1. Petrusbrief, WUNT 64, Tübingen, 1992.

[71]Z.B. Klauck, H.J., Hausgemeinde und Hauskirche im frühen Christentum, SBS 103, Stuttgart, 1981; ders., Die Hausgemeinde als Lebensform im Urchristentum, MThZ 32, 1981; 1-15.

[72]Elliott, A Home for the Homeless, 59-100.

[73]Vgl. hierzu: Bäumler, Chr., Kommunikative Gemeindepraxis, München, 1984; Strunk, R., Vertrauen. Grundzüge einer Theologie des Gemeindeaufbaus, Stuttgart, 1985; Schwarz, F./Schwarz, Chr.A., Theologie des Gemeindeaufbaus. Ein Versuch, Neukirchen, 1987.

koi, die sich überhaupt fremd in der Welt wissen und noch ein οἶκος suchen.[74] Im
zweiten Teil versucht er das soziale Profil der Gemeinde zu erarbeiten: Es handle
sich um eine Gemeinde in einem sozial heterogenen Gebiet; Unterschiede seien in
der Differenz von Stadt und Land, in den religiösen Überzeugungen, in der kulturellen Anpassung an die römisch-hellenistische Kultur sowie der ethnischen Zusammensetzung zu spüren. Die Gemeinde lebe in diesen Spannungen und in einem
gespannten Verhältnis zur örtlichen Bevölkerung und werde von dieser als Sekte
gesehen. Im dritten Kapitel geht es um die Argumentationsstrategie: Auch hier
spielt das Sektenmodell eine wichtige Rolle. Wie bei einer Sekte findet Elliott bei
der Gemeinde des I Petr. eine große Binnensolidarität. Dazu gehört auch die Abgrenzung vom paganen Lebensstil, den Konflikt mit der Umwelt aufrechtzuerhalten
und durch den Erwählungsgedanken die real erfahrene soziale Ausgrenzung zu
kompensieren.[75] Im vierten Kapitel macht der Autor dann die Funktionalität der
οἶκος-Ekklesiologie deutlich. Das "Haus" ist nach Elliott zunächst der "Haushalt"
im sozialen Sinn. In atl. und ntl. Kontexten ist der "οἶκος" ein Ausdruck für Grup-
penidentität, profane und religiöse Bedeutung kämen hier zusammen. Für die Argumentation des I Petr. leistet diese Metaphorik nun folgendes: Die, die sich gesell-
schaftlich als "Paroikoi" erleben, sind in theologischer Perspektive als Zugehörige
zum "Haus Gottes" aufgewertet. Plausibilitätsbasis dieser Vorstellung sei die Exi-
stenzform der Kirche als "Hausgemeinde".[76] Im fünften Kapitel versucht Elliott
dann den Trägerkreis des Briefes näher zu umgrenzen. Dieser sei eine petrinische
Gruppe in Rom, die an die leidenden Hausgemeinden in Kleinasien geschrieben
habe.[77] Ziel der Verfasser des Schreibens sei zum einen die Aufwertung einer von
der Umwelt verschiedenen Identität gewesen. Damit sei von der Gruppe das Interesse verfolgt worden, die petrinische Gruppe und Tradition in Rom durch die Gewin-
nung von Einfluß in Kleinasien zu stärken. Durch die οἶκος-Ekklesiologie und die
damit verbundene Familienmetaphorik, die den urchristlichen Gemeinden ein hohes
Selbstwertgefühl und einen starken inneren Zusammenhalt gegen eine feindliche
Umwelt verliehen habe, sei dies auch gelungen.[78] "In its message the strangers, the
rootless, the homeless of any age can take comfort: in the community of the faithful
the stranger is no longer an isolated alien but a brother or sister. For the paroikoi of
society there is a possibility of life an communion in the oikos tou theou, a home for
the homeless."[79]

Die letzte Arbeit, die wir aus dem "sozialwissenschaftlichen" Feld vorstellen,
"The New Testament World" von B.J. Malina, hat einen besonderen Charakter. Sie

---

[74]a.a.O., 48f.

[75]a.a.O., 118-133.

[76]a.a.O., 165fff.

[77]a.a.O., 270-275.

[78]a.a.O., 282-288.

[79]a.a.O., 288.

ist ein Lehrbuch. Lehrbücher setzen immer einen gewissen Grad der Institutionalisierung einer Forschungsrichtung voraus. Insofern ist dieses Buch nicht nur exemplarisch für eine kulturanthropologisch informierte Auslegung des Neuen Testaments, es ist zugleich Indikator für eine in weniger als zehn Jahren gewachsene Akzeptanz der Verwendung sozialwissenschaftlicher Modelle in der neutestamentlichen Exegese. Den theologischen Grund seiner Arbeit sieht Malina - sich gegen den Fundamentalismus abgrenzend - in der Inkarnation, die für ihn auch Inkulturation ist.[80] Er hält die unbefangene Verwendung von Modellen aus Kontexten, die der mediterranen Welt und ihrer Kultur eher fremd sind für einen zu überwindenden "Ethnozentrismus".[81] Dagegen stellt er Modelle, man könnte auch sagen, eine ganze Anthropologie, die der antiken mediterranen Gesellschaft eher entsprechen soll. Er macht diese an fünf Themenkomplexen fest, die sich seiner Überzeugung radikal von unseren Anschauungen unterscheiden:[82] "Ehre und Scham" als den zentralen Werten, an einer von unserem Verständnis verschiedenen Sicht der "Individualität", an dem Bewußtsein, in einer Welt begrenzter Güter zu leben, an "Verwandtschaft und Ehe" als unmittelbaren sozialen Bezügen, schließlich an der Unterscheidung von "rein und unrein". Seine Arbeitsweise besteht im wesentlichen in drei Schritten: Dem Postulieren eines Modells, dem Überprüfen des Modells anhand der Texte, schließlich - falls notwendig - einer Anpassung des Modells an die relevanten Daten; entsprechend sind die einzelnen Kapitel des Buches strukturiert.

Während heute - nach Malina - das Ansehen einer Person über ihre finanziellen Möglichkeiten bestimmt werde, sei in der Antike der zentrale Wert die "Ehre" gewesen. Daher beginnt Malina mit diesem Wert. "Ehre" umfasse sowohl sozial angemessene Werthaltungen und das damit verbundene Verhalten. Sie zeige sich in den Kontexten "Macht", "Geschlecht als für Männer und Frauen differente soziale Rolle" und "Religion". "Ehre" werde bei dem spürbar, der "Ehre" habe, sondern vor allem dadurch, daß andere "Ehre" erwiesen.[83] "Ehre" wird entweder aufgrund der Abstammung zugeschrieben oder durch eine verbale oder tätliche Herausfoderung von einem anderen, besser von dessen Familie erworben.[84] "Ehre" kann aber auch eingesetzt werden, um Herausforderungen zu bestehen. Malina sieht in den "Amen-Worten" Jesu genau diese Funktion; sie dienten gegenüber Außenseitern dazu, in der Art eines Schwurs die Glaubwürdigkeit seiner Botschaft und Lauterkeit seiner Absichten zu bestätigen.[85] Ein ebenso positiver Wert sei "Scham", während

---

[80]Malina, B.J., The New Testament World, 16.153f.

[81]a.a.O., 10.

[82]a.a.O., 153: "For example, Americans are for the most part achievement-oriented, keenly aware of limitless good, competitive and individualistic in marriage strategies, with purity rules focused pragmatically upon individual relations and individual success."

[83]a.a.O., 27f.

[84]a.a.O., 30-32.

[85]a.a.O., 37f.

jemand ohne Scham weder gesellschaftliche Grenzen kenne noch die Regeln des gesellschaftlichen Zusammenlebens achte.[86]

Im zweiten Kapitel beschreibt Malina die antike Persönlichkeit als "dyadische" Persönlichkeit. Ein ehrenwerter Mensch würde in der Antike niemals seine Persönlichkeit nach außen tragen. Deshalb weise Paulus beispielsweise in I Kor 4 die Meinungen anderer über seine Person zurück.[87] Dies geschehe jedoch nicht im Sinne eines modernen Individualismus, denn eine Persönlichkeit in der Antike sei nicht ohne andere zu denken, zu denen sie in Wechselbeziehung stehen könnte. "A dyadic personality is one who simply needs another continually in order to know who or she really is... Such a person internalizes and makes his own what others say, do, and think about him because he believes it is necessary, for being human, to live out the expectations of others."[88] Diese Erwartungen seien vielfach von Stereotypen bestimmt, solche fänden sich auch in den Haustafeln.[89] Malina unterscheidet dann im folgenden drei Zonen menschlichen Lebens: Emotionen seien im Bereich des Auges und des Herzen verwurzelt, Mund und Ohren symbolisierten die Möglichkeit, die Charakteristika der Persönlichkeit auszudrücken, die Gliedmaßen stünden schließlich für die Möglichkeiten absichtsvollen Handelns.

Im dritten Kapitel handelt vom Bewußtsein, in einer Welt begrenzter Güter zu leben. Die Gesellschaften um das Mittelmeer seien klassische bäuerliche Gesellschaften gewesen, Dörfer, in denen die meisten Menschen leben, hätten sich wieder um vorindustrielle Städte wie Korinth, Ephesus, Jerusalem gruppiert. Die Elite dieser Städte bestand aus Verwaltungsbeamten, religiösen Amtsträgern und den Grundbesitzern, die in dieser Stadt lebten. Diese Elite war scharf vom Rest der Bevölkerung geschieden.[90] Jesus und seine Anhänger gehörten nach Malina zur Landbevölkerung und zur städtischen Nicht-Elite, Vertreter und Vertreterinnen der Elite und der untersten Schichten habe es im Urchristentum nicht gegeben. Von der genannten Elite waren etwa 98% der Bevölkerung völlig abhängig. Es liegt daher auf der Hand, daß sich in einer solchen begrenzten Existenz auch eine Anschauung breit mache, die davon ausgeht, daß alle Güter nur begrenzt vorhanden sind.[91] "Since all good exists in limited amounts which cannot be increased or expanded, it follows that an individual, alone or with his familiy, can improve his social position only at the expense of others."[92]

---

[86]a.a.O., 44f.

[87]a.a.O., 52

[88]a.a.O., 55.

[89]a.a.O., 58.

[90]a.a.O., 72f.

[91]a.a.O., 75.

[92]ebd.

Es liegt auf der Hand, daß solche Gesellschaften wenig soziale Mobilität kannten und diese auch nicht prämierten. Vielmehr war das Bestreben der Menschen darauf gerichtet, ihre materielle Existenz zu sichern und zu erhalten.[93] Dementsprechend gestalteten sich auch die sozialen Bindungen. Sie waren entweder zwischen Gleichgestellten oder als Patron-Klient-Verhältnis strukturiert. Letztere sicherte dem Schwächeren seine materielle Existenz, der erstere verzeichnete ein "Mehr" an "Ehre".[94] Auch von dieser Grundstruktur gab es Abweichungen, die dann freilich als "unehrenhaft" galten wie etwa die Zollpächter oder die im Jak kritisierten Reichen (Jak 4,13-18).[95] In den beiden abschließenden Kapiteln über "Verwandtschaft und Ehe" und "Rein und Unrein" beschreibt Malina, wie einerseits in dem von uns differenten sozialen Kontext der neutestamentlichen Welt die Regelungen zu "Verwandtschaft und Ehe" die biologischen Beziehungen zwischen den Menschen normierten. Dazu gehört vor allem eine strikte Orientierung an der Familie des Mannes, vom gemeinsamen Wohnort angefangen bis zur Familientradition. Familien seien in dieser Zeit auch Produktionsgemeinschaften gewesen, nicht Kosumgemeinschaften wie heute.[96] Wichtig sei auch die standesmäßig angemessene Heirat gewesen. Durch sie konnte die Ehre zweier Familien zusammengebunden werden.[97] Die Heiratsstrategien seien dabei jeweils situativ bestimmt gewesen, sie hätten sowohl offen sein können und die Verbindung Außenstehenden suchen oder tolerieren können. Auch eine nach innen gekehrte Strategie sei sowohl im Judentum wie im Urchristentum nachweisbar, etwa wenn Ignatius von Antiochien die Heirat vor dem Ortsbischof fordere.[98] Wie die eben dargestellten Regeln die sexuellen Beziehungen zwischen Menschen und Familien regeln, steuern Reinheitsriten soziale Anomalien. Ein hervorragende Instrument hierbei seien Opfer gewesen. An dieser Stelle zeigen sich nach Malina dann deutliche Differenzen zwischen Judentum und Christentum. Dieses habe spätestens nach der Zerstörung des Tempels eigene Reinheitsregeln gebildet.[99] Ein letztes, theologisch ausgerichtetes Kapitel beschließt dann das Buch.

---

[93] a.a.O., 79f.
[94] a.a.O., 85f.
[95] a.a.O., 83f.
[96] a.a.O., 97ff.108.
[97] a.a.O., 102f.
[98] a.a.O., 116.
[99] a.a.O., 143.150f.

6.4 Materialistische Exegese

Nachdem wir nun Arbeiten aus dem Bereich der sozialdeskriptiven, sozialke-rygmatischen und sozialwissenschaftlichen Exegese referiert haben, bleibt nun noch F. Bélos 1974 zusammen mit den frühen Arbeiten zur sozialgeschichtlichen Exegese erschienenes Buch "Lecture Matérialiste de l'Évangile de Marc".[100] Das Buch ist ein Kommentar zum Markusevangelium. Im ersten Teil gibt der Autor eine methodische Einführung[101] in seinen durch die Kombination von strukturalistischen Methoden und einer marxistischen Gesellschaftstheorie geprägten Zugang zum Text, im zweiten bestimmt er die Produktionsweise als die eines "subasiatischen" Staates. Sie wird durch den von David und Salomo begründeten Staat herausgebildet und bleibt nach dem Exil in einem Staat bestehen, "der von eine(r sic!) Kaste von Hohenpriestern und einer Aristokratie von reichen Landbesitzern beherrscht wird, aber politisch immer den Nachbarreichen untergeordnet ist, von den iranischen Achämeniden bis zur römischen Sklavenhaltergesellschaft im letzten Jahrhundert vor Christi Geburt."[102] Diese Machtstruktur sieht er durch das "System der Reinheit", vor allem mittels des Tempels in Jerusalem, symbolisiert.[103] Gegen dieses System der Reinheit steht nach Bélo ein "System der Schenkung", das auf die vorstaatliche Zeit des Alten Israel zurückgehe und sich in den königskritischen Texten niedergeschlagen habe.[104] Die Geschichte Jesu, wie sie dann von Bélo im dritten Teil des Buches in einzelnen Sequenzen analysiert und kommentiert wird, kann als der Konflikt zwischen diesen beiden Linien gedeutet werden. Konsequenterweise macht Bélo gerade Jesu Stellung zum Tempel zum entscheidenden Konfliktpunkt Jesu mit dem Judentum, das mit dem Tempel eng verbunden gewesen sei. So bilde die Passionsgeschichte "die große Sequenz der Erfüllung der Strategie der Hohen Priester, Schriftgelehrten und Ältesten: die Beseitigung von J(esus R.H.) durch seine Ermordung am Kreuz"[105]. Zugleich bringe dieser Konflikt auch die Niederlage einer neben der Bewegung Jesu zweiten jüdischen revolutionären Bewegung, der Zeloten. Denn diese hätten nachfolgend den jüdischen Krieg und damit die Zerstörung des Tempels und den "Zusammenbruch Israels" verursacht.[106] Die Ostergeschichte selbst erzähle dann die "Wiederbelebung der gescheiterten STR(ategie R.H.) des J ein, und die Niederschrift des Markus selber ist ein Zeugnis für den Sieg dieser STR des J, da die gute Kunde in die ganze Welt und bis nach Rom, ihrem Zentrum, gedrungen

---

[100]Wir zitieren nach der deutschen Ausgabe. Bélo, F., Das Markusevangelium materialistisch gelesen, Stuttgart, 1980 <Original "Lecture matérialiste de l'Évangile de Marc", 1974> .

[101]Vgl. dazu Kapitel "1.1. Zur Definition von sozialgeschichtlicher Exegese".

[102]a.a.O., 57f.

[103]a.a.O., 17.

[104]a.a.O., 75.

[105]a.a.O., 277.

[106]a.a.O., 278.324-326.

ist."[107] Zum anderen gebe Markus, das nach Bélo nach 70 n.Chr. in Rom verfaßt wurde[108], dem Weg nach Jerusalem eine zweite Deutung: Als Weg der Botschaft Jesu zu den Heiden.[109]

Nachdem Bélo eingangs "die Konfrontation einer politischen Praxis mit revolutionärem Anspruch mit einer christlichen Praxis, die keinen religiösen Anspruch mehr hat" als entscheidendes Motiv seiner Arbeit benannt hatte[110], versucht er im abschließenden vierten Teil diesen Konflikt, von seiner Lektüre des Markus-Textes her kommend, mit einer "materialistischen Ekklesiologie" zu lösen. Diese konkretisiert sich in einer "Praxis der Hände", der Nächstenliebe[111], in einer "Praxis der Füße" als einer Hoffnung, die zur Ortsveränderung motiviert, schließlich in "Praxis der Augen und/oder Ohren", die die konkrete Praxis des Glaubens analysiert. Als "messianische Praxis" schaffen diese drei das Feld der "Ekklesialität", das auch eine "Theorie des messianischen Betens" aus sich heraussetzt[112]: "Dieses Gebet ist die gläubige Lektüre der segensreichen Früchte der Liebe, die Strategie der Ortsveränderung und Verbreitung des eschatologischen Segens, dessen Früchte schon da sind und doch erst kommen sollen. Es ist auch ein Bittgebet um neue Früchte, die den dauernden Neubeginn der Erzählung von der messianischen oder ekklesialen Praxis anregen."[113] Genau solche "Ekklesialität" bildet für Bélo den Schlüssel zu einer christlichen Identität, nicht die Frage nach dem individuellen Glauben.[114]

Wenn wir nun nach dieser Momentaufnahme, die etwa dem Bild von sozialgeschichtlicher Exegese am Anfang der achtziger Jahre unseres Jahrhunderts entspricht, abschließend danach fragen, wie sich in den einzelnen Feldern "sozialgeschichtliche Exegese" weiterentwickelt hat, soll dies mit Hilfe der Modelle von G. Rau und M. Mulkay geschehen. Rau hatte die Kommunikationssituation zwischen Sozialwissenschaften und Theologie untersucht und hatte die Hypothese aufgestellt, daß dort die Innovationschancen bestehen, wo Theologie ihren Offenbarungsanspruch zurücknimmt und sich den Anfragen einer theoretisch anspruchvollen Sozialwissenschaft aussetzt. Spannungslose Prozesse entstehen dort, wo Sozialwissenschaften und Theologie auf theoretische Ansprüche weitgehend verzichten, während dort, wo hohe Geltungsansprüche von beiden Seiten zusammenkommen, eine gegenseitige Blockade wahrscheinlich ist. In der Tat gibt es einige Anhaltspunkte, die für Raus These sprechen. Unzweifelhaft haben wir ausweislich der Bibliographie im

---

[107] a.a.O., 278.

[108] a.a.O., 129f.

[109] ebd.

[110] a.a.O., 13.

[111] a.a.O., 306-315.

[112] a.a.O., 316.

[113] ebd.

[114] a.a.O., 331.

Anhang im Bereich der "sozialwissenschaftlichen" Richtung nicht nur durch die explizite Anwendung sozialwissenschaftlicher Modelle eine neue Methodik, sondern auch eine große Zahl von Veröffentlichungen, während wir bei der materialistischen Exegese, die theologisch wie literatursoziologisch mit hohen Geltungsansprüchen operiert, neben Bélo wenige Veröffentlichungen haben.[115] Etwas differenzierter liegt die Sache bei der sozialdeskriptiven und sozialkerygmatischen Richtung. Während erstere als Fortsetzung einer längst etablierten Methodik zwar von vielen Forschenden getragen ungemein produktiv, aber unter methodischen Gesichtspunkten wenig innovativ "weiterläuft", hat sich im Bereich der sozialkerygmatischen Richtung bald ein theologischer Themenwechsel vollzogen. Wurde sie in der Anfangsphase als Befreiungstheologie im Konflikt von arm und reich verstanden, so wird sie nun, wieder befreiungstheologisch verstanden, im Kontext einer feministischen Theologie betrieben, die sich programmatisch zum Ziel gesetzt hat, die Geschichte der Frauen im Urchristentum zu erforschen und so zu einer notwendigen Revision des herrschenden Geschichtsbildes beizutragen.[116] Unverkennbar ist hier der Wertwandel bezüglich der Rolle der Frau in unseren Gesellschaften nach der Verstärkung der patriarchalischen Strukturen in den fünfziger Jahren spürbar.[117] Für die Kirchen haben diese Fragen besondere Relevanz, weil die Zahl der Frauen wächst, die Leitungsämter wahrnehmen, die bisher Männern vorbehalten waren.[118] Trotz dieser Konvergenzen beschreibt dieses eher synchronisch ausgerichtete Modell die Entwicklung nicht zureichend, denn unter diachronischen Aspekten ist nach dem "Verzweigungs-Modell" von M. Mulkay noch auf weitere Aspekte hinzuweisen. Danach kommt es nach der Entwicklung resp. der Wiederentdeckung eines Forschungsbereiches in einer zweiten Phase zu einem Sichtungsprozeß, in dem bestimmte Arbeiten zu "Klassikern" werden, die häufig zitiert und zugleich Ausgangspunkt kritischer Auseinandersetzungen sind. In gewisser Weise ist dieses auch durch die Auswahl der vorgestellten Titel in diesem Kapitel geschehen. Typisch für den Beginn einer solchen Phase ist ferner, daß nun eine zunehmende Zahl von Dis-

---

[115]Hier ist an die Arbeiten von M. Clévenot und K. Füssel, der sich v.a. der Popularisierung des Ansatzes von Bélo verschrieben hat, zu denken. Etwas anders liegen die Verhältnisse bei der sogenannten "Amsterdamer Schule", die sich im Kontext einer Karl Barth verpflichteten Theologie um die Rezeption der jüdischen Wurzeln christlichen Glaubens müht. Beiden Spielarten haben sich jedoch nicht nur aus "rein wissenschaftlichen" Gründen nicht akademisch etablieren können.

[116]Prägend sind Schottroff, L., Frauen in der Nachfolge Jesu in neutestamentlicher Zeit, in: Schottroff, W./Stegemann, W. <Hg.>, Traditionen der Befreiung, Sozialgeschichtliche Bibelauslegungen, Bd. 2, Frauen in der Bibel, München, 1980, 91-133, <Nachdruck in: dies., Befreiungserfahrungen. Studien zur Sozialgeschichte des Neuen Testaments, ThB 82, München 1982, 96-133); Schottroff, L., Wanderprophetinnen. Eine feministische Analyse der Logienquelle, EvTh 51, 1991, 332-344.

[117]Glaser, H., Kulturgeschichte, Bd. 2, 70.

[118]Die beigefügte Bibliographie zur sozialgeschichtlichen Exegese verzeichnet für diese Thematik zwischen 1902 und 1978 15 Veröffentlichungen, von 1980-1989 dagegen 64.

sertationen[119] angeregt wird und der Forschungsprozeß weniger sprunghaft verläuft. Die verbesserte Kommunikation zwischen den Wissenschaftlerinnen und Wissenschaftlern bedeutet eine Öffnung zuvor getrennter Richtungen. Gerade dieser letzte Aspekt ist typisch für die Entwicklung der sozialgeschichtlichen Exegese schon seit dem Beginn der achtziger Jahre. So wird der ursprünglich in der "Palästinakunde" verwurzelte sozialdeskriptive Ansatze auch außerhalb dieses spezifischen Kontextes für sozialgeschichtlich ausgerichtete Lokalhistorie durch P. Lampe und G. Schöllgen[120] genutzt. Elisabeth Schüssler Fiorenza verbindet in "In Memory of Her"[121] eine feministisch engagierte Hermeneutik mit Modellen aus den Sozialwissenschaften.[122] Eine Öffnung des ursprünglich an den klassischen Methoden ausgerichteten Ansatzes zeigt die "Urchristliche Sozialgeschichte"[123] von E.W. und W. Stegemann, die von einem kulturanthropologischen Ansatz aus eine "Devianzsoziologie" für die Deutung des Urchristentums in seinem zunächst jüdischen und später provinzialrömischen Kontext fruchtbar machen.[124] Schließlich läßt sich eine Auflösung strikt abgrenzbarer Richtungen auch im Gebrauch von Modellen nachweisen. Das von Max Weber stammende Modell der "charismatischen Herrschaft" wird seit dem Ende der 80er Jahre mit Theorien über die Stigmatisierung von Außenseitern verbunden. Der innere Zusammenhang von Stigma und Charisma wird herausgearbeitet, um die Attraktivität devianter Züge des Urchristentums zu erklären. Die Rezeption dieses von W. Lipp herausgearbeiteten Zusammenhanges in der sozialgeschichtlichen Exegese steht möglicherweise im Kontext des seit den 90er Jahren in Deutschland spürbaren Säkularisierungsschubes, vermag dieses Konzept

---

[119]Diese werden häufig in etablierten Reihen publiziert wie in Deutschland etwa WUNT oder NTOA.

[120]Schöllgen, G., *Ecclesia sordida?* Zur Frage der sozialen Schichtung frühchristlicher Gemeinden am Beispiel Karthagos zur Zeit Tertullians, JAC. E. 12, Münster, 1984; Lampe, P., *Die stadtrömischen Christen in den ersten beiden Jahrhunderten.* Untersuchungen zur Sozialgeschichte, WUNT 2. Reihe 18, Tübingen, 1989[2] <1987>.

[121]Schüssler Fiorenza, E., *Zu ihrem Gedächtnis....* Eine feministisch theologische Rekonstruktion der christlichen Ursprünge, München, 1988 <engl. 1983>.

[122]Weitere Beispiele aus diesem Themenbereich sind Fander, M., *Die Stellung der Frau im Markusevangelium.* Unter besonderer Berücksichtigung kultur- und religionsgeschichtlicher Hintergründe, Münsteraner Theologische Abhandlungen 8, Altenberge, 1989; Corley, K.E., *Private Women, Public Meals. Social Conflict in the Synoptic Tradition,* Peabody, 1993.

[123]Stegemann, E.W./Stegemann, W., *Urchristliche Sozialgeschichte. Die Anfänge im Judentum und die Christusgemeinden in der mediterranen Welt,* Stuttgart, 1995. Themen sind nach "Wirtschaft und Gesellschaft der mediterranen Welt im 1. Jahrhundert" die Sozialgeschichte von "Judentum und Jesusnachfolge" und der "christusgläubigen Gemeinden" in den Städten, schließlich folgt ein Kapitel über die Rolle der Frauen in sozialgeschichtlicher Perspektive.

[124]Der entscheidende Unterschied des Devianzmodelles gegenüber dem Sektenmodell liegt darin, daß das Sektenmodell eine dominierende Institution, z.B. eine Staatskirche, als korrespondierende soziale Gestalt voraussetzt, von der man sich dann als Sekte abgrenzt. Dagegen vermag das Devianzmodell die Abweichungen kleiner sozialer Gruppen gegenüber einer weltanschaulich pluralen Gesamtgesellschaft zu beschreiben, ohne daß es einer solchen dominierenden Institution bedarf.

Kommunikationschancen für deviant lebenden Minoritäten gegenüber einer anders orientierten Gesellschaft eröffnen.[125]

Auch wenn natürlich dieser Überblick kaum bis ins Letzte das Phänomen sozialgeschichtliche Exegese ausloten konnte, so wird doppelte Charakter sozialgeschichtlicher Exegese deutlich: Zum einen erforscht sie die Sozialgeschichte des Urchristentums und ihre Deutung und Bearbeitung in den urchristlichen Schriften. Zum anderen expliziert sie die hermeneutische Relevanz dieser Geschichte und ihrer Deutung durch das Neue Testament für die Gegenwart. Dabei war deutlich ein Zusammenhang des historischen Interesses mit aktuellen gesellschaftlichen und ekklesiologischen Problemen zu erkennen. Zweifelsohne wird hieraus das Interesse verständlich, das die sozialgeschichtliche Exegese gegenwärtig immer noch findet. Jedoch dürfte es kaum möglich sein, sie einseitig auf diese gesellschaftlichen Probleme zurückzuführen, als sei es für sie typisch, "von Problemen auszugehen, die heute viele Menschen und Christen bewegen: die regionale und weltweite soziale Ungerechtigkeit."[126] Eine solche Deutung unterschätzt die thematische Breite der sozialgeschichtlichen Exegese und die Bedeutung, die sozialwissenschaftliche Fragestellungen für alle Geisteswissenschaften gewonnen haben. Gerade der Lauf der gesamten Forschungsgeschichte, sowohl auf den Wogen großen Interesses wie verborgen in gleichsam unterirdischen Flußbetten geringer theologischer Aufmerksamkeit, zeigt: Sozialgeschichtliche Exegese scheint weniger ein "Produkt" akuter Probleme, denn Teil einer umfassenden Reflexion von Gesellschaft und Kirche auf die Grundlagen ihres sozialen Zusammenlebens zu sein.

---

[125]Lipp, W., Stigma und Charisma. Über soziales Grenzverhalten, Berlin, 1985; Ebertz, M.N., Das Charisma des Gekreuzigten. Zur Soziologie der Jesusbewegung, WUNT 45, Tübingen, 1987; Mödritzer, H., Stigma und Charisma im Neuen Testament und seiner Umwelt. Zur Soziologie des Urchristentums, NTOA 28, Fribourg, 1994.

[126]Das Buch Gottes, 78.

7 Bilanz: Stationen auf dem Weg der Verwissenschaftlichung der "soziologischen Fragestellung" in der neutestamentlichen Exegese

In der Einleitung wurde die sozialgeschichtliche Exegese als Perspektive beschrieben, die mit Hilfe verschiedener methodischer und hermeneutischer Arbeitsweisen und Zielsetzungen die soziale Welt des Urchristentums zu rekonstruieren und zu deuten sucht. Im einzelnen wurden vier Richtungen unterschieden: Zunächst eine *"sozialdeskriptive"* Variante, die sich im wesentlichen auf eine anschauliche Beschreibung der politischen, gesellschaftlichen und kulturellen Verhältnisse der neutestamentlichen Zeit beschränkt. In diesem Kontext sollen die urchristlichen Überlieferungen erhellt und und ihr besonderes Profil kenntlich gemacht werden. Dann gibt es die *"sozialwissenschaftliche"* Richtung, die durch die Aufnahme sozialwissenschaftlicher Methodik und Theoriebildung die soziale Welt des Urchristentums, die Perspektive der Bewohner dieser Welt wie ihre Handlungen, plausibel erklären oder zumindest verständlich machen will. Sie differenziert sich selbst in eine strukturgeschichtliche Variante, die sich einiger Modelle aus Soziologie und Sozialpsychologie bedient, und eine ethnosoziologische Spielart, die - teilweise in bewußter Abwendung von der ersten Variante - Methoden und Grundüberzeugungen einer sozialwissenschaftlich informierten Ethnologie und Kulturanthropologie rezipiert. Drittens wurde eine *"sozialkerygmatische"* Richtung beschrieben, die sich neben der Rekonstruktion der sozialen Welt des Urchristentums dezidiert der Verkündigung seiner sozialen Botschaft widmet. Ihr Anliegen wird durch zwei bereits etablierte Methoden verfolgt: Form- und Redaktionsgeschichte. Schließlich wurde mit der vorwiegend im romanischen Sprachraum verwurzelten *"materialistischen Exegese"*, die sich einer strukturalistisch und marxistisch inspirierten Literatursoziologie bedient, eine vierte und letzte Variante genannt.

Fragen wir nun mit dieser in der Gegenwart gewonnenen Typologie in die Forschungsgeschichte der sozialgeschichtlichen Exegese zurück, so finden wir in den im 19. Jh., vor der politischen, geistes- und sozialgeschichtlichen Wasserscheide des Ersten Weltkrieges verfaßten Arbeiten, vorwiegend die "sozialdeskriptive" Variante realisiert. Sie entsprach mit der ihr eigenen Bevorzugung direkter Rückschlußverfahren und ihrem Verzicht auf die Anwendung von sozialwissenschaftlichen oder geschichtsphilosophischen Theorien weitgehend den Standards der Fachhistorie und der historisch-kritischen Exegese. Weniger durch ihre Methodik als durch die Wahl ihres Gegenstandsbereiches überschritt sie zunächst die Grenzen der anerkannten exegetischen Arbeit.

Skizzieren wir noch einmal kurz die zeitgeschichtlichen Verhältnisse, um uns die Entstehungsbedingungen der Methode zu vergegenwärtigen: Sozialgeschichtliche Fragestellungen in der neutestamentlichen Exegese kommen - nicht nur in Deutschland - im Zusammenhang der Industrialisierung auf. Durch den sich immer weiter beschleunigenden Wandel wurde das Modell einer nach Ständen differenzierten Gesellschaft mit ihrem austarierten und in der theologischen Tradition legitimierten Gleichgewicht von Staat, Kirche und Familie als den Orten sozialen Lebens und Handelns dysfunktional. In einem ungeheuren Differenzierungs- und Dekorporierungsprozeß ergab sich - in der Sprache der theologischen Tradition - eine Aufspaltung des status oeconomicus mit seiner Identität von Familie, Hausgemeinschaft, Arbeits- und Wirtschaftsleben, in einen, nun als "privat" definierten Raum der Familie und in einen quasi öffentlichen des Wirtschaftslebens. Dazu erzwang die mit der Industrialisierung einhergehende Bildung einer vom Bürgertum verschiedenen Arbeiterklasse, sowie eine zunehmend säkulare Selbstdefinition des Staates ebenfalls einen sozialethischen Diskurs, in dem Kirche und Theologie ihre gesellschaftliche Position neu bestimmen mußten: Bezüglich des Staates und damit zugleich ihrer inneren Verfassung, hinsichtlich ihrer Stellung zu den Verlierern dieses gesellschaftlichen Modernisierungsprozesses und ihrer Aktivitäten für diese Gruppe, schließlich ihre Position zu der sich nun eigenständig organisierenden und säkular definierenden Arbeiterklasse.

In diesem Kontext kam nicht nur die sozialgeschichtliche Exegese auf, auch andere Wissenschaftszweige verdanken ihre Entstehung der "Sozialen Frage": Staatswissenschaften, Wirtschaftswissenschaften und Soziologie sind hier ebenso zu nennen wie die Volkskunde, die Material für eine effektive "Socialpolitik" bereitstellen wollte.[1] Sozialgeschichtliche Exegese entwickelt sich parallel zu diesen Wissenschaften. Ähnliche Entwicklungen finden wir in der Kirchengeschichte, mit der die neutestamentliche Exegese viele Forschungsgebiete an der Grenze von Neuem Testament, Geschichte des Urchristentums und Patristik teilt. Wie die sozialgeschichtliche Exegese nähert sich die Kirchengeschichte aus den gleichen Motiven eigenständig sozialgeschichtlichen Fragestellungen, bevor es zu einer Rezeption sozialwissenschaftlicher Theorien und Verfahren kommt.[2] Diesen Entstehungsbedingungen entsprechen auch die Funktionen, die die sozialgeschichtlichen Arbeiten in dem erwähnten Diskurs um die Rolle der Kirche in der sich durch die Industrialisierung neu gestaltenden Gesellschaft einnehmen sollte. Dabei lassen sich im wesentlichen vier Funktionen unterscheiden:

Im marxistischen Kontext nimmt die *Legitimitätsbestreitung* den breitesten Raum ein. So bestreiten Weitling, Engels und Kautsky dem etablierten Christentum die Legitimität seiner Berufung auf das Urchristentum, indem sie auf den niederen sozialen Status der ersten Christen hinweisen - und teilweise - ihre Organisation mit der sozialistischen Bewegung parallelisieren. Nach Martin Rades bekannten Aussagen bildete diese Überzeugung einen festen Bestandteil der Überzeugungen sozialdemokratisch gebundener Arbeiter. In abgeschwächter Radikalität findet sich diese

---

[1] Pankoke, E., Sociale Bewegung - Sociale Frage - Sociale Politik. Grundfragen der deutschen "Socialwissenschaften" im 19. Jahrhundert, Industrielle Welt, Bd. 12, Stuttgart, 1970, 203; Röhrich, L., Art. Volkskunde, 1462-1464.

[2] Wichelhaus, M., Kirchengeschichtsschreibung und Soziologie, 177f.

Funktion, wo sozialgeschichtliche Exegese mit einem *institutionenkritischen Akzent* betrieben wird: In der materialistischen Exegese und in der sozialkerygmatischen Richtung bis in die feministische Auslegung des Neuen Testaments hinein.

Die *Apologie* ist vor allem im 19. Jh. auf der Seite von Theologie und Kirche das Komplement zu der oben beschriebenen Bestreitung der Legitimität. Eine apologetische Ausrichtung findet sich häufig in Arbeiten zur Diakoniegeschichte, was an der erfahrenen Konkurrenz von kirchlicher "Sozialarbeit" und sozialistischer Bewegung liegen dürfte. Wie bei der Funktion der Legitimitätsbestreitung gibt es eine abgeschwächte Variante: Die Funktion der *"Selbstvergewisserung"*. Sie findet sich zunächst vor allem in Arbeiten zur Diakoniegeschichte. Durch die sozialgeschichtliche Exegese soll die eigene Existenz und das eigene diakonische Handeln gewissermaßen als "Gipfel der Humanität" biblisch-historisch und damit theologisch legitimiert, der Wert dieser Existenz und des aus ihr folgenden Handelns soll bewußt gemacht und so die Zukunftsfähigkeit des Christentums gewiß gemacht werden. Eine ähnliche Funktion hat die sozialgeschichtliche Erforschung des Urchristentums bei den sozialistischen Antipoden, wenn die meist christlichen "Vorläufer des Neueren Sozialismus" der "sozialistischen" Existenz der Gegenwart zu größerer Klarheit verhelfen wollen. Bis in die Gegenwart dürfte die Funktion der Selbstvergewisserung ein treibendes Motiv für die sozialgeschichtliche Exegese sein. In neueren Arbeiten zu alternativen Lebensformen des (Ur-)Christentums und zur Situation der ersten Christen als einer Minorität in der kulturell und religiös pluralen Gesellschaft des Römischen Kaiserreiches scheint es mir bis heute durchzuscheinen. Zugleich sind die in diesen Arbeiten gegebenen Hinweise auf die Differenz von Antike und Moderne ein deutlicher Hinweis auf den Willen und Vollzug einer Distanzierung von rein zeitgeschichtlichen Motiven und damit ein weiteres Indiz für die zunehmende "Verwissenschaftlichung" der Fragestellung.

Eine letzte, freilich mit der "Selbstvergewisserung" verwandte Funktion ist noch zu nennen: die *Prognostik.* Sie ist eine rational verfahrende Aussageform über die Zukunft. Innerhalb der sozialistischen Bewegung löst sie seit der Mitte der achtziger Jahre den bis dahin herrschenden Utopismus ab und versucht, aus der Entstehungsgeschichte von kapitalistischer Gesellschaft und Arbeiterbewegung begründete Aussagen über die Zukunft zu gewinnen. Interessanterweise hat die zum Teil implizite Auseinandersetzung mit dieser Frage in den bedeutendsten Arbeiten von Nichttheologen zur Sozialgeschichte des Urchristentums vom Anfang unseres Jahrhunderts eine Rolle gespielt. Dabei wird jedoch nicht mehr "Prognostik" im engeren Sinne betrieben. Die Fragestellung wird gewissermaßen auf die Frage reduziert, welchen Beitrag das Urchristentum zum Entstehen der modernen Welt leisten konnte. Robert von Pöhlmann sah gerade in dem auf die alttestamentliche Prophetie zurückgeführten utopischen Bewußtsein des Urchristentums, soziale Verhältnisse gestalten zu können, eine wenig zukunftsträchtige Massenillusion, während Max Weber gerade in der Übernahme der von jenen vertretenen und von Paulus über-

nommenen "rationalen Ethik" einen Baustein der modernen Welt sah. Ferner ist
zumindest die Frage zu stellen, ob nicht auch die verschiedenen Untersuchungen
von Theologen, insbesondere die über den Einfluß der christlichen Ethik auf die
heidnische Antike und deren christliche Überformung nicht selbst zumindest implizit einen solchen prognostischen Charakter tragen wollen, um die Frage nach der
Relevanz der christlichen Tradition in der sich neu gestaltenden Gesellschaft affir-
mativ zu beantworten.

Bei ihrem Aufkommen im 19. Jh. zeigte die sozialgeschichtliche Exegese typische Merkmale neu entstehender Forschungsrichtungen, wie sie M. Mulkay genannt hat:[3] Wir finden unabhängig voneinander sozialgeschichtliche Fragestellungen an verschiedenen Orten zu verschiedenen Zeiten, ohne daß es zuvor direkte
Kontakte zwischen den Exegeten gab.[4] Vielfach werden Hypothesen auch antizipiert: So wurde bereits 1845 von Lücke und anderen der "Verein" als Modell
urchristlicher Vergemeinschaftung in Anspruch genommen, bevor - unter anderen
Voraussetzungen - Heinrici und Hatch das Modell durchsetzen konnten. Für die
marxistische Deutung der Urgemeinde als Gütergemeinschaft gilt ähnliches.[5] Typisch ist auch, daß es zweier Anläufe, einmal um 1845, dann um 1880 bedurfte, um
einen wissenschaftlichen Diskurs über sozialgeschichtliche Fragen des Urchristentums in Gang zu setzen. Eine offene Prioritätskonkurrenz hatten wir bei Uhlhorn
und Ratzinger in der Diakoniegeschichte gefunden.[6] Auch beim Aufkommen der
sozialgeschichtlichen Exegese waren Wissenschaftler anderer Fachrichtungen beteiligt:[7] Neben marxistischen Außenseitern, die nicht eigentlich in den Diskurs einbezogen wurden, finden wir Pfarrer, praktische Theologen und "Sozialwissen-
schaftler", Soziologen, Politiker und Publizisten. Auch wenn wir die Disziplingren-
zen nicht so strikt ziehen dürfen wie heute und den Vorrang der Kirchengeschichte
als "Leitdisziplin" für diese Zeit wahren, fällt doch ein hoher Anteil an Kirchenge-
schichtlern auf - gerade solcher, die eigentlich nicht in der Patristik arbeiteten. Im
Kreis der ausgewiesenen "Neutestamentler" hält sich dann das sozialgeschichtliche
Interesse eigentlich nur im Kreis um Heinrici. Das sozialgeschichtliche Interesse des
Kreises um ihn hat sich über Deißmann bis zur "Formgeschichte" des Deißmann-
Schülers Dibelius gehalten. Dagegen erfuhren die Arbeiten von Holtzmann, Dob-
schütz oder Zahn keine direkte Fortsetzung.

Schließlich sind auch die Publikationsformen signifikant für die Novität der
Fragestellung und einen zunehmenden Reputationsgewinn. Bei Lücke und Weitling
wird abseits der wissenschaftlichen Öffentlichkeit publiziert. Schneckenburgers

---

[3]Mulkay, M., Drei Modelle, 56f.
[4]a.a.O., 57.
[5]a.a.O., 56.
[6]a.a.O., 57.
[7]a.a.O., 56f.

Vorlesungen zur neutestamentlichen Zeitgeschichte wurden erst posthum veröffentlicht und noch bis ins 20. Jh. wurden viele Arbeiten in populärwissenschaftlichen Schriftenreihen, wie sie u.a. die "Innere Mission" herausgab, veröffentlicht.

Seit Heinrici nun finden sich Aufsätze in wissenschaftlichen Zeitschriften und zunehmend werden sozialgeschichtliche Fragestellungen in umfassendere Monographien integriert, schließlich werden typische Fragestellungen der neuen Forschungsrichtung zu eigenständigen Artikeln in den theologischen Lexika. Die mit dieser allmählichen Veränderung der Publikationsformen angezeigte Etablierung und "Verwissenschaftlichung" der Forschungsrichtung, die wir im Kapitel über die "Sklaverei" besonders gut beobachten konnten, kann genausowenig als rein immanente Entwicklung der neutestamentlichen Exegese angesehen werden[8] wie einseitig als Distanzierung von rein zeitgeschichtlich bedingten Motiven und Forschungsinteressen. So entstanden drei der vier ersten diakoniegeschichtlich bedeutsamen Arbeiten im Kontext von Preisaufgaben.[9] Die verfassungsgeschichtlichen Arbeiten sind nicht ohne die Veröffentlichung von neu entdeckten Texten wie der Didache und von Inschriften denkbar; das gleiche gilt für Deißmanns Forschungen zur Volksliteratur des neutestamentlichen Zeitalters. Schließlich muß noch allgemein auf die gestiegene Mobilität der Forscher selbst aufmerksam gemacht werden, die die zielgerichtete Erschließung und Auswertung von Quellen aus eigener Anschauung erst ermöglichte. Es wirken also beim Entstehen und bei der Etablierung der Forschungsrichtung im 19. Jh. zwei Faktoren zusammen: Einmal eine durch zeitgeschichtliche Erfahrungen gewachsene Sensibilität für soziale, wirtschaftliche und gesellschaftliche Fragen, zum anderen war aber auch die Möglichkeit gegeben, diese Fragestellung anhand alter und *neuer* Quellentexte nach den Standards einer weitgehend quellenkritisch verfahrenden Historie und Exegese zu bearbeiten.

Dies erklärt die schon oben erwähnte Akzeptanz der meist *sozialdeskriptiv* ausgerichteten Arbeiten dieses Zeitraums. Nicht nur mit der quellenkritischen Methodik, sondern auch mit der deskriptiven Darstellungsform bieten sie ein Komplement zur Narration, die der zeitgenössischen, auf Politik und Ereignisse ausgerichteten Historie entsprach. Beide Darstellungsformen bedingen einander: Wie diese Art der sozialgeschichtlichen Erforschung des Urchristentums das Interesse von Ereignissen und Personen auf Verhältnisse und Strukturen verschiebt, gewinnt in der Darstellung die Deskription den Vorrang vor der Narration, ohne daß es zu einer grundsätzlichen Revision der bisherigen Methodik kommen muß. Damit bestätigt sich die Vermutung, die G. Rau allgemein hinsichtlich der Zuordnung von modernen Sozialwissenschaften und Theologie geäußert hat, bereits für das 19. Jh.: Ver-

---

[8] Dies entspräche dem Modell Mulkays, a.a.O., 56.
[9] Dazu kommt noch Bigelmair, A., Die Beteiligung der Christen am öffentlichen Leben in vorkonstantinischer Zeit. Ein Beitrag zur ältesten Kirchengeschichte, VKHSM Reihe 1 H.8, München, 1902 <Nachdruck Aalen 1970>.

zichten sowohl Theologie wie Sozialwissenschaft weitgehend auf theoretische Vorgaben, so entsteht ein relativ "spannungsloser", nur in geringem Maße methodisch
und theoretisch innovativer wissenschaftlicher Prozeß.

Die Grenzen des rein deskriptiven Arbeitens überschritt zunächst der "*sozialethische*" Ansatz, wie wir ihn bei Gerhard Uhlhorn gefunden hatten. Er wollte anhand ethisch definierter Kriterien die Wirkung der christlichen Botschaft und Kirche
in der Gesellschaft empirisch nachweisen. Folgen wir an dieser Stelle weiter dem
Modell Raus, so wird schnell deutlich, warum dieser Ansatz auf der einen Seite rezipiert wurde, jedoch auf die sozialgeschichtliche Erforschung des Urchristentums
wenig innovativ wirkte. Denn bei Uhlhorn spielte die Theologie eine dominierende
Rolle, da die Sozialgeschichte letztlich lediglich dazu diente, den gesellschaftliche
Vollzug einer zeitlos geltenden christlichen Sozialethik abzufragen. Die sozialgeschichtliche Fragestellung konnte hier zwar bruchlos integriert werden, zu fragen
bleibt jedoch, ob eine solche Inanspruchnahme nicht bereits bestimmte erwünschte
Ergebnisse präjudiziert und die Sozialgeschichte ihre kritische Funktion verliert.[10]

Der Ansatz von Troeltsch, den wir in unserer zusammenfassenden Systematik
als dritte Form sozialgeschichtlicher Erforschung des Urchristentums anführen, modifiziert genau an diesem Punkt den Ansatz Gerhard Uhlhorns. Wie Uhlhorn fragt er
nach der Wirkung und Funktion der christlichen Normen in der Gesellschaft, relativiert sie jedoch in ihrem ahistorischen Geltungsanspruch.[11] Unter der leitenden Fragestellung nach der Einheit von christlichem und gesamtgesellschaftlichem Leben
wird nach der geschichtlichen, mithin empirischen Realisation der "soziologischen
Idee des Christentums gefragt, sowie nach der gegenseitigen Beeinflussung von
christlichen Gemeinschaftsformen und Staat, Ökonomie sowie der Familie. Hier
finden wir die erste Rezeption einer bis heute anerkannten Methodik im Hinblick
auf das Neue Testament. Hier ist realisiert, was nach dem Modell G. Raus als eine
der günstigsten Verbindungen von Sozialwissenschaft und Theologie gelten kann:
Eine Theologie, die ihren Anspruch auf Normativität zurücknimmt und sich den
Anfragen einer kritischen Sozialwissenschaft stellt. Trotzdem setzte sich dieser Ansatz aufgrund der skizzierten theologie- und zeitgeschichtlichen Entwicklungen
nicht durch.

---

[10]vgl. Rau, G., Theologie und Sozialwissenschaften, 182f.191. Allerdings ist hier zu beachten, daß
Uhlhorns theoretische Ansprüche vor der Kritik der dialektischen Theologie liegen. Die Inanspruchnahme der Sozialgeschichte geschieht gerade umgekehrt mit dem Ziel, die Effizienz christlicher Ethik in der Welt nachzuweisen. Dieses ändert jedoch nichts an der Zuordnung einer theoretisch anspruchsvollen Theologie und einer sich "theoretisch" zurückhaltenden "Sozialwissenschaft".

[11]An dieser Stelle unterscheidet sich Troeltsch deutlich von Max Weber, der sich dem Geltungsanspruch dieser Normen von seinen Voraussetzungen her gar nicht stellen kann.

Dies gelang dagegen der vierten Form sozialgeschichtlicher Exegese, dem *"volkskundlichen"* Ansatz. Seine hervorragenden Vertreter waren E.v. Dobschütz und A. Deißmann. Während Dobschütz in seinen "Urchristlichen Gemeinden" noch nicht alle Möglichkeiten des Ansatzes ausschöpfte und sich dort nur auf die "Sittlichkeit" der ersten Gemeinden konzentrierte[12], versuchte Deißmann nicht nur die Ethik, sondern das ganze Leben der ersten Christen als Leben von in der antiken Volkskultur verwurzelten Unterschichten darzustellen. Freilich bleibt die "volkskundliche" Richtung in ihren theoretischen Annahmen weitgehend dem Historismus verpflichtet, so daß sie wohl eine neue Perspektive, zunächst jedoch keine methodische Neuerung brachte. Immerhin war sie - wie die Territorialgeschichte- eine Form sozialgeschichtlicher Forschung, die nach dem erwähnten "Lamprecht-Streit" für die Historie akzeptabel war.

Im Sinne der Territorialgeschichte und Volkskunde geschah dann in den theologischen Umwälzungen der auf den Ersten Weltkrieg folgenden Jahre die Profilierung der sozialgeschichtlichen Erforschung des Urchristentums: in der "palästinakundlichen" Exegese und der Formgeschichte. Durch die Kombination der formgeschichtlichen Methodik mit den theologischen Grundkonzeptionen der Dialektischen Theologie kann die Formgeschichte heute mit Recht als Ahnherr der heutigen "sozialkerygmatischen" Richtung der sozialgeschichtlichen Exegese angesehen werden. Dagegen kamen Konzeptionen, die sich soziologischer Modelle bedienten, zunächst nicht zum Zug. Das gleiche gilt für die Methodik von S.J. Case und der "Chicago-School".

In der neueren sozialgeschichtlichen Erforschung des Urchristentums dominiert nun die "sozialwissenschaftliche" Richtung, so daß von einer durchschlagenden Wirkung der Soziologie auf die neutestamentliche Exegese gesprochen wurde.[13] In neuerer Zeit muß dazu die Ethnologie/Kulturanthropologie genannt werden, die durch ihre Orientierung an kulturellen Faktoren viele Anliegen der "Chicago-School" aufnimmt. Wissenschaftlicher Fortschritt entsteht hier also nicht durch die Bearbeitung neuentdeckter Texte, sondern durch die Aufhebung theologisch motivierter Separation von Wissenschaftszweigen. Zugleich wird ein eigenständiges Interesse an der sozialen Welt des Urchristentums manifest, die zuvor häufig lediglich als negativ gezeichnete "Umwelt" des Urchristentums Beachtung fand.[14]

Dieses eigenständige Interesse an der Sozialgeschichte des Urchristentums läßt sich nun nicht primär mit der Rezeption marxistischer Gesellschaftstheorie oder einem durchaus konstatierbaren "Einfluß neomarxistischer Wirklichkeitsdefiniti-

---

[12]Anders in seinem RE-Artikel zur Sklaverei.

[13]Berger, K., Exegese und Philosophie, 185.187f.

[14]Ausnahmen in der ersten intensiven Phase der sozialgeschichtlichen Erforschung des Urchristentums waren R. Knopf, E.v. Dobschütz, E. Lohmeyer und die Chicago-School.

on"[15] erklären. Auch wenn insgesamt gesehen ein unbefangenerer Umgang mit
marxistischen Arbeiten zur Geschichte des Urchristentums und der marxistischen
Gesellschaftsphilosophie zu beobachten ist, findet sich schon früh ein Übergewicht
von Theorien aus der verstehenden[16] und funktionalistischen Soziologie.[17] Max Webers Religionssoziologie spielt dabei eine zentrale Rolle, wobei - im Gegensatz zu
Lohmeyer - heute weniger die weltflüchtigen Verhaltensweisen als die Integration
von "Außeralltäglichem" in das geregelte Leben im Vordergrund steht. In Wirklichkeit scheint das Aufkommen der sozialgeschichtlichen Exegese in der Gegenwart eher mit einer Revitalisierung von liberalen Traditionen und einer weniger defensiven, mehr "entspannten" Haltung zur marxistischen Philosophie verbunden zu
sein.[18] Zudem ist zu berücksichtigen, daß die sozialdeskriptive Exegese, insbesondere in ihrer palästinakundlichen Form ohne stärkere Brüche kontinuierlich betrieben
wurde, wobei dieses mit einer durchaus kritischen Haltung zu den Klimaänderungen
geschah, die die Akzeptanz der sozialwissenschaftlich ausgerichteten Exegese förderten.[19]

Ein wichtiges Charakteristikum der "sozialwissenschaftlichen" Exegese ist
schließlich die bewußte, methodisch kontrollierte Anwendung von Modellen. Im 19.
Jh. erfolgte die Modellbildung noch weitgehend intuitiv und wenn nicht die Präferenzen der Modellwahl von den sozialen Idealen der sie tragenden Exegeten und
Autoren bestimmt wurden, so waren es doch die Assoziationen, die sich etwa mit
den Modellen des "Vereins" und der "Gütergemeinschaft" verbanden. Auch wenn -
wie gezeigt wurde - noch heute ein Zusammenhang von Realgeschichte, exegetischen Interessen und Modellbildungen nicht zu leugnen ist, ist er in der Gegenwart
nur sehr gebrochen wahrnehmbar und nicht mehr so eindeutig mit gesellschaftlichen
Positionen in Verbindung zu bringen. Diese Distanzierung zu zeitgeschichtlichen
Modellen und Motiven signalisiert einen weiteren Schritt der "Verwissenschaftlichung" unserer Fragestellung. Andererseits ist an diesem Punkt daran zu denken,

---

[15]Weder, H., Zu neuen Ufern, 142.

[16]Beispiele: Scroggs, R., The Earliest Christian Communities as Sectarian Movement, in: Neusner,
J., Christianity, Judaism and Other Greco-Roman Cults, Bd.1, Leiden, 1975, 1-23; Theißen, G.,
Legitimation und Lebensunterhalt. Ein Beitrag zur Soziologie urchristlicher Missionare, NTS 21,
1974/75, 192-221 <Nachdruck in: ders., Studien zur Soziologie des Urchristentums, WUNT 19,
Tübingen 1979, 201-230>; Holmberg, B., Paul and Power; Meeks, W.A., The Man from Heaven in
Johannine Sectarism, JBL 91, 1972, 44-72 <Nachdruck in: <Hg.> ders., Zur Soziologie des Urchri-
stentums. Ausgewählte Beiträge zum frühchristlichen Gemeinschaftsleben in seiner gesellschaftlichen Umwelt, TB 62, München 1979, 245-283>.

[17]Hier ist besonders an die ethnosoziologisch/kulturanthropologisch ausgerichtete Exegese zu denken. Beispiele: Gager, J.H., Kingdom and Community; Malina, B.J., The New Testament World;
Stegemann, E.W./Stegemann, W., Urchristliche Sozialgeschichte.

[18]Die Beurteilung des marxistischen "Utopismus" bildet freilich eine auffällige Ausnahme, vgl. das
pointierte Urteil bei Riesner, R., Soziologie des Urchristentums, 220-222; ferner Theißen, G., Zur
forschungsgeschichtlichen Einordnung, 25-30; ders., Theoretische Probleme, 67-71.

[19]Vgl. nur Hengel, M., Judentum und Hellenismus, IXf.

daß die aufgedeckten Verbindungen zwischen sozialen Entwicklungen und Erscheinungen der jeweiligen Gegenwart der sozialgeschichtlichen Exegese jenen Grad an "Konkretheit" und Aktualität verleiht, die sie in ihrer Selbst- und Fremdwahrnehmung von anderen exegetischen Methoden unterscheidet. Freilich muß diese "Konkretheit" immer neu gewonnen werden, da nicht jedes Modell zu jeder Zeit eine hohe Plausibilität und Erklärungskraft behalten kann. So würden wir heute kaum diese Assoziationen mit dem Vereinsmodell verbinden, die den Verein im 19. Jh. als einen primären Ort demokratischer Mitbestimmung und als Faktor gesellschaftlicher Stabilität erscheinen ließen. Es ist die Aufgabe einer Forschungsgeschichte, die genannten Zusammenhänge transparent zu machen und damit Distanz zur Zeitgeschichte zu ermöglichen, Plausibilitätsverluste und Erklärungsdefizite einzelner Modelle aufzudecken und damit zugleich ältere, alternative Zugänge, Methodiken und Modelle im disziplinären "Gedächtnis" zu halten.

Wie kann nun die neuere Entwicklung insgesamt gedeutet werden? In vielen Zügen erscheint die sozialgeschichtliche Exegese, vom Beginn der siebziger Jahre an betrachtet, als ein Aufleben älterer Forschungtraditionen. Daher legt es sich zunächst nahe, den gesamten Forschungsverlauf nach dem Modell Toulmins zu deuten. Danach wetteifern konkurrierende Methoden und Modelle als Varianten einer Wissenschaft oder wissenschaftlichen Disziplin, von denen einige in bestimmten forschungsgeschichtlichen Perioden aufgrund verschiedener Faktoren relevant oder irrelevant werden.[20] In diesem Kontext kann man zunächst auf die "Soziale Frage" als erstes Motiv hinweisen, sozialgeschichtliche Interessen zu entwickeln. Die Abwendung von Kulturprotestantismus und Historismus könnten den Rückgang der Forschung nach dem Ersten Weltkrieg verständlich machen. Schließlich kann man für die gegenwärtige Entwicklung noch einmal auf das Ende der großen theologischen Schulen hinweisen, die die protestantische Theologie vor allem im Jahrzehnt nach dem Zweiten Weltkrieg geprägt hatten, und die damit gewachsenen Möglichkeiten, "unkonventionelle" Wege der Forschung zu erproben. Ferner ist an das seit den sechziger Jahren gewachsene Interesse an sozialen Fragen überhaupt zu denken wie die kulturelle Öffnung Deutschlands nach Westen.

Unterschätzt wird freilich in diesem Modell, das sich im wesentlichen an den "externen" Faktoren orientiert die wachsende Emanzipation der sozialgeschichtlichen Exegese von ihren jeweiligen zeitgeschichtlichen und gesellschaftspolitischen Motiven. Zwar finden sich in der Forschungsrichtung viele Aktualisierungen älterer Forschungspositionen, zugleich gibt es jedoch einige typische Abläufe aus allererster innovativen Forschungsphasen, wie sie M. Mulkay beschrieben hatte:[21] So entwickelt sich die neuere sozialgeschichtliche Exegese als "Verzweigung" der Form- und Redaktionsgeschichte sowie der Palästinakunde. Es findet sich bis heute eine

---

[20]Toulmin, St., Die evolutionäre Entwicklung.
[21]Mulkay, M., Drei Modelle.

starke Aufsplitterung hinsichtlich des Verständnisses dessen, was Ziel und Methode einer sozialgeschichtlichen Erforschung des Neuen Testaments sein könnte[22], was sich in den in der Einleitung beschriebenen terminologischen Unbestimmtheiten und in den Definitionsschwierigkeiten ausdrückt, die nur eine relativ "weitmaschige" Definition von sozialgeschichtlicher Exegese erlaubt.

Die inzwischen zu einem gewissen Abschluß gekommene Integration bedarf nun noch abschließend einer Deutung. An dieser Stelle bestätigen sich ähnlich wie für das 19. Jh. einige der Vermutungen, die G. Rau in seinem Modell von vier Zuordnungsmöglichkeiten von Sozialwissenschaften und Theologie geäußert hat.[23] Die relativ bruchlose Integration der *sozialdeskriptiven Richtung* in die neutestamentliche Forschung und ihr Verbleiben in ihr, die sie über die längste Zeit zu *dem* Ort der kontinuierlichen Pflege sozialgeschichtlicher Fragestellungen machte, wird aus ihrer Zurückhaltung gegenüber expliziten theologischen und theoretischen Ansprüchen im Vollzug ihrer historisch-kritischen Arbeit verständlich. Umgekehrt ist der Anteil an der Ausbildung einer spezifischen Methodik der sozialgeschichtlichen Exegese gering. Die *sozialkerygmatische Richtung* tritt mit einem hohen theologischen Verbindlichkeitsanspruch auf. Dem Modell entsprechend ist sie auf methodischem Gebiet nicht eigentlich innovativ und arbeitet mit bereits etablierten Methoden der Form- und Redaktionsgeschichte, die wie in "Dienst" genommene sozialwissenschaftliche Methoden und Theorien die zu deutenden sozialen Sachverhalte herausarbeiten. Die Weiterentwicklung der Richtung in Richtung einer "feministischen" Sozialgeschichte des Urchristentums vor allem durch L. Schottroff zeigt innovative Tendenzen eher auf dem Gebiet der Theologie als auf dem der sozialgeschichtlichen Methodik. Die *materialistische Exegese* tritt - zumindest in ethischer Hinsicht - mit einem hohen Verbindlichkeitsanspruch und mit einer anspruchsvollen Methodik und Sozialphilosophie auf. Auch wenn man hier nicht von einem völligen Scheitern und Stillstand des Forschungsprozesses sprechen kann, ist doch hier eine thematische Beschränkung auf wenige Teile des Neuen Testaments wie ein deutlich langsameres Fortschreiten der Forschung signifikant. Sie kann nicht allein auf "externe" Faktoren der Wissenschaftsentwicklung zurückgeführt werden. Die *sozialwissenschaftliche Richtung* entspricht endlich in vielen Zügen einer von Rau als günstig beurteilten Kommunikationssituation. Sowohl in ihrer theologischen Ausrichtung wie in ihrer sozialwissenschaftlichen Theoriewahl steht sie "liberalen" Richtungen nahe. Dies zeigt sich exemplarisch in der Betonung der historischen Distanz zur neutestamentlichen Welt und in ihrer Zurückhaltung gegenüber einer vorschnellen Applikation der Ergebnisse sozialgeschichtlicher Forschung, ferner in der Option für Theorien, die der verstehenden oder funktionalistischen Soziologie entstammen. Trotzdem spielt in der sozialwissenschaftlichen Richtung - abgesehen von der materialistischen Exegese – die sozialwissenschaftliche Theoriebildung eine erkennbar

---

[22]Elliott, J.H., What is Social-Scientific Criticism?, Minneapolis, 1993.
[23]Rau, G., Theologie und Sozialwissenschaften.

wichtigere Rolle als bei den anderen Richtungen. Die sozialwissenschaftlichen Theorien, auf die sich diese Richtung bezieht, sind allerdings kaum den von Rau so genannten "Sozialphilosophen" zuzuordnen, andererseits folgen sie keinem unreflektierten Positivismus. Überträgt man sein Modell auf die sozialgeschichtliche Exegese, scheint mir im Hinblick auf die Rezeption der Sozialwissenschaften die Frage nach der Rezeption von Modellen das entscheidende Unterscheidung zu sein. In Abb. 4 kann das Feld der sozialgeschichtlichen Exegese durch eine Kombination der Abbildungen 1 und 2 entsprechend dargestellt werden.

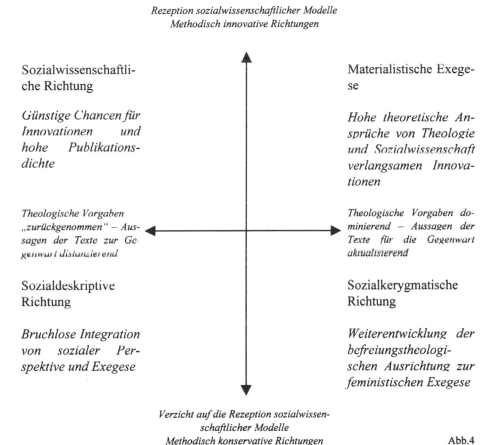

Rezeption sozialwissenschaftlicher Modelle
Methodisch innovative Richtungen

Sozialwissenschaftliche Richtung

Günstige Chancen für Innovationen und hohe Publikationsdichte

Materialistische Exegese

Hohe theoretische Ansprüche von Theologie und Sozialwissenschaft verlangsamen Innovationen

Theologische Vorgaben „zurückgenommen" – Aussagen der Texte zur Gegenwart distanzierend

Theologische Vorgaben dominierend – Aussagen der Texte für die Gegenwart aktualisierend

Sozialdeskriptive Richtung

Bruchlose Integration von sozialer Perspektive und Exegese

Sozialkerygmatische Richtung

Weiterentwicklung der befreiungstheologischen Ausrichtung zur feministischen Exegese

Verzicht auf die Rezeption sozialwissenschaftlicher Modelle
Methodisch konservative Richtungen   Abb.4

Insgesamt dürfte die "sozialwissenschaftliche" Richtung überhaupt der eigentliche Träger der Wiederbelebung "liberaler" Forschungstraditionen in Theologie und Sozialwissenschaften sein. Der breite Raum, den der intensive Diskurs über methodische und theoretische Fragen, insbesondere zwischen Exegeten, die sich den Theorien Max Webers verpflichtet sehen, und denen, die sich eher an kulturanthropologischen Theorien orientieren, unterstreicht den innovativen Charakter und die Chancen zu weiteren "Verzweigungen" innerhalb dieser Variante. Freilich steht die Ausbildung eines gefügten methodischen Rahmens noch aus. Mit der Betonung von historischer Distanz und der Öffnung zu den Sozialwissenschaften setzt diese Richtung der sozialgeschichtlichen Exegese gegenüber einer "Offenbarungstheologie" einen Teil theologischer und ethischer Verbindlichkeit aufs Spiel. Damit eröffnet sie Chance für einen offenen Diskurs - nicht nur zwischen ursprünglich getrennten Wissenschaftsbereichen, sondern auch über (sozial-)ethische und ekklesiologische Fragen. Sie führt diesen Diskurs in der Erforschung der "konkreten" Kontexte, in denen die ersten Christen gelebt haben, nicht in der Rekonstruktion "virtueller" Textwelten. Ob dieser gewonnene Raum genützt wird, ob sozialgeschichtliche Exegese die Gefahr vermeiden kann, den ihr innewohnenden relativistischen Zug zu verabsolutieren, wird die Zukunft zeigen.

8. Bibliographie

In der folgenden Bibliographie sind Arbeiten zur sozialgeschichtlichen Exegese sowie weitere für sie relevante Literatur verzeichnet. Die Auswahl der Titel orientiert sich an der im ersten Kapitel dieses Buches gegebenen Definition von sozialgeschichtlicher Exegese. Es konnte Literatur berücksichtigt werden, die mir bis zum 31.7.98 vorlag. Die Abkürzungen folgen dem Abkürzungsverzeichnis der TRE. Die Gliederung der Bibliographie gibt zugleich die Kriterien an, nach denen die einzelnen Titel hier eingeordnet wurden. Die Bibliographie gliedert sich wie folgt:

I. Bibliographien
II. Veröffentlichungen vor 1960
III. Veröffentlichungen seit 1960
1. Forschungsüberblicke/Rezensionen/Programmschriften/Einführungen
2. Arbeiten zur Sozialgeschichte des Urchristentums mit übergreifendem Charakter/Aufsatzsammlungen
3. Arbeiten zur biblischen Literatur
3.1. Jesus, synoptische Tradition, Evangelien allgemein
3.2. Markusevangelium
3.2. Matthäusevangelium
3.3. Lukanisches Doppelwerk
3.4. Johanneische Tradition
3.5. Paulus und die paulinische Tradition
3.6. Weitere Briefe
3.7. Apokalypse
4. Arbeiten zu Themen
4.1. Die Jesusbewegung und das Urchristentum in der antiken Gesellschaft
4.2. Die inneren Verhältnisse der urchristlichen Gemeinden
4.3.1. Frauen in den Gemeinden
4.3.2. Kinder in den Gemeinden
4.3.3. Sklaven in den Gemeinden
4.3.4. Gemeindeleitung
5. Die Außenbeziehungen und die soziale Umwelt des Urchristentums

I. Bibliographien

Duhaime, J./St.-Jacques, M. "Early Christianity and the Social Sciences: A Bibliography." SocComp 39 (1992): 275-90
Harrington S.J., D. J. "Second Testament Exegesis and the Social Sciences: A Bibliography." BTB (New York) 18 (1988): 77-85.
Herrmann, E. /Brockmeyer, N. Bibliographie zur antiken Sklaverei. Bochum, 1983.
Jennings, L. B. "Bibliography of the Writings of Shirley Jackson Case." JR 29 (1949): 47-58.
May, D.M. Social Scientific Criticism of the New Testament. A Bibliography. NABPR.BS 4. Macon, 1991
Schreiber, J. L. Primitive Christian Traditions, Toward the Historical Structure of Primitive Christianity. A Selected Bibliography. Garrett Bibliographical Lectures, 3. Garrett Theological Seminary, 1968.
Theißen, G. "II. Alphabetische Bibliographie." Studien zur Soziologie des Urchristentums. WUNT 19. Tübingen, 1989³. 341-70.
---. "Auswahlbibliographie zur Sozialgeschichte des Urchristentums." Studien zur Soziologie des Urchristentums. WUNT 19. Tübingen, 1983², 331-348

II. Veröffentlichungen vor 1960

Adam, A. "Die Entstehung des Bischofsamtes." WuD 5 (1957): 104-13.

Alfaric, P. Origines sociales du christianisme. Paris, 1959. (Nachdruck u.d.T. Die sozialen Ursprünge des Christentums, Darmstadt, 1963).

Allard, P. Les esclaves chrétiens depuis les premiers temps de l'eglise jusqu'à la fin de la domination romaine en Occident. Paris, 1914[5] (1875). (Nachdruck Hildesheim 1974).

Bammel, E. "Art. πτωχός." ThW VI. 1959. 885-915.

Baron, S. W. A Social and Religious History of the Jews, Bd. 1. New York, 1952[2] (1937).

Bauer, W. "Jesus der Galiläer." in: FS A. Jülicher. Tübingen, 1927. 16-34. (Nachdruck in: ders., Aufsätze und kleine Schriften, Tübingen 1967, 91-108).

Behm, J. "Kommunismus und Urchristentum." NKZ 31 (1920): 275-97.

Benigni, U. Storia sociale della Chiesa. 4 Bde. Mailand, 1906-1930.

Bigelmair, A. Die Beteiligung der Christen am öffentlichen Leben in vorkonstantinischer Zeit. Ein Beitrag zur ältesten Kirchengeschichte. VKHSM Reihe 1 H.8. München, 1902. (Nachdruck Aalen 1970).

---. "Zur Frage des Sozialismus und Kommunismus im Christentum der ersten 3 Jahrhunderte." Beiträge zur Geschichte des christlichen Altertums und der byzantinischen Literatur. FS A. Ehrhard. Bonn, 1922. 73-93.

Bornhäuser, K. Der Christ und seine Habe nach dem Neuen Testament. BFChTh 38. Gütersloh, 1936.

Bornkamm, G. "Art. πρεσβύτερος." ThW VI. 1959. 651-783.

Buckler, W. H. "Labour Disputes in the Province of Asia." in: Anatolian Studies Presented to Sir William M. Ramsey. 1923. 23f.

Bultmann, R. "Vom Begriff der religiösen Gemeinschaft. Zu Ernst Lohmeyers gleichnamigen Buch." ThBl 6 (1927): 66-73.

Cadoux, C. J. The Early Church and the World. A History of the Christian Attitude to Pagan Society and the State down the Time of Constantius. Edinburgh, 1925.

Campenhausen, H. V. Kirchliches Amt und geistliche Vollmacht in den ersten drei Jahrhunderten. BHTh 14. Tübingen, 1953 (1963[2]).

Case, S. J. The Evolution of Early Christianity. A Genetic Study of First-Century Christianity in Relation to Its Religious Environment. Chicago, 1914.

---. "The Historical Method in the Study of Religion." Yale Divinity Quarterly 4 (1908): 157-67.

---. "The Historical Study of Religion." JR 29 (1949): 5-14. (Nachdruck d. Originals v. 1921).

---. The Social Origins of Christianity. Chicago, 1923.

---. The Social Triumph of Ancient Church. London, 1934.

Causse, A. Essai sur le conflit du christianisme primitif et de la civilisation. Paris, 1920.

Chadwick, W. The Social Teaching of St. Paul. Cambridge, 1906.

Chastel, E. Etudes historiques sur l'influence de la charité durant les premiers siècles chrétiens. Paris, 1853. (dt.u.d.T. Historische Studien über den Einfluß der christlichen Barmherzigkeit in den ersten sechs Jahrhunderten der Kirche, Hamburg 1854).

Coleman-Norton, P. R. "The Apostle Paul and the Roman Law of Slavery." in: Studies in Roman Economic and Social History in Honor of A.C. Johnson. Princeton, 1951. 155-77.

Cullmann, O. "Die neueren Arbeiten zur Geschichte der Evangelientradition (1925)." in: ders., Vorträge und Aufsätze. 1925-1962. hg.v. K. Fröhlich. Tübingen, 1966. 41-89.

---. Der Staat im Neuen Testament. Tübingen, 1956 (1961[2]).

Dalman, G. Arbeit und Sitte in Palästina, 7 Bde. BFChrTh.M 14.17.27.29.33.36.41.48. 1927-42.

---. "Daß und wie wir Palästinaforschung treiben müssen." PJB 20 (1924): 5-22.

---. "Das heilige Land und die heilige Geschichte." PJB 8 (1913): 67-84.

---. Orte und Wege Jesu. BFChrTh 23. 1919. (BFChrTh.M 1, 1921^2).

---. "Die Theologie und Palästina." PJB 17 (1921): 7-18.

Davis, J. G. Daily life in the Early Church. London, 1952.

Deißmann, A. Licht vom Osten. Das Neue Testament und die neuentdeckten Texte der hellenistisch-römischen Welt. Tübingen, 1908 (1909^{2+3} 1923^4).

---. "Das Urchristentum und die unteren Schichten." VESK 19 (1908): 8-28. (Separatdruck Tübingen 1908).

Delling, G. Paulus' Stellung zu Frau und Ehe. BWANT 4,5. Stuttgart, 1931.

Dibelius, M. "Arm und Reich." in: ders. Der Brief des Jakobus. KEK 15. Göttingen, 1921 (1964^{11}). 58-66.

---. Die Formgeschichte des Evangeliums. Tübingen, 1919. (1933^2 1971^6).

---. Geschichtliche und übergeschichtliche Religion im Christentum. Göttingen, 1925.

---. "Rom und die Christen im ersten Jahrhundert." SHAW 1941 (1942): 6-59. Heidelberg. (Nachdrucke in: ders., Botschaft und Geschichte, Ges. Aufs. Bd.2, Tübingen 1956, 177-228/R. Klein (Hg.), Das Frühe Christentum im römischen Staat, WdF 267, Darmstadt 1971, 47-105).

---. "Das soziale Motiv im Neuen Testament." in: ders., Botschaft und Geschichte, Bd. 1, Tübingen, 1953. 178-203.

---. Die urchristliche Überlieferung von Johannes dem Täufer. FRLANT 15. Göttingen, 1911.

---. "Zur Formgeschichte der Evangelien." ThR 1 (1929): 185-216.

---. "Zur Formgeschichte des Neuen Testaments (außerhalb der Evangelien)." ThR 3 (1931): 207-42.

Dickey, S. "Some Economic and Social Conditions of Asia Minor Affecting the Expansion of Christianity." in: (Hg.) S.J. Case. Studies in Early Christianity. FS F.C. Porter/B.W. Bacon. London, 1928. 393-416. (Nachdruck u.d.T. Die Bedeutung wirtschaftlicher und sozialer Faktoren für die Ausbreitung des Christentums in Kleinasien, in: (Hg.) W.A. Meeks, Zur Soziologie des Urchristentums. Ausgewählte Beiträge zum frühchristlichen Gemeinschaftsleben in seiner gesellschaftlichen Umwelt, TB 62, München 1979, 49-66).

Dobschütz, E.v. "Art. Sklaverei und Christentum." RE 18. 1906. 423-33.

---. Die urchristlichen Gemeinden. Sittengeschichtliche Bilder. Leipzig, 1902.

Donaldson, J. Woman; Her Position and Influence in Ancient Greek and Rome, and Among The Early Christians. London, 1907. (Nachdruck Frankfurt/M. 1984).

Doskocil, W. Der Bann in der Urkirche. Eine rechtsgeschichtliche Untersuchung. München, 1958.

Dunin-Borkowski, St.v. Die neueren Forschungen über die Anfänge des Episkopats. StML.E 77. 1900.

Engels, F. "Bruno Bauer und das Urchristentum." MEW 19. Berlin, 1962. 297-305.

---. "Das Buch der Offenbarung." MEW 21. Berlin, 1962. 9-15.

---. "Zur Geschichte des Urchristentums." Die Neue Zeit 13, 1. Bd..1/2 (1894/95). (Nachdruck in: MEW 22, Berlin 1982^6, 449-473).

Esking, E. Glaube und Geschichte in der theologischen Exegese Ernst Lohmeyers. Zugleich ein Beitrag zur Geschichte der neutestamentlichen Interpretation. ASNU 18. Uppsala, 1951.

Farmer, W. R. "The Economic Basis of the Qumran Community." ThZ 11 (1955): 295-308.

Filson, F. V. "The Significance of the Early House Churches." JBL 63 (1939): 105-12.

Finkelstein, L. "The Pharisees. The Sociological Background of Their Faith. 2 Bde." Philadelphia, 1938.

Foucart, P. Des Associations religieuses chez les Grécs. Thiases, Eranes, Orgéon. Avec le texte des inscriptions relatives à ces associations. Paris, 1873.

Friedländer, L. "Darstellungen aus der Sittengeschichte Roms. 4 Bde." 1922^{10}. (Nachdruck Aalen 1964).

Goodenough, E. R. The Politics of Philo Judaeus. Practice and Theory. New Haven, 1938.

Grant, F. C. "The Economic Background of the New Testament." in: The Background of the New Testament and its Eschatology. FS C.H. Dodd. Cambridge, 1956. 96-114.

---. The Economic Background of the Gospels. Oxford, 1926.

Greeven, H. Das Hauptproblem der Sozialethik in der neueren Stoa und im Urchristentum. NTF 3,4. Gütersloh, 1935.

---. "Propheten, Lehrer, Vorsteher bei Paulus. Zur Frage der 'Ämter' im Urchristentum." ZNW 44 (1952): 1-43. (Nachdruck in: (Hg.) K. Kertelge, Das kirchliche Amt im Neuen Testament, WdF 435, Darmstadt 1977, 305-361).

Haddad, G. M. Aspects of Social Life in Antioch in the Hellenistic-Roman Period. Chicago, 1949.

Harnack, A.v. "Art. Verfassung, kirchliche, und kirchliches Recht im 1. und 2. Jahrhundert." RE 20. 1908. 508-46.

---. Entstehung und Entwickelung der Kirchenverfassung und des Kirchenrechts in den zwei ersten Jahrhunderten. Urchristentum und Katholizismus. Leipzig, 1910. (Nachdruck Darmstadt 1990).

---. Die Lehre der zwölf Apostel nebst Untersuchungen zur ältesten Geschichte der Kirchenverfassung und des Kirchenrechts. TU 2,1-2. Leipzig, 1884.

---. Die Mission und Ausbreitung des Christentums in den ersten drei Jahrhunderten. Leipzig, 1902 (1924[4]).

---. "Vorstudie zu einer Geschichte des Christenthums in den ersten drei Jahrhunderten." SPAW. 1901. 810-45.

---. "Zweite Vorstudie zu einer Geschichte der Verbreitung des Christenthums in den ersten drei Jahrhunderten." SPAW. 1901. 1186-214.

Hasenclever, J. "Christliche Proselyten der höheren Stände im 1. Jahrhundert." JPTH (Braunschweig) 8 (1882): 34-78.230-71.

Hatch, E. Die Gesellschaftsverfassung der christlichen Kirchen im Altertum. Gießen, 1883 (engl. 1882[2]).

Hauck, F. "Art. Arbeit." RAC 1. 1950. 585-90.

---. Die Stellung des Urchristentums zu Arbeit und Geld. BFChTh 2. R. 3. Gütersloh, 1921.

Heinrici, C. F. G. "Die Christengemeinde Korinths und die religiösen Genossenschaften der Griechen." ZWTh 19 (1876): 465-526.

---. "Zum genossenschaftlichen Charakter der paulinischen Christengemeinden." ThStKr 54 (1881): 505-25.

---. "Zur Geschichte der Anfänge paulinischer Gemeinden." ThStKr 54 (1881): 505-25.

Herz, D. J. "Großgrundbesitz in Palästina im Zeitalter Jesu." PJ 24 (1928): 98-113.

Herzfeld, L. Handelsgeschichte der Juden im Altertum. Braunschweig, 1879.

Hoffmann, R. A. "Besitz und Recht in der Gedankenwelt des Urchristentums." in: Religion und Sozialismus. Festschrift zur hundertjährigen Jubelfeier der evangelisch-theologischen Fakultät in Wien. hg.v. Professorenkollegium. Berlin, 1921. 43-63.

Holtzmann, H. J. "Die ersten Christen und die sociale Frage." Wissenschaftliche Vorträge über religöse Fragen, Fünfte Sammlung. Frankfurt/M. 1882. 20-55.

---. "Die Gütergemeinschaft der Apostelgeschichte." in: Straßburger Abhandlungen zur Philosophie. FS E. Zeller. Straßburg, 1884. 29-60.

Jeremias, J. Jerusalem zur Zeit Jesu. Eine kulturgeschichtliche Untersuchung zur neutestamentlichen Zeitgeschichte. 2 Teile. Leipzig/Göttingen, 1923-29 (1962[3]).

Jerovšek, A. "Die antik-heidnische Sklaverei und das Christentum." XXXIII. Jahresbericht der k.k. Staatsoberrealschule in Marburg (1902/1903): 1-30.

Kalsbach. "Art. Diakonisse." RAC 3. 1957. 917-28.

Kautsky, K. "Die Entstehung des Christentums." Die Neue Zeit 3 (1885): 481-99.529-45.

---. "Der urchristliche Kommunismus." in: (Hg.) ders. Die Vorläufer des Neueren Sozialismus. Bd. 1,1. Von Plato bis zu den Wiedertäufern. Stuttgart, 1895. 16-39.

---. Der Ursprung des Christentums. Eine historische Untersuchung. Stuttgart, 1908 (1921[11]).

Kehnscherper, G. Die Stellung der Bibel und der alten Christlichen Kirche zur Sklaverei. Halle, 1957.

Kiefl, F. X. Die Theorien des modernen Sozialismus über den Ursprung des Christentums. Zugleich ein Kommentar zu 1. Kor 7,21. Kempten, 1915.

Klauser, Th. "Art. Diakon." RAC 3. 1957. 888-909.

Knopf, R. Das nachapostolische Zeitalter. Geschichte der urchristlichen Gemeinden vom Beginn der Flavierdynastie bis zum Ende Hadrians. Tübingen, 1905.

---. "Über die soziale Zusammensetzung der ältesten heidenchristlichen Gemeinden." ZThK 10 (1900): 325-47.

Koffmane, G. Die Gnosis nach ihrer Tendenz und Organisation. Breslau, 1881. (Nachdruck in: (Hg.) K. Rudolph, Gnosis und Gnostizismus, WdF 262, Damstadt 1975, 120-141).

Köhler, H. Sozialistische Irrlehren von der Entstehung des Christentums und ihre Widerlegung. Leipzig, 1899.

Kraft, H. Gnostisches Gemeinschaftsleben. Heidelberg, 1950. (Diss. maschr.).

Kragerud, A. Der Lieblingsjünger im Johannesevangelium. Oslo, 1959.

Krüger, G. "Die Fürsorgetätigkeit der vorkonstantinischen Kirchen." ZSRG.K 24 (1935): 113-40.

---. Die Rechtsstellung der vorkonstantinischen Kirchen. KRA 115/116. Stuttgart, 1935.

Lappas, J. Paulus und die Sklavenfrage. (Diss.). Wien, 1954.

Lechler, G. V. Sklaverei und Christentum. 2 Teile. Leipzig, 1877/78.

Leipoldt, J. Die Frau in der antiken Welt und im Urchristentum. Leipzig, 1953 (19552).

---. Der soziale Gedanke in der altchristlichen Kirche. Leipzig, 1952. (Nachdruck 1972).

Lohmeyer, E. Soziale Fragen im Urchristentum. Leipzig, 1921. (Nachdruck Darmstadt 1973).

---. "Vom Begriff der religiösen Gemeinschaft." Wissenschaftliche Grundfragen, Philosophische Abhandlungen III. Leipzig, 1925.

---. "Von urchristlicher Gemeinschaft." ThBl 4 (1925): 135-41.

Luckc, Fr. "Die freien Vereine. Ein nothwendiges Capitel in der theologischen Moral. Erster, historischer und litterarischer Artikel." VTK 1 (1845): 1-25.

McCown, C. C. "Shirley Jackson Case's Contribution to the Theory of Sociohistorical Interpretation." JR 29 (1949): 15-29.

Mathews, Sh. Jesus on Social Institutions. New York, 1928. (Nachdruck 1971).

---. The Social Teaching of Jesus. An Essay in Christian Sociology. New York, 1897.

Meffert, F. Der "Kommunismus" Jesu und der Kirchenväter. Apologetische Vorträge VI. Mönchengladbach, 1922.

---. Der kommunistische und proletarische Charakter des Urchristentum. Ein Beitrag zur Frage Christentum und Politik. Politik aus christlicher Verantwortung H. 6. Recklinghausen, 1946. (Auszug aus: ders., Das Urchristentum, Mönchengladbach 1920).

---. Das Urchristentum. Mönchengladbach, 1920.

Meyer, R. "Der 'Am ha-Ares. Ein Beitrag zur Religionssoziologie Palästinas im ersten und zweiten nachchristlichen Jahrhundert." Judaica 3 (1947): 169-99.

Michaelis, W. Das Ältestenamt der christlichen Gemeinde im Lichte der Heiligen Schrift. Bern, 1953.

Möhler, J. A. "Bruchstücke aus der Geschichte der Aufhebung der Sklaverei (1834)." in: ders. Ges. Schriften und Aufsätze. hg.v. J.J.I. Döllinger. Regensburg, 1840. 54-140.

Overbeck, F. "Über das Verhältniss der alten Kirche zur Sclaverei im römischen Reiche." in: ders., Studien zur Geschichte der alten Kirche, Erstes Heft. Schloss-Chemnitz, 1875. 158-230.

Parkl, W. "Wirtschaftliche Hintergründe der Christenverfolgungen in Bithynien." Gymnasium 60 (1953): 54-56.

Pöhlmann, R.v. Geschichte der sozialen Frage und des Sozialismus in der antiken Welt, 2 Bde. München, 1925³ (1893/1901). (Nachdruck Darmstadt 1984).

Preisker, H. Das Ethos des Urchristentums. Gütersloh, 1949². (urspr.: Geist und Leben. Das Telos-Ethos des Urchristentums, Gütersloh 1933).

Ratzinger, G. Geschichte der kirchlichen Armenpflege. Freiburg, 1868 (1884²).

Reicke, B. Glauben und Leben der Urgemeinde. Bemerkungen zu Apg 1-7. AThANT 32. Zürich, 1957.

Rengstorf, K. H. Mann und Frau im Urchristentum. Arbeitsgemeinschaft für Forschung des Landes Nordrhein-Westfalen 12. Köln, 1954.

Rogge, Chr. Der irdische Besitz im Neuen Testament. Göttingen, 1897.

Roller, R. Münzen. Geld und Vermögensverhältnisse in den Evangelien. Karlsruhe, 1929. (Nachdruck 1969).

Rolston, H. The Social Message of the Apostle Paul. Richmond, 1942.

Rostovtzeff, M. I. The Social and Economic History of the Roman Empire, 2 Bde. Oxford, 1957².

Sattler, W. "Die 'anawîm' im Zeitalter Jesu Christi." in: FS A. Jülicher. Tübingen, 1927. 1-15.

Schäfer, Th. Die Geschichte der weiblichen Diakonie. Hamburg, 1879.

Schmidt, Ch. Essai historique sur la société civile dans le monde romain et sur sa transformation par le christianisme. Strassbourg, 1854. (dt. u.d.T. Die Bürgerliche Gesellschaft in der Altrömischen Welt und ihre Umgestaltung durch das Christenthum, Leipzig 1857).

Schmidt, K. L. "Art. Formgeschichte." RGG², Bd.2. 1928. 638-40.

Schneckenburger, M. Vorlesungen über neutestamentliche Zeitgeschichte. hg. aus d. handschriftlichen Nachlaß v. Th. Löhlein. Frankfurt/M. 1862.

Schubert, P. "Shirley Jackson Case. Historian of Early Christianity: An Appraisal." JR 29 (1949): 30-46.

Schumacher, R. Die soziale Lage der Christen im apostolischen Zeitalter. Paderborn, 1924.

Schürer, E. Geschichte des jüdischen Volkes im Zeitalter Jesu Christi. 3 Bde. Leipzig, 1890 (1901-1909³⁺⁴). (engl. rev. by G. Vermes/F. Millar/M. Black, Edinburgh 1973-1987).

Schweizer, E. Gemeinde und Gemeindeordnung im Neuen Testament. AThANT 35. Zürich, 1959.

Seidensticker, P. H. "Die Gemeinschaftsformen der religiösen Gruppen des Spätjudentums und der Urkirche." SBFA 9 (1958/59): 94-198.

Smith, S. Social Forces in the Life of St. Paul. o.J.

Spörri, T. Der Gemeindegedanke im ersten Petrusbrief. Gütersloh, 1925.

Steinmann, A. Jesus und die soziale Frage. Paderborn, 1920.

---. Die Sklavenfrage in der alten Kirche. Eine historisch-exegetische Studie über die soziale Frage im Urchristentum. Berlin, 1910. (Mönchengladbach 1922³⁺⁴).

---. Sklavenlos und Alte Kirche. Apologetische Tagesfragen 8. Mönchen-Gladbach, 1910.

---. Die Welt des Paulus im Zeichen des Verkehrs. Braunsberg, 1915.

Stendahl, K. The School of St. Matthew and its Use of the Old Testament. ASNU 20. Uppsala, 1954 (1968²).

Taeger, F. Charisma. Studien zur Geschichte des antiken Herrscherkultes, 2 Bde. Stuttgart, 1957.1960.

Teichmüller, E. Einfluß des Christentums auf die Sklaverei im griechisch-römischen Altertum. Dessau, 1894.

Thomas, J. Le mouvement baptiste en Palestine et Syrie. Gembloux, 1935.

Troeltsch, E. Die Soziallehren der christlichen Kirchen und Gruppen. Ges. Schr. Bd. 1. Tübingen, 1912. (Neudruck: UTB 1811/1812, Tübingen 1984).

Uhlhorn, G. Die christliche Liebesthätigkeit. 3Bde. Stuttgart 1880.

---. "Vorstudien zu einer Geschichte der Liebesthätigkeit im Mittelalter." ZKG 4 (1881): 44-76.

Votaw, C. "Primitive Christianity. An Idealistic Social Movement." AJT 22 (1918): 54-71.

Wallis, L. Sociological Study of the Bible. Chicago, 1912.

Walter, Joh. V. Die Sklaverei im Neuen Testament. BZSF 9,11. Berlin, 1915.

Weber, M. "Das antike Judentum", in: ders., Die Wirtschaftsethik der Weltreligionen. Vergleichende religionssoziologische Versuche. Gesammelte Aufsätze zur Religionssoziologie. Tübingen, 1921 (Nachdruck UTB 1490 1988[8])

---. Wirtschaft und Gesellschaft. Grundriß der verstehenden Soziologie. hg.v. J. Winckelmann. Tübingen, 1921 (1972[5]).

Weingarten, H. "Die Umwandlung der ursprünglichen christlichen Gemeindeorganisation zur katholischen Kirche." HZ 45 (1881): 441-67.

Wilder, A.N. "Biblical Hermeneutic and American Scholarship." in: (Hg.) E. Haenchen. Neutestamentliche Studien für Rudolf Bultmann. Berlin, 1957[2]. 24-32.

Zahn, Th. Sclaverei und Christenthum in der alten Welt. Sammlung von Vorträgen für das deutsche Volk. Bd.I,6. Heidelberg, 1879. 143-88. (Nachdruck in: ders., Skizzen aus dem Leben der Alten Kirche, Erlangen, 1894, 62-105).

---. Die soziale Frage und die innere Mission nach dem Brief des Jakobus. Bibliothek für Innere Mission, Nr. 2. Leipzig, 1890. (Nachdruck in: ders., Skizzen aus dem Leben der Alten Kirche, Erlangen, 1894, 39-61).

---. "Weltverkehr und Kirche während der ersten drei Jahrhunderte." Skizzen aus dem Leben der Alten Kirche. Erlangen, 1894. 156-95.

Zscharnack, L. Der Dienst der Frau in den ersten Jahrhunderten der christlichen Kirche. Göttingen, 1902.

III. Veröffentlichungen seit 1960

1. Forschungsüberblicke/Rezensionen/Programmschriften/Einführungen

Aarflot, H. "Theologi og sosiologi i skjönn eller uskjönn forening? Noen interdisplinaere randbemerkninger." Ung Teologi 7 (1974): 96-109.

Achtemeier, P. "An Imperfect Union: Reflections on Gerd Theissen, 'Urchristliche Wundergeschichten'" Semeia 11 (1978): 49-67.

Aguirre, R. "El método sociológico en los estudios bíblicos." EE 60 (1985): 305-31.

Ahlheim, K. "Materialistische Exegese, Materialismus und Theologie." JK 39 (1978): 649-58.

Ahrens, M. "Die Zauberformel wirkt nicht mehr. Beobachtungen zur sozialgeschichtlichen Bibelauslegung in der 'Jungen Kirche'" JK 51 (1990): 502-03.506-09.

Allen, R. "Chapter 8. Sociological Exegesis: Text and Social Reality." Contemporary Biblical Interpretation for Preaching. Valley Forge, 1986. 83-94.

Alvarez-Verdes, L. "El método sociólogico en la investigación bíblica actual. Incindia en el estudio de la ética biblica." StMor 27 (1989): 5-41.

Anderson, B. W. "Biblical Theology and Sociological Interpretation." ThTo 42 (1985): 292-306.

Arens, E. "Los Evangelios en la perspectiva sociológica. Algunas observaciones y reflexiones." Paginas 104 (1990): 71-86.

Atkins, R. "Three Problems in Using Sociological Methodologies on New Testament Materials and their Solution Using Grip-Group Analysis." in: (Hg.) P. Reditt. Proceedings, Eastern Great Lakes and Midwest Biblical Societies. Vol. 8. Georgetown, 1988. 35-48.

Baasland, E. "Urkristendommen i sosiologiens lys." TTK (1984): 45-57.

Bammel, E. "The revolution theory from Reimarus to Brandon." in: (Hg.) ders.,/C.F.D. Moule, Jesus and the Politics of His Day. Cambridge, 1984. 11-68.

Baraglio, G. "Rassegna di studi di storia sociale e di ricerche di sociologia sulle origini cristiane I.II." RivBib 36 (1988): 377-410.495-520.

Bartlett, D. L. "Biblical Scholarship Today. A Diversity of New Approaches." CCent 98 (1981): 1090-94.

---. "John G. Gager's 'Kingdom and Communitiy'. A Summary and Response." Zygon 13 (1978): 109-22.

Barton, S. C. "The Communal Dimension of Earliest Christianity: A Critical Survey of the Field." JThS 43 (1992): 399-427.

Bartsch, H. -W. "Die Bibel anders lesen - aber wie?" NStim 12 (1978): 20-23.

---. "Materialistische Exegese?" NStim 29/1 (1978): 16-21.

Belo, F. "Problematique d'un christianisme matérialiste." in: (Hg.) G. Casalis. Introduction à la lecture matérialiste de la bible. Genf, 1978. 53-71.

Berger, K. Einführung in die Formgeschichte. UTB 1444. Tübingen, 1987.

---. "Soziologische Fragen." in: ders. Exegese des Neuen Testaments. UTB 658. Heidelberg, 1977. 218-41.

Best, Th. S. "The Sociological Study of the New Testament." SJTh 36 (1983): 181-94.

Blasi, A. J. "On Precision in Studying Ancient Palestine." SocAn 51 (1990): 395-99.

Bloomquist, L. G. /Bonneau N. /Coyle, J.K. "Prolegomena to a Sociological Study of Early Christianity: The Example of the Study of Early Christian Leadership." SocComp 39 (1991): 221-39.

Boers, H. "Sisyphus and His Rock: Concerning Gerd Theissen, 'Urchristliche Wundergeschichten'" Semeia 11 (1978): 1-48.

Borchert, G. "Sociology of the New Testament." in: (Hg.) W. Mills. Mercer Dictionary of the Bible. Macon, 1990. 832-35.

Botha, J. "A review of current research on group formation in early Christinity." HTS 52 (1996): 252-69.

---. "Sosio-Historiese en Sosiologiese Interpretasie van di Nuew Testament." Koers. Bulletin vir Christelike Weteskap 58 (1989): 480-508. (Nachdruck in: ders., Semeion: Inleiding tot Aspekte von die Interpretasie van die Griekse Nuew Testament, Pretoria, 1990, 55-75).

Bravo Aragón, J. M. "Congresso Internacional sobre la interpretación socio-histórica del Nuevo Testamento." EstB 49 (1991): 399-402.

Brooten, B. J. "Feminist Perspectives on New Testament Exegesis." Conc (USA) 138 (1980): 55-61.

---. "Methodenfragen zur Rekonstruktion der frühchristlichen Frauengeschichte." BiKi 39 (1984): 157-64.

Bruce, F. F. "Modern Criticism, Social World Studies of Israel and Early Christianity and Questions of Interpretative Method." in: (Hg.) D.J.A. Clines/S.E. Fowls/S.E. Porter. The Bible in Three Dimensions. Journal for the Study of Old Testament. Supp. 87. Sheffield, 1990.

Brueggemann, W. "The Social Nature of the Biblical Text for Preaching." in: (Hg.) A. van Seters. Preaching as a Social Act: Theology and Practice. Nashville, 1988. 127-65.

Das Buch Gottes. Elf Zugänge zur Bibel. Ein Votum des theologischen Ausschusses der Arnoldshainer Konferenz. Neukirchen, 1992.

Cahill, M. "Sociology, the Biblical Text and Christian Today." AfER 26 (1984): 279-86.

Casalis, G. "Fernando Belo: Lecture matérialiste de L'Evangile de Marc." ThPr 13 (1978): 61-70.

Casalis, G. (Hg.). Bibel und Befreiung. Beiträge zu einer nichtidealistischen Bibellektüre. Münster, 1985.

---. Introduction à la lecture matérialiste de la bible. Genf, 1978.

Caulley, T. S. "Sociological Methods in the Study of the New Testament. A Review and Assessment." RestQ 37 (1995): 36-44.

Chance, J. K. "The Anthropology of Honor and Shame. Culture, Values, and Practice." Semeia 68 (1994): 139-51.

Christ, K. "Einleitung zur Neuausgabe." in: R.v. Pöhlmann. Geschichte der sozialen Frage und des Sozialismus in der antiken Welt. Bd. 1. Nachdruck Darmstadt (München), 1984 (19253). V-XVI.

Christen für den Sozialismus Gruppe Münster (Hg.). Theorie und Praxis einer alternativen Bibellektüre. Einführung in die Methode und die theoretischen Hintergründe von Fernando Belos materialistischer Bibellektüre. Stuttgart, 1979.

Clévenot, M. "Lectures matérialistes de la bible." in: (Hg.) G. Casalis. Introduction à la lecture matérialiste de la bible. Genf, 1978. 73-83.

Collins, J. J. "Judaism as Praeparatio Evangelica in the Work of Martin Hengel." Religious Studies Review 15 (1989): 226-28.

Cotterell, P. "Socioloinguistics and Biblical Interpretation." VoxEv 16 (1986): 61-76.

Craffert, P. F. "The anthropological turn in New Testament interpretation. Dialogue as negotiation and cultural critique." Neotestamentica (1995): 167-82.

---. "Relationships between Social-Scientific, Literary, and Rhetorical Interpretation of Texts." BTB 26 (1996): 45-55.

---. "Taking stock of the emic-etic distinction in social scientific interpretations of the New Testament." Neotestamentica 28 (1994): 1-21.

Crüsemann, F. "Grundfragen sozialgeschichtlicher Exegese." EvErz 35 (1983): 273-86.

Dale, P. "Political Exegesis." in: (Hg.) M.J. Buss. Encounter with the Text: Form and History in the Hebrew Bible. Philadelphia, 1979. 139-51.

Derrett, J. D. M. Jesus' Audience. The Social and Psychological Environment in which He Worked. Prolegomena to a Restatement of the Teaching of Jesus. London, 1973.

Dewey, A. "Marginal Notes on Recent Pauline Sociological Analysis." in: (Hg.) P. Sigal. Proceedings, Eastern Great Lakes and Midwest Biblical Societies. Bd. 4. Georgetown, 1984. 107-19.

Domeris, W. R. "Social Scientific Study of the Early Christian Churches: New Paradigms and Old Questions." in: (Hg.) J. Mouton/A.G. van Aarde/W.S. Vorster. Pretoria, 1988. 378-93.

---. "Sociological Studies and the Interpretation of the Bible." Scriptura 54 (1995): 203-13.

Downing, F. G. "Interpretation and the 'Culture Gap'" SJTh 40 (1987): 161-71.

Dudley, C. S. /Hilgert, E. New Testament Tensions and the Contemporary Church. Philadelphia, 1987.

Duhaime, J. /St.-Jacques, M. "Early Christianity and the Social Sciences: A Bibliography." SocComp 39 (1992): 275-90.

Duling, D. C. "Social-Scientific Small Group Research and Second Testament Study." BTB 25 (1995): 179-93.

Edwards, O. C. "Sociology as Tool for Interpreting the New Testament." AThR 65 (1983): 431-48.

Eisenstadt, S. N. "Max Webers Sicht des frühen Christentums und die Entstehung der westlichen Zivilisation. Einige vergleichende Überlegungen." in: (Hg.) W. Schluchter. Max Webers Sicht des antiken Christentums. Interpretation und Kritik. stw 548. Frankfurt/M. 1985. 509-24.

Elliott, J. H. "Review: The First Urban Christians: The Social World of the Apostle Paul by. W.A. Meeks." Religious Studies Review 11 (1985): 329-35.

---. "Social-Scientific Critisim of the New Testament. More on Methods and Models." Semeia 35 (1986): 1-33.

---. What is Social-Scientific Criticism? Minneapolis, 1993.

Esler, P. F. The First Christians in their Social Worlds. Social Scientific approaches to New Testament interpretation. London, 1994.

Feeley-Harnick, G. "Is Historical Anthropology Possible? The Case of the Runaway Slave." in: Humanizing America's Iconic Book. SBL Centennial Addresses 1980. Chico, 1982. 95-126.

Fenn, R. K. "Sociology and Social History. A Preface to a Sociology of the New Testament." Journal for the Study of Pseudepigrapha 1 (1987): 95-114.

Flanagan, J. "History as Hologram. Integrating Literary, Achaeological and Comparative Sociological Evidence." SBL Seminar Papers (1985): 291-314.

Frick, F. S. "Sociological Criticism and Its Relation to Political and Sociological Hermeneutics in South African Liberation Theology." in: (Hg.) D. Jobling/P.L. Day/G.T. Sheppard. The Bible and the Politics of Exegesis: Essays in Honor of Norman K. Gottwald on His Sixty-fifth Birthday. Cleveland, 1991. 225-38.

Friedrich, R. "Social Research and Theology. End of the Detente?" RRelRes 15 (1974): 113-27.

Funk, R. W. "The Watershed of the American Biblical Tradition: The Chicago School, First Phase, 1892-1920." JBL 95 (1976): 4-22.

Füssel, K. "Anknüpfungspunkte und methodisches Instrumentarium einer materialistischen Bibellektüre." So kennen wir die Bibel nicht. Anleitung zu einer materialistischen Lektüre biblischer Texte. München, 1978. 145-70.179f.

---. "Auferstehung - Einstieg in eine unendliche Geschichte." in: (Hg.) D. Schirmer. Die Bibel als politisches Buch. Beiträge zu einer befreienden Christologie. UB 655. Stuttgart, 1982. 65-71.---. Drei Tage mit Jesus im Tempel. Einführung in die materialistische Lektüre der Bibel für Religionsunterricht, Theologiestudium und Pastoral. Münster, 1987.

---. "Materialistische Lektüre der Bibel, Bericht über einen alternativen Zugang zu biblischen Texten." in: (Hg.) W. Schottroff/W. Stegemann. Der Gott der kleinen Leute, Sozialgeschichtliche Bibelauslegungen. Bd. 1. München, 1979. 20-36.

---. "Materialistische Lektüre der Bibel. Bericht über Entwicklung, Schwerpunkte und Perspektive einer neuen Leseweise der Bibel." ThBer 13 (1985): 123-63.

---. "Ökonomie, Gebet und Erkenntnis der Wahrheit. Ein materialistischer Zugang zur Bibel." in: (Hg.) U. Luz, Zankapfel Bibel. Eine Bibel - viele Zugänge. Zürich, 1992. 90-106.

---. "Was heißt materialistische Lektüre der Bibel?" US 32 (1977): 46-54.

Gager, J. "Culture as the Context for Meaning." Interpret. 37 (1983): 194-97.

---. "Shall We Marry Our Enemies? Sociology and the New Testament." Interpret 36 (1982): 256-65.

---. "Social Description and Sociological Explanation in the Study of Early Christianity. A Review Essay." Religious Studies Review 5 (1979): 174-80. (Nachdruck in: (Hg.) N.K. Gottwald, The Bible and Liberation, Maryknoll 1983, 428-440).

Gallagher, E. V. "The Social World of Paul." Religion 14 (1984): 91-99.

Garrett, S. R. "Art. Sociology of Early Christianity." The Anchor Bible Dictionary. Vol. Bd.6. New York, 1992. 89-99.

Gewalt, D. "Neutestamentliche Exegese und Soziologie." EvTh 31 (1971): 87-99.

Göll, H. -P. "Offenbarung in der Geschichte. Theologische Überlegungen zur sozialgeschichtlichen Exegese." EvTh 45 (1985): 532-45.

Gollwitzer, H. "Historischer Materialismus und Theologie, Zum Programm einer materialistischen Exegese." in: (Hg.) W. Schottroff/W. Stegemann. Traditionen der Befreiung, Sozialgeschichtliche Bibelauslegungen. Bd. 1. Methodische Zugänge. München, 1980. 13-59.

Gottwald, N. K. "Social Class as an Analytic and Hermeneutical Category in Biblical Studies." JBL 112 (1993): 3-22.

---. "Social Matrix and Canonical Shape." ThTo 42 (1985): 307-21.

---. "Social Scientific Method in Biblical Studies." in: (Hg.) ders. The Bible and Liberation. Maryknoll, 1983. 9-58.

---. "Sociological Method in Biblical Research and Contemporary Peace Studies." American Baptist Quarterly (Rochester) 2 (1983): 142-56.

---. "Sozialgeschichtliche Präzision in der biblischen Verankerung der Befreiungstheologie." Wer ist unser Gott. Beiträge zu einer Befreiungstheologie im Kontext der "ersten" Welt. München, 1986. 88-107.

Güttgemanns, E. Offene Fragen zur Formgeschichte des Evangeliums. Eine methodologische Skizze der Grundlagenproblematik der Form- und Redaktionsgeschichte. BEvTh 54. München, 1970.

Hallbäck, G. "Materialistische Exegese und strukturale Analyse. Ein methodologischer Vergleich anhand von Mk 2,1-12." Ling Bibl 50 (1982): 7-32.

Harrington S.J., D. J. "Biblical Hermeneutics in Recent Discussion. New Testament." Religious Studies Review 10 (1984): 7-10.

---. "Sociological Concepts and the Early Church. A Decade of Research." TS 41 (1980): 181-90.

Harris, O. G. "The Social World of the Early Christianity." LexTQ 19 (1984): 102-14.

Heddendorf, R. "The Idea of Biblical Sociology." Encounter 44 (1983): 185-96.

Hengel, M. "Kein Steinbruch für Ideologen. Zentrale Aufgaben neutestamentlicher Exegese." LM 18 (1978): 23-27.

Herzog, W. R. "Interpretation as Discovery and Creation. Sociological Dimensions of Biblical Hermeneutics." American Baptist Quarterly (Rochester) 2 (1983): 105-18.

Hindson, E. E. "The Sociology of Knowledge and Biblical Interpretation." Theologia Evangelica (Pretoria) 17 (1984): 33-38.

Hinz, Chr. "Wandlungen der Nachfolge unter dem Ruf Jesu." in: Als Boten des gekreuzigten Herrn, FS W. Krusche. Berlin, 1982. 149-65.

Hochschild, R. "Sozialgeschichtliche Exegese." in: (Hg.) T. Berger/E. Geldbach. Bis an die Enden der Erde. Ökumenische Erfahrungen mit der Bibel. Ökumene konkret 1. Zürich/Neukirchen, 1992. 109-22.

Hollenbach, P. W. "From Parable to Gospel. A Response to Using the Social Sciences." Forum 2 (1986): 67-75.

---. "The Historical Jesus Question in North America Today." BTB 19 (1989): 11-22.

---. "Liberating Jesus for Social Involvement." BTB 15 (1985): 151-57.

---. "Recent Historical Jesus Studies and the Social Science." SBL Seminar Papers. Missoula, 1983. 61-78.

Hollenweger, W. J. "Eine andere Exegese." VuF 26.2 (1981): 5-24.

Holmberg, B. Sociology and the New Testament. An Appraisal. Minneapolis, 1990.

Hynes, W. J. Shirley Jackson Case and the Chicago School. The Socio-Historical Method. SBL Biblical Scholarship in North America 5. Ann Arbor, 1981.

Iersel, B. V. "Nederlandse varianten van de materialistische exegese. enkele vragen." TTh 18 (1982): 413-23.

Isaac, E. "Religious Geography and the Geography of Religion." in: Man and Earth, University of Colorado Studies, Series in Earth Sciences,3. 1965. 1-14.

Isenberg, S.R. "Mary Douglas and Hellenistic Religions: The Case of Qumran." in: SBL 1975 Seminar Papers. Missoula, 1975. 179-85.

---. Some Uses and Limitations of Social Scientific Methodology in the Study of Early Christianity. SBL ASP 19 (1980): 29-50.

Isenberg, S.R./D. E. Owen. "Bodies, Natural and Contrieved: The Work of Mary Douglas." Religious Studies Review 3 (1977): 1-17.

Jackson, H. "The Resurrection Belief of the Earliest Church: A Response to the Failure of Prophecy." JR 55 (1975): 415-25.

Jones, P. "La lecture matérialiste des la Bible." RRef 37 (1986): 98-104.

Joubert, S. J. "'n Verruimde invalshoek tot die verlede? Die sosiaal-wetenskaplike benadering tot die Nuwe Testament (A broadened perspective to the past? The social-scientific approach to the New Testament)." HTS 47 (1991): 39-54.

Judge, E. A. "The Social Identity of the First Christians. A Question of Method in Religious History." JRH 11 (1980): 201-17.

Jüchen, A.v. "Erwartungen eines Pfarrers an eine materialistische Bibelauslegung. Ein Brief." in: (Hg.) W. Schottroff/W. Stegemann. Der Gott der kleinen Leute, Sozialgeschichtliche Bibelauslegungen. Bd. 1. München, 1979. 13-19.

Keck, L. E. "On the Ethos of Early Christians." JAAR 42 (1974): 435-52. (Nachdruck u.d.T. "Das Ethos der frühen Christen" in: (Hg.) W.A. Meeks, Zur Soziologie des Urchristentums. Ausgewählte Beiträge zum frühchristlichen Gemeinschaftsleben in seiner gesellschaftlichen Umwelt, ThB 62, München 1979, 13-36).

Kee, H. C. "Art. Sociology of the New Testament." in: (Hg.) P. Achtemeier. Harper's Dictionary of the Bible. San Francisco, 1985. 961-68.

---. Das frühe Christentum in soziologischer Sicht. Methoden und Anstöße. UTB 1219. Göttingen, 1982 (engl. 1980).

---. Knowing the Truth. A Sociological Approach to New Testament Interpretation. Minneapolis, 1989.

---. "Weber Revisited. Sociology of Knowledge and the Historical Reconstruction of Christianity." in: (Hg.) L. Rouner. Meaning, Truth, and God. Notre Dame, 1982. 112-34.

Keenan, J. G. "The 'New Papyrology' and Ancient Social History." Ancient History Bulletin 5 (1991): 159-69. NTAb 36,1992;Nr. 1072.

Kern, W. "Was hat Jesus mit Ideologiekritik zu schaffen?" Geist und Leben (München) 55 (1982): 163-77.

Kippenberg, H. G. "Wege zu einer historischen Religionssoziologie. Ein Literaturbericht." VuF 16 (1971): 54-82.

Kipper, J. B. "Atuacao Política e Revolucíonária de Jesus?" RCB 2 (1978): 237-70.

Klaiber, W. "Archäologie und Neues Testament." ZNW 72 (1981): 195-215.

Klerk, J. C. de/Schnell, C.W. A new Look at Jesus. Literary and Sociological-Historical Interpretations of Mark and John. Pretoria, 1987.

Köster, H. "Art. Formgeschichte/Formenkritik II." TRE 11. 1983. 286-99.

Kowalinski, P. "The Genesis of Christianity in the Views of Contemporary Marxist Specialists of Religion." Antonianum 47 (1972): 541-75.

Kraft, Ch. H. "Cultural Anthropology. Its Meaning for Christian Theology." ThTo 41 (1985): 390-400.

Kümmel, W. G. "Das Urchristentum. II. Arbeiten zu Spezialgebieten. b. Zur Sozialgeschichte und Soziologie der Urkirche." ThR 50 (1985): 327-63.

---. "Das Urchristentum. II. Arbeiten zu Spezialgebieten. d. Ämter und Amtsverständnis." ThR 52 (1987): 111-54.

---. "Das Urchristentum. II. Arbeiten zu Spezialgebieten. e. Mission und Stellung zum Staat." ThR 52 (1987): 268-85.

Lafargue, M. "Sociohistorical Research and the Contextualization of Biblical Theology." in: (Hg.). P.U.A. Borger. The Social World of Formative Christianity and Judaism. Philadelphia, 1988. 3-16.

Lasine, B. "Indeterminacy and the Bible. A Review of Literary and Anthropological Theories and their Application to the Biblical Texts." Hebrew Studies 27 (1986): 48-80.

Laub, F. "Sozialgeschichtliche Exegese. Anmerkungen zu einer neuen Fragestellung in der historisch-kritischen Arbeit am Neuen Testament." MThZ 40 (1989): 39-50.

Leach, E. "Anthropological Approaches to the Study of the Bible during the Twentieth Century." in: Humanizing America's Iconic Book. SBL Centennial Addresses 1980. Chico, 1982. 73-94.

Léon-Dufour, X. (Hg.). Exegese im Methodenkonflikt. Zwischen Geschichte und Struktur. München, 1973 (frz. 1971).

Leutzsch, M. "Erinnerung an die Gütergemeinschaft. Über Sozialismus und Bibel." in: (Hg.) R. Faber. Sozialismus in Geschichte und Gegenwart. Würzburg, 1994. 77-93.

Lieu, J. M. "The Social World of the New Testament." Epworth Review 14 (1987): 47-53.

Lochhead, D. "Ideology and the Word: Pastoral and Theological Reflections on Sociological Criticism of the Bible." American Baptist Quarterly (Rochester) 2 (1983): 100-04.

Long, W. R. "Martin Hengel on Early Christianity." Religious Studies Review 15 (1989): 230-34.

Luz, U. "Soziologische Aspekte in der Exegese." KBRS 136 (1980): 221.

Luz, U. (Hg.). Zankapfel Bibel. Eine Bibel, Viele Zugänge. Zürich, 1992.

Malina, B. J. "Christ and Time, Swiss or Mediterranean?" CBQ 51 (1989): 1-31.

---. Christian Origins and Cultural Anthropology. Practical Models for Biblical Interpretation. Atlanta, 1986.

---. "Dealing with Biblical (Mediterrean) Charakters, A Guide for U.S. Consumers." BTB (Albany) 19 (1989): 127-41.

---. "Does the Bible Mean What It Says?" Window (Creighton University) 6/2 (1990): 10-13.

---. "Freedom. A Theological Inquiry into the Dimensions of a Symbol." BTB (Albany) 8 (1978): 62-75.

---. "From Isis to Medjugorje, Why Apparitions?" BTB (Albany) 20 (1990): 76-84

---. "The Individual and the Community. Personality in the Social World of Early Christianity." BTB (Albany) 9 (1979): 126-38.

---. "Interpretation: Reading, Abduction, Metaphor." in: (Hg.) D. Jobling/P.L. Day/G.T. Sheppard. The Bible and the Politics of Exegesis: Essays in Honor of Norman K. Gottwald on His Sixty-fifth Birthday. Cleveland, 1991. 253-66.

---. "Interpreting the Bible with Anthropology. The Case of the Poor and the Rich." Listening 21 (1986): 148-59.

---. "Normative Dissonance and Christian Origins." Semeia 35 (1986): 35-59.

---. "Review of Kee." CBQ 43 (1981): 470-72.

---. "Review, The First Urban Christians by W. Meeks." JBL 104 (1985): 346-49.

---. "Scienze sociali e interpretazione storica: La questione della retrodizione." RivBib 39 (1991): 305-23.

---. "The Social Sciences and Biblical Interpretation." Interpret. 36 (1982): 229-42.

---. "Why Interpret the Bible with the Social Sciences." American Baptist Quarterly (Rochester) 2 (1983): 119-33.

Malina, B. J. /Neyrey, J.H. "First Century Personality. Dyadic, Not Individualistic." in: (Hg.) J.H. Neyrey. The Social World of Luke-Acts. Models for Interpretation. Peabody, 1991. 67-96.

Matthews, V. H. /Benjamin, D.C. "Social Sciences ans Biblical Studies." Semeia 68 (1994): 7-21.

Maurer, W. "Die Auseinandersetzung zwischen Harnack und Sohm und die Begründung eines evangelischen Kirchenrechts." KuD 6 (1960): 194-213.

Meeks, W. A. "A Hermeneutics of Social Embodiment." in: (Hg.) G.W.E. Nickelsburg/G.W. MacRae S.J. Christians Among Jews and Gentiles. FS K. Stendahl. Philadelphia, 1986. 176-86.

---. "The Social World of Early Christianity." CSRB 6 (1975): 1-5.

---. "Vorwort des Herausgebers." in: (Hg.) ders. Zur Soziologie des Urchristentums. Ausgewählte Beiträge zum frühchristlichen Gemeinschaftsleben in seiner gesellschaftlichen Umwelt. TB 62. München, 1979. 7-12.

Meyers, E. M./Strange, J.F. Archaeology, the Rabbis, and Early Christianity. Nashville, 1981.

Michiels, R. "De materialistische bijbellezing." Collationes (Bruges) 26 (1980): 442-65.

Michiels, R. /Hendrickx, H. "The Materialist Reading of the Bible." East Asian Pastoral Review 23 (1986): 138-49.

Mitchell, M. M. "Social teaching and social history. Learning from the Early Church." CCen 106 (1989): 724-25.

Mogge-Grotjahn, H. /Schmidt, K. "Zu diesem Heft." JK 54 (1993): 593.

Mojola, A. "Peasant Studies and Biblical Exegesis. A Review with Some Implications for Biblical Translations." ATJ 17 (1988): 162-73.

Morgan, R. /Barton, J. "Theology and the Social Sciences." in: dies. Biblical Interpretation. Oxford, 1988. 133-66.

Mosala, I. J. "Social Scientific Approaches to the Bible. One Step Forward, Two Steps Backward." JTSA 55 (1986): 15-30.

Moxnes, H. "Kropp som symbol. Bruk av sosialantropologii studiet av Det nye testamente." NTT 4 (1983): 197-217.

---. "Sociology and the New Testament." in: (Hg.) E. Karlsaune. Religion as a Social Phenomenon. Theologians and sociologists sharing research interests. Trondheim, 1988. 143-59.

Müller, H. P. "Art. Formgeschichte/Formenkritik I." TRE 11. 1983. 271-85.

Murphy-O'Connor, J. "The Social Conditioning of Jesus." Revue Biblique (Jerusalem) 98 (1991): 309-14.

Neue Exegese. 2. Reich Gottes und Prophetie. Stuttgart, 1981.

Neyrey S.J., J. H. "Bewitched in Galatia. Paul and Cultural Anthropology." CBQ 50 (1988): 72-100.

---. "Social Science Modeling and the New Testament." BTB (Albany) 16 (1986): 107-10.

---. "Unclean, Common, Polluted, and Taboo. A Short Reading Guide.". Forum 4 (1988): 72-82.

Nineham, D. "A Partner for Cinderella?" in: What about the New Testament? Essays in Honour of Christopher Evans. London, 1975. 143-54.

---. "The Strangeness of the New Testament World." Theol 85 (1982): 171-77.

---. The Use and Abuse of Bible. A Study of the Bible in an Age of Rapid Cultural Change. New York, 1977.

Noorda, S. J. "Vragen van en aan een materialistische benadering van de bijbel." GThT 79 (1979): 137-60.

Norelli, E. "Sociologia del Cristianesimo primitivo. Qualche osservazione a partire dall'opera di Gerd Theissen." Henoch (Turin) (1987): 97-123.

Ogle, C. "The Bible and liberation: friend or foe? Some issues in feminist and liberation theologies." Way 31 (1991): 236-47.

Olsson, B. "Ett hem för hemlösa. Om sociologisk exeges av NT." SEÅ 49 (1984): 89-108.

Osiek, C. "The Feminist and the Bible - Hermeneutical Alternatives." in: (Hg.) A.Y. Collins. Feminist Perspectives on Biblical Scholarshiip. SBL Centennial Publications 10. Chico, 1985. 93-105.

---. "The New Handmaid. The Bible and the Social Sciences." TS 50 (1989): 260-78.

---. "The Social Sciences and the Second Testament: Problems and Challenges." BTB 22 (1992): 88-95.

---. What Are They Saying About the Social Setting of the New Testament? New York, 1984. (erw. Ausgabe 1992).

---. "What Social Sciences Can Do to Scripture." National Catholic Reporter 10-19-84 (1984): 15-16.

Oster, R. "Numismatic Windows ito the Social World of early Christianity: A Methodological Inquiry." JBL 101 (1982): 195-223.

Parente, F. "L'idea di conversione da Nock ad oggi." Augustinianum 27 (1987): 7-25.

Parsons, H. L. "The Commitments of Jesus and Marx: Resources for the Challenge and Necessity of Cooperation." JES 22 (1985): 454-73.

Passakos, D. "Prolegomena to the Sociological Interpretation of the New Testament." DBM 20 (1991): 15-26.

Paulsen, H. "Sozialgeschichtliche Auslegung des Neuen Testaments. Befreit aus dem Kerker idealistischer Auslegungen, offenbaren neutestamentliche Texte durch die sozialgeschichtliche Exegese wieder ihre ursprüngliche Kraft und Bedeutung." JK 54 (1993): 601-02.604-06.

Perkins, R. /Sayers, B. "Between Alienation and Anomie. The Integration of Sociology and Christianity." CScR 17 (1987): 122-42.

Pettegrew, L. D. "Liberation Theology and Hermeneutical Preunderstandings." BS 148 (1991): 274-87.

Pilch, J. J. "Biblical Leprosy and Body Symbolism." BTB (Albany) 11 (1981): 119-33.

---. "Healing in Mark: A Social Science Analysis." BTB (Albany) 15 (1985): 142-50.

---. "Illuminating the World of Jesus through Cultural Anthropology." Living Light 31 (1994): 20-31.

---. "Interpreting Scripture. The Social Science Method." BTB (Albany) 11 (1981): 119-33.

---. "Interpreting Scripture: The Social Science Method." BiTod 26 (1988): 13-19.

---. Introducing the Cultural Context of the New Testament. Hear the Word! 2. New York, 1991.

---. "Understanding Biblical Healing. Selecting the Appropriate Model." BTB (Albany) 18 (1988): 60-66.

Pokorny, P. "Die neue theologische Linke." CV 19 (1976): 225-32.

Poulat, E. /Hervieu-Léger D/Hadot J. /Ladrière, P. "C/X ou de Marx à Marc. L'Évangile mis à nu par la subversion de l'exégèse." ASSR 40 (1975): 119-37.

Powell, J. "Social Theory as Exegetical Tool." Forum 5 (1989): 27-40.

Ramos-Regidor, J. "Les chrétiens, le marxisme et la bible. A propos de la rencontre de Cartigny, décembre 1976." in: (Hg.) G. Casalis. Introduction à la lecture matérialiste de la bible. Genf, 1978. 39-51.

Reinmuth, T. "Die Verhältnisse der Welt, der Wille Gottes und unsere Praxis. Beobachtungen zur sozialgeschichtlichen Exegese." JK 52 (1991): 162-66.

Reis, O. "The Uses of Sociological Theory in Theology - Exemplefied by Gerd Theissen's Study of Early Christianity." in: (Hg.) E. Karlsaune. Religion as a Social Phenomenon. Theologians and sociologists sharing research interests. Trondheim, 1988. 161-78.

Remus, H. E. "Sociology of Knowledge and the Study of Early Christianity." Studies in Religion/Sciences Religieuses (Waterloo) 11 (1982): 45-56.

Richter, P. J. "Recent Sociological Approaches to the Study of the New Testament." Religion (Lancaster) 14 (1984): 77-90.

Riesner, R. "Soziologie des Urchristentums. Ein Literaturüberblick." ThBeitr 17 (1986): 213-22.

Ritt, H. "Gegen die verkopften Methoden der Bibelwissenschaft?" BiLi 61 (1988): 210-16.

Rizzi, A. "Verso una lettura materialista della Bibbia." RTM 29 (1976): 9-49.

Rodd, C. S. "Max Weber and Ancient Judaism." SJT 32 (1979): 457-69.

---. "On Applying a Sociological Theory to Biblical Studies." JSOT 19 (1981): 95-106.

Rogerson, J. W. "Exegesis and World Order." Epworth Review 14 (1987): 54-62.

Rohrbaugh, R. L. The Biblical Interpreter. An Agrarian Bible in an Industrial Age. Philadelphia, 1978.

---. "Methodological Considerations in the Debate over the Social Class Status of Early Christians." JAAR 52 (1984): 519-46.

---. "Muddles and Models. Discussion of the Social Facets Seminar." Forum 3 (1987): 23-34.

Rolfes, H. Jesus und das Proletariat. Die Jesustradition der Arbeiterbewegung und des Marxismus und ihre Funktion für die Bestimmung des Subjekts der Emanzipation. Düsseldorf, 1982.

Rostagno, S. "The Bible: Is an Interclass Reading Legitimate?" in: (Hg.) N.K. Gottwald. The Bible and Liberation. Maryknoll, 1983. 61-73.

---. Essays on the New Testament. A 'Materialistic' Approach. Genf, o.J.

---. "Qu'est-ce que la lecture matérialiste de la bible?" in: (Hg.) G. Casalis. Introduction à la lecture matérialiste de la bible. Genf, 1978. 29-38.

Rowland, C. "Reading the New Testament Sociologically: An Introduction." Theol. 88 (1988): 358-64.

---. "Theology of Liberation and Its Gift to Exegesis." NBl 66 (1985): 157-72.

Schenk, W. "Wird Markus auf der Couch materialistisch? Oder: Wie idealistisch ist die 'materialistische Exegese'?" Ling Bibl 57 (1985): 95-106.

Schirmer, D. (Hg.). Die Bibel als politisches Buch. Beiträge zu einer befreienden Christologie. UB 655. Stuttgart, 1982.

Schleich, Th. "Missionsgeschichte und Sozialstruktur des vorkonstantinischen Christentums." GWU 33 (1982): 269-96.

Schluchter, W. "Einleitung: Max Webers Analyse des antiken Christentums. Grundzüge eines unvollendeten Projekts." in: (Hg.) ders. Max Webers Sicht des antiken Christentums. Interpretation und Kritik. stw 548. Frankfurt/M. 1985. 11-71.

Schluchter, W. (Hg.). Max Webers Sicht des antiken Christentums. Interpretation und Kritik. stw 548. Frankfurt/M. 1985.

Schmeller, Th. Brechungen. Urchristliche Wandercharismatiker im Prisma soziologisch orientierter Exegese. SBS 136. Stuttgart, 1989.

---. "Soziologisch orientierte Exegese. Eine Bestandsaufnahme." BiKi 44 (1989): 103-10.

---. "Zugänge zum Neuen Testament in lateinamerikanischen Basisgemeinden." MThZ 38 (1987): 153-75.

Schmidt, K. L. "Die Stellung der Evangelien in der allgemeinen Literaturgeschichte." in: ders., Neues Testament - Judentum - Kirche. Kleine Schriften. hg.v. G. Sauter. ThB 69. München, 1981. 37-130. (= Eucharisterion, Studien zur Religion und Literatur des Alten und Neuen Testaments. Hermann Gunkel zum 60. Geburtstag. 2. Teil, Göttingen 1923, 50-134).

Schmidt, Th. "Sociology and New Testament Exegesis." in: (Hg.) S. McKnight. Introducing New Testament Interpretation. Guides to New Testament Exegesis. Grand Rapids, 1990. 115-32.

Schnelle, U. Einführung in die neutestamentliche Exegese. UTB 1253. Göttingen, 1983.

Scholer, D. M. "Understanding the New Testament in Its Context. A Review Article." PRST 14 (1987): 259-70.

Schöllgen, G. "Probleme der frühchristlichen Sozialgeschichte: Einwände gegen Peter Lampes Buch über 'Die stadtrömischen Christen in den ersten beiden Jahrhunderten'" JAC 32 (1989): 23-40.

Schottroff, L. "Art. Biblische Theologie 2.6. Feministische Perspektive." EKL I. 19863. 501-03.

---. "Befreiungserfahrungen. Freiheit und Befreiung nach dem Zeugnis der Bibel." Concilium 20 (1984): 142-47. (Nachdruck in: dies., Befreiungserfahrungen. Studien zur Sozialgeschichte des Neuen Testaments, TB 82, München 1990, 160-169).

---. "How My Mind has Changed oder: Neutestamentliche Wissenschaft im Dienste von Befreiung." EvTheol 48 (1988): 247-61.

---. "'Nicht viele Mächtige'. Annäherungen an eine Soziologie des Urchristentums." BiKi 40 (1985): 2-8. (Nachdruck in: dies., Befreiungserfahrungen. Studien zur Sozialgeschichte des Neuen Testaments, TB 82, München 1990, 247-256).

---. "Vergessene und Unsichtbare. Feministische Theologie und sozialgeschichtliche Bibelauslegung." JK 48 (1987): 685-89.

Schottroff, L. /Schaumberger, Chr. "Schuld und Macht: Studien zu einer feministischen Befreiungstheologie." München, 1988.

Schottroff, L. /Schottroff, W. "Gegen die Beliebigkeit." JK 54 (1993): 596-600.

Schottroff, W. "Soziologie und Altes Testament." VuF 19 (1974): 46-66.

Schulz, H. (Hg.). Neue Exegese. Materialsammlung. Stuttgart, 1978.

Schüssler Fiorenza, E. "You Are Not to Be Called Father'. Early Christian History in a Feminist Perspective." Cross Currents 29 (1979): 301-23.

Schütz, J. H. "Introduction." in: Theißen, G., The Social Setting of Pauline Christianity. Philadelphia, 1982. 1-23.

Scroggs, R. "The Sociological Interpretation of the New Testament. The Present State of Research." NTS 26 (1980): 164-79.

---. "Sociology and the New Testament." Listening 21 (1986): 138-47.

Segal, R. A. "The Application of Symbolic Anthropology to Religions in the Greco-Roman World." Religious Studies Review 10 (1984): 216-23.

Segalla, G. "Sociologia e Nuovo Testamenta - Una rassegna." StPat 29 (1982): 143-50.

---. "Storiografia dei tempi del Nuovo Testamento e della Chiesa primitiva." Teologi 8 (1983): 281-322.

Smith, J. Z. Drudgery Divine: On the Comparision of Early Christianities and the Religions of Late Antiquity. Chicago Studies in the History of Judaism. Chicago, 1990.

---. "The Social Description of Early Christianity." Religious Studies Review 1 (1975): 19-25.

---. "Too Much Kingdom. Too Little Community." Zygon 13 (1978): 123-30.

Sölle, D. "Der Mensch zwischen Geist und Materie, Warum und in welchem Sinne muß die Theologie materialistisch sein?" in: (Hg.) W. Schottroff/W. Stegemann. Der Gott der kleinen Leute. Sozialgeschichtliche Bibelauslegungen. Bd. 2. München, 1979. 15-36.

Staden, P. van/Aarde, A.G. van. "Social description or Social-Scientific Interpretation? A Survey of Modern Scholarship." HTS 47 (1991): 55-87.

Stasiewski, B. "Ursprung und Entfaltung des Christentums in sowjetischer Sicht." Saec 11 (1960): 157-79.

Stegemann, W. "Zur Deutung des Urchristentums in den 'Soziallehren'" in: (Hg.) F.W. Graf/T. Rendtorff. Ernst Troeltschs Soziallehren. Studien zu ihrer Interpretation. Troeltsch-Studien Bd. 6. Gütersloh, 1993. 51-79.

Stemberger, G. "Das rabbinische Judentum in der Darstellung Max Webers." Max Webers Studie über das antike Judentum. Interpretation und Kritik. stw 340. Frankfurt/M. 1981. 185-200.

Stenger, W. "Sozialgeschichtliche Wende und historischer Jesus." Kairos 28 (1986): 11-22.

Stowers, S. K. "The Social Sciences and the Study of Early Christianity." Approaches to Ancient Judaism. Volume V. Studies in Judaism and its Greco-Roman Context. Atlanta, 1985. 149-81.

Strecker, G. "Historische Kritik und die 'neue Exegese'" CV 23 (1980): 159-66.

Swatos, W. H. jr. "The Comparative Method and the Special Vocation of the Sociology of Religion." SocAn 38 (1977): 106-14.

Synnes, M. "Paulus i sosiologisk ramme. Nytt fremstøt i Paulus-forskningen (Paul in a Sociological Framework. A New Advance in Pauline Research)." TTk 50 (1979): 241-50.

Taylor, W. F. "Sociological Exegesis: Introduction to a New Way to Study the Bible. Part I: History and Theory." Trinity Seminary Review 11 (1989): 99-110.

---. "Sociological Exegesis: Introduction to a New Way to Study the Bible. Part II: Results." Trinity Seminary Review 12 (1990): 26-42.

Teklak, C. "Gli studi su Gesù nel pensiero marxista dalla seconda guerra mondiale ad oggi." Antonianum 59 (1984): 541-627.

Theißen, G. "Die Erforschung der synoptischen Tradition seit R. Bultmann. Ein Überblick über die formgeschichtliche Arbeit im 20. Jahrhundert." in: R. Bultmann. Die Geschichte der synoptischen Tradition. FRLANT 29. Göttingen, 1995[10].

---. "Lokalkoloritforschung in den Evangelien. Plädoyer für die Erneuerung einer alten Fragestellung." EvTh 45 (1985): 481-500.

---. "Sociological Research into the New Testament. Some Ideas Offered by the Sociology of Knowledge for a New Exegetical Approach." in: ders. Social Reality and the Early Christians. Theology, Ethics, and the World of the New Testament. Minneapolis, 1992. 1-29.

---. "Die soziologische Auswertung religiöser Überlieferungen. Ihre methodologischen Probleme am Beispiel des Urchristentums." Kairos 17 (1975): 284-99. (Nachdruck in: ders., Studien zur Soziologie des Urchristentums, WUNT 19, Tübingen 1979, 35-54).

---. "Theoretische Probleme religionssoziologischer Forschung und die Analyse des Urchristentums." NZSTh 16 (1974): 35-56. (Nachdruck in: ders., Studien zur Soziologie des Urchristentums, WUNT 19, Tübingen 1979, 55-77).

---. "Vers une théorie de l'histoire sociale du christianisme primitif." ETR 63 (1988): 199-225.

---. "Zum Stand der Diskussion in der neutestamentlichen Theologie. Überlegungen anläßlich des 100. Geburtstages von Martin Dibelius (1883-1947)." NStim (1984): 20-24.

---. "Zur forschungsgeschichtlichen Einordnung der soziologischen Fragestellung." in: ders. Studien zur Soziologie des Urchristentums. WUNT 19. 1979. 3-34.

Tidball, D. An Introduction to the Sociology of the New Testament. Exeter, 1983.

---. "On Wooing a Crocodile. An Historical Survey of the Relationship between Sociology and the New Testament Studies." VoxEv 15 (1985): 95-109.

Tilborg, S. V. "De materialistische exegese als keuze. Een uiteenzetting over intentie, reikwijdte en belang van de materialistische exegese." TTh 18 (1978): 109-30.

Tracy, D. "A Theological Response to 'Kingdom and Community'" Zygon 13 (1978): 131-35.

Trocmé, E. "Exégèse scientifique et idéologie, de l'école de Tubingue aux historiens francais des origines chrétiennes." NTS 24 (1978): 447-62.

Tuckett, C. "Chapter 9. The New Testament and Sociology." in: ders. (Hg.). Reading the New Testament. Methods of Interpretation. Philadelphia, 1987. 136-50.

Turcotte, P. -A. "Introduction." SocComp 39(2) (1992): 179-82.

Venetz, H. -J. "Der Beitrag der Soziologie zur Lektüre des Neuen Testaments. Ein Bericht." ThBer 13 (1985): 87-121.

Villiers, P. G. R. de. "The Interpretation of a Text in the Light of its Socio-cultural Setting." Neotestamentica (Pretoria) 18 (1984): 66-79.

Vouga, F. "Bulletin du Nouveau Testament I." ETR 60 (1985): 127-45.

---. "Pour une géographie théologique des christianismes primitifs." EThR 59 (1984): 141-49.

Wackenheim, Ch. "Trois initiateurs: Engels, Weber, Troeltsch." SocComp 39 (1992): 183-205.

Wagner, Ph. L. /Marvin, W.M. (Hg.). Readings in Cultural Geography. Chicago, 1962.

Weder, H. "Zu neuen Ufern? Exegetische Vorstöße in methodisches Neuland." EvKo 21 (1988): 141-44.

Weir, J. E. "The Bible and Marx. A Discussion of the Hermeneutics of Liberation Theology." SJTh 35 (1982): 337-50.

White, L. J. "The Bible, Theology and Cultural Pluralism." BTB 16 (1986): 111-15.

White, L. M. "Adolf Harnack and the Expansion of Early Christianity, A Reappraisal of Social History." The Second Century 5 (1985/86): 97-127.

---. "Sociological Analysis of Early Christian Groups: A Social Historian's Response." Sociological Analysis 47 (1986): 249-66.

Wichelhaus, M. Kirchengeschichtsschreibung und Soziologie im neunzehnten Jahrhundert und bei Ernst Troeltsch. Heidelberger Forschungen H. 9, Heidelberg, 1965.

Wilde, J. A. "The Social World of Mark's Gospel. A Word about Method." SBLASP 14. 1978. 47-70.

Winling, R. "Le Christianisme primitif comme 'paradigme': évolution d'une problématique (d'Engels à Garaudy) (suite)." RevSR 55 (1981): 264-71.

Worgul, G. S. "Anthropological Consciousness and Biblical Theology." BTB 9 (1979): 3-12.

Yamauchi, E. "Sociology, Scripture and the Supernatural." Journal of the Evangelical Theological Society (Wheaton) 27 (1984): 169-92.

Zuurmond, R. "Misère de l'herméneutique." in: (Hg.) G. Casalis. Introduction à la lecture matérialiste de la bible. Genf, 1978. 17-27.

2. Arbeiten zur Sozialgeschichte des Urchristentums mit übergreifendem Charakter/Aufsatzsammlungen

Aguirre, R. La mes compartida. Estudios del NT desde las ciencias sociales. Presencia Teológia 77. Santander, 1994.

Becker, J. (Hg.). Die Anfänge des Christentums. Alte Welt und neue Hoffnung. Stuttgart, 1987.

Blasi, A. J. Early Christianity as a Social Movement. New York, 1988.

Borger, P. U. A. (Hg.). The Social World of Formative Christianity and Judaism. Philadelphia, 1988.

Clévenot, M. So kennen wir die Bibel nicht. Anleitung zu einer materialistischen Lektüre biblischer Texte. München, 1978 (frz. 1976).

Devasahayam, V. "Social Justice from a Judeo-Christian Perspective." Vidyajyoti 58 (1994): 409-19.

Downing, F. G. "Cynics and Christian Origins." Edinburgh, 1992.

Gager, J. G. Kingdom and Communitiy. The Social World of Early Christianity. Englewood Cliffs, 1975.

Gottwald, N. (Hg.). The Bible and Liberation. Maryknoll, 1983.

Grant, R. M. "The Social Setting of Second-Century Christianity." in: (Hg.) E.P. Sanders. Jewish and Christian Self-Definition. Bd. 1. Philadelphia, 1980. 16-29. 219-22.

Greeven, H. "Evangelium und Gesellschaft in urchristlicher Zeit." in: (Hg.) H. Wenke. Festschrift zur Eröffnung der Universität Bochum. Bochum, 1965. 105-21.

Gülzow, H. "Soziale Gegebenheiten der altkirchlichen Mission." in: (Hg.) H. Frohnes/U.W. Knorr. Kirchengeschichte als Missionsgeschichte. Bd. 1. Die Alte Kirche. München, 1974. 189-226.

Guyot, P. /Klein, R. (Hg.). Das frühe Christentum bis zum Ende der Verfolgungen. Eine Dokumentation. Bd. I: Die Christen im heidnischen Staat. TzF 60. Darmstadt, 1993.

---. Das frühe Christentum bis zum Ende der Verfolgungen. Eine Dokumentation. Bd. II. Die Christen in der heidnischen Gesellschaft. TzF 62. Darmstadt, 1993.

Hamman, A. Die ersten Christen. Stuttgart, 1985 (frz. 1971).

Hellholm, D. /Moxnes H. /Seim, T.K. (Hg.). StTh 49 (1995). Mighty Minorities? Minorities in Early Christianity - Positions and Strategies. Essays in honour of Jacob Jervell on his 70th birthday 21 May 1995.

Hill, C. A Sociology of the New Testament Church. Nottingham, 1972. (Diss.).

Jacobson, G. R. The Sociology of Salvation in Old and New Testament History. Philadelphia, 1981. (Diss.).

Judge, E. A. Christliche Gruppen in nichtchristlicher Gesellschaft. Die Sozialstruktur christlicher Gruppen im ersten Jahrhundert. Neue Studienbücher 4. Wuppertal, 1964 (engl. 1960).

Kee, H. C. "The Context, Birth and Early Growth of Christianity." in: (Hg.) H.C. Kee/E.A. Hanawalt/C. Lindberg/J.-L. Seban/M.A. Noll. Christianity. A Social and Cultural History. New York, 1991. 1-143.

Kippenberg, H. G. Religion und Klassenbildung im antiken Judäa. Eine religionssoziologische Studie zum Verhältnis von Tradition und gesellschaftlicher Entwicklung. StUNT 14. 1978.

---. Die vorderasiatischen Erlösungsreligionen in ihrem Zusammenhang mit der antiken Stadtherrschaft. Heidelberger Max-Weber-Vorlesungen 1988. stw 917. Frankfurt/M. 1991.

Kippenberg, H. G. /Stroumsa, G.G. (Hg.). Secrecy and Concealment. Studies in the History of Mediterranean and Near Eastern Religions. SHR 65. Leiden, 1995.

Malherbe, A. J. Social Aspects of Early Christianity. London, 1977 (rev. 1983^2).

Malina, B. J. The New Testament World. Insights from Cultural Anthropology. Louisville, 1993^2(1981). (dt. 1993).

Meeks, W. A. (Hg.). Zur Soziologie des Urchristentums. Ausgewählte Beiträge zum frühchristlichen Gemeinschaftsleben in seiner gesellschaftlichen Umwelt. TB 62. München, 1979.

Moxnes, H. (Hg.). Urchristendommen. Oslo, 1987.

Neusner, J. U. A. (Hg.). The Social World of Formative Christianity and Judaism. Essays in Tribute to H.C. Kee. Philadelphia, 1988.

Robbe, M. Der Ursprung des Christentums. Leipzig, 1967.

Schluchter, W. (Hg.). Max Webers Sicht des antiken Christentums. Interpretation und Kritik. stw 548. Frankfurt/M. 1985.

Schottroff, L. Befreiungserfahrungen. Studien zur Sozialgeschichte des Neuen Testaments. TB 82. München, 1990.

---. Lydias ungeduldige Schwestern. Feministische Sozialgeschichte des frühen Christentums. Gütersloh, 1994.

Schottroff, L. /Schottroff, W. (Hg.)Die Macht der Auferstehung. Sozialgeschichtliche Bibelauslegungen. KT 30. München, 1988.

Schottroff, W. /Stegemann, W. (Hg.). Der Gott der kleinen Leute. Sozialgeschichtliche Bibelauslegungen. 2 Bde. München, 1979.

---. Traditionen der Befreiung. Sozialgeschichtliche Bibelauslegungen. 2 Bde. München, 1980.

Schüssler Fiorenza, E. In Memory of Her. A Feminist Theological Reconstruction Christian Origins. New York, 1983 (dt. 1988).

Stegemann, E. W. /Stegemann, W. Urchristliche Sozialgeschichte. Die Anfänge im Judentum und die Christusgemeinden in der mediterranen Welt. Stuttgart, 1995.

Theißen, G. Studien zur Soziologie des Urchristentums. WUNT 19. Tübingen, 1979 (1983^2 1989^3).

Winkelmann, F. "Zur Entstehung und Ausbreitung des Christentums." Altertum 36 (1990): 182-89.

3. Arbeiten zur biblischen Literatur
3.1. Jesus/synoptische Tradition/Evangelien allgemein

Anderson, H. "Jesus. Aspects of the Question of his Authority." in: (Hg.) P. Borger u.a. The Social World of Formative Christianity and Judaism. Philadelphia, 1988. 290-310.

Arnal, W. E. "Gendered Couplets in Q and Legal Formulations. From Rhetoric to Social History." JBL 116 (1997): 75-94.

Bammel, E. /Moule, C.F.D. (Hg.). Jesus and the Politics of His Day. Cambridge, 1984.

Barg, M. J. "A Renaissance in Jesus Studies." ThTo 45 (1988): 280-92.

Baumbach, G. "Jesus von Nazareth im Lichte der jüdischen Gruppenbildung." Berlin, 1971.

Ben-Chorin, S. "Jesus der Proletarier." ZRGG 37 (1985): 260-65.

Blackburn, J. R. "The Politics of Jesus." FAF 39 (1986): 37-44.

Brown, C. "Synoptic Miracle Stories. A Jewish Religious and Social Setting." FThL 2 (1986): 55-76.

Buchanan, G. W. "Jesus and the Upper Class." NT 7 (1964/65): 195-209.

Burchard, Chr. "Jesus von Nazareth." in: (Hg.) J. Becker Die Anfänge des Christentums. Alte Welt und neue Hoffnung. Stuttgart, 1987. 12-58.

Charlesworth, J. H. "The Historical Jesus in Light of Writings Contemporaneous with Him." ANRW II 25, 1 (1982): 451-76.

Clévenot, M. "Auferstehung - Aufstand. Lektüre von Mk. 16,1-8 und Apg. 17,1-10." in: (Hg.) D. Schirmer. Die Bibel als politisches Buch. Beiträge zu einer befreienden Christologie. UB 655. Stuttgart, 1982. 57-64.

Colpe, C. "Die älteste judenchristliche Gemeinde." Die Anfänge des Christentums. Alte Welt und neue Hoffnung. Stuttgart, 1987. 59-79.

Corley, K. E. Private Women, Public Meals. Social Conflict in the Synoptic Tradition. Peabody, 1993.

Crossan, J. D. "The Life of a Mediterranean Jewish Peasant." CCen 108 (1991): 1194-200.

Cullmann, O. Jesus und die Revolutionäre seiner Zeit. Tübingen, 1970.

Derrett, J. D. M. Jesus' Audience. The Social and Psychological Environment in which He Worked. Prolegomena to a Restatement of the Teaching of Jesus. London, 1973.

---. "Law and Society in Jesus' World." ANRW II 25, 1 (1982): 477-564.

Downing, F. G. "Christ and the Cynics. Jesus and other radical preachers in first century tradition." Sheffield, 1988.

---. "A Genre for Q and a Social-Cultural Context for Q: Comparing Sets of Similarities with Sets of Differences." JSNT 55 (1994): 3-26.

---. Jesus and the Threat of Freedom. London, 1987.

Ebertz, M. N. Das Charisma des Gekreuzigten. Zur Soziologie der Jesusbewegung. WUNT 45. Tübingen, 1987.

Flynn, C. "Commonsense Reality and Christian Teachings: Jesus as Ethnomethologist." Social Thought (1976): 5-12.

Gager, J. "The Gospels and Jesus. Some Doubts About Method." JR 54 (1974): 244-72.

Hengel, M. "Das Gleichnis von den Weingärtnern Mc 12, 1-12 im Lichte der Zenonpapyri und der rabbinischen Gleichnisse." ZNW 59 (1968): 1-39.

---. War Jesus Revolutionär? CWH 110. Stuttgart, 1970.

Herrenbrück, F. Jesus und die Zöllner. Historische und Neutestamentlich-exegetische Untersuchungen. WUNT II 41. Tübingen, 1990.

Hester, J. D. "Socio-Rhetorical Criticism and the Parable of the Tenants." JSNT 45 (1992): 27-57.

Hoffnung, F. D. The Family of Jesus: A Sociological Analysis. Ann Arbor, 1981.

Hollenbach, P. W. "Jesus, Demoniacs, and Public Authorities, A Socio-Historical Study." JAAR 49 (1981): 567-88.

---. "Social Aspects of John the Baptizer's Preaching Mission in the Context of Palestinian Judaism." ANRW II, 19,1. Berlin, 1979. 850-75.

Horsley, R. A. "Bandits, Messiahs, and Longshoremen: Popular Unrest in Galilee around the Time of Jesus." SBL Seminar Papers. Atlanta, 1988. 183-99.

---. Jesus and the Spiral of Violence. Popular Jewish Resistance in Roman Palestine. San Francisco, 1987.

---. The Liberation of Christmas: The Infancy Narratives in Social Context. New York, 1989.

---. "The Q People: Renovation, not Radicalism." Cont. (N.Y.) 1 (1991): 49-63.

Kampling, R. "Jesus von Nazareth. Exorzist und Lehrer." BZ 30 (1986): 237-48.

Kazmierski, C. "Has the New Testament Censored Jesus?" BTB 16 (1986): 116-18.

Kealy, S. P. Jesus and Politics. Collegeville, 1990.

Kee, H. C. "Sociology, Jesus and Judaism in Galilee." Expl. 10 (1996): 4.

Kim, M. -S. Die Trägergruppe von Q. Sozialgeschichtliche Forschung zur Q-Überlieferung in den synoptischen Evangelien. Ammersbek, 1990.

King, J. R. "The Parables of Jesus: A Social Psychological Approach." Psychology and Theology (La Mirada) 19 (1991): 257-67.

La Verdieres, E. A. /Thompson, W.G. "New Testament Communities in Transition. A Study of Matthew and Luke." TS 37 (1976): 567-97.

Larsen, B. /Larsen, J. Menigheden uden sikkerhed. Sociale og íkonomiske aspekter i Matthæusevangeliet og Lukasevangeliet. Et bidrag til urkristendommens sociologi. Aarhus, 1976.

Lee, B. J. The Galilean Jewishness of Jesus. 1988.

Lémonon, J. P. "Jésus et la Politique." BFCL 62 (1981): 9-26.

Limbeck, M. "'Stecke dein Schwert in die Scheide...!' Die Jesusbewegung im Unterschied zu den Zeloten." BiKi 37 (1982): 98-104.

Lohfink, G. Wie hat Jesus Gemeinde gewollt? Zur gesellschaftlichen Dimension des christlichen Glaubens. Freiburg, 1982.

Maccoby, H. Revolution in Judaea. Jesus and the Jewish Resistance. London, 1973.

Mack, B. L. "The Innocent Transgressor: Jesus in Early Christianity Myth and History." Semeia 33 (1985): 135-65.

Malina, B. J. "Jesus as Charismatic Leader?" BTB (Albany) 14 (1984): 55-62.

Malina, B. J. /Rohrbaugh, R.L. Social-Scientific Commentary on the Synoptic Gospels. Minneapolis, 1992.

Mayer, A. Der zensierte Jesus. Soziologie des Neuen Testaments. Olten, 1983.

Oakman, D. E. "Jesus and Agrarian Palestine: The Factor of Debt." SBL Seminar Papers 24. 1985. 57-73.

Osiek, C. "Jesus and Money, or Did Jesus Live in a Capitalist Society?" ChiSt 30 (1991): 17-28.

Pagels, E. "The Social History of Satan, Part II. Satan in the New Testament Gospels." JAAR 62 (1994): 17-58.

Pixley, G. V. "God's Kingdom in First Century Palestine: The Strategy of Jesus." in: (Hg.) N.K. Gottwald. The Bible and Liberation. Maryknoll, 1983. 378-93.

Riches, J. /Millar, A. "Parables and the Search for a New Community." in: (Hg.) P. Borger. The Social World of Formative Christiantity and Judaism. Philadelphia, 1988. 235-63.

Riches, J. K. "Die Synoptiker und ihre Gemeinden." Die Anfänge des Christentums. Alte Welt und neue Hoffnung. Stuttgart, 1987. 160-84.

Riesner, R. Jesus als Lehrer. WUNT 2. Reihe 7. Tübingen, 1981.

Robbins, V. K. "The Woman Who Touched Jesus' Garment: Socio-Rhetorical Analysis of the Synoptic Accounts." NTS 33 (1987): 502-15.

Schmeller, Th. "Jesus im Umland Galiläas." BZ 38 (1994): 44-66.

Schottroff, L. "Die Gegenwart in der Apokalyptik der synoptischen Evangelien." in: (Hg.) D. Hellholm Uppasala. Apocalypticism in the Mediterranean World and the Near East. Proceedings of the International Colloqium on Apocalypticism. Tübingen, 1983. 707-28. (Nachdruck in: dies., Befreiungserfahrungen. Studien zur Sozialgeschichte des Neuen Testaments, TB 82, München 1990, 73-95).

---. "Der gekreuzigte Mensch Jesus aus Galiläa." in: (Hg.) R. Niemann. Seht welch ein Mensch! Kirchentag '87. Gütersloh, 1987. 28-35. (Nachdruck in: dies., Befreiungserfahrungen. Studien zur Sozialgeschichte des Neuen Testaments, ThB 82, München 1982, 284-290).

---. "Gewaltverzicht und Feindesliebe in der urchristlichen Jesustradition. Matthäus 5,38-48; Lukas 6,27-36." in: (Hg.) G. Strecker. Jesus Christus in Historie und Theologie. FS H. Conzelmann. Tübingen, 1975. 197-221. (Nachdruck in: dies., Befreiungserfahrungen. Studien zur Sozialgeschichte des Neuen Testaments, TB 82, München 1990, 12-35).

---. "Das Gleichnis vom großen Gastmahl in der Logienquelle." EvTheol 47 (1987): 192-211.

---. "Die Jesusbewegung." in: (Hg.) D. Schirmer. Kirchenkritische Bewegungen. Werkbuch für den Religionsunterricht Bd. 1: Antike und Mittelalter. Stuttgart, 1985. 10-27.

---. "Die Nachfolge Jesu und das Kreuz." in: (Hg.) D. Schirmer. Die Bibel als politisches Buch. Beiträge zu einer befreienden Christologie. UB 655. Stuttgart, 1982. 35-46.

---. "Die Schuld 'der Juden' und die Entschuldung des Pilatus in der deutschen neutestamentlichen Wissenschaft seit 1945." in: dies. Befreiungserfahrungen. Studien zur Sozialgeschichte des Neuen Testaments. TB 82. München, 1990. 324-57.

---. "Unsichtbarer Alltag und Gottes Offenbarung. Die Öffentlichkeit des 'Privaten' in Gleichnisse Jesu." in: (Hg.) I. Baldermann/O. Fuchs. Glaube und Öffentlichkeit. JBTh 11. Neukirchen, 1996. 124-33.

---. "Wanderprophetinnen. Eine feministische Analyse der Logienquelle." EvTh 51 (1991): 332-44.

Schottroff, L. /Stegemann, W. Jesus von Nazareth - Hoffnung der Armen. UB 639. Stuttgart, 1981^2 (1978).

Schürmann, H. "Die vorösterlichen Anfänge der Logientradition. Versuch eines formgeschichtlichen Zugangs zum Leben Jesu (1960)." in: Traditionsgeschichtliche Untersuchungen zu den synoptischen Evangelien. Düsseldorf, 1968. 39-65.

Seland, T. "Jesus as a Faction Leader: On the Exit of the Category 'Sect'" in: (Hg.) P.W. Bokman/R.E. Kristiansen. Context. FS Peder Borgen. Trondheim, 1987. 197-211.

Smith, D. "Jesus and the Pharisees in Socio-Anthropological Perspective." Trinity Journal 6 (1985): 151-56.

Snyder, G. F. "The Social Ministry of Jesus." BLT 25 (1980): 14-19.

Stegemann, E. "'Ich habe öffentlich zur Welt gesprochen'. Jesus und die Öffentlichkeit." in: (Hg.) I. Baldermann/O. Fuchs. Glaube und Öffentlichkeit. JBTh 11. Neukirchen, 1996. 103-21.

Stegemann, W. "Wanderradikalismus im Urchristentum? Historische und theologische Auseinandersetzungen mit einer interessanten These." in: (Hg.) W. Schottroff/W. Stegemann. Der Gott der kleinen Leute. Sozialgeschichtliche Bibelauslegungen. Bd. 2. München, 1979. 94-120.

Stenger, W. "Sozialgeschichtliche Wende und historischer Jesus." Kairos 28 (1986): 11-22.

Tashjian, J. The Social Setting of the Mission Charge in Q. Claremont, 1987. (Diss.).

The Conversion of Jesus: From Jesus the Baptizer to Jesus the Healer. ANRW II, 25, 1 (1982): 196-219.

Theißen, G. "Jesus und die symbolpolitischen Konflikte seiner Zeit. Sozialgeschichtliche Aspekte der Jesusforschung." EvTh 57 (1997): 378-400.

---. "Jünger als Gewalttäter (Mt 11,12f; Lk 16,16)." StTh 49 (1995): 183-200. Mighty Minorities? Minorities in Early Christianity - Positions and Strategies. Essays in honour of Jacob Jervell on his 70th birthday 21 May 1995. Vol. 49.

---. Lokalkolorit und Zeitgeschichte in den Evangelien. Ein Beitrag zur Geschichte der synoptischen Tradition. NTOA 8. Freiburg/Schweiz, 1989 (1992^2).

--- "Meer und See in den Evangelien. Ein Beitrag zur Lokalkoloritforschung." SNTU 10 (1985): 5-25.

---. Der Schatten des Galiläers. Historische Jesusforschung in erzählender Form. München, 1986 (1993^{13}).

---. "Die Tempelweissagung Jesu. Prophetie im Spannungsfeld von Stadt und Land." ThZ 32 (1976): 144-58. (Nachdruck in: ders., Studien zur Soziologie des Urchristentums, WUNT 19, Tübingen 1979, 142-159).

---, "Wanderradikalismus. Literatursoziologische Aspekte der Überlieferung von Worten Jesu im Urchristentum." ZThK 70 (1973): 245-71. (Nachdruck in: ders., Studien zur Soziologie des Urchristentums, WUNT 19, Tübingen 1979, 79-105).

Theißen, G. /Merz, A. Der historische Jesus. Ein Lehrbuch. Göttingen, 1996.

Webb, R. L. John the Baptizer and Prophet. A Socio-Historical Study. JSNT.S 62. Sheffield, 1991.

Wernik, M. "Frustrated Beliefs and Early Christianity. A Psychological Enquiry into the Gospels of the New Testament." Numen 22 (1975): 96-130.

Wilcox, M. "Jesus in the Light of his Jewish Environnement." ANRW II 25, 1 (1982): 131-95.

Zeitlin, I. M. "Understanding the Man Jesus. A Historical-Sociological Approach." Ultimate Reality and Meaning 13 (1990): 164-76.

3.2. Markusevangelium

Beavis, M. A. Mark's Audience. The Literary and Social Setting of Mark 4,11-12. JSNT Supplement Series 33. Sheffield, 1989.

Belo, F. Das Markus-Evangelium materialistisch gelesen. Stuttgart, 1980. (Original "Lecture matérialiste de l'Évangile de Marc", 1974).

Collins, A. Y. "Mysteries in the Gospel of Mark." Mighty Minorities? Minorities in Early Christianity - Positions and Strategies. Essays in honour of Jacob Jervell on his 70th birthday 21 May 1995. StTh 49 (1995): 11-23.

Dols, W. A Field Critical Hermeneutic of the Phrase ho huios tou anthropou in the Narrative World of Mark. Interreadings from literary criticism, Cultural Anthropology and Analytical Psychology. 1987. (Diss.).

Egger, W. "Nachfolge Jesu und Verzicht auf Besitz. Mk 10, 17-31 aus der Sicht der neuesten exegetischen Methoden." ThPQ 128 (1980): 127-36.

Fander, M. Die Stellung der Frau im Markusevangelium. Unter besonderer Berücksichtigung kultur- und religionsgeschichtlicher Hintergründe. Münsteraner Theologische Abhandlungen 8. Altenberge, 1989.

Juel, D. "The Markan Community and the 'Mighty Minority'" StTh 49 (1995): 67-77. Mighty Minorities? Minorities in Early Christianity - Positions and Strategies. Essays in honour of Jacob Jervell on his 70th birthday 21 May 1995. StTh 49 (1995): 67-77.

Kee, H. C. Community of the New Age. Studies in Mark's Gospel. Philadelphia, 1977.

---. "The Social Setting of Mark: An Apocalyptic Community." SBL 1984 Seminar Papers. Chico, 1984. 245-55.

McVann, M. "Markan Ecclesiology. An Anthropological Experiment." Listening 23 (1988): 95-105.

---. "The Passion in Mark: Transformation Ritual." BTB 18 (1988): 96-101.

Malina, B. J. "Mk 7:1-23. A Conflict Approach." Forum (Sonoma, CA) 4,3 (1988): 3-30.

May, D. M. "Leaving and Receiving: A Social-Scientific Exegesis of Mark 10:29-31." PRST 17 (1990): 141-51.154.

---. "Mark 3:20-35 from the Perspective of Shame/Honor." BTB 17 (1987): 83-87.

---. The Role of House and Household Language in the Markan Social World. 1987. (Diss.).

Myers, Ch. Binding the Strongman: A Political Reading of Mark's Story of Jesus. Maryknoll, 1988.

Neyrey S.J., J. H. "The Idea of Purity in Mark's Gospel." Semeia 35 (1986): 91-128.

---. "A Symbolic Approach to Mark 7.". Forum 4 (1988): 62-92.

Oakman, D. E. "Cursing Fig Trees and Robber's Dense. Pronouncement Stories Within Social Systemic Perspective. Mark 11:12-25 and Parallels." Semeia 64 (1983): 253-72.

Pilch, J. J. "Death with Honour. The Mediterranean Style of Jesus in Mark." BTB 25 (1995): 65-70.

---. "A Structural Functional Approach to Mark 7." Forum 4/3 (1988): 31-62.

Robbins, V. K. Jesus the Teacher. A Socio-Rhetorical Interpretation of Mark. Philadelphia, 1984.19922.

Rohrbaugh, R. L. "The Social Location of the Markan Audience." BTB 23 (1993): 114-27.

Saldarini, A. J. "The Social Class of the Pharisees in Mark." The Social World of Formative Christianity and Judaism. Philadelphia, 1988. 69-77.

Schottroff, L. "Wir sind Samen und keine Steinchen. Das Gleichnis vom Sämann (Mk 4,3-9par)." in: G. Casalis/K. Füssel u.a. Bibel und Befreiung. Beiträge zu einer nichtidealistischen Bibellektüre. hg.v.d. Tübinger Theologischen Fachschaftsinitiativen. Freiburg/Ch. 1985. 112-33.

Suh, J. S. Discipleship and Community. Mark's Gospel in Sociological Perspectice. Nexus Monograph Series 1. Claremont, 1991. NTAb 36, 116.

Theißen, G. "Lokal- und Sozialkolorit in der Geschichte von der syrophönikischen Frau (Mk 7.24-30)." ZNW 75 (1984): 202-25.

---. "Die pragmatische Bedeutung der Geheimnismotive im Markusevangelium. Ein wissenssoziologischer Versuch." in: (Hg.) H.G. Kippenberg/G.G. Stroumsa. Secrecy and Concealment. Studies in the History of Mediterranean and Near Eastern Religions. SHR 65. Leiden, 1995. 225-45.

Thompson, W. G. "Mark's Gospel and Faith Development." ChiSt 26 (1987): 139-54.

Waetjen, H. C. A Reordering of Power. A Sociopolitical Reading of Mark's Gospel. Minneapolis, 1989.

Watson, F. "The Social Function of Mark's Secrecy Theme." JSNT 24 (1985): 49-69.

Wilde, J. A. "The Social World of Mark's Gospel. A Word about Method." SBLASP 14. 1978. 47-70.

3.2. Matthäusevangelium

Balch, D. L. (Hg.). Social History of the Matthean Community. Cross-Disciplinary Approaches. Minneapolis, 1991.

Bindemann, W. "Das Brot für morgen gib uns heute. Sozialgeschichtliche Erwägungen zu den Wir-Bitten des Vaterunsers." ThViat 8 (1991): 199-215.

Brooks, S. H. Matthew's Community. The Evidence of his Special Sayings Material. JSNT Suppl. Scr. 16. Sheffield, 1987.

Crosby, M. H. House of Disciples: Church, Economics and Justice in Matthew. Maryknoll, 1988.

Donaldson, T. L. "The Law Hangs (Matthew 22.40): Rabbinic Formulation and Matthean Social World." CBQ 57 (1995): 689-709.

Duling, D. C. "Matthew's Plurisignificant 'Son of David' in Social Science Perspective: Kinship, Kingship, Magic, and Miracle." BTB 22 (1992): 99-116.

Elliott, J. H. "Matthew 20:1-15: A Parable of Individuos Comparision and Evil Eye Accusation." BTB 22 (1992): 52-65.

Gundry, R. H. "A Responsive Evaluation of the Social History of the Matthean Community in Roman Syria." in: (Hg.) D.L. Balch. Social History of the Matthean Community. Cross-Disciplinary Approaches. Minneapolis, 1991. 62-67.

Hummel, R. Die Auseinandersetzung zwischen Kirche und Judentum im Matthäusevangelium. BEvTh 33. München, 1963.

Künzel, G. Studien zum Gemeindeverständnis des Matthäus-Evangeliums. CThM Reihe A, 10. Stuttgart, 1978.

Levine, A. -J. The Social World of Formative Christianity and Judaism. Essays in Tribute to H.C. Kee. The Social and Ethnic Dimension of Matthean Social History. "Go nowhere among the gentiles (Matt 10:5b). Studies in the Bible and Early Christianity 14. Lewiston, 1988.

---. The Social Dimensions of Matthean Salvation History: 'Go Nowhere among the Gentiles' (Matt. 10:5b). Studies in the Bible and Early Christianity 14. Lewiston, 1988.

Love, S. L. "The Place of Women in Public Settings in Matthew's Gospel. A Sociological Inquiry." BTB 24 (1994): 52-65.

Malina, B. J. /Nerey, J.H. Calling Jesus Names. The Social Value of Labels in Matthew. Sonoma, 1988.

Míguez, N. "Continuidad y ruptura; confrontación y conflicto. Elementos para una aproximación socio-política a Mateo 23-24." RivBib 48 (1986): 153-67.

Milavec, A. "The Social Setting of 'Turning the Other Cheek' and 'Loving One's Enemeies' in Light of the Didache." BTB 25 (1995): 131-43.

Overman, J. A. Matthew's Gospel and Formative Judaism. The Social World of the Matthean Community. Minneapolis, 1990.

Pamment, M. "Witch-Hunt." Theo 84 (1981): 98-106.

Pilch, J. J. "Reading Matthew Anthropologically: Healing in Cultural Perspective." Listening 24 (1989): 278-89.

Riches, J. K. "The Sociology of Matthew: Some Basic Questions Concerning its Relation to the Theology of the New Testament." SBL Seminar Papers. 1983. 259-71.

Saldarini, A. J. "Boundaries and Polemics in the Gospel of Matthew." Biblical Interpretation 3 (1995): 239-65.

---. "The Gospel of Matthew and Jewish-Christian Conflict." Social History of the Matthean Community. Cross-Disciplinary Approaches. Minneapolis, 1991. 38-61.

Schottroff, L. "Das geschundene Volk und die Arbeit in der Ernte Gottes nach dem Matthäuse-vangelium." L. /W. Schottroff in: (Hg.) L. Schottroff. Mitarbeiter der Schöpfung. Bibel und Arbeitswelt. München, 1983. 149-206.

---. "Die Güte Gottes und die Solidarität von Menschen. Das Gleichnis von den Arbeitern im Weinberg." in: (Hg.) W. Schottroff/W. Stegemann. Der Gott der kleinen Leute. Sozialge-schichtliche Bibelauslegungen. Bd. 2. München, 1979. 71-93. (Nachdruck in: dies., Be-freiungserfahrungen. Studien zur Sozialgeschichte des Neuen Testaments, TB 82, München 1990, 36-56).

Schweizer, E. Matthäus und seine Gemeinde. SBS 71. Stuttgart, 1974.

Stalder, K. "Überlegungen zur Interpretation der Bergpredigt." in: (Hg.) U. Luz/H. Weder. Die Mitte des Neuen Testaments. FS E. Schweizer. Göttingen, 1983. 272-90.

Stark, R. "Antioch as the Social Location for Matthew's Gospel." Social History of the Matthean Community. Cross-Disciplinary Approaches. Minneapolis, 1991. 189-210.

Stegemann, W. "Die Versuchung Jesu im Matthäusevangelium. Mt 4,1-11." EvTh 45 (1985): 29-4.

Theißen, G. "Personalkarismatisk autoritet. Om afhængighed og uafhængighed i den mattæiske etik." Præsteforingens Blad 77 (1987): 357-66.

---. "Das 'schwankende Rohr' (Mt 11,7) und die Gründungsmünzen von Tiberias." ZDPV 101 (1985): 43-55.

Thysman, R. Communauté et directives éthiques. La catéchèse de Matthieu. Gembloux, 1974.

Tilborg, S. V. The Sermon of the Mount as an Ideological Intervention. A Reconstruction of Meaning. Assen, 1986.

Viviano, B. T. "Social World and Community Leadership: The Case of Matthew 23.1-12, 34." Journal for the Study of the New Testament 39 (1990): 3-21.

White, L. J. "Grid and Group in Matthew's Community: The Righteousness/Honor Code in the Sermon on the Mount." Semeia 35 (1986): 61-90.

White, L. M. "Crisis Management and Boundary Maintenance: The Social Location of the Matthean Community." Social History of the Matthean Community. Cross-Disciplinary Ap-proaches. Minneapolis, 1991. 211-47.

Willert, N. "Kristologien i Matthaeus' passionsfortaelling. Litteraere og sociologiske aspekter." DTT 54 (1991): 241-60.

Wire, A. C. "Gender Roles in a Scribal Community." Social History of the Matthean Communi-ty. Cross-Disciplinary Approaches. Minneapolis, 1991. 87-121.

Wischmeyer, O. "Matthäus 6,25-34 par. Die Spruchreihe vom Sorgen." ZNW 85 (1994): 1-22.

Wong, K.-Ch. Interkulturelle Theologie und multikulturelle Gemeinde im Matthäusevangelium. Zum Verhältnis von Juden- und Heidenchristentum im ersten Evangelium. NTOA 22. Fri-bourg, 1992.

3.3. Lukanische Tradition

Amstutz, J. "Beyond Pentecost. A Study of Some Sociological Dimensions of New Testament Church Growth from the Book of Acts." in: (Hg.) P. Elbert. Essays on Apostolic Themes: Studies in Honour of H.M. Ervin. Peabody, 1985. 208-25.

Aymer, B. A Socio-Religious Revolution. A Sociological Exegesis of 'Poor' and 'Rich' in Luke-Acts. Boston, 1987.

Bailey, K. E. Poet and Peasant. A Literary Cultural Approach to the Parables in Luke. Grand Rapids, 1976.

---. Through Peasant Eyes. More Lucan Parables, Their Culture and Style. Grand Rapids, 1980.

Barraclough, R. "A Re-Assessment of Luke's Political Perspective." RTR 38 (1979): 10-18.

Beavis, M. A. "'Expecting Nothing in Return'. Luke's Picture of the Marginalized." Interpret. 48 (1994): 357-68.

Brakemeier, G. Der "Sozialismus" der Urchristenheit. Experiment und neue Herausforderung. KVR 1535. Göttingen, 1988.

Cassidy, R. J. Jesus, Politics, and Society. A Stduy of Luke's Gospel. Maryknoll, 1978.

---. Society and Politics in the Acts of the Apostles. Maryknoll, 1987.

Cassidy, R. J. /Scharper, P.J. (Hg.). Political Issues in Luke-Acts. Maryknoll, 1983.

Cohen, N. "The Greek and Latin Transliteration Mariam and Maria. The Sociological Significance." Lesh 38 (1974): 170-80.

Daube, D. "Shame Culture in Luke." in: (Hg.) M.D. Hooker/S.G. Wilson. Paul and Paulinism: Essays in Honour of C.K. Barrett. London, 1982. 355-72.

Degenhardt, H. J. Lukas - Evangelist der Armen. Stuttgart, 1965.

Edwards, D. Acts of the Apostles and Chariton's Chaereas and Callirhoe. A Literary and Sociohistorical Study. Boston, 1986. (Diss.).

Elliott, J. H. "Household and Meals vs. Temple Purity: Replication Patterns in Luke-Acts." BTB (1991): 102-08.

---. "Temple versus Household in Luke-Acts. A Contrast in Social Institutions." in: (Hg.) J.H. Neyrey. The Social World of the Luke-Acts. Models for Interpretation. 1991. 211-40. (Nachdruck in: HTS 47, 1991, 88-120).

Esler, P. F. Community and Gospel in Luke-Acts: The Social and Political Motivations of Lucan Theology. Cambridge, 1987.

Gérard, J. -P. "Les riches dans la communauté lucanienne." EThL 71 (1995): 71-106.

Gowler, D. B. "Characterization in Luke: A Socio-Narratological Approach." BTB 19 (1989): 54-62.

--- Host, Guest, Enemy and Friend: Portraits of the Pharisees in Luke and Acts. Emory Studies in Early Christianity 2. New York, 1991.

Juel, D. "Social Dimensions of Exegesis: the Use of Psalm 16 in Acts 2." CBQ 43 (1981): 543-56.

Karris, R. J. "Missionary Communities. A New Paradigm for the Study of Luke-Acts." CBQ 41 (1979): 80-97.

---. "Poor and Rich. The Lukan Sitz im Leben." in: (Hg.) C.H. Talbert. Perspectives on Luke-Acts. Edinburgh, 1978. 112-25.

Kilgallen, J. J. "Social Development and the Lucan Works." StMiss 39 (1990): 21-47.

Kraybill, D. B. /Sweetland, D.M. "Possessions in Luke-Acts: A Sociological Perspective." PRST 10 (1983): 215-39.

Lang, B. "Grußverbot oder Besuchsverbot? Eine sozialgeschichtliche Deutung von Lukas 10,4b." BZ 26 (1982): 75-79.

McVann, M. "Rituals of Status Transformation in Luke-Acts: The Case of Jesus the Prophet." The Social World of Luke-Acts: Models for Interpretation. Peabody, 1991.

Malina, B. J. "Reading Theory Perspective. Reading Luke-Acts." The Social World of Luke-Acts. Models for Interpretation. Peabody, 1991. 3-23.

Malina, B. J. /Neyrey, J.H. "Conflict in Luke-Acts. Labelling and Deviance Theory." in: (Hg.) J.H. Neyrey. The Social World of the Luke-Acts. Models for Interpretation. Peabody, 1991. 97-122.

---. "Honor and Shame in Luke-Acts. Pivotal Values of the Mediterranean World." in: (Hg.) J.H. Neyrey. The Social World of Luke-Acts. Peabody, 1991. 25-65.

Marshall, P. "Individual and Social Standing in Acts." History in the New Testament. Macquarie, 1984. 22-27.

Mealand, D. L. "Community of Goods and Utopian Allusions in Acts II-IV." JThSt 28 (1977): 96-99.

Mitchell S.J., A. C. "The Social Function of Friendship in Acts 2:44-47 and 4:32-37." JBL 111 (1992): 255-72.

Mönning, B. H. Die Darstellung des urchristlichen Kommunismus nach der Apostelgeschichte des Lk. Göttingen, 1978. (Diss.).

Moxnes, H. "The Economy in the Gospel of Luke in Light of Social Anthropology." in: (Hg.) ders. Economy in the New Testament. Urchristendommen. Projektshefte 2. Oslo, 1987. 1-35.

---. The Economy of the Kingdom. Social Conflict and Economic Relations in Luke's Gospel. Philadelphia, 1988.

---. "'He saw that the city was full of idols' (Acts 17:16)." Mighty Minorities? Minorities in Early Christianity - Positions and Strategies. Essays in honour of Jacob Jervell on his 70th birthday 21 May 1995. StTh 49 (1995): 107-31.

---. "Meals and the New Community in Luke." SEA 51 (1986): 158-67.

---. "Patron-Client Relations and the New Community in Luke-Acts. Models for Interpretation." in: (Hg.) J. H. Neyrey. The Social World of Luke-Acts. Models for Interpretation. Peabody, 1991. 241-68.

---. "The Social Context of Luke's Community." Interpr. 48 (1994): 379-89.

---. "Social Relations and Economic Interaction in Luke's Gospel: A Research Report." in: (Hg.) P. Luomanen. Luke-Acts: Scandinavian Perspectives. Göttingen, 1991. 58-75.

Neyrey S.J., J. H. "Ceremonies in Luke-Acts. The Case of Meals and Table-Fellowship." . in: (Hg.) ders. The Social World of Luke-Acts. Models for Interpretation. Peabody, 1991. 361-87.

---. "The Forensic Defensive Speech and Paul's Trial Speeches in Acts 22-26. Form and Function." Luke-Acts. New Perspectives from the Society of Biblical Literature Seminar. New York, 1984. 210-24.

---. The Passion According to Luke. Theological Inquiries. New York, 1985.

---. "The Symbolic Universe of Luke-Acts. 'They Turn the World Upside Down'" . in: (Hg.) ders. The Social World of Luke-Acts. Models for Interpretation. Peabody, 1991. 271-304.

Neyrey S.J., J. H. (Hg.). The Social World of Luke-Acts: Models for Interpretation. Peabody, 1991.

Neyrey S.J., J. H. /Malina, B.J. "Conflict in Luke-Acts. Labelling and Deviance Theorie." in: (Hg.) J.H. Neyrey S.J. The Social World of Luke-Acts. Models for Interpretation. Peabody, 1991. 97-122.

---. "First Century Personality. Dyadic Not Individualistic." . in: (Hg.) J.H. Neyrey S.J. The Social World of Luke-Acts. Models for Interpretation. Peabody, 1991. 67-96.

---. "Honor and Shame in Luke-Acts. Pivotal Values of Mediterranean World." . in: (Hg.) J.H. Neyrey S.J. The Social World of Luke-Acts. Models for Interpretation. Peabody, 1991. 25-65.

Nickelsburg, G. W. E. "Riches, the Rich, and Gods Judgement in 1Enoch 92-105 and the Gospel according to Luke." NTS 25 (1979): 324-44.

Oakman, D. E. "The Buying Power of Two Denarii. A Comment on Luke 10:35." Forum 4 (1987): 33-38.

---. "The Countryside of Luke-Acts." in: (Hg.) J.H. Neyrey. The Social World of Luke-Acts. Models for Interpretation. Peabody, 1991. 151-79.

---. "Was Jesus a Peasant? Implications for Reading the Samatarian Story (Luke 10:30-35)." BTB 22 (1992): 117-25.

Osborne, G. R. "Luke: Theologian of Social Concern." Trinity Journal 7 (1978): 135-48.

Pilch, J. J. "Sickness and Healing in Luke-Acts." in: (Hg.) J.H. Neyrey. The Social World of Luke-Acts. Models for Interpretation. Peabody, 1991. 181-209.

Pilgrim, W. E. Good News to the Poor. Wealth and Poverty in Luke-Acts. Minneapolis, 1981.

Robbins, V. K. "The Social Location of the Implied Author of Luke-Acts." The Social World of Luke-Acts: Models for Interpretation. Peabody, 1991. 305-32.

Rohrbaugh, R. L. "The Pre-Industrial City in Luke-Acts. Urban Social Relations." in: (Hg.) J.H. Neyrey. The Social World of Luke-Acts. Models for Interpretation. Peabody, 1991. 125-49.

Ruef, J. S. Ananias and Saphira. A Study of the Community Disciplinary Practices Underlying Acts 5,1-11. (Diss.). Havard, 1960.

Ryan, R. "The Women from Galilee and Discipleship in Luke." BTB 15 (1985): 56-59.

Schmithals, W. "Lukas - Evangelist der Armen." ThViat 12 (1975): 153-67.

Schottroff, L. "Die große Liebende und die Pharisäer Simon (Lukas 7,36-50)." in: (Hg.) L. Siegele-Wenschkewitz. Verdrängte Vergangenheit, die uns bedrängt. München, 1988. 147-63. (Nachdruck in: dies., Befreiungserfahrungen. Studien zur Sozialgeschichte des Neuen Testaments, ThB 82, München 1982, 310-323).

---. "Jungfrauengeburt. Lk 1,26-33.38." GPM 41,1 (1986): 24-30. (Nachdruck in: dies., Befreiungserfahrungen. Studien zur Sozialgeschichte des Neuen Testaments, ThB 82, München 1982, 257-263(.

---. "Das Magnificat und die älteste Tradition über Jesus von Nazareth." EvTheol 38 (1978): 298-313.

Secombe, D. P. Possessions and the Poor in Luke-Acts. Linz, 1982.

Staden, P. V. Compassion - The Essence of Life: A Social-Scientific Study of the Religious Symbolic Universe Reflected in the Ideology/Theology of Luke. HTS. Supplement 4. Pretoria, 1991.

---. "A Sociological Reading of Luke 12:35-48." Neotestamentica 22 (1988): 337-53.

Stegemann, W. Zwischen Synagoge und Obrigkeit. Zur historischen Situation der lukanischen Christen. FRLANT 152. Göttingen, 1991.

Stoops, R. F. "Riot and Assembly: The Social Context of Acts 19:23-41." JBL 108 (1989): 73-91.

Swartley, W. M. "Politics or Peace (eirene) in Luke's Gospel." in: (Hg.) R.J. Cassidy/P.J. Scharper. Political Issues in Luke-Acts. Maryknoll, 1983. 18-37.

Theißen, G. "Urchristlicher Liebeskommunismus. Zum 'Sitz im Leben' des Topos ἅπαντα κοινά in Apg 2,44 und 4,32." in: (Hg.) T. Fornberg/D. Hellholm. Texts and Contexts. Biblical Texts in Their Textual and Situational Contexts. Essays in Honour of Lars Hartman. Oslo, 1995. 689-712.

Thériault, J. -Y. "Les dimensions sociales, économiques et politiques dans l'œvre de Luc." ScEc 26 (1974): 204-31.

Tyson, J. "The Emerging Church and the Problem of Authority in Acts." Interpret. 42 (1988): 132-45.

Ukachukwu Manus, C. "The Community of Love in Luke's Acts: A Sociological Exegesis of Acts 2:41-47 in the African Context." West African Journal of Ecclesial Studies 2 (1990): 11-37.

Walaskay, P. W. 'And So We Came to Rome'. The Political Perspective of St. Luke. Cambridge, 1983.

3.4. Johanneische Tradition

Barrett, C. K. "Johanneisches Christentum." in: (Hg.) J. Becker. Die Anfänge des Christentums. Alte Welt und neue Hoffnung. Stuttgart, 1987. 255-79.

---. "St. John: Social Historian." Proceedings of the Irish Biblical Association 10. Dublin, 1986. 26-39.

Bonsack, B. "Der Presbyteros des dritten Briefs und der geliebte Jünger des Evangeliums nach Johannes." ZNW 79 (1988): 45-62.

Brown, R. E. Ringen um die Gemeinde. Der Weg der Kirche nach den johanneischen Schriften. Salzburg, 1982 (engl. 1979).

Busse, U. "The relevance of social history to the interpretation of the Gospel according to John." Skrif en Kerk 16 (1995): 28-38.

Culpepper, R. A. The Johannine School. An Evaluation of the Johannine School Hypothesis based on an Investigation of the Nature of Ancient Schools. Ann Arbour, 1974. (Microfilm).

Destro, A. /Pesce, M. "Kinship, Discipleship, and Movement. An Anthropological Study of John's Gospel." Biblical Interpretation 3 (1995): 266-84.

Karris, R. J. Jesus and the Marginalized in John's Gospel. Collegeville, 1990.

Liebert, E. "That You May Believe: The Fourth Gospel and Structural Development Theory." BTB 14 (1984): 67-73.

Longenecker, B. W. "The Unbroken Messiah: A Johannine Feature and Its Social Functions." NTS 41 (1995): 428-41.

Malina, B. J. "The Gospel of John in Sociolinguistic Perspective." in: Colloquy of the Center for Hermeneutical Studies in Hellenistic and Modern Culture, Protocol Series 48. Berkeley, 1985. 1-23.

---. "The Received View and What It Cannot Do, III John and Hospitality." Semeia 35 (1986): 171-94.

Meeks, W. A. "The Man from Heaven in Johannine Sectarism." JBL 91 (1972): 44-72. (Nachdruck in: (Hg.) ders., Zur Soziologie des Urchristentums. Ausgewählte Beiträge zum frühchristlichen Gemeinschaftsleben in seiner gesellschaftlichen Umwelt, TB 62, München 1979, 245-283).

Miller, J. W. The Concept of the Church in the Gospel According to John. (Diss.). Ann Arbour, 1976. (Microfilm).

Neyrey S.J., J. H. An Ideology of Revolt. John's Christology in Social-Science Perspective. Philadelphia, 1988.

---. "Jesus the Judge. Forensic Process in John 8:21-59." Bib 68 (1987): 509-41.

---. 'My Lord and My God': The Divinity of Jesus in the Fourth Gospel. SBL Seminar Papers. Atlanta, 1986. 152-71.

Nortjé, S. J. "The Role of Women in the Fourth Gospel." Neotestamentica (Pretoria) 20 (1986): 21-28.

Onuki, T. Gemeinde und Welt im Johannesevangelium. Ein Beitrag zur Frage nach der theologischen und pragmatischen Funktion des johanneischen "Dualismus". WMANT 56. Neukirchen, 1984.

---. "Zur literatursoziologischen Analyse des Johannesevangeliums - auf dem Wege zur Methodenintegration." AJBI 8 (1982): 162-216.

Perkins, P. "Koinonia in 1 John 1:3-17: The Social Context of Division in the Johannine Letters." CBQ 45 (1983): 631-41.

Rebell, W. Gemeinde als Gegenwelt. Zur soziologischen und didaktischen Funktion des Johannesevangeliums. Frankfurt/M. 1987.

Reim, G. "Zur Lokalisierung der Johanneischen Gemeinde." BZ 32 (1988): 72-86.

Renner, G. L. The Life-World of the Johannine Community: An Investigation of the Social Dynamics which Resulted in the Composition of the Fourth Gospel. Ann Arbour, 1982.

Rensberger, D. Johannine Faith and Liberating Community. Philadelphia, 1988.

---. Overcoming the World. Politics and Community in the Gospel of John. London, 1988.

Schottroff, L. "'Mein Reich ist nicht von dieser Welt'. Der johanneische Messianismus." in: (Hg.) J. Taubes. Religionstheorie und Politische Theologie. Bd. 2. Gnosis und Politik. München, 1984. 97-108. (Nachdruck in: dies., Befreiungserfahrungen. Studien zur Sozialgeschichte des Neuen Testaments, TB 82, München 1990, 170-183).

---. "Die Samaritanerin am Brunnen (Joh 4)." Auf Israel hören. Sozialgeschichtliche Bibelauslegungen. Luzern, 1992. 115-32.

---. "Die Schuld 'der Juden' und die Entschuldung des Pilatus in der deutschen neutestamentlichen Wissenschaft seit 1945." in: dies. Befreiungserfahrungen. Studien zur Sozialgeschichte des Neuen Testaments. TB 82. München, 1990. 324-57.

Segovia, F. F. "The Significance of Social Location in Reading John's Story." Interpret. 49 (1995): 370-78.

Taeger, J. "Der konservative Rebell. Zum Widerstand des Diotrephes gegen den Presbyter." ZNW 78 (1987): 267-87.

Theißen, G. "Autoritätskonflikte in den johanneischen Gemeinden. Zum 'Sitz im Leben' des Johannesevangeliums." in: ΔIAKONIA. Gedenkschrift für B. Stoigiannos. Thessaloniki, 1988. 243-58.

Vouga, F. "The Johannine School: A Gnostic Tradition in Primitive Christianity?" Bib 69 (1988): 371-85.

Waetjen, H. (Hg.). The Gospel of John in Sociolinguistic Perspective. Berkeley, 1985.

Webb, R. L. John the Baptizer and Prophet. A Socio-Historical Study. JSNT.S 62. Sheffield, 1991.

Wengst, K. Bedrängte Gemeinde und verherrlichter Christus. Ein Versuch über das Johannesevangelium. München, 1990³.

Wernik, M. "Frustrated Beliefs and Early Christianity. A Psychological Enquiry into the Gospels of the New Testament." Numen 22 (1975): 96-130.

Wiefel, W. "Die Scheidung von Gemeinde und Welt im Johannesevangelium auf dem Hintergrund der Trennung von Kirche und Synagoge." ThZ 35 (1989): 213-27.

Woll, D. B. Johannine Christianity in Conflict: Rank and Succession in the First Farewell Discourse. SBLDS 60. Missoula, 1981.

3.5. Paulus und die paulinische Tradition

Agourides, S. "The Meaning of Christ for Paul. A Socioreligious Approach." Parola et Spirito. FS S. Cipriani I. Paideia/Brescia, 1982. 651-59.

Atkins, R. A. Egalitarian Community. Ethnography and Exegesis. Tuscaloosa, 1991. NTAb 36, 1992, 118.

Banks, R. Paul's Idea of Community. The Early House-Churches in their Historical Setting. Grand Rapids, 1980.

Barclay, J. M. G. "Thessalonica and Corinth. Social Contrasts in Pauline Christianity." JSNT 47 (1992): 49-74

Barton, S. "Paul and the Cross. A Sociological Approach." Theol 85 (1982): 13-19.

---. "Paul and the Ressurection. A Sociological Approach." Religion 14 (1984): 67-65.

Barton, S. C. "Paul's Sense of Place: An Anthropological Approach to Community Formation in Corinth." NTS 32 (1986): 225-46.

Becker, J. "Paulus und seine Gemeinden." in: (Hg.) ders. Die Anfänge des Christentums. Alte Welt und neue Hoffnung. Stuttgart, 1987. 102-59.

Blasi, A. J. Making Charisma. The Social Construction of Paul's Public Image. New Brunswick, 1991.

Bormann, L. Philippi. Stadt und Christengemeinde zur Zeit des Paulus. NT.S 78. Leiden, 1995.

Bossman O.F.M., D. M. "Images of God in the Letters of Paul." BTB (Albany) 18 (1988): 67-76.

Botha, J. "Social values int the rhetoric of Pauline parenetic literature." Neotestamentica 28 (1994): 109-26.

Broekhoven, H. V. "The Social Profiles in the Colossian Debate." JSNT 66 (1997): 73-90.

Clark, G. "The Social Status of Paul." ET 96 (1985): 110-11.

---. "The Women at Corinth." Theol 85 (1982): 256-62.

Conzelmann, H. "Paulus und die Weisheit." NTS 12 (1965/66): 231-44. (Nachdruck in: ders., Theologie als Schriftauslegung, BEvTh 65, München, 1974, 167-176).

Corrigan, G. M. "Paul's Shame for the Gospel." BTB 16 (1986): 23-27.

Dahl, N. A. "Rettferdiggjœrelses læens sosiologiske funksjon og konsekvenser." NTT 65 (1964): 284-310. (Nachdruck unter dem Titel "The Doctrine of Justification: Its Social

Functions and Implications", in ders., Studies in Paul, Theology for the Early Christian Mission, Minneapolis, 1977, 95-120).

Dautzenberg, G. "Der Verzicht auf das apostolische Unterhaltsrecht. Eine exegetische Untersuchung zu 1 Kor 9." Bibl 50 (1969): 212-32.

Dewey, A. "A Matter of Honor. A Social-Historical Approach to Community Formation in Corinth." HThR 78 (1985): 209-17.

---. "Outlaw/inlaw: Social-historical Oberservations on Romans 9-11." in: (Hg.) P. Redditt. Proceedings, Eastern Great Lakes and Midwest Biblical Societies. Bd.8. Georgetown, 1988. 49-57.

---. "Social-historical Observations on Romans (15:23-24)." in: (Hg.) P. Redditt. Proceedings, Eastern Great Lakes and Midwest Biblical Societies. Bd. 7. Georgetown, 1987. 49-57.

Downing, F. G. "Cynics, Paul and the Pauline Churches." London, 1998 (angekündigt).

Eck, W. /Heinrichs, J. (Hg./Übers.). Sklaven und Freigelassene in der Gesellschaft der römischen Kaiserzeit. TzF 61. Darmstadt, 1993.

Elliott, J. H. "Paul, Galatians, and the Evil Eye." CThMi 17 (1990): 262-73.

---. "Philemon and House Churches." BiTod 22 (1984): 182-94.

Ellis, E. E. "Paul and his Co-Workers." NTS 17 (1970/71): 437-52. (Nachdruck in: ders., Prophecy and Hermeneutic in Early Christianity, WUNT 18, Tübingen, 1978, 3-22).

Engberg-Petersen. "The Gospel and Social Practice According to 1 Corinthians." NTS 33 (1987): 557-84.

Esler, Ph. F. "Making and Breaking an Agreement Mediterranean Style. A New Reading of Galatians 2:1-14." Biblical Interpretation 3 (1995): 285-314.

Faust, E. Pax Christi et Pax Caesaris. Religionsgeschichtliche, traditionsgeschichtliche und sozialgeschichtliche Studien zum Epheserbrief. NTOA 24. Fribourg, 1993.

Fredriksen, P. "Paul and Augustine: Conversion Narratives, Orthodox Traditions, and the Retrospective Self." JThS 37 (1986): 3-34.

Funk, A. Status und Rollen in den Paulusbriefen, Eine inhaltsanalytische Untersuchung zur Religionssoziologie. Innsbrucker Theologische Studien 7. Innsbruck, 1981.

Gager, J. G. "Paulus und das antike Judentum. Eine Kritik an Max Webers Interpretation." in: (Hg.) W. Schluchter. Max Webers Sicht des antiken Christentums. Interpretation und Kritik. stw 548. Frankfurt/M. 1985. 386-403.

---. "Some Notes on Paul's Conversion." NTS 27 (1981): 697-704.

Gallagher, E. V. "The Social World of Paul." Religion 14 (1984): 91-99.

Garmus, L. (Hg.). Sociologia das Comunidades Paulinas. Estudos Bíblicos 25. Petropolis, 1990.

Georgi, D. Der Armen zu Gedenken. Die Geschichte der Kollekte des Paulus für Jerusalem. Neukirchen, 1994² (1965).

---. "The Opponents of Paul in 2 Corinthians: A Study of Religious Propaganda in Late Antiquity." Philadelphia, 1986.

Hammerton-Kelly, R. "The Gospel and Social Practice According to 1 Corinthians." NTS 33 (1987): 557-84.

Harrington S.J., D. J. "A New Paradigm for Paul." America (New York) 157 (1987): 290-93.

Heiligenthal, R. "Soziologische Implikationen der paulinischen Rechtfertigungslehre im Galaterbrief am Beispiel der 'Werke des Gestzes'. Beobachtungen zur Identitätsfindung einer frühchristlichen Gemeinde." Kairos 26 (1984): 38-53.

Hock, R. F. "Paul's Tentmaking and the Problem of his Social Class." JBL 97 (1978): 55-564.

---. The Social Context of Paul's Ministry, Tentmaking and Apostleship. Philadelphia, 1980.

---. "The Workshop as Social Setting for Paul's Misionary Preaching." CBQ 41 (1979): 438-50.

Holmberg, B. Paul and Power. The Structure of Authority in the Primitive Church as reflected in the Pauline Epistles. CB.NT 11. Lund, 1978.

---. "Sociological versus Theological Analysis of the Question Concerning a Pauline Church Order." in: (Hg.) S. Pedersen. Die paulinische Literatur und Theologie. Anläßlich der

50jährigen Gründungsfeier der Universität von Århus. Teologiske Studier Bd. 7. Århus-Göttingen, 1980. 187-200.

---. "Sociologiska perspektiv på Gal 2:11-14(21)." SEÅ 55 (1990): 71-92.

Jewett, R. The Thessalonian Correspondence. Pauline Rhetoric and Millenarian Piety. Philadelphia, 1986. Bib., Holmberg, Sociology, 162.

Judge, E. A. "Cultural Conformity and Innovation in Paul: Some Clues from Contemporary Documents." TynB 35 (1984): 3-24.

---. "St. Paul and Classical Society." JAC 15 (1972): 19-36.

---. "St. Paul as a Radical Critic of Society." Interchange 16 (1974): 191-64.

Kee, H. C. "The Conversion of Paul. Confrontation or Interiority?" in: (Hg.) P. Berger. The Other Side of God. A Polarity in World Religions. Garden City, 1981. 48-60.

Keightley, G. M. "The Church's Memory of Jesus: A Social Science Analysis of 1 Thessalonians." BTB 17 (1987): 149-56.

Kirchhoff, R. Die Sünde gegen den eigenen Leib. Studien zu πορνή und πορνεία in 1 Kor 6,12-20 und dem sozio-kulturellen Kontext der paulinischen Adressaten. StUNT 18. Göttingen, 1994.

Klaiber, W. Rechtfertigung und Gemeinde. Eine Untersuchung zum paulinischen Gemeindeverständnis. FRLANT 127. Göttingen, 1982.

Klauck, H. J. "Gemeindestrukturen im ersten Korintherbrief." BiKi 40 (1985): 9-15.

Lafon, G. "La pensée du social et la théologie. Loi et grâce en Romains 4,13-16." RevSR 75 (1987): 9-38.

Lampe, P. "Keine 'Sklavenflucht' des Onesimus." ZNW 76 (1985): 135-37.

---. "Paulus - Zeltmacher." BZ 31 (1987): 261-64,

Lampe, P. /Luz, U. "Nachpaulinisches Christentum und pagane Gesellschaft." in: (Hg.) J. Bekker. Die Anfänge des Christentums. Alte Welt und neue Hoffnung. Stuttgart, 1987. 185-216.

Lodge, J. G. "All Things to All: Paul's Pastoral Strategy." ChiSt 24 (1985): 291-306.

MacDonald, M. Y. The Pauline Churches. A Socio-historical Study of Institutionalization in the Pauline and Deutero-Pauline Writings. Society of New Testament Studies. Monograph Series 60. Cambridge, 1988.

---. "Women Holy in Body and Spirit: the Social Setting of 1 Corinthians 7." NTS 36 (1990): 161-81.

Malherbe, A. Paul and the Popular Philosophers. Minneapolis, 1989.

---. Paul and the Thessalonians. The Philosophic Tradition of Pastoral Care. Philadelphia, 1987.

Malina, B. J. "The Apostle Paul and Law: Prolegomena for a Hermeneutic." Creighton Law Review 14 (1981): 1305-39.

---. "Foreword." in: Neyrey, J.H., Paul. In Other Words, A Cultural Reading of His Letters. Louisville, 1990. 7-9.

---. "'Religion' in the World of Paul. A Preliminary Sketch." BTB (Albany) 16 (1986): 92-101.

Marshall, P. "A Metaphor of Social Shame. thriambeuein in 2 Cor. 2:14." NT 25 (1983): 303-17.

Marshall, P. H. Enmity in Corinth. Social Conventions in Paul's Relations with the Corinthians. WUNT II, 23. Tübingen, 1987.

Martin, D. B. Slave of Christ, Slave of All. Paul's Metaphor of Slavery and 1 Korinthians 9. Yale, 1988. (Diss.).

Meeks, W. A. The First Urban Christians. The Social World of the Apostle Paul. New Haven, 1983.

---. "Die Rolle des paulinischen Christentums bei der Entstehung einer rationalen ethischen Religion." in: (Hg.) W. Schluchter. Max Webers Sicht des antiken Christentums. Interpretation und Kritik. stw 548. Frankfurt/M. 1985. 363-85.

---. "'Since Then You Would Need to Go Out of the World'. Group Boundaries in Pauline Christianity." in: (Hg.) T. Ryan. Critical History and Biblical Faith. New Testament Perspectives. Villanova, 1979. 9-27.

---. "The Social Context of Pauline Theology." Interpret 37 (1982): 266-77.

---. "Social Funktions of Apocalyptic Language in Pauline Christianity." in: (Hg.) D. Hellholm. Apocalypticism in the Mediterranean World and the Near East. Proceedings of the International Colloquium on Apocalypticism. Uppsala 1983. Tübingen, 1983.

---. "Toward a Social Description of Pauline Christianity." in: Green, W.A. II, Approaches to Ancient Judaism. Chico, 1980.

---. "The Urban Environnement of Pauline Christianity." in: (Hg.) S.R. Isenberg. Some Uses and Limitations of Social Scientific Methodology in the Study of Early Christianity. Missoula, 1980. 113-22.

Meggitt, J. J. "Meat Consumption and Social Conflict in Corinth." JThS 45 (1994): 137-41.

---. "The Social Status of Erastus (Rom. 16:23)." NT 38 (1996): 218-23.

Moxnes, H. "Paulus og den norske vaerematen. 'Skam' og 'aere' i Romerbrevet." NTT 86 (1985): 126-40.

---. "Social Integration and the Problem of Gender in St. Paul's Letters." Studia Theologica (Oslo) (1989): 99-113.

Néstor, O. "La Composicion social de la iglesia en Tesalonica." RivBib 51 (1987): 65-89.

Neyrey S.J., J. H. "Bewitched in Galatia. Paul and Cultural Anthropology." CBQ 50 (1988): 72-100.

---. "Body Language in 1 Corinthians. The Use of Anthropological Models for Understanding Pauland His Opponents." Semeia 35 (1986): 129-70.

---. Paul, in Other Words, A Cultural Reading of His Letters. Louisville, 1990.

---. "Witchcraft Accusations in 2. Cor. 10-13. Paul in Social-Science Perspective." Listening 21 (1986): 160-71.

O'Connor, J. M. St. Paul's Corinth: Texts and Archaeology. 1983.

Ollrog, W. H. Paulus und seine Mitarbeiter. Untersuchungen zur Theorie und Praxis der paulinischen Mission. WMANT 50. Neukirchen, 1979.

Petersen, N. R. Rediscovering Paul. Philemon and the Sociology of Paul's Narrative World. Philadelphia, 1985.

Pytel, R. "Religijne i spoteczne aspekty pracy w pismach Pawtowych." (Religious and Social Aspects of Labour in Paul's Letters). STV 20 (1982): 97-104.

Rebell, W. Gehorsam und Unabhängigkeit. Eine sozialpsychologische Studie zu Paulus. München, 1986.

---. "Gemeinde als Missionsfaktor im Urchristentum. 1 Kor 14,24f. als Schlüsselsituation." ThZ 44 (1988): 117-34.

Rísaeg, N. A. "Rom 13,1-7 i sosialpolitisk kontekst. Nyere forskning - en oversikt og vurdering." NTT 94 (1993): 35-54.

Russell, R. "The Idle in 2 Thess 3.6-12: An Eschatological or A Social Problem?" NTS 34 (1988): 105-19.

Sampley, J. P. Pauline Partnership in Christ. Christian Community and Commitment in Light of Roman Law. Philadelphia, 1980.

---. "Societas Christi: Roman Law and Paul's Conception of the Christian Community." in: God's Christ and His People. FS N.A. Dahl. Oslo, 1977. 158-74.

Sänger, D. "Die δυνατοί in 1 Kor 1,26." ZNW 76 (1985): 285-91.

Schöllgen, G. "Was wissen wir über die Sozialstruktur der paulinischen Gemeinden? Kritische Anmerkungen zu einem neuen Buch von W.A. Meeks." NTS 34 (1988): 71-82.

Schottroff, L. "Die Schreckensherrschaft der Sünde und die Befreiung nach dem Römerbrief des Paulus." EvTh 39 (1979): 497-510. (Nachdruck in: dies., Befreiungserfahrungen. Studien zur Sozialgeschichte des Neuen Testaments, TB 82, München 1990, 57-72).

---. "Wie berechtigt ist die feministische Kritik an Paulus? Paulus und die Frauen im Römischen Reich." Einwürfe (München) 2 (1985): 94-111. (Nachdruck in: dies., Befreiungserfahrungen. Studien zur Sozialgeschichte des Neuen Testaments, TB 82, München 1990, 229-246).

Schreiber, A. Die Gemeinde in Korinth. Versuch einer gruppendynamischen Betrachtung der Entwicklung der Gemeinde von Korinth auf der Basis des ersten Korintherbriefes. NTA.NF 12. Münster, 1977.

Schuller, W. Frauen in der römischen Geschichte. Konstanz, 1987.

Schüssler Fiorenza, E. "Missionaries, Apostles, Coworkers: Roman 16 and the Reconstruction of Women's Early Christian History." Word and World (St. Paul) 6 (1986): 420-33.

Schütz, J. H. Paul and the Anatomy of Apostolic Authority. MSSNTS 26. Cambridge, 1975.

Seim, T. K. "The Problem of Men's Headship in Ephesians 5." StTh 49 (1995): 167-81. In Mighty Minorities? Minorities in Early Christianity - Positions and Strategies. Essays in honour of Jacob Jervell on his 70th birthday 21 May 1995,

Smith, D. E. Social Obligation in the Context of Communal Meals. A Study of the Christian Meal in 1. Corinthians in Comparison with the Graeco-Roman Communal Meals. (Diss.). Havard, 1980.

Stegemann, W. "War der Apostel Paulus ein ein römischer Bürger?" ZNW 78 (1987): 200-29.

---. "Zwei sozialgeschichtliche Anfragen an unser Paulusbild." EvErz 37 (1985): 480-90.

Stowers, S. K. "Social Status, Public Speaking and Private Teaching: the Circumstances of Paul's Preaching Activity." NT 26 (1984): 59-82.

Strecker, Chr. Transformation, Liminalität und Communitas bei Paulus. Neuendettelsau, 1995. (Diss. maschr.).

Synnes, M. "Paulus i sosiologisk ramme. Nytt fremstøt i Paulus-forskningen (Paul in a Sociological Framework. A New Advance in Pauline Research)." TTk 50 (1979): 241-50.

Tambasco, A. J. In the Days of Paul. The Social World and Teaching of the Apostle. New York, 1991.

Tellbe, M. "The Sociological Factors behind Philippians 3.1-11 and the Conflict at Philippi." JSNT 55 (1994): 97-121.

Theißen, G. "Judentum und Christentum bei Paulus. Sozialgeschichtliche Überlegungen zu einem beginnenden Schisma." in: (Hg.) M. Hengel/U. Heckel. Paulus. Missionar und Theologe und das antike Judentum. WMANT 58. Tübingen, 1991. 331-59.

---. "Legitimation und Lebensunterhalt. Ein Beitrag zur Soziologie urchristlicher Missionare." NTS 21 (1974/75): 192-221. (Nachdruck in: ders., Studien zur Soziologie des Urchristentums, WUNT 19, Tübingen 1979, 201-230).

---. The Social Setting of Pauline Christianity. Essays on Corinth. Philadelphia, 1982.

---. "Soziale Integration und sakramentales Handeln. Eine Analyse von 1. Cor. XI, 17-34." NT 16 (1974): 179-206. (Nachdruck in: ders., Studien zur Soziologie des Urchristentums, WUNT 19, Tübingen 1979, 290-317).

---. "Soziale Schichtung in der korinthischen Gemeinde. Ein Beitrag zur Soziologie des hellenistischen Urchristentums." ZNW 65 (1974): 232-71. (Nachdruck in: ders., Studien zur Soziologie des Urchristentums, WUNT 19, Tübingen 1979, 231-271).

---. "Die Starken und die Schwachen in Korinth. Soziologische Analyse eines theologischen Streites." EvTh 35 (1975): 155-72. (Nachdruck in: ders., Studien zur Soziologie des Urchristentums, WUNT 19, Tübingen 1979, 272-289).

Watson, F. Paul, Judaism and the Gentiles. A Sociological Approach. MSSNTS 56. Cambridge, 1986.

Weiler, I. "Zum Schicksal der Witwen und Waisen bei den Völkern der Alten Welt. Materialien für eine vergleichende Geschichtswissenschaft." Saec 31 (1980): 157-93.

Wuellner, W. "The Sociological Implications of 1. Corinthians 1,26-28." StEv 4 (1973): 666-72.

---. "Ursprung und Verwendung der sophos-, dynatos-, eugenes-Formel in 1 Kor 1,26." in: Donum Gentilicium. FS D. Daube. Oxford, 1978. 165-84.

Young, N. H. "Paidagogus: The Social Setting of a Pauline Metaphor." NT 29 (1987): 150-76.

Ziesler, J. A. "Paul and a New Society." Epworth Review 8 (1981): 68-79.

3.6. Weitere Briefe

Ahrens, M. Der Realitäten Widerschein oder Arm und Reich im Jakobusbrief. Eine sozialge-schichtliche Untersuchung. Berlin, 1995.

Balch, D. L. "Hellenization/Acculturation in 1 Peter." Perspectives on 1 Peter. Macon, 1986. 79-102.

---. "Let Wives be Submissive. The Domestic Code in 1. Peter." SBLMS 26. 1981.

Becquet, G. (u. A.). La lettre des Jacques. Une lecture socio-linguistique. Cahiers Evangile 61. Paris, 1987.

Brox, N. "Situation und Sprache der Minderheit im ersten Petrusbrief." Kairos 19 (1977): 1-13.

Burchard, Chr. "Gemeinde in der strohernen Epistel. Mutmaßungen über Jakobus." in: (Hg.) D. Lührmann/G. Strecker. Kirche. FS G. Bornkamm. Tübingen, 1980. 315-28.

Elliott, J. H. 1 Peter: Estrangement and Community. Chicago, 1979.

---. "1 Peter, Its Situation and Strategy. A Discussion with David Balch." in: (Hg.) Ch.H. Talbert. Perspectives on First Peter. NABPR Special Studies Series 9. Macon, 1986. 61-78.

---. "Backward and Foreward 'In His Steps': Following Jesus from Rome to Raymond and Beyond. The Tradition, Redaction, and Reception of 1 Peter 2:18-25." in: (Hg.) F.F. Segovia. Discipleship in the New Testament. Philadelphia, 1985. 184-209.

---. A Home for the Homeless. A Sociological Exegesis of 1 Peter. Its Situation and Strategy. (erw. Ausgabe Minneapolis 1990). Philadelphia, 1981.

---. "The Roman Provenance of 1 Peter and the Gospel of Mark: A Response to David Dungan." in: (Hg.) B. Coreley. Colloquy on New Testament Studies: A Time for Reappraisal and Fresh Approaches. Macon, 1983. 182-94.

---. "Salutation and Exhortation to Christian Behaviour on the Basis of God's Blessing (1[Peter] 1:1-2:10)." RevExp 79 (1982): 415-25.

Feldmeier, R. Die Christen als Fremde. Die Metapher der Fremde in der antiken Welt, im Urchristentum und im 1. Petrusbrief. WUNT 64. Tübingen, 1992.

Goldstein, H. Paulinische Gemeinde im Ersten Petrusbrief. SBS 80. Stuttgart, 1975.

Goppelt, L. "Die Verantwortung der Christen in der Gesellschaft nach dem 1. Petrusbrief." in: ders. Theologie des Neuen Testaments, Bd. 2, hg.v. J. Roloff. Göttingen, 1976. 490-508.

Joubert, S. J. "Language, ideology and the social context of the letter of Jude." Neotestamentica 24 (1990): 335-49.

Joubert, S. S. "Die Judasbrief: 'n Simboliese universum in die gedrang." HTS 44 (1988): 613-35.

Maynard-Reid, P. U. Poor and Rich in the Epistle of James: A Socio-Historical and Exegetical Study. (Diss.). Berrien Springs (Michigan), 1981.

---. Poverty and Wealth in James. Maryknoll, 1987.

Meynard-Reid, P. U. Poverty and Wealth in James. Maryknoll, 1988.

Michl, J. "Die Presbyter des ersten Petrusbriefes." in: Ortskirche - Weltkirche. FS J. Döpfner. Würzburg, 1973. 48-62.

Noack, B. "Jakobus wider die Reichen." StTh 18 (1964): 10-25.

Perdue, L. G. "Paraenesis and the Epistle of James." ZNW 72 (1981): 241-56.

Puig Tarrech, A. "Le milieu de la première épître de Pierre." Revista Catalana de Teologia 5 (1980): 95-129.331-402.

Schröger, F. "Die Verfassung der Gemeinde des ersten Petrusbriefes." in: (Hg.) J. Hainz. Kirche im Werden. München, 1976. 239-52.

Wanke, J. "Die urchristlichen Lehrer nach dem Zeugnis des Jakobusbriefes." in: Die Kirche des Anfangs. FS H. Schürmann. Freiburg, 1978. 489-512.

Warden, P. Alienation and Community in 1 Peter. Duke, 1986.

Williams, R. "Piety and Poverty in James." WThJ 22 (1987): 37-55.

3.8. Apokalypse

Aune, D. E. "The Social Matrix of the Apocalypse of John." BR 26 (1981): 16-32.
Barr, D. "How were the Hearers Blessed? Literary Reflections on the Social Impact of John's Apocalypse." Proceedings, Eastern Great Lakes and Midwest Biblical Societies. Bd. 8. Georgetown, 1988. 49-59.
Bedriñán, C. La dimensión socio-politica del mensaje teológico del Apocalipsis. Tesi Gregoriana. Serie teologia 11. Rom, 1996.
Collins, A. "Insiders and Outsiders in the Book of Revelation and Its Social Context." in: (Hg.) J. Neusner/E. Frerichs. To See Ourselves as Others See Us. Christians, Jews, 'Others' in Late Antiquity. Chico, 1985. 93-115.
---. "The Political Perspective of the Revelation of John." JBL 96 (1977): 241-56.
Collins, Y. A. "The Revelation of John. An Apocalyptic Response to a Social Crisis." CThMi 8 (1981): 4-12.
DeSilva, D. A. "The Construction and Social Function of a Counter-Cosmos in the Revelation of John." Forum 9 (1993): 47-61.
Hemer, C. J. The Letters to the Seven Churches of Asia in their Local Setting. Sheffield, 1986.
Klauck, H. J. "Das Sendschreiben nach Pergamon und der Kaiserkult der Johannesoffenbarung." Bib 72 (1991): 153-82.
O'Donovan, O. "The Political Thought of the Book of Revelation." TynB 37 (1986): 61-94.
Pilch, J. J. "Lying and Deceit in the Letters to the Seven Churches. Perspectives from Cultural Anthropology." BTB 22 (1992): 126-35.
Räisänen, H. "The Clash Between Christian Styles of Life in the Book of Revelation." Mighty Minorities? Minorities in Early Christianity - Positions and Strategies. Essays in honour of Jacob Jervell on his 70th birthday 21 May 1995. StTh 49 (1995): 151-66.
Rand, J. A. du. "A socio-psychological view of the effect of the language (parole) of the Apocalypse of John." Neotestamentica 24 (1990): 351-65.
Schüssler Fiorenza, E. "The Followers of the Lamb: Visionary Rhetoric and Social-Political Situation." Semeia 36 (1986): 123-46.
Stanley, J. E. "The Apocalypse and Contemporary Sect Analysis." SBL Seminar Papers (1984): 912-21.
Thompson, W. G. "A Sociological Analysis of Tribulation in the Apocalypse of John." Semeia 36 (1986): 147-74.
Yarbro, A. (Hg.). Early Christian Apocalypticism. Genre and Social Setting. Semeia. Vol. 36. 1986.

4. Arbeiten zu Themen
4.1. Die Jesusbewegung und das Urchristentum in der antiken Gesellschaft

Aland, K. "Das Verhältnis von Kirche und Staat nach dem Neuen Testament und den Aussagen des 2. Jahrhunderts." ANRW II,23. Berlin, 1979. 60-246. (Nachdr. in: ders., Neutestamentliche Entwürfe, TB 63, München 1979, 26-123).
Arens, E. Asia Menor en Tiempos de Pablo, Lucas y Juan. Aspectos sociales y económicos para ls comprensión del Nuevo Testamento. En Torno al Nuevo Testamento 19. Cordoba, 1995.
Barnes, T. D. "Legislation against the Christians." JRS 58 (1968): 32-50.
Barrett, C. K. "What Minorities?" Mighty Minorities? Minorities in Early Christianity - Positions and Strategies. Essays in honour of Jacob Jervell on his 70th birthday 21 May 1995. StTh 49 (1995): 1-10.
Barton, S. /Horsley, G.H.R. "A Hellenistic Cult Group and the New Testament Churches." JAC 24 (1981): 7-41.

Benko, S. Pagan Rome and the Early Christians. Bloomington, 1985.

Berger, K. Manna, Mehl und Sauerteig. Korn und Brot im Alltag der frühen Christen. Stuttgart, 1993.

Bilde, P. "Religion og politik i Jesusbevægelsen." (Religion and Politics in the Jesus-Mouvements). DTT 42 (1979): 1-19.

Burchard, Chr. "Erfahrungen multikulturellen Zusammenlebens im Neuen Testament." in: J. Micksch, Multikulturelles Zusammenleben. Theologische Erfahrungen. Frankfurt/M. 1983. 24-41.

Derrett, J. D. M. Law in the New Testament. London, 1970.

---. "Recht und Religion im Neuen Testament (bis zum Jahr 135)." in: (Hg.) W. Schluchter. Max Webers Sicht des antiken Christentums. Interpretation und Kritik. stw 548. Frankfurt/M. 1985. 317-62.

Eckert, J. "Dein Reich komme. Zum problematischen Verhältnis Kirche und Gesellschaft in den Schriften des Neuen Testaments." BiKi 43 (1988): 147-53.

---. "Das Imperium Romanum im Neuen Testament. Ein Beitrag zum Thema 'Kirche und Gesellschaft'" TThZ 96 (1987): 253-71.

Elliott, J. H. "The Evil Eye in the First Testament: The Ecology and Culture of a Pervasive Belief." in: (Hg.) D. Jobling/P.L. Day/G.T. Sheppard. The Bible and the Politics of Exegesis: Essays in Honor of Norman K. Gottwald on His Sixty-fifth Birthday. Cleveland, 1991. 147-59.

---. "The Fear of the Leer. The Evil Eye from the Bible to Li'l Abner." Forum 4 (1988): 42-71.

Frend, W. H. C. "Die Bedeutung von Max Webers Ansatz für die Untersuchung der frühen christlichen Sektenbewegungen." in: (Hg.) W. Schluchter. Max Webers Sicht des antiken Christentums. Interpretation und Kritik. stw 548. Frankfurt/M. 1985. 466-85.

---. "Early Christianity and Society: A Jewish Legacy in the Pre-Constantinean Era." HTHR 76 (1983): 53-71.

---. Town and Country in the Early Christian Centuries. London, 1980.

Frohnhofen, H. (Hg.). Christlicher Antijudaismus und jüdischer Antipaganismus. Ihre Motive und Hintergründe. Hamburger Theologische Studien 3. Hamburg, 1990.

Goodman, M. Abortion and the Early Church. Christian, Jewish and Pagan Attitudes in the Greco-Roman World. New York, 1982.

Grant, R. M. Christen als Bürger im Römischen Reich. Göttingen, 1981 (engl. 1977).

Grimm, B. Untersuchungen zur sozialen Stellung der frühen Christen in der römischen Gesellschaft. (Diss. Maschr.). München, 1975.

Gülzow, H. "Soziale Gegebenheiten der Trennung von Kirche und Synagoge und die Anfänge des Antijudaismus." in: (Hg.) H. Frohnhofen. Christlicher Antijudaismus und jüdischer Antipaganismus. Ihre Motive und Hintergründe. Hamburger Theologische Studien 3. Hamburg, 1990. 95-120.

Harvey, A. E. "Forty Strokes Save One: Social Aspects of Judaizing and Apostasy." in: (Hg.) ders. Alternative Approaches to New Testament Study. London, 1985. 76-96.

Hengel, M. Christus und die Macht. Die Macht Christi und die Ohnmacht der Christen. Zur Problematik einer "Politischen Theologie" in der Geschichte der Kirche. Stuttgart, 1974.

Herter, H. "Die Soziologie der antiken Prostitution im Lichte des heidnischen und Christlichen Schrifttums." JAC 3 (1960): 70-111.

Judge, E. A. "Art. Gesellschaft/Gesellschaft und Christentum, III. Neues Testament." TRE 12. 1984. 764-69.

---. "Art. Gesellschaft/Gesellschaft und Christentum, IV. Alte Kirche." TRE 12. 1984. 769-73.

Kaye, B. N. "Cultural Interaction in the New Testament." ThZ 40 (1984): 341-58.

Kee, H. C. Medicine, Miracle and Magic in New Testament Times. New Haven, 1986.

Kreissig, H. "Das Frühchristentum in der Sozialgeschichte des Altertums." in: (Hg.) J. Irmscher/K. Treu. Das Korpus der griechischen christlichen Schriftsteller. TU 120. Berlin, 1977. 15-19.

Lampe, P. "Zur gesellschaftlichen und kirchlichen Funktion der 'Familie' in neutestamentlicher Zeit." Reformatio 31 (1982): 533ff.

Larsson, E. "How Mighty was the Mighty Minority?" Mighty Minorities? Minorities in Early Christianity - Positions and Strategies. Essays in honour of Jacob Jervell on his 70th birthday 21 May 1995. StTh 49 (1995): 93-105.

Lattke, M. "New Testament Miracle Stories and Hellenistic Culture of Late Antiquity." Listening 20 (1985): 54-64.

Lindemann, A. "Christliche Gemeinden und das Römische Reich im ersten und zweiten Jahrhundert." WuD 18 (1985): 105-33.

Lührmann, D. "SUPERSTITIO - die Beurteilung des frühen Christentums durch die Römer." ThZ 42 (1986): 193-213.

MacMullen, R. Enemies of the Roman Order. Cambridge (Mass.), 1966.

Malina, B. J. "Is There a Circum-Mediterranean Person? Looking for Stereotypes." BTB 22 (1992): 66-87.

Martin, D. B. Fides et Historia 23 (1991): 105-13. Acient Slavery, Class, and Early Christianity.

Martin, J. /Quint, B. (Hg.). Christentum und antike Gesellschaft. WdF 649. Darmstadt, 1990.

Meeks, W. A. "Breaking Away. Three New Testament Pictures of Christianity's Separation from the Jewish Communities." in: (Hg.) J. Neusner/E.S. Frerichs. To See Ourselves as Others See Us: Christians, Jews, "Others" in Late Antiquity. Chico, 1985. 93-115.

Meyers, E. M., and J. F. Strange. Archaeology, the Rabbis, and Early Christianity. Nashville, 1981.

Mikat, P. "Bemerkungen zur neutestamentlichen Sicht der politischen Herrschaft." in: (Hg.) J. Zmijewski/E. Nellessen. Begegnung mit dem Wort. FS H. Zimmermann. Bonn, 1980. 325-45.

Pervo, R. "Wisdom and Power. Petronius' Satyricon and the Social World of Early Christianity." AThR 67 (1985): 307-25.

Pilch, J. J. "Understanding Healing in the Social World of Early Christianity. BTB Rendom Gui de." BTB 22 (1992): 26-33.

Pixley, G. V. "God's Kingdom. A Guide for Biblical Study." Maryknoll, 1981. (span. 1977).

Plümacher, E. Identitätsverlust und Identitätsgewinn, Studien zum Verhältnis von kaiserzeitlicher Stadt und frühem Christentum. Biblisch-theologische Studien 11. Neukirchen, 1987.

Ranowitsch, A. B. "Das Urchristentum und seine historische Rolle." in: Aufsätze zur Alten Geschichte. Berlin, 1961 (russ. 1932). 135-65.

Remus, H. "Does Terminology Distinguish Early Christian from Pagan Miracles." JBL 101 (1982): 531-51.

---. "'Magic or Miracle'? Some Second Century Instances." Second Century 2 (1982): 127-56.

---. Pagan-Christian Conflict over Miracle in the Second Century. Cambridge, 1983.

Riches, J. Jesus and the Transformation of Judaism. London, 1980.

Robertson, A. Die Ursprünge des Christentums. Die Messiashoffnung im revolutionären Umbruch der Antike. Stuttgart, 1965 (engl. 1962).

Roetzel, C. J. The World that Shaped the New Testament. Atlanta, 1985.

Romaniuk, K. "Die 'Gottesfürchtigen im Neuen Testament'" Aegyptus 44 (1964): 66-91.

Sanders, E. P. (Hg.). Jewish and Christian Self-Definition. Vol. 1: The Shaping of Christianity in the Second and Third Centuries. Philadelphia, 1980.

Schoedel, W. R. /Malin, B.J. "Miracle or Magic?" Religious Studies Review 12 (1986): 31-39.

Schöllgen, G. "Die Teilnahme der Christen am städtischen Leben in vorkonstantinischer Zeit." RQ 77 (1982): 1-29.

Schottroff, L. "Antijudaismus im Neuen Testament." Concilium 20 (1984): 406-12. (Nachdruck in: dies., Befreiungserfahrungen. Studien zur Sozialgeschichte des Neuen Testaments, ThB 82, München 1982, 217-228).

---. "'Gebt dem Kaiser, was dem Kaiser gehört, und Gott, was Gott gehört'. Die theologische Antwort der urchristlichen Gemeinden auf ihre Gesellschaftliche und politische Situation." in: (Hg.) J. Moltmann. Annahme und Widerstand. München, 1984. 15-58. (Nachdruck in: dies., Befreiungserfahrungen. Studien zur Sozialgeschichte des Neuen Testaments, TB 82, München 1990, 184-216).

---. "Die Schuld 'der Juden' und die Entschuldung des Pilatus in der deutschen neutestamentlichen Wissenschaft seit 1945." in: dies. Befreiungserfahrungen. Studien zur Sozialgeschichte des Neuen Testaments. TB 82. München, 1990. 324-57.

---. "Verheißung und Erfüllung aus der Sicht einer Theologie nach Auschwitz." (Hg.) A. Grözinger/H. Luther. Religion und Biographie. Perspektiven zur gelebten Religion, FS G. Otto. München, 1987. (Nachdruck in: dies., Befreiungserfahrungen. Studien zur Sozialgeschichte des Neuen Testaments, ThB 82, München 1982, 275-283).

Schrage, W. Die Christen und der Staat nach dem Neuen Testament. Gütersloh, 1971.

Schröder, H. Jesus und das Geld. Wirtschaftskommentar zum Neuen Testament. Karlsruhe, 1979 (1981³).

Sherwin-White, A. N. Roman Society and Roman Law in the New Testament. Oxford, 1969.

Sordi, M. The Christians and the Roman Empire. London, 1986.

Stark, R. "Christianizing the Urban Empire: An Analysis Based on 22 Greco-Roman Cities." Sociological Analysis 52 (1991): 77-88. NTAb 36,1992, Nr. 971.

Stegemann, W. "Von Palästina nach Rom. Beobachtungen zu einem sozialen Prozeß in der frühen Christenheit." Conc (D) 15 (1979): 286-90.

Stuhlmacher, P. "Weg, Stil und Konsequenzen urchristlicher Mission." ThBeitr 12 (1981): 107-35.

Theißen, G. "Aporien im Umgang mit den Antijudaismen des Neuen Testaments." in: (Hg.) E. Blum/Chr. Macholz/E.W. Stegemann. Die Hebräische Bibel und ihre zweifache Nachgeschichte. Neukirchen, 1988. 535-53.

---. "Weisheit als Mittel sozialer Abgrenzung und Öffnung. Beobachtungen zur sozialen Funktion frühjüdischer und urchristlicher Weisheit." in: (Hg.) A. Assmann. Weisheit. Archäologie der literarischen Kommunikation III. München, 1991. 193-204.

---. "Zur Entstehung des Christentums aus dem Judentum. Bemerkungen zu David Flussers Thesen." Kirche und Israel 2 (1988): 179-89.

Vittinghoff, F. "'Christianus sum' - Das 'Verbrechen' von Außenseitern der römischen Gesellschaft." HIstoria 33 (1984): 331-57.

Weiner, E./Weiner, A.. The Martyr's Conviction. A Sociological Analysis. Atlanta, 1990.

Wengst, K. Pax Romana. Anspruch und Wirklichkeit. Erfahrungen und Wahrnehmungen des Friedens bei Jesus und im Urchristentum. München, 1986.

Wilken, R. L. The Christians as the Romans Saw Them. New Haven, 1984 (dt. 1986).

---. "Toward a Social Interpretation of Early Christian Apologetics." ChH 39 (1970): 1-22.

Wilson, S. G. (Hg.). Anti-Judaism in Early Christianity. Vol. 2, Separation and Polemic. Studies in Christianity and Judaism 2. Waterloo, 1986.

Winkelmann, F. "Zur Stellung der Christen in der römischen Gesellschaft." Altertum 37 (1991): 97-105.

Wischmeyer, W. Griechische und lateinische Inschriften zur Sozialgeschichte der Alten Kirche. Gütersloh, 1982.

4.2. Die inneren Verhältnisse der urchristlichen Gemeinden

Batey, R. Jesus and the Poor. The Poverty Program of the First Christians. New York, 1972.

Blasi, A. J. "Role Structures in the Early Hellenistic Church." SocAn 47 (1986): 226-48.

Countryman, L. W. "Christian Equality and the Early Catholic Episcopate." AThR 63 (1981): 115-38.

---. The Rich Christian in the Church of the Early Empire. Contradictions and Accomodations. New York/Toronto, 1980.

Eck, W. "Das Eindringen des Christentums in den Senatorenstand bis zu Konstantin d. Gr." Chiron 1 (1971): 381-406.

Frei, F. "Armut und Reichtum für die ersten christlichen Generationen." NZM 41 (1985): 299-308.

Guerra, S. "Jesús, la pobreza y los pobres." REspir 47 (1988): 207-31.

Hamann, A. /Richter, S. Arm und Reich in der Urkirche. Paderborn, 1964.

Haufe, G. "Das Kind im Neuen Testament." ThLZ 104 (1979): 625-38.

Hollenbach, P. W. "Defining Rich and Poor Using the Social Sciences." SBL Seminar Papers. Atlanta, 1987. 50-63.

Hoyt, T. "The Poor/Rich Theme in the Beatudes." JRT 37 (1980): 31-41.

Jones, D. C. "Who Are the Poor." Presbyterion 3 (1977): 62-72.

Judge, E. A. Rank and Status in the World of the Caesars and St. Paul. The Broadhead Memorial Lecture 1981. Christchurch, 1982.

Keck, L. E. "Art. Armut III." TRE 4. 1979. 76-80.

---. "The Poor among the Saints in the New Testament." ZNW 56 (1965): 100-37.

Kreissig, H. "Zur sozialen Zusammensetzung der frühchristlichen Gemeinden im ersten Jahrhundert u.Z." Eirene 6 (1967): 91-100.

Lindemann, A. "Die Kinder und die Gottesherrschaft. Markus 10,13-16 und die Stellung der Kinder in der späthellenistischen Gesellschaft und im Urchristentum." WuD 17 (1983): 77 104.

Lohse, E. "Das Evangelium für die Armen." ZNW 72 (1981): 51-64.

Mealand, D. L. Poverty and Expectation in the Gospel. London, 1980.

Müller, P. In der Mitte der Gemeinde. Kinder im Neuen Testament. Neukirchen, 1992.

Murchie, D. "The New Testament View of Wealth Accumulation." JETS 21 (1978): 335-44.

Norris, F. W. "The Social Status of Early Christianity." Gospel in Context 2 (1979): 4-14.

Osiek, C. Rich and Poor in the Shepherd of Hermas. An Exegetical-Social Investigation Washington, 1983.

Pilgrim, W. E. Good News to the Poor. Wealth and Poverty in Luke-Acts. Minneapolis, 1981.

Richardson, P. "From Apostles to Virgins: Romans 16 and the Roles of Women in the Early Church." Toronto Journal of Theology 2 (1986): 232-61.

Rydbeck, L. Fachprosa, vermeintliche Volkssprache und Neues Testament. Zur Beurteilung der sprachlichen Niveauunterschiede im nachklassischen Griechisch. Uppsala, 1967.

Ste. Croix, G. E. M. de. "Early Christian Attitudes towards Porperty and Slavery." SCH 12 (1975): 1-38.

Schmidt, Th. Hostility to Wealth in the Synoptic Gospels. JSNT Suppl. Ser. 15. Sheffield, 1987.

Schöllgen, G. Ecclesia sordida? Zur Frage der sozialen Schichtung frühchristlicher Gemeinden am Beispiel Karthagos zur Zeit Tertullians. JAC. E. 12. Münster, 1984.

Schottroff, L. /Schottroff, W. "Art. Armut (II) im NT." Neues Bibellexikon I. 1988. 173f.

Shurden, R. M. The Christian Response to Poverty in the New Testament Era. (Diss.). Ann Arbor, 1970. (Microfilm).

Smith, R. H. "Were the Early Christians Middle Class? A Sociological Analysis of the New Testament." CThMi 7 (1980): 260-76. (Nachdruck in: (Hg.) N.K. Gottwald, The Bible and Liberation, Maryknoll 1983, 441-457).

Soares-Prabhu, G. M. "Class in the Bible: The Biblical Poor a Social Class?" Vidyajyoti (Delhi) 49 (1985): 322-46.

Stark, R. "The Class Basis of Early Christianity: Interferences from a Sociological Model." SocAn 47 (1986): 216-25.

Stegemann, W. Arm und reich in neutestamentlicher Zeit, in: (Hg.) G.K. Schäfer/Th. Strohm, Diakonie - biblische Grundlagen und Orientierungen. Ein Arbeitsbuch, Veröffentlichungen des Diakoniewissenschaftlichen Instituts an der Universität Heidelberg. Bd. 2 . 1990. 376-401.

---. Das Evangelium und die Armen. Über den Ursprung der Theologie der Armen im Neuen Testament. KT 62. München, 1981.

---. "Lasset die Kinder zu mir kommen. Sozialgeschichtliche Aspekte des Kinderevangeliums." in: (Hg.) W. Schottroff/W. Stegemann. Traditionen der Befreiung. Sozialgeschichtliche Bibelauslegungen. Bd. 1. München, 1980. 114-44.

---. "Selig seid ihr Armen." Das missionarische Wort 38 (1985): 216-23.

Szlaga, J. "Spoteczne i teologiczne aspekty biblijnego sporjrzena na dziecko (Social and Theological Aspects of the Biblical View of the Child)." ZNKUL 23 (1980): 51-61.

Theißen, G. "Wert und Status des Menschen im Urchristentum und seiner Umwelt." Humanistische Bildung 12 (1988): 61-93.

Vogt, J. "Der Vorwurf der sozialen Niedrigkeit des frühen Christentums." Gymn. 82 (1975): 401-11.

Wengst, K. Demut - Solidarität der Gedemütigten. Wandlungen eines Begriffes und seines sozialen Bezugs in griechisch-römischer, alttestamentlich-jüdischer und urchristlicher Tradition. München, 1987.

4.3.1. Frauen in der Gemeinde

Bartchy, S. "Power, Submission and Sexual Identity among Early Christians." in: (Hg.) E.R. Wetzel. Essays on New Testament Christianity. FS D.E. Walker. Cincinnati, 1977. 50-. (dt. u.d.T. Machtverhältnisse, Unterordnung und sexuelles Selbstverständnis im Urchristentum, in: (Hg.) D. Schirmer, Die Bibel als politisches Buch. Beiträge zu einer befreienden Christologie, UB 655, Stuttgart 1982, 109-145.160-164).

Brooten, B. J. "Early Christian Women and their Cultural Context. Issues of Method in Historical Reconstruction." in: (Hg.) A.Y. Collins. Feminist Perspectives in Biblical Scholarship. SBL Centennial Publications 10. Chico, 1985. 65-91. (Nachdruck u.d.T. "Frühchristliche Frauen und ihr kultureller Kontext. Überlegungen zur Methode historischer Rekonstruktion", in: (Hg.) F.W. Marquardt, Einwürfe 2, München 1985, 62ff).

---. "Zur Debatte über das Scheidungsrecht der jüdischen Frau." EvTh 43 (1983): 466-78.

Brown, J. P. "The Role of Women and the Traety in the Ancient World." BZ 25 (1981): 1-28.

Cameron, A. "Neither Male nor Female." Greece and Rome 27 (1980): 60-68.

Cancik, H. "Die neutestamentlichen Aussagen über Geschlecht, Ehe, Frau, Ihr religionsgeschichtlicher und soziologischer Ort." in: Zum Thema, Frau in Kirche und Gesellschaft, Zur Unmündigkeit verurteilt? Stuttgart, 1972. 9-46.

Clark, S. Man and Woman in Christ. An Examination of the Roles of Men and Women in Light of Scripture and the Social Sciences. Ann Arbour, 1980.

Corley, K. E. Private Women, Public Meals. Social Conflict in the Synoptic Tradition. Peabody, 1993.

Dautzenberg, G. "Zur Stellung der Frau in den paulinischen Gemeinden." in:(Hg.) ders./H. Merklein/K. Müller. Die Frau im Urchristentum. QD 95. Freiburg, 1983. 182-224.

Dautzenberg, G. /Merklein H. /Müller, K. (Hg.). Die Frau im Urchristentum. QD 95. Freiburg, 1983.

Dutile, G. A Concept of Submission in the Husband-Wife Relationship in Selected New Testament Passages. Southwestern Baptist Theological Seminary, 1980.

Friedman, T. "The Shifting Role of Women, From the Bible to Talmud." Jdm 36 (1987): 479-87.

Graham, R. "Women in the Ministry of Jesus and in the Early Church." LexTQ 18 (1983): 1-42.

Harris, K. Sex, Ideology and Religion. The Representation of Women in the Bible. Totowa, 1984.

Heine, S. Frauen in der frühen Christenheit. Zur historischen Kritik einer feministischen Theologie. Göttingen, 1986.

Hoffmann, R. J. "De Statu Feminarum: The Correlation Between Gnosis Theory and Social Practice." EeT 14 (1983): 293-304.

Howard, J. K. "Neither Male nor Female: An Examination of the Status of Women in the New Testament." EvQ 55 (1983): 31-42.

Ide, A. F. Woman as Priest, Bishop and Laity in the Early Catholic Church to 440 A.D. With a translation and critical commentary on Romans 16 and other relevant Scripture and patrological writings on women in the early Christian Church. Mesquite, 1984.

Kähler, E. Die Frau in den paulinischen Briefen. Zürich, 1960.

---. "Zur 'Unterordnung' der Frau im Neuen Testament." Reformiertes Forum 1 (1987): 11-14.

Kraemer, R. S. "The Conversion of Women to Ascetic Forms of Christianity." Signs 6 (1980): 298-307.

Küchler, M. Schweigen, Schmuck und Schleier. Drei neutestamentliche Vorschriften zur Verdrängung der Frauen auf dem Hintergrund einer frauenfeindlichen Exegese des Alten Testaments im antiken Judentum. NTOA 1. Fribourg, 1986.

LaPorte, J. The Role of Women in Early Christianity. New York, 1982.

Legrand, L. "There is neither Slave nor Free, neither Male nor Female: St. Paul and Social Emancipation." Indian Theological Studies (Bangladore) 18 (1981): 135-63.

Lohfink, G. "Weibliche Diakone im Neuen Testament." Diakonia (Wien) 11 (1980): 385-400.

Love, St. L. "Women's Roles in Certain Second Testament Passages. A Macrosociological View." BTB (Jamaika) 17 (1987): 50-59.

MacHaffie, B. J. Her Story. Women in Christian Tradition. Philadelphia, 1986.

Manns, F. "Jésus féministe?" TS(F) 9-10 (1978): 167-69.

Mayer, G. Die jüdische Frau in der hellenistisch-römischen Welt. Stuttgart, 1987.

Mayer-Schärtel, B. "Die Frau ist in jeder Hinsicht schwächer als der Mann". Eine sozialgeschichtliche und kulturanthropologische Untersuchung zum Frauenbild des Josephus. Neuendettelsau, 1994. (Diss.maschr.).

Müller, K. "Die Haustafel des Kolosserbriefes und das antike Frauenthema. Eine kritische Rückschau auf alte Ergebnisse." in: (Hg.) G. Dautzenberg/H. Merklein/ders. Die Frau im Urchristentum. QD 95. Freiburg, 1983. 263-319.

Neyrey S.J., J. H. "Maid and Mother in Art and Literature." BTB (Albany) (1990): 65-75. .

Nortjé, S. J. "The Role of Women in the Fourth Gospel." Neotestamentica (Pretoria) 20 (1986): 21-28.

Payne, P. B. "Libertarian Women in Ephesus: A Respose to Douglas J. Moo's Article, ' 1. Timonthy 2:11-15: Meaning and Significance'" Trinity Journal 2 (1981): 169-97.

Perkins, P. "Women in the Bible and Its World." Interpret. 42 (1988): 33-44.

Richardson, P. "From Apostles to Virgins: Romans 16 and the Roles of Women in the Early Church." Toronto Journal of Theology 2 (1986): 232-61.

Richter-Reimer, I. Frauen in der Apostelgeschichte des Lukas. Eine feministisch-theologische Exegese. Gütersloh, 1992.

Ringeling, H. "Art. Frau IV. Neues Testament." TRE 11. 1983. 431-36.

Schottroff, L. "'Anführerinnen der Gläubigkeit' oder 'einige andächtige Weiber'? - Frauengruppen als Trägerinnen jüdischer und christlicher Religion im ersten Jahrhundert n. Chr." (Hg.) Chr. Schaumberger. Weil wir nicht vergessen wollen. Zu einer Feministischen Theologie im deutschen Kontext (Anfragen. Diskussionen Feministischer Theologie 1). Münster, 1987. 73-87. (Nachdruck in: dies., Befreiungserfahrungen. Studien zur Sozialgeschichte des Neuen Testaments, ThB 82, München 1982, 291-304).

---. "DienerInnen der Heiligen. Der Diakonat der Frauen im Neuen Testament." in: G.K. Schäfer/Th. Strohm. Diakonie - biblische Grundlagen und Orientierungen. Ein Arbeitsbuch, Veröffentlichungen des Diakoniewissenschaftlichen Instituts an der Universität Heidelberg. Bd. 2 . 1990. 222-42.

---. "Frauen in der Nachfolge Jesu in neutestamentlicher Zeit." in: (Hg.) W. Schottroff/W. Stegemann. Traditionen der Befreiung. Sozialgeschichtliche Bibelauslegungen. Bd. 2. Frauen in der Bibel. München, 1980. 91-133. (Nachdruck in: dies., Befreiungserfahrungen. Studien zur Sozialgeschichte des Neuen Testaments, ThB 82, München 1982, 96-133).

---. "Frauen in der Nachfolge Jesu nach den Evangelien." EvErz 43 (1982): 490-95.

---. "Die große Liebende und die Pharisäer Simon (Lukas 7,36-50)." in: (Hg.) L. Siegele-Wenschkewitz. Verdrängte Vergangenheit, die uns bedrängt. München, 1988. 147-63. (Nachdruck in: dies., Befreiungserfahrungen. Studien zur Sozialgeschichte des Neuen Testaments, ThB 82, München 1982, 310-323).

---. "Lydia. Eine neue Qualität der Macht." in: (Hg.) K. Walter. Zwischen Ohnmacht und Befreiung. Freiburg, 1988. 148-54. (Nachdruck in: dies., Befreiungserfahrungen. Studien zur Sozialgeschichte des Neuen Testaments, ThB 82, München 1982, 305-309).

---. "Das Magnificat und die älteste Tradition über Jesus von Nazareth." EvTheol 38 (1978): 298-313.

---. "Maria Magdalena und die Frauen am Grabe Jesu." EvTheol 42 (1982): 3-25. (Nachdruck in: dies., Befreiungserfahrungen. Studien zur Sozialgeschichte des Neuen Testaments, TB 82, München 1990, 134-159).

---. "Die verführbare Eva und der sündige Adam. Sozialgeschichtlich-feministische Überlegungen zum paulinischen Verständnis von Sünde und Befreiung." (Hg.) E. Moltmann-Wendel. Weiblichkeit in der Theologie. Verdrängung und Wiederkehr. GTB 494. Gütersloh, 1988. 56-67.

---. "Wie berechtigt ist die feministische Kritik an Paulus? Paulus und die Frauen im Römischen Reich." Einwürfe (München) 2 (1985): 94-111. (Nachdruck in: dies., Befreiungserfahrungen. Studien zur Sozialgeschichte des Neuen Testaments, TB 82, München 1990, 229-246).

---. "Women as Followers of Jesus in New Testament: An Exercise in Social-Historical Exegesis of the Bible." in: (Hg.) N.K. Gottwald. The Bible and Liberation. Maryknoll, 1983. 418-27.

Schrage, W./E. Gerstenberger. Frau und Mann. Bibl. Konfrontationen 1013. Stuttgart, 1980.

Schüssler Fiorenza, E. "Der Beitrag der Frau zur urchristlichen Bewegung, Kritische Überlegungen zur Rekonstruktion urchristlicher Geschichte." in: (Hg.) W. Schottroff/W. Stegemann. Traditionen der Befreiung. Sozialgeschichtliche Bibelauslegungen. Bd. 2. Frauen in der Bibel. München, 1980. 60-90.

---. "Missionaries, Apostles, Coworkers: Roman 16 and the Reconstruction of Women's Early Christian History." Word and World (St. Paul) 6 (1986): 420-33.

---. "Women in the Pre-Pauline and Pauline Churches." USQR 33 (1978): 153-66.Sigountos, J. G., and M. Shank. "Public Roles for Women in the Pauline Church. A Reappraisal of the Evidence." JETS 26 (1983): 283-95.

Southwell, M. "Women under Christianity." Arethusa 6 (1973): 149-52.

Stendahl, K. The Bible and the Role of Women. Philadelphia, 1966.

Thraede, K. "Art. Frau." RAC 8. 1972. 197-269.

---. "Ärger mit der Freiheit. Die Bedeutung von Frauen in Theorie und Praxis der alten Kirche." in: "Freunde in Christus werden...". Gelnhausen, 1977. 31-182.

---. "Der Mündigen Zähmung: Frauen im Urchristentum." Humanistische Bildung 11 (1987): 93-121.

Thurén, J. "Naisen asema hellenismissä, varhaisjunta-laisundessa ja Undessa Testamentissa (Die Stellung der Frau im Hellenismus, Frühjudentum und im Neuen Testament)." TAiK 85 (1980): 249-63.

Thyen, H. "'...nicht mehr männlich und weiblich...' Eine Studie zu Gal 3,28." in: F. Crüsemann/H. Thyen. As Mann und Frau geschaffen. Kennzeichen 3. Gelnhausen, 1978. 107-201.

Weiser, A. "Die Rolle der Frau in der urchristlichen Mission." in: (Hg.) G. Dautzenberg/H. Merklein/K. Müller. Die Frau im Urchristentum. QD 95. Freiburg, 1983. 158-81.

Witherington, B. Women in the Earliest Churches. SNTSMS 59. Cambridge, 1988.

---. Women in the Ministry of Jesus. A Study of Jesus' Attitudes to Women and their Roles as Reflected in His Early Life. SNTSMS 51. Cambridge, 1984 (1987[2]).

---. "Women in the Ministry of Jesus." AThB 17 (1984): 22-30.

4.3.2. Sklaven in den Gemeinden

Bartchy, S. Mallon chresai. First Century Slavery and the Interpretation of I Corinthians 7,21. SBLDS 11. Missoula, 1973.

Bellen, H. "μᾶλλων χρῆσαι (1Cor 7,21), Verzicht auf Freilassung als asketische Leistung?" JAC 6 (1963): 177-80.

Corcoran, G. "Slavery in the New Testament." Milltown Studies 5.6 (1980): 1-40.62-83.

Gülzow, H. Christentum und Sklaverei in den ersten drei Jahrhunderten. Bonn, 1969.

Lampe, P. "Iunia/Iunias: Sklavenherkunft im Kreise der vorpaulinischen Apostel (Röm 16,7)." ZNW 76 (1985): 132-34.

---. "Keine 'Sklavenflucht' des Onesimus." ZNW 76 (1985): 135-37.

Laub, F. Die Begegnung des frühen Christentums mit der antiken Sklaverei. SBS 107. Stuttgart, 1982.

Legrand, L. "There is neither Slave nor Free, neither Male nor Female: St. Paul and Social Emancipation." Indian Theological Studies (Bangladore) 18 (1981): 135-63.

Lyall, F. "Roman Law and the Writings of Paul. The Slave and the Freedman." NTS 17 (1970/71): 73-79.

Mahon, J. R. Liberation from Slavery in Early Christian Experience. (Diss.). Ann Arbor, 1974. (Microfilm).

Osiek, C. "Slavery in the New Testament World." BiTod 22 (1984): 151-55.

Pietri, Ch. "Die Christen und die Sklaven in der ersten Zeit der Kirche (2.-3. Jahrhundert)." Conc (D) 15 (1979): 638-43. (Nachdruck engl. Conc (USA) 130, 1979, 31-39).

Vogt, J. "Die Sklaven und die unteren Schichten im frühen Christentum. Stand der Forschung." Gymn. 87 (1980): 436-46.

4.3.3. Gemeindeleitung

Aune, D. E. Prophecy in Early Christianity and the Ancient Mediterranean World. Grand Rapids, 1983.

Bossman, D. M. "Authority and Tradition in First Century Judaism and Christianity." BTB 17 (1987): 3-9.

Brockhaus, U. Charisma und Amt. Die paulinische Charismenlehre auf dem Hintergrund der frühchristlichen Gemeindefunktionen. Wuppertal, 1972 (1975[2]).

Brown, R. E. "Episkope and Episkopos. The New Testament Evidence." TS 41 (1980): 322-38.

Dautzenberg, G. Urchristliche Prophetie. BWANT 104. Stuttgart, 1975.

Dunn, J. "Die Instrumente kirchlicher Gemeinschaft in der frühen Kirche." US 44 (1989): 2-13.

Ebertz, M. N. "Le stigmate du mouvement charismatique autour de Jésus de Nazareth." SocComp 39 (1992): 255-73.

Hainz, J. "Die Anfänge des Bischofs- und Diakonenamtes." in: (Hg.) ders. Kirche im Werden. Studien zum Thema Amt und Gemeindeordnung. BU 9. Regensburg, 1972. 91-107.

Haraguchi, T. "Das Unterhaltsrecht des frühchristlichen Verkündigers. Eine Untersuchung zur Bezeichnung ἐργάτης im Neuen Testament." ZNW 84 (1993): 178-95.

Hill, D. The New Testament Prophecy. London, 1979.

Holmberg, B. "Sociological versus Theological Analysis of the Question Concerning a Pauline Church Order." in: (Hg.) S. Pedersen. Die paulinische Literatur und Theologie. Anläßlich der 50jährigen Gründungsfeier der Universität von Århus. Teologiske Studier Bd. 7. Århus-Göttingen, 1980. 187-200.

Jay, E. "From Presbyter-Bishops to Bishops and Presbyters." The Second Century 1 (1981): 125-62.

Jeffers, J. S. Conflict at Rome. Social Order and Hierarchy in Early Christianity. Minneapolis, 1991.

Kalluveetil, P. "Social Criticism as the Prophetic Role: A Biblical Prolegomenon." Jeevadhara 19 (1989): 133-60.

Käsemann, E. "Amt und Gemeinde im Neuen Testament." in: ders. Exegetische Versuche und Besinnungen. Bd.1. Göttingen, 1960. 109-34.

Kee, H. C. "Changing Modes of Leadership in the New Testament Period." SocComp 39 (1992): 241-54.

Kertelge, K. Das kirchliche Amt im Neuen Testament. WdF 439. Darmstadt, 1977.

Kertelge, K. (Hg.). Das kirchliche Amt im Neuen Testament. WdF 439. Darmstadt, 1977.

Kirk, J. A. "Did 'Officials' in the New Testament Church receive a Salary." ET 84 (1972/73): 105-08.

Lips, H. V. Glaube - Gemeinde - Amt. Zum Verständnis der Ordination in den Pastoralbriefen. FRLANT 122. Göttingen, 1979.

Lohse, E. "Die Entstehung des Bischofsamtes in der frühen Christenheit." ZNW 71 (1980): 58-73.

Luz, U. "Charisma und Institution in neutestamentlicher Sicht." EvTh 49 (1989): 76-94.

Maier, H. O. "The charismatic authority of Ignatius of Antioch: A sociological analysis." SR (Waterloo, Ontario) 18 (1989): 185-99.

---. "The Social Setting of the Ministry as Reflected in the Writings of Hermas, Clement and Ignatius." Waterloo (Ontario), 1991.

Michl, J. "Die Presbyter des ersten Petrusbriefes." in: Ortskirche - Weltkirche. FS J. Döpfner. Würzburg, 1973. 48-62.

Pagels, E. H. "'The Demiurg and his Archons' - A Gnostic View of the Bishop and Presbyters?" HThR 69 (1976/78): 301-24.

Panagopoulos, I. (Hg.). Prophetic Vocation in the New Testament and Today. NT.S 45. Leiden, 1977.

Rohde, J. Urchristliche und frühkatholische Ämter. Eine Untersuchung zur frühchristlichen Amtsentwicklung im Neuen Testament und bei den apostolischen Vätern. ThA 33. Berlin, 1976.

Roloff, J. "Art. Amt/Ämter/Amtsverständnis IV." TRE 2. 1978. 509-33.

Ruef, J. S. Ananias and Saphira. A Study of the Community Disciplinary Practices Underlying Acts 5,1-11. (Diss.). Havard, 1960.

Schöllgen, G. "Die Didache - ein frühes Zeugnis für Landgemeinden?" ZNW 76 (1985): 140-43.

---. "Monepiskopat und monarchischer Episkopat. Eine Bemerkung zur Terminologie." ZNW 77 (1986): 146-51.

---. "Wandernde oder seßhafte Lehrer in der Didache." Biblische Notizen 52 (1990): 19-26.

Schürmann, H. "'... und Lehrer'. Die geistliche Eigenart des Lehrdienstes und sein Verhältnis zu anderen geistlichen Diensten im neutestamentlichen Zeitalter." in: Dienst der Vermittlung. EThSt 37. Leipzig, 1977. 107-47.

Schütz, J. H. "Charisma and Social Reality in Primitive Christianity." JR 54 (1974). (Nachdruck in: (Hg.) W.A. Meeks, Zur Soziologie des Urchristentums. Ausgewählte Beiträge zum frühchristlichen Gemeinschaftsleben in seiner gesellschaftlichen Umwelt, TB 62, München 1979, 222-244).

Theißen, G. "Gruppenmessianismus. Überlegungen zum Ursprung der Kirche im Jüngerkreis." JBTh 7 (1992): 101-23.

Thurston, B. B. The Widows. A Women's Ministry in the Early Church. Minneapolis, 1989.

Wanke, J. "Die urchristlichen Lehrer nach dem Zeugnis des Jakobusbriefes." in: Die Kirche des Anfangs. FS H. Schürmann. Freiburg, 1978. 489-512.

Zimmermann, A. Die urchristlichen Lehrer. Studien zum Tradentenkreis der ›á›áó¡ÿ¢|á im frühen Christentum. WUNT II, 12. Tübingen, 1984.

5. Die Außenbeziehungen und die soziale Umwelt des Urchristentums

Alföldi, G. Die römische Gesellschaft. Ausgewählte Beiträge. Wiesbaden, 1986.

---. "Die römische Gesellschaft - Struktur und Eigenart." Gymnasium 83 (1976): 1-25.

---. Römische Sozialgeschichte. Wiesbaden, 19843.

---. "Soziale Konflikte im römischen Kaiserreich." HdJb 20 (1976): 111-25.

Applebaum, S. "Aspects of Jewish Society. The Priesterhood and other Classes." in: (Hg.) S. Safrai/M. Stern. The Jewish People in the First Century, Historical Geography. Political History, Social, Cultural and Religious Life and Institutions. Bd. 2. 1976. 561-630.

---. "Economic Life in Palestine." in: (Hg.) S. Safrai/M. Stern. The Jewish People in the First Century. Historical Geography, Political History, Social, Cultural and Religious Life and Institutions. Bd. 2. 1976. 632-700.

---. "The Organisation of the Jewish Communities of the Diaspora." in: (Hg.) S. Safrai/M. Stern. The Jewish People in the First Century, Historical Geography. Political History, Social, Cultural and Religious Life and Institutions. Bd. 1. Assen, 1974. 464-503.

---. "The Social and Economic Status of the Jews in the Diaspora." in: (Hg.) S. Safrai/M. Stern. The Jewish People in the First Century. Historical Geography, Political History, Social, Cultural and Religious Life and Institutions. Bd. 2. 1976. 701-27.

Badian, E. Publicans and Sinners. Private Enterprise in the Service of Roman Republic. Ithaca, 1983.

Balsdon, D. Die Frau in der römischen Antike. München, 1979.

Balsdon, J. Romans and Aliens. Chapel Hill, 1979.

Bender, H. "Transportwege. Mittel des Transports und Nachrichtenwege in der römischen Antike." in: Der Mensch in seiner Umwelt, Humanistische Bildung Heft 6. 1983. 137-63.

Benko, S. /O'Rourke, J.J. (Hg.). The Catacombs and the Colosseum. The Roman Empire as the Setting of Primitive Christianity. Valley Forge, 1971.

Blanck, H. Einführung in das Privatleben der Griechen und Römer. Darmstadt, 1976.

Bossman O F M., D. M. "Ezra's Marriage Reform. Israel Redefined." BTB (Albany) 9 (1979): 32-38.

Bradley, K. R. Slaves and Masters in the Roman Empire. A Study in Social Control. Brüssel, 1984.

Breuer, St. "Stromuferkultur und Küstenkultur. Geographische und ökologische Faktoren in Max Webers 'ökonomischer Theorie der antiken Staatenwelt'" in: (Hg.) W. Schluchter. Max Webers Sicht des antiken Christentums. Interpretation und Kritik. stw 548. Frankfurt/M. 1985. 111-50.

Brockmeyer, N. Antike Sklaverei. EdF 116. Darmstadt, 1979.

---. Sozialgeschichte der Antike. UB 153. Stuttgart, 1972 (19742).

Brooten, B. J. "Jewish Women's History in the Roman Period." HThR 79 (1986): 22-30.

---. "Jüdinnen zur Zeit Jesu. Ein Plädoyer für Differenzierung." in: (Hg.) B. Brooten/N. Greinacher. Frauen in der Männerkirche. München/Mainz, 1982. 141ff.

---. Women Leaders in the Ancient Synagogues. Brown Judaic Studies 19. Chico, 1982.

Brunt, P. A. "Josephus on Social Conflicts in Roman Judaea." Klio 59 (1977): 149-53.

Buehler, W. W. The Pre-Herodian Civil and Social Debate. Basel, 1974. (Diss. maschr.).

Bultmann, Chr. Der Fremde im antiken Juda. Eine Untersuchung zum sozialen Typenbegriff "ger" und seinem Bedeutungswandel in der alttestamentlichen Gesetzgebung. FRLANT 153. Göttingen, 1992.

Burkert, W. "Der geheime Reiz des Verborgenen: Antike Mysterienkulte." Secrecy and Concealment. Studies in the History of Mediterranean and Near Eastern Religions. SHR 65. Leiden, 1995. 79-100.

Bush, A. C. Studies in Roman Social Structure. Washington, 1982.

Cameron, A. "Wandering Poets. A Literary Movement in Egypt." Hist 14 (1965).

Cancik, H. "Occulte adhuc colunt. Repression und Metamorphose der römischen Religion in der Spätantike." Secrecy and Concealment. Studies in the History of Mediterranean and Near Eastern Religions. SHR 65. Leiden, 1995. 191-201.

Cantarella, E. Pandora's Daughters. The Role and Status of Women in Greek and Roman Antiquity. Baltimore, 1987.

Chestnut, R. D. "The Social Setting and Purpose of Joseph and Aseneth." Journal for the Study of the Pseudepigrapha 2 (1988): 21-48.

Christ, K. "Grundfragen der römischen Sozialstruktur." in: (Hg.) W. Eck/H. Galsterer/H. Wolff. Studien zur antiken Sozialgeschichte. Köln, 1980. 197-228.

Christes, J. "Gesellschaft, Staat und Schule in der griechisch-römischen Antike." Sozialmaßnahmen und Fürsorge. Zur Eigenart antiker Sozialpolitik. GrB Supplementband III. Graz, 1988. 55-74.

Crüsemann, F. "Israel in der Perserzeit. Eine Skizze in Auseinandersetzung mit Max Weber." in: (Hg.) W. Schluchter. Max Webers Sicht des antiken Christentums. Interpretation und Kritik. stw 548. Frankfurt/M. 1985. 205-32.

Deininger, J. "Die politischen Strukturen des mittelmeerisch-vorderorientalischen Altertums in Max Webers Sicht." in: (Hg.) W. Schluchter. Max Webers Sicht des antiken Christentums. Interpretation und Kritik. stw 548. Frankfurt/M. 1985. 72-110.

Dommershausen, W. Die Umwelt Jesu. Politik und Kultur in neutestamentlicher Zeit. Freiburg, 1977 (19874).

Donahue, J. "Tax Collectors and Sinners." CBQ 33 (1971): 39-61.

Donaldson, T. L. "Rural Bandits, City Mobs and the Zealots." JSJ 21 (1990): 19-40.

Drexhage, H. J. "Art. Handel I (geschichtlich). II (ethisch)." RAC 13. 1986. 561-74.

Eck, W. /Heinrichs, J. (Hg./Übers.). Sklaven und Freigelassene in der Gesellschaft der römischen Kaiserzeit. TzF 61. Darmstadt, 1993.

Eisenstadt, S. N. "Max Webers antikes Judentum und der Charakter der jüdischen Zivilisation." Max Webers Studie über das antike Judentum. Interpretation und Kritik. stw 340. Frankfurt/M. 1981. 134-84.

Engelken, K. Frauen im Alten Israel. Eine begriffsgeschichtliche und sozialrechtliche Studie zur Stellung der Frau im Alten Testament. BWANT 130. Stuttgart, 1990.

Esler, P. F. "The Social Function of 4 Ezra." JSNT 53 (1994): 99-123.

Fiensy, D. A. The Social History of Palestine in the Herodian Period: The Land is Mine. Studies in the Bible and Early Christianity 20. Lewiston, 1991.

Finley, M. I. Die antike Wirtschaft. dtv 4277. München, 1977. (engl. 1973).

Freyne, S. Galilean Religion of the First Century C.E. against its Social Background. Proceedings of the Irish Biblical Association 5. Dublin, 1981. 98-114.

---. Galilee from Alexander the Great to Hadrian. 323 B.C.E. to 135 C.E. A Study of Second Temple Judaism. Notre Dame, 1980.

---. The World of the New Testament. Wilmington, 1980.

Gardner, J. F. Women in Roman Law and Society. Bloomington, 1986.

Garcia Martinez, F. /Trebolle Barrera, J. Los hombres de Qumrán. Literatura, estructura social y concepciones religiosas. Madrid, 1993.

Grabbe, L. L. "The Social Setting of Early Jewish Apocalypticism." Journal for the Study of Pseudepigrapha 4 (1989): 27-47.

Grassl, H. "Behinderte in der Antike. Bemerkungen zur sozialen Stellung und Integration." Sozialmaßnahmen und Fürsorge. Zur Eigenart antiker Sozialpolitik. GrB Supplementband III. Graz, 1988. 35-44.

Guevara, H. Ambiente politico del pueblo judio en tiempos de Jesús. Academia Christiana 30. Madrid, 1985.

Hamel, G. Poverty and Charity in Roman Palestine, First Three Centuries C.E. Berkeley, 1990.

Hanson, K. C. "The Herodians and Mediterranean Kinship. 1-3." BTB 19/20 (1989): 75-84.142-51.10-21.

Hanson, P. The Dawn of Apocalyptic. The Historical and Sociological Roots of Jewish Apocalyptic Eschatology. Philadelphia, 1979.

Hengel, M. Judentum und Hellenismus. Studien zu ihrer Begegnung unter besonderer Berücksichtigung Palästinas bis zur Mitte des 2. Jh. v. Chr. WUNT 10. 1968 (19883).

---. "Messianische Hoffnung und politischer 'Radikalismus' in der 'jüdisch-hellenistischen Diaspora'. Zur Frage der Voraussetzungen des jüdischen Aufstandes unter Trajan 115-117 n. Chr." in: (Hg.) D. Hellholm. Apocalypticism in the Mediterranean World and the Near East. Tübingen, 1983. 655-86.

---. Die Zeloten. Untersuchungen zur jüdischen Freiheitsbewegung in der Zeit von Herodes I. bis 70 n. Chr. ASJU 1. Leiden, 1961 19762.

Herrenbrück, F. "Zum Vorwurf der Kollaboration des Zöllners mit Rom." ZNW 78 (1978): 186-99.

Hoehner, H. W. Herod Antipas. SNTS MS 17. Cambridge, 1972.

Hoheisel, K. "Schauspielerei und Heuchelei in antiken Beurteilungen." Secrecy and Concealment. Studies in the History of Mediterranean and Near Eastern Religions. SHR 65. Leiden, 1995. 177-90.

Horsley, R. A. "Acient Jewish Banditry and the Revolt against Rome. A.D. 66-70." CBQ 43 (1981): 409-32.

---. "Bandits, Messiahs, and Longshoremen: Popular Unrest in Galilee around the Time of Jesus." SBL Seminar Papers. Atlanta, 1988. 183-99.

---. "'Like One of the Prophets of Old'. Two Types of Popular Prophets at the Time of Jesus." CBQ 47 (1985): 435-63.

---. "Popular Messianic Movements around the Time of Jesus." CBQ 46 (1984): 471-95.

---. "Popular Prophetic Movements at the Time of Jesus. Their principal Features and Social Origins." JSNT 26 (1986): 3-27.

Horsley, R. A. /Hanson, J.S. Bandits, Prophets, and Messiahs. Popular Movements in the Time of Jesus. Minneapolis, 1985.

Humphreys, S. C. "Women in Antiquity." The Family in: dies., Women and Death. Comparative Studies. London, 1983. 33-57.

Hunzinger, C. -H. "Beobachtungen zur Entwicklung der Disziplinarordnung der Gemeinde von Qumran." in: (Hg.) K.E. Grözinger. Qumran. Darmstadt, 1981. 249-62.

Idel, M. "Secrecy, Binah and Derishah." Secrecy and Concealment. Studies in the History of Mediterranean and Near Eastern Religions. SHR 65. Leiden, 1995. 311-43.

Ilan, T. The Social Status of Women in Jewish Palestina in the Hellenistic-Roman Period (330 BCE-200). Jerusalem, 1991. (Diss.maschr.) (hebr.).

Isenberg, S. R. "Millenarism in Greco-Roman Palestine." Religion 4 (1974): 26-46.

---. "Power through Temple and Torah in Greco-Roman Palestine." in: (Hg.) J. Neusner. Christianity, Judaism and Other Greco-Roman Cults. Studies for Morton Smith at Sixty. Part II. Early Christianity. Leiden, 1975. 24-52.

Kee, H. C. "The Socio-Cultural Setting 'Jesus and Aseneth'" NTS (1983): 394-413.

---. "The Socio-Religious Setting and Aims of 'Jesus and Asenath'" in: (Hg.) G. MacRae. SBL Seminar Papers 10. Missoula, 1976. 183-92.

Kippenberg, H. G. "Agrarverhältnisse im antiken Vorderasien und die mit ihnen verbundenen politischen Mentalitäten." in: (Hg.) W. Schluchter. Max Webers Sicht des antiken Christentums. Interpretation und Kritik. stw 548. Frankfurt/M. 1985. 151-204.

---. "'Dann wird der Orient herrschen und der Okzident dienen. Zur Begründung eines gesamtvordersiatischen Standpunktes im Kampf gegen Rom." in: Spiegel und Gleichnis. FS J. Taubes. Würzburg, 1983.

---. "Die Entlassung aus Schuldknechtschaft im antiken Judäa. Eine Legitimationsvorstellung von Verwandtschaftsgruppen." in: (Hg.) G. Kehrer. "Vor Gott sind alle gleich." Soziale Gleichheit, soziale Ungleichheit und die Religionen. Düsseldorf, 1983. 74-104.

---. "Erstrebenswertes Prestige oder falscher Schein? Das öffentliche Ansehen des Gerechten in jüdisch-frühchristlichen Auseinandersetzungen." Secrecy and Concealment. Studies in the History of Mediterranean and Near Eastern Religions. SHR 65. Leiden, 1995. 203-24.

---. "Geheime Offenbarungsbücher und Loyalitätskonflikte im antiken Judentum." in: FS C. Colpe. Würzburg, 1990. 258-68.

---. "Das Gentilcharisma der Davididen in der jüdischen, frühchristlichen und gnostischen Religionsgeschichte Palästinas." in: (Hg.) J. Taubes. Theokratie, Religionstheorie und Politische Theologie. Bd. 3. Paderborn, 1987. 127-47.

Kippenberg, H. G. (Hg.). Die Entstehung der antiken Klassengesellschaft. Frankfurt/M. 1977.

Kloft, H. "Das Problem der Getreideversorgung in den antiken Städten: Das Beispiel Oxyrhynchos." Sozialmaßnahmen und Fürsorge. Zur Eigenart antiker Sozialpolitik. GrB Supplementband III. Graz, 1988. 123-54.

Kloft, H. (Hg.). Sozialmaßnahmen und Fürsorge. Zur Eigenart antiker Sozialpolitik. GrB Supplementband III. Graz, 1988.

Kohns, H. P. "Hungersnot und Hungerbewältigung in der Antike." Sozialmaßnahmen und Fürsorge. Zur Eigenart antiker Sozialpolitik. GrB Supplementband III. Graz, 1988. 103-21.

Kraabel, A. T. "The Disappearance of the 'God-fearers'" Numen 28 (1981): 113-26.

Kraemer, R. S. "Women in the Religions of the Greco-Roman World." Religious Studies Review 9 (1983): 127-39.

Kreissig, H. Die landwirtschaftliche Situation in Palästina vor dem jüdischen Krieg. Die sozialen Zusammenhänge des jüdischen Krieges. Klassen und Klassenkampf im Palästina des 1. Jahrhunderts u.Z. Schriften zur Geschichte und Kultur der Antike I. Berlin, 1970.

---. Die sozialen Zusammenhänge des judäischen Krieges, Klassen und Klassenkampf in Palästina des 1. Jh. n.u.Z. Berlin, 1970.

---. "Zur Rolle der religiösen Gruppen in den Volksbewegungen der Hasmonäerzeit." Klio 43 (1965): 174-82.

Kudlien, F. "'Krankensicherung' in der griechisch-römischen Antike." Sozialmaßnahmen und Fürsorge. Zur Eigenart antiker Sozialpolitik. GrB Supplementband III. Graz, 1988. 75-102.

Kuhn, H. -W. /Stegemann, H. "Art. Proselyten." PRE Suppl IX. 1962. 1248-83.

Kuhrt, A. /Sherwin-White, S. (Hg.). Hellenism in the East: The Interaction of Greek and Non-Greek Civilizations from Syria to Central Asia after Alexander. London, 1987.

Kutzner, E. Untersuchungen zur Stellung der Frau im römischen Oxyrhynchos. Frankfurt/M. 1989.

La Barre, W. "Materials for a History of the Study of Crisis Cults. A Bibliographic Essay." CA 12 (1971): 3-44.

Lamberton, R. "The ἀπόρρητος θεωρία and the Roles of Secrecy in the History of Platonism." Secrecy and Concealment. Studies in the History of Mediterranean and Near Eastern Religions. SHR 65. Leiden, 1995. 139-52.

Lang, B. Monotheism and the Prophetic Minority. An Essay in Biblical History and Sociology. Sheffield, 1983.

Leon, H. J. The Jews of Ancient Rome. Philadelphia, 1960.

Liebeschuetz, J. H. W. G. Antioch, City and Imperial Administration in the Late Roman Empire. Oxford, 1973.

Lightstone, A. "Society, the Sacred and Scripture in Ancient Judaism. A Sociology of Knowledge." Studies in Christianity and Judaism 3. 1988.

Martin, L. H. "Secrecy in Hellenistic Religious Communities." Secrecy and Concealment. Studies in the History of Mediterranean and Near Eastern Religions. SHR 65. Leiden, 1995. 101-21.

Meyers, C. Discovering Eve: Ancient Israelite Women in Context. Oxford, 1988.

Meyers, E. M. "The Cultural Setting of Galilee. The Case of Regionalism and Early Judaism." ANRW II 25, 1 (1982): 686-702.

Meyers, E. M., and J. F. Strange. Archaeology, the Rabbis, and Early Christianity. Nashville, 1981.

Mikat, P. "Bemerkungen zur neutestamentlichen Sicht der politischen Herrschaft." in: (Hg.) J. Zmijewski/E. Nellessen. Begegnung mit dem Wort. FS H. Zimmermann. Bonn, 197. 325-45.

Moxnes, H. "Patron-Client Relations and the New Community in Luke-Acts. Models for Interpretation." in: (Hg.) J. H. Neyrey. The Social World of Luke-Acts. Models for Interpretation. Peabody, 1991. 241-68.

Mrozek, St. "Die privaten Alimentarstiftungen in der römischen Kaiserzeit." Sozialmaßnahmen und Fürsorge. Zur Eigenart antiker Sozialpolitik. GrB Supplementband III. Graz, 1988. 15-33.

Neusner, J. The Idea of Purity in Ancient Judaism. Leiden, 1973.

---. "Max Weber revisited: Religion and Society in Ancient Judaism with Special Reference to the Late First and Second Centuries." Second Century 1 (1981): 61-84.

---. The Social Study of Judaism. Essays and Reflections. 2 Bde. Brown Judaic Studies 160/162. Atlanta, 1988.

---. "The Talmud as Anthropology." Religious Traditions 3 (1980): 12-35.

Nickelsburg, G. W. E. "Social Aspects of Palestinian Jewish Apocalypticism." in: (Hg.) D. Hellholm. Apocalypticism in the Mediterranean World and the Near East. Tübingen, 1983. 641-54.

Noethlichs, K.L. Das Judentum und der römische Staat. Minderheitenpolitik im antiken Rom. Darmstadt, 1996.

Oppenheimer, A. The Am Ha-aretz: A Study in the Social History of the Jewish People in the Hellenistic Roman Period. ALGHJ. Leiden, 1977.

Pagels, E. "The Social History of Satan, The 'Intimate Enemy'. A Preliminary Sketch." HThR 84/2 (1991): 1-23.

Pakozdy, L. M. "Der wirtschaftliche Hintergrund der Gemeinschaft von Qumran." in: (Hg.) H. Bardtke. Qumran-Probleme. Berlin, 1963. 167-91.

Price, S. R. F. Rituals and Power. The Roman Imperial Cult in Asia Minor. Cambridge, 1984.

Rajak, T. Josephus. The Historian and his Society. London, 1983.

Rawson, B. (Hg.). The Family in Ancient Rome. New Perspectives. Ithaca, 1986.

Read, S. B. Enoch and Daniel. A Form Critical and Sociological Study of the Historical Apocalypses.

Reinhard, M. R. /Armengaud A. /Dupaquier, J. Histoire générale de la population mondiale. Paris, 1968. 1-57.

Rivkind, E. "The Internal City." JSSR 5 (1966): 225-40.

Rostovtzeff, M. Gesellschafts- und Wirtschaftsgeschichte der hellenistischen Welt, 3 Bde. Darmstadt, 1965 (engl. 1941.19522). (Nachdruck Darmstadt 1984).

Ste. Croix, G. E. M. de. The Class Struggle in the Ancient Greek World. London, 1981.

Saldarini, A. J. Pharisees, Scribes and Sadducees in Palestinian Society. Wilmington, 1989.

Schalit, A. König Herodes, der Mann und sein Werk. SJ 4. Berlin, 1969.

Schluchter, W. "Altisraelitische religiöse Ethik und okzidentaler Rationalismus." Max Webers Studie über das antike Judentum. Interpretation und Kritik. stw 340. Frankfurt/M. 1981. 11-77.

Schluchter, W. (Hg.). Max Webers Studie über das antike Judentum. Interpretation und Kritik. stw 340. Frankfurt/M. 1981.

Schneider, H. Einführung in die antike Technikgeschichte. Darmstadt, 1992.

Schneider, H. (Hg.). Sozial- und Wirtschaftsgeschichte der römischen Kaiserzeit. WdF 552. Darmstadt, 1981.

---. Zur Sozial- und Wirtschaftsgeschichte der späten römischen Republik. WdF 413. Darmstadt, 1976.

Schoedel, W.R. /B.J. Malina. "Miracle or Magic?" Religious Studies Review 12 (1986): 31-39.

Schuller, W. Frauen in der römischen Geschichte. Konstanz, 1987.

Schwartz, S. "A Note on the Social Type and Political Ideology of the Hasmonean Family." JBL 112 (1993): 305-17.

Schwier, H. Tempel und Tempelzerstörung. Untersuchungen zu den theologischen und ideologischen Faktoren im ersten jüdisch-römischen Krieg (66-74 n. Chr.). NTOA 11. Freiburg/CH, 1989.

Sherwin-White, A. N. Roman Society and Roman Law in the New Testament. Oxford, 1969.

Siegert, F. "Gottesfürchtige und Sympathisanten." JSJ 4 (1973): 109-64.

Sperber, D. "Costs of living in Roman Palestine." JESHO 8/9 (1965/66): 248-71.182-211.

Stambaugh, J. E. /Balch, D.L. Das soziale Umfeld des Neuen Testaments. GNT 9. Göttingen, 1992. (Orig.: The New Testament and Its Social Environnement, Library of Early Christianity 2, Philadelphia, 1986).

Stowers, S. K. Letter Writing in Greco-Roman Antiquity. Library of Early Christianity 5. Philadelphia, 1986.

Strocka, V. M. "Römische Bibliotheken." Gym. 88 (1981): 298-329.

Stuhlmacher, P. "Weg, Stil und Konsequenzen urchristlicher Mission." ThBeitr 12 (1981): 107-35.

Talmon, S. "Jüdische Sektenbildung in der Frühzeit der Periode des Zweiten Tempels. Ein Nachtrag zu Max Webers Studie über das antike Judentum." in: (Hg.) W. Schluchter. Max Webers Sicht des antiken Christentums. Interpretation und Kritik. stw 548. Frankfurt/M. 1985. 233-80.

Thraede, K. "Soziales Verhalten und Wohlfahrtspflege in der griechisch-römischen Antike (späte Republik und frühe Kaiserzeit)." in: G.K. Schäfer/Th. Strohm. Diakonie - biblische Grundlagen und Orientierungen. Ein Arbeitsbuch, Veröffentlichungen des Diakoniewissenschaftlichen Instituts an der Universität Heidelberg. Bd. 2. Heidelberg, 1990. 44-63.

Tidball, D. The Social Context of the New Testament. Grand Rapids, 1984.

Vittinghoff, F. "Soziale Struktur und politisches System der hohen römischen Kaiserzeit." HZ 230 (1980): 31-56.

Wasserstein, A. "Die Hellenisierung des Frühjudentums. Die Rabbinen und die griechische Philosophie." in: (Hg.) W. Schluchter. Max Webers Sicht des antiken Christentums. Interpretation und Kritik. stw 548. Frankfurt/M. 1985. 281-316.

Watson, A. Roman Slave Law. Baltimore, 1987.

Weaver, P. R. C. Familia Ceasaris: A Social Study of the Emperor's Freedman and Slaves. Cambridge, 1982.

Weber, M. "Das antike Judentum." Die Wirtschaftsethik der Weltreligionen. Vergleichende religionssoziologische Versuche. Gesammelte Aufsätze zur Religionssoziologie. Bd.3. hg.v. Marianne Weber. UTB 1490. Tübingen, 1988[8] (1921).

Weiler, I. "Witwen und Waisen im griechischen Altertum. Bemerkungen zu antiken Randgruppen." Sozialmaßnahmen und Fürsorge. Zur Eigenart antiker Sozialpolitik. GrB Supplementband III. Graz, 1988. 15-33.

---. "Zum Schicksal der Witwen und Waisen bei den Völkern der Alten Welt. Materialien für eine vergleichende Geschichtswissenschaft." Saec 31 (1980): 157-93.

Wischmeyer, O. Die Kultur des Buches Jesus Sirach. BZNW 77. Berlin, 1995.

Yamauchi, E. "Magic in the Biblical World." TynB 34 (1983): 169-200.

Zeitlin, S. The Rise and the Fall of the Judaean State. A Political, Social and Religious History of the Second Commonwealth II. Philadelphia, 1962 (1968²).

Bd. 1 MAX KÜCHLER, Schweigen, Schmuck und Schleier. Drei neutestamentliche Vorschriften zur Verdrängung der Frauen auf dem Hintergrund einer frauenfeindlichen Exegese des Alten Testaments im antiken Judentum. XXII + 542 Seiten, 1 Abb. 1986. [vergriffen]

Bd. 2 MOSHE WEINFELD, The Organizational Pattern and the Penal Code of the Qumran Sect. A Comparison with Guilds and Religious Associations of the Hellenistic-Roman Period. 104 Seiten. 1986.

Bd. 3 ROBERT WENNING, Die Nabatäer – Denkmäler und Geschichte. Eine Bestandesaufnahme des archäologischen Befundes. 364 Seiten, 50 Abb., 19 Karten. 1986. [vergriffen]

Bd. 4 RITA EGGER, Josephus Flavius und die Samaritaner. Eine terminologische Untersuchung zur Identitatsklärung der Samaritaner. 4 + 416 Seiten. 1986.

Bd. 5 EUGEN RUCKSTUHL, Die literarische Einheit des Johannesevangeliums. Der gegenwärtige Stand der einschlägigen Forschungen. Mit einem Vorwort von Martin Hengel. XXX + 334 Seiten. 1987.

Bd. 6 MAX KÜCHLER/CHRISTOPH UEHLINGER (Hrsg.), Jerusalem. Texte – Bilder – Steine. Im Namen von Mitgliedern und Freunden des Biblischen Instituts der Universität Freiburg Schweiz herausgegeben... zum 100. Geburtstag von Hildi + Othmar Keel-Leu. 240 S., 62 Abb.; 4 Taf.; 2 Farbbilder. 1987.

Bd. 7 DIETER ZELLER (Hrsg.), Menschwerdung Gottes – Vergöttlichung von Menschen. 8 + 228 Seiten, 9 Abb., 1988.

Bd. 8 GERD THEISSEN, Lokalkolorit und Zeitgeschichte in den Evangelien. Ein Beitrag zur Geschichte der synoptischen Tradition. 10 + 338 Seiten. 1989.

Bd. 9 TAKASHI ONUKI, Gnosis und Stoa. Eine Untersuchung zum Apokryphon des Johannes. X + 198 Seiten. 1989.

Bd. 10 DAVID TROBISCH, Die Entstehung der Paulusbriefsammlung. Studien zu den Anfängen christlicher Publizistik. 10 + 166 Seiten. 1989.

Bd. 11 HELMUT SCHWIER, Tempel und Tempelzerstörung. Untersuchungen zu den theologischen und ideologischen Faktoren im ersten jüdisch-römischen Krieg (66–74 n. Chr.). XII + 432 Seiten. 1989.

Bd. 12   DANIEL KOSCH, Die eschatologische Tora des Menschensohnes. Untersuchungen zur Rezeption der Stellung Jesu zur Tora in Q. 514 Seiten. 1989.

Bd. 13   JEROME MURPHY-O'CONNOR, O.P., The Ecole Biblique and the New Testament: A Century of Scholarship (1890–1990). With a Contribution by Justin Taylor, S.M. VIII + 200 Seiten. 1990.

Bd. 14   PIETER W. VAN DER HORST, Essays on the Jewish World of Early Christianity. 260 Seiten. 1990.

Bd. 15   CATHERINE HEZSER, Lohnmetaphorik und Arbeitswelt in Mt 20,1–16. Das Gleichnis von den Arbeitern im Weinberg im Rahmen rabbinischer Lohngleichnisse. 346 Seiten. 1990.

Bd. 16   IRENE TAATZ, Frühjüdische Briefe. Die paulinischen Briefe im Rahmen der offiziellen religiösen Briefe des Frühjudentums. 132 Seiten. 1991.

Bd. 17   EUGEN RUCKSTUHL/PETER DSCHULNIGG, Stilkritik und Verfasserfrage im Johannesevangelium. Die johanneischen Sprachmerkmale auf dem Hintergrund des Neuen Testaments und des zeitgenössischen hellenistischen Schrifttums. 284 Seiten. 1991.

Bd. 18   PETRA VON GEMÜNDEN, Vegetationsmetaphorik im Neuen Testament und seiner Umwelt. Eine Bildfelduntersuchung. XII + 558 Seiten. 1991.

Bd. 19   MICHAEL LATTKE, Hymnus. Materialien zu einer Geschichte der antiken Hymnologie. XIV + 510 Seiten. 1991.

Bd. 20   MAJELLA FRANZMANN, The Odes of Solomon. An Analysis of the Poetical Structure and Form. XXVIII + 460 Seiten. 1991.

Bd. 21   LARRY P. HOGAN, Healing in the Second Temple Period. 356 Seiten. 1992.

Bd. 22   KUN-CHUN WONG, Interkulturelle Theologie und multikulturelle Gemeinde im Matthäusevangelium. Zum Verhältnis von Juden- und Heidenchristen im ersten Evangelium. 236 Seiten. 1992.

Bd. 23   JOHANNES THOMAS, Der jüdische Phokylides. Formgeschichtliche Zugänge zu Pseudo-Phokylides und Vergleich mit der neutestamentlichen Paränese XVIII + 538 Seiten. 1992.

Bd. 24   EBERHARD FAUST, Pax Christi et Pax Caesaris. Religionsgeschichtliche, traditionsgeschichtliche und sozialgeschichtliche Studien zum Epheserbrief. 536 Seiten. 1993.

Bd. 25   ANDREAS FELDTKELLER, Identitätssuche des syrischen Urchristentums. Mission, Inkulturation und Pluralität im ältesten Heidenchristentum. 284 Seiten. 1993.

Bd. 26 THEA VOGT, Angst und Identität im Markusevangelium. Ein textpsychologischer und sozialgeschichtlicher Beitrag. XIV + 274 Seiten. 1993.

Bd. 27 ANDREAS KESSLER/THOMAS RICKLIN/GREGOR WURST (Hrsg.), Peregrina Curiositas. Eine Reise durch den orbis antiquus. Zu Ehren von Dirk Van Damme. X + 322 Seiten. 1994.

Bd. 28 HELMUT MÖDRITZER, Stigma und Charisma im Neuen Testament und seiner Umwelt. Zur Soziologie des Urchristentums. 344 Seiten. 1994.

Bd. 29 HANS-JOSEF KLAUCK, Alte Welt und neuer Glaube. Beiträge zur Religionsgeschichte, Forschungsgeschichte und Theologie des Neuen Testaments. 320 Seiten. 1994.

Bd. 30 JARL E. FOSSUM, The Image of the invisible God. Essays on the influence of Jewish Mysticism on Early Christology. X + 190 Seiten. 1995.

Bd. 31 DAVID TROBISCH, Die Endredaktion des Neuen Testamentes. Eine Untersuchung zur Entstehung der christlichen Bibel. IV + 192 Seiten. 1996.

Bd. 32 FERDINAND ROHRHIRSCH, Wissenschaftstheorie und Qumran. Die Geltungsbegründungen von Aussagen in der Biblischen Archäologie am Beispiel von Chirbet Qumran und En Feschcha. XII + 416 Seiten. 1996.

Bd. 33 HUBERT MEISINGER, Liebesgebot und Altruismusforschung. Ein exegetischer Beitrag zum Dialog zwischen Theologie und Naturwissenschaft. XII + 328 Seiten. 1996.

Bd. 34 GERD THEISSEN / DAGMAR WINTER, Die Kriterienfrage in der Jesusforschung. Vom Differenzkriterium zum Plausibilitätskriterium. XII + 356 Seiten. 1997.

Bd. 35 CAROLINE ARNOULD, Les arcs romains de Jérusalem. 368 pages, 36 Fig., 23 Planches. 1997.

Bd. 36 LEO MILDENBERG, Vestigia Leonis. Studien zur antiken Numismatik Israels, Palästinas und der östlichen Mittelmeerwelt. XXII + 266 Seiten, Tafelteil 144 Seiten. 1998.

Bd. 37 TAESEONG ROH, Die «familia dei» in den synoptischen Evangelien. Eine redaktions- und sozialgeschichtliche Untersuchung zu einem urchristlichen Bildfeld. ca. 272 Seiten. 1998. (in Vorbereitung)

Bd. 38 SABINE BIEBERSTEIN, Verschwiegene Jüngerinnen – vergessene Zeuginnen. Gebrochene Konzepte im Lukasevangelium. XII + 324 Seiten. 1998.

Bd. 39 GUDRUN GUTTENBERGER ORTWEIN, Status und Statusverzicht, im Neuen Testament und seiner Umwelt. VIII + 372 Seiten. 1999.

Bd. 40 MICHAEL BACHMANN, Antijudaismus im Galaterbrief? Beiträge zur Exegese eines polemischen Schreibens und zur Theologie des Apostels Paulus. X + 238 Seiten. 1999.

Bd. 41/1 MICHAEL LATTKE, Oden Salomos. Text, Übersetzung, Kommentar. Teil 1. Oden 1 und 3–14. XII + 312 Seiten. 1999.

Bd. 42 RALPH HOCHSCHILD, Sozialgeschichtliche Exegese. Entwicklung, Geschichte und Methodik einer neutestamentlichen Forschungsrichtung. VIII + 308 Seiten. 1999.

UNIVERSITÄTSVERLAG FREIBURG SCHWEIZ
VANDENHOECK & RUPRECHT GÖTTINGEN

ORBIS BIBLICUS ET ORIENTALIS (eine Auswahl)

Bd. 25/1 MICHAEL LATTKE: Die Oden Salomos in ihrer Bedeutung für Neues Testament und Gnosis. Band I. Ausführliche Handschriftenbeschreibung. Edition mit deutscher Parallel-Übersetzung. Hermeneutischer Anhang zur gnostischen Interpretation der Oden Salomos in der Pistis Sophia. XI + 237 Seiten. 1979.

Bd. 25/1a MICHAEL LATTKE: Die Oden Salomos in ihrer Bedeutung für Neues Testament und Gnosis. Band Ia. Der syrische Text der Edition in Estrangelā. Faksimile des griechischen Papyrus Bodmer. XI + 68 Seiten. 1980.

Bd. 25/2 MICHAEL LATTKE: Die Oden Salomos in ihrer Bedeutung für Neues Testament und Gnosis. Band II. Vollständige Wortkonkordanz zur handschriftlichen griechischen, koptischen, lateinischen und syrischen Überlieferung der Oden Salomos. Mit einem Faksimile des Kodex N. XVI + 201 Seiten. 1979.

Bd. 25/3 MICHAEL LATTKE: Die Oden Salomos in ihrer Bedeutung für Neues Testament und Gnosis. Band III. Forschungsgeschichtliche Bibliographie 1799–1984 mit kritischen Anmerkungen. Mit einem Beitrag von Majella Franzmann. A Study of the Odes of Solomon with Reference to the French Scholarship 1909–1980. XXXIV + 478 Seiten. 1986.

Bd. 25/4 MICHAEL LATTKE: Die Oden Salomos in ihrer Bedeutung für Neues Testament und Gnosis. Band IV. XII + 284 Seiten. 1998

Bd. 76   JOŽE KRAŠOVEC: La justice (Sdq) de Dieu dans la Bible hébraïque et l'interprétation juive et chrétienne. 456 pages. 1988.

Bd. 90   JOSEPH HENNINGER: Arabica varia. Aufsätze zur Kulturgeschichte Arabiens und seiner Randgebiete. Contributions à l'histoire culturelle de l'Arabie et de ses régions limitrophes. 504 Seiten. 1989.

UNIVERSITÄTSVERLAG FREIBURG SCHWEIZ
VANDENHOECK & RUPRECHT GÖTTINGEN

INSTITUT BIBLIQUE DE L'UNIVERSITÉ DE FRIBOURG EN SUISSE

L'Institut biblique de l'Université de Fribourg en Suisse offre la possibilité d'acquérir un

certificat de spécialisation
CRITIQUE TEXTUELLE ET HISTOIRE DU TEXTE ET DE L'EXÉGÈSE DE L'ANCIEN TESTAMENT
(Spezialisierungszeugnis Textkritik und Geschichte des Textes
und der Interpretation des Alten Testamentes)

en une année académique (octobre à juin). Toutes les personnes ayant obtenu une licence en théologie ou un grade académique équivalent peuvent en bénéficier.

Cette année d'études peut être organisée

☞ autour de la critique textuelle proprement dite (méthodes, histoire du texte, instruments de travail, édition critique de la Bible);

☞ autour des témoins principaux du texte biblique (texte masorétique et masore, textes bibliques de Qumran, Septante, traductions hexaplaires, Vulgate, Targoums) et leurs langues (hébreu, araméen, grec, latin, syriaque, copte), enseignées en collaboration avec les chaires de patrologie et d'histoire ancienne, ou

☞ autour de l'histoire de l'exégèse juive (en hébreu et en judéo-arabe) et chrétienne (en collaboration avec la patrologie et l'histoire de l'Eglise).

L'Institut biblique dispose d'une bibliothèque spécialisée dans ces domaines. Les deux chercheurs de l'Institut biblique consacrés à ces travaux sont Adrian Schenker et Yohanan Goldman.

Pour l'obtention du certificat, deux examens annuels, deux séminaires et un travail écrit équivalent à un article sont requis. Les personnes intéressées peuvent obtenir des informations supplémentaires auprès du Curateur de l'Institut biblique:

Prof. Dr. Adrian Schenker
Institut Biblique
Université, Miséricorde
CH-1700 Fribourg / Suisse
Fax +41 – (0)26 – 300 9754

BIBLISCHES INSTITUT DER UNIVERSITÄT FREIBURG SCHWEIZ

Nachdem Sie das Diplom oder Lizentiat in Theologie, Bibelwissenschaft, Altertumskunde Palästinas/ Israels, Vorderasiatischer Archäologie oder einen gleichwertigen Leistungsausweis erworben haben, ermöglicht Ihnen ab Oktober 1997 ein Studienjahr (Oktober – Juni), am Biblischen Institut in Freiburg in der Schweiz ein

Spezialisierungszeugnis
BIBEL UND ARCHÄOLOGIE
(Elemente der Feldarchäologie, Ikonographie, Epigraphik,
Religionsgeschichte Palästinas/Israels)

zu erwerben.

Das Studienjahr wird in Verbindung mit der Universität Bern (25 Min. Fahrzeit) organisiert. Es bietet Ihnen die Möglichkeit,

☞ eine Auswahl einschlägiger Vorlesungen, Seminare und Übungen im Bereich "Bibel und Archäologie" bei Walter Dietrich, Othmar Keel, Ernst Axel Knauf, Max Küchler, Silvia Schroer und Christoph Uehlinger zu belegen;

☞ diese Veranstaltungen durch solche in Ägyptologie (Hermann A. Schlögl, Freiburg), Vorderasiatischer Archäologie (Markus Wäfler, Bern) und altorientalischer Philologie (Pascal Attinger, Esther Flückiger, beide Bern) zu ergänzen;

☞ die einschlägigen Dokumentationen des Biblischen Instituts zur palästinisch-israelischen Miniaturkunst aus wissenschaftlichen Grabungen (Photos, Abdrücke, Kartei) und die zugehörigen Fachbibliotheken zu benutzen;

☞ mit den großen Sammlungen (über 10'000 Stück) von Originalen altorientalischer Miniaturkunst des Biblischen Instituts (Rollsiegel, Skarabäen und andere Stempelsiegel, Amulette, Terrakotten, palästinische Keramik, Münzen usw.) zu arbeiten und sich eine eigene Dokumentation (Abdrücke, Dias) anzulegen;

☞ während der Sommerferien an einer Ausgrabung in Palästina / Israel teilzunehmen, wobei die Möglichkeit besteht, mindestens das Flugticket vergütet zu bekommen.

Um das Spezialisierungszeugnis zu erhalten, müssen zwei benotete Jahresexamen abgelegt, zwei Seminarscheine erworben und eine schriftliche wissenschaftliche Arbeit im Umfange eines Zeitschriftenartikels verfaßt werden.

Interessenten und Interessentinnen wenden sich bitte an den Curator des Instituts:

PD Dr. Christoph Uehlinger
Biblisches Institut
Universität, Miséricorde
CH-1700 Freiburg / Schweiz
Fax +41 – (0)26 – 300 9754

Zum Buch:

Diese «Geschichte der sozialgeschichtlichen Exegese» zeichnet den wechselhaft verlaufenen Prozess der Institutionalisierung einer neutestamentlichen Forschungsrichtung nach, der Mitte der 80er Jahre zu seinem Abschluss kam. Zunächst wird durch die
Sichtung und Systematisierung der um 1980 vorhandenen Programme und Arbeiten,
die sich als «sozialgeschichtlich» verstehen, eine Definition von «sozialgeschichtlicher Exegese» erarbeitet. Mit ihrer Hilfe wird nach der Geschichte und «Vorgeschichte»
dieser Methode insbesondere im 19. Jahrhundert gefragt. Die sich an diesen ersten,
theoretisch ausgerichteten Teil, anschliessende Darstellung skizziert nicht nur die
innerhalb der Forschungsrichtung relevanten Fragestellungen und deren angebotene
Lösungen. Sie begreift die «Geschichte der sozialgeschichtlichen Exegese» selbst als
sozialen Prozess, den sowohl die Wissenschaftsorganisation wie gesamtgesellschaftliche Faktoren beeinflussen. Deshalb wird diese Geschichte auch mit Hilfe von
wissens- und wissenschaftssoziologischen Modellen erhellt. Dabei zeigt sich: Gerade
dieser durch gesellschaftspolitische Zusammenhänge motivierten Forschungsrichtung
gelingt durch die Entwicklung methodischer Verfahren und durch die Anpassung an
allgemein wissenschaftliche Standards die Distanzierung von zeitgeschichtlichen
Interessen.

Summary

This «history of social-historical exegesis» describes the inconstant process of institutionalization of a New Testament branch of research, which came to its end in the middle of the 80s. By screening and systemizing the programs and works available about 1980 which consider themselves as «social-historical» a definition of social-historical exegesis is elaborated. By the help of this definition, history and «prehistory» of this method, especially in the 19th century, are examined. The description following this first theoretically orientated part does not only trace those questions and offered solutions which are relevant in social-historical exegesis, it comprehends the history of social-historical exegesis itself as a social process influenced by the organisation of science as well as by factors concerning society as a whole. So the history of social-historical exegesis itself is elucidated by social-historical methods. As a result, the following becomes apparent: It is just this branch of research motivated by social-political connections that gains recognition within the community of scientists due to the development of methods and due to the adaptation to common scientific standards, which lead to a view distanced from the original contemporary historical interests.